THE STARTUP
OWNER'S MANUAL

The Step-by-Step Guide for Building a Great Company

创业者手册

〈典藏版〉

[美] 史蒂夫·布兰克　鲍勃·多夫 —— 著　知一产业智库 —— 译
Steve Blank　　　　Bob Dorf

机械工业出版社
CHINA MACHINE PRESS

图书在版编目（CIP）数据

创业者手册：典藏版/（美）史蒂夫·布兰克（Steve Blank），（美）鲍勃·多夫（Bob Dorf）著；知一产业智库译. —北京：机械工业出版社，2024.4

书名原文：The Startup Owner's Manual: The Step-by-Step Guide for Building a Great Company

ISBN 978-7-111-75042-0

I. ①创… II. ①史… ②鲍… ③知… III. ①创业–手册 IV. ①F241.4-62

中国国家版本馆 CIP 数据核字（2024）第 032649 号

机械工业出版社（北京市百万庄大街 22 号　邮政编码 100037）
策划编辑：华　蕾　　　　　　责任编辑：华　蕾　　王　芹
责任校对：张爱妮　陈立辉　　责任印制：单爱军
保定市中画美凯印刷有限公司印刷
2024 年 7 月第 1 版第 1 次印刷
186mm×240mm·30.75 印张·3 插页·514 千字
标准书号：ISBN 978-7-111-75042-0
定价：108.00 元

电话服务　　　　　　　　　网络服务
客服电话：010-88361066　　机　工　官　网：www.cmpbook.com
　　　　　010-88379833　　机　工　官　博：weibo.com/cmp1952
　　　　　010-68326294　　金　书　网：www.golden-book.com
封底无防伪标均为盗版　　　机工教育服务网：www.cmpedu.com

走出你的办公室！

赞　誉

这本书是过去 25 年来最有价值的关于创业的书！

> ——蒂姆·亨特利
> Paired Health 公司首席运营官、Adzerk 公司董事会成员

为了避免你的企业在婴儿期就突然死亡，为了增加你的企业的成功机会，请务必阅读此书并将书中方法付诸实践。

> ——亚历山大·奥斯特瓦德
> 《商业模式新生代》合著者

这本书在创业教育领域是不可多得的蕴含全新经验的创意之作。

> ——帕特里克·弗拉斯科威茨
> *The Entrepreneur's Cuide to Customer Development* 合著者

在创办一家公司并把它经营好这方面，（布兰克）是我所知道的最聪明、最见多识广的思想家之一。

> ——《大西洋月刊》

很多人，包括我自己，都认为《创业四步法》是创业者的"圣经"……但本书建立了创办并成功运营一家公司的新的权威规则，不仅适用于创业公司，也适用于大公司。

> ——康拉德·埃古萨
> 布朗斯坦＆埃古萨事务所

创业者在创业前阅读这本书，可以节省无数成本，少走许多弯路。

——斯科特·霍夫曼

作家、演说家、小企业倡导者

《创业者手册》中概述的流程将避免因启动太快或成本过高而造成的浪费、错误和失败——这正是我们所需要的。

——奇亚·戴维斯

Wamda 公司

对所有有抱负的企业家来说，无论是第一次创业的，还是经验丰富的，这本书都是必备品。

——本·马彭

Armory 公司联合创始人兼首席客户官

史蒂夫·布兰克用客户开发方法拯救了产品开发。

——巴巴克·尼韦

Venture Hacks 网站创始人兼主编

本书所讲的超级简便的两步流程，可以帮助创业者做好产品与服务。

——金柏莉·威弗琳

作家、创业家

本书为各种类型的创业者提供了所需的资料。

——XConomy 网站

目　录

如何阅读本书

本书的目的是通过系统化的指导帮助创始人建立一家成功、可盈利、具有升级能力的企业。它更像是一本汽车维修手册，而不是引人入胜的畅销小说。所以，不要尝试用一个周末的时间一口气读完这本书。你应当把它作为创业伴侣或是一位忠诚的老友，在未来创建成功企业的半年到两年中和它如影相随。

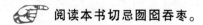 阅读本书切忌囫囵吞枣。

本书的结构安排

本书分为四部分。第一部分为"入门知识"，介绍了客户开发方法和"客户开发宣言"。其中，客户开发宣言部分介绍了初创企业实施客户开发流程的 14 项指导原则。

第二部分为"客户探索"，介绍如何把创始人的愿景变成商业模式画布，然后再变成一系列假设条件。接下来，这些假设条件会转化为各种实验，通过和客户互动的方式来确定你是否了解客户问题，以及你提出的解决方案能否解决这些客户问题。

第三部分为"客户验证"，介绍了如何扩展商业模式测试的范围，以确定你能否获得足够的订单或用户，证明自己的商业模式是否具备可重复性和可升级能力。

第四部分为"核查清单"，此部分包括一系列检查表，可帮助你跟踪客户开发流程每一个阶段的进展。你可以在完成每个步骤时使用这些检查表（每个步骤都有相应的检查表），以确定自己完成所有重要任务，没有任何遗漏环节。你可以复印或扫描这些检查表，把它们分发给创业团队的每个成员。当然，我们想强调的是，检查表只是一项工具，使用它的目的是确保在进行下一步之前你确实全部完成了检查表中要求的项目。

网络/移动渠道和实体渠道之分

本书认为，对网络/移动企业以及通过实体渠道销售产品的企业来说，客户开发活动呈现出完全不同的速度。具体来说，"获取/维护/增加客户"流程是所有企业的核心工作，在这一流程上两种渠道的表现不同，网络/移动产品的开发速度和获取反馈的速度要快很多。有鉴于此，我们在书中列出了两条平行的客户开发流程，其中一条侧重介绍实体产品和实体渠道，另一条侧重介绍网络/移动产品和网络/移动渠道。书中对这两种不同渠道采用分别介绍的方式，首先说明实体渠道的开发方式，然后介绍网络/移动渠道的开发方式。

在客户探索和客户验证的每一个阶段，我们都会列出如图0-1所示的图，以帮助你了解目前处于客户开发流程的哪一个环节。

图　0-1

在图0-1中，上排描述的是实体渠道的推荐步骤，下排描述的是网络/移动渠道的推荐步骤。如果某些步骤对两种渠道来说无甚差异，图中就以同一个方框加以描述。

⇨ 在讨论网络/移动渠道、产品、战略及战术时，书中会统一在这些内容之前添加"⇨"标记，以示读者"此处讨论内容已更改渠道"。

无论你的企业采用的是哪种渠道，读一下两种渠道的客户开发流程都会大有裨益。如果某个渠道的客户开发信息对另一个渠道的企业十分重要，我们会提示读者做相应的阅读。对于网络/移动企业创始人，我们建议在阅读和开始实施每个环节的流程之前快速浏览一下实体渠道的相关内容。

本书的阅读方式

- **首先阅读书后所附的术语表**，其中详细介绍了客户开发流程的一些常见概念。

- 在深入了解详细内容之前，先阅读一下附录2A客户开发宣言。

- 如果你已经熟悉了客户开发概念，第1～3章可一带而过，从第4章开始细读。

- 如果你想让企业其他创始人、员工、投资人和指导顾问了解客户开发系统，请他们阅读本书第1章和第2章。

- 如果你想快速浏览本书内容，可以采用以下两种方式：

  ➢ 略读第四部分核查清单，此部分可帮助你了解客户开发实施流程每个环节必须完成的任务。

  ➢ 翻阅正文部分的"核心提示"内容，如下所示：

☞ **本书并非消遣读物，而是一本实用指南。**

"核心提示"总结了书中100多个重要观点，为本书提供了短小精悍的"微博化"表达。

- 欲了解企业创始人的正确行为方式，请从第4章开始阅读，同时参考第四部分的核查清单。

- 如果企业已经创立运行，请从第7章开始阅读，了解企业的开发进程；然后跳至第12章，检查企业是否具备升级能力。

- 欲开发测试网络/移动型最小可行产品（minimum viable product，MVP），请阅读"设计测试和合格实验"（151页）、"开发低保真最小可行产品"（158页）、"低保真最小可行产品问题测试"（168页）和"走出办公室：优化'获取'客户流程"（308页）等章节。

- 欲开发测试实体型最小可行产品，请阅读"准备联系客户"（154页）、"测试问题了解情况，评估问题的重要性"（161页）、"了解客户"（173页）和"做好销售准备：开发销售路线图"（278页）等章节。

- 如侧重了解网络/移动营销（如何"获取""维护"和"增加"客户），请阅读：

  ➢ "客户细分：原型设计假设"（77页）、"渠道通路假设"（81页）和"客户关系假设"（101页）；

  ➢ "开发低保真最小可行产品"（158页）、"低保真最小可行产品问题测试"

（168 页）、流量和竞争对手分析（178 页）、高保真最小可行产品测试（189 页）和"衡量客户行为"（196 页）；

➢ "做好销售准备：设计定位陈述"（236 页）、"做好销售准备：获取/激活客户方案"（245 页）、"做好销售准备：开发高保真最小可行产品"（266 页）、"做好销售准备：开发测量工具集"（273 页）和"做好销售准备：聘请首席数据分析师"（283 页）；

➢ "走出办公室：准备优化方案和工具"（293 页）、"走出办公室：优化'获取'客户流程"（308 页）、"走出办公室：优化'维护'和'增加'客户流程"（320 页）、"走出办公室：测试销售流量合作伙伴"（331 页）。

- 如侧重了解实体渠道销售和营销（如何"获取""维护"和"增加"客户），请阅读：

➢ "客户细分：选择和定位假设"（70 页）、"渠道通路假设"（81 页）、"客户关系假设"（101 页）和"收入定价假设"（140 页）；

➢ "准备联系客户"（154 页）、"测试问题了解情况，评估问题的重要性"（161 页）、"获取市场认知"（176 页）、"开发产品解决方案陈述"（188 页）和"和客户一起测试产品解决方案"（191 页）；

➢ "做好销售准备：销售和营销材料"（239 页）、"做好销售准备：聘请销售内行"（266 页）、"做好销售准备：销售渠道路线图"（268 页）和"做好销售准备：开发销售路线图"（278 页）。

- **教授客户开发理念或精益商业模式（Lean LaunchPad）课程的教学者，应了解：**

➢ 作者个人网站 www. steveblank. com，内附作者在斯坦福大学、加利福尼亚大学（简称"加州大学"）伯克利分校以及美国国家科学基金会的教学大纲。

➢ 在课程开始之前，让学生阅读以下内容：

√ 附录 2A"客户开发宣言"；

√ 第 2 章中的"客户开发简介"。

➢ 课程每周安排一次讲座，主题围绕客户开发第一阶段商业模式假设部分的环节，参见第 59～148 页。

➢ 针对精益商业模式课程，让学生阅读以下内容：

友情提示

我们发现，企业的成功程度和创始人使用本书的频繁程度成正比。书中折角越多，翻得越多，企业取得的成功就越显著。我们强烈建议，本书是用来实践的，而不是用来阅读的！

 我们发现，企业的成功程度和创始人使用本书的频繁程度成正比。书中折角越多，翻得越多，企业取得的成功就越显著。

学会使用核查清单。书后附有 50 多个行动检查表，涉及客户开发的每一个环节。

一次不要阅读太多内容。作为一本指导手册，一次阅读太多内容会让人感到难以消化。我们建议读者每次只阅读少量内容，用折角或即时贴标记已读部分以便经常参考。

学会预读，它能帮助你了解当前行为的背景环境。例如，如果你准备按第 4 章内容行动，可以提前略读一下第 5 章内容，以便更好地了解自己的行动目的。

留意书中的警告内容，其格式如下所示：

注意

此处为教学内容，不可能一次性实施上述全部内容。

企业经营绝不像菜谱或行动列表那么简单，它要求创始人最终成为高超的艺术家。千万不要指望企业经营和书中描述的情况一模一样，本书也不可能解决所有初创企业的决策和发展问题，它的作用在于帮助企业创始人走出办公室寻找事实真相，探索真知灼见和灵感。显然，书中的建议并不一定符合你遇到的所有情况，也不一定总是能解决问题，这也正是我们需要企业家的原因。

序　言

1602 年，荷属东印度公司（第一家被广泛认为是"现代企业"的公司）颁发了世界上第一张股权证书。在随后 300 年的历史沉浮中，企业的启动、建立和发展都好像盲人摸象，缺乏训练有素的管理人员的指导。进入 20 世纪后，鉴于现代企业的复杂性，负责经营大型公司的商业管理阶层应运而生。1908 年，哈佛大学首次颁发工商管理硕士学位（MBA），以满足大型企业对职业教育标准的需要。工商管理硕士课程对现代企业管理者必须了解的内容加以规范化和系统化，包含了很多必要的商业模块，如成本核算、战略、财务、产品管理、工程设计、人事管理和企业经营等。

☞ **正式管理工具的诞生仅有 100 多年的历史。**

20 世纪中期，创业资金和初创企业以新的方式结合到了一起，为初创企业所处的行业带来了史无前例的发展。尽管形势如此大好，但过去 50 年的经验表明，如何为初创企业寻找可重复的成功之道仍旧是一个未解之谜。企业创始人依然在盲目地应用商学院教授和投资者推荐的那一套"大企业"式管理工具、管理原则和管理流程。由此带来的结果是，投资者往往吃惊地发现初创企业无力执行其所谓的"方案"，但即便如此，他们也不愿接受初创企业不适合实施既定商业方案的观点。如今，经过半个世纪的商业管理验证，我们可以一针见血地指出，像管理 IBM、通用汽车和波音等大型公司所用的那套传统 MBA 课程完全不适合初创企业，甚至可以说有百"弊"而无一利。

痛定思痛，企业管理者终于发现了问题所在，即初创企业绝不是大型公司的缩微版。换句话说，企业执行商业模式是有前提的，即它们的客户群体、问题和必要的产品特征都是"已知"的。与此相反，初创企业的经营完全是"摸着石头过河"，其首要目的是找到可重复和可盈利的商业模式，而寻找商业模式的过程需要完全不同的经营原则、路线图、技能和管理工具，以实现降低风险和优化成功机会的目标。

21 世纪伊始，在网络/移动型初创企业的引导下，企业经营者开始寻找和开发属于自己的管理工具。10 年过去了，如今一种全新的初创企业管理工具已经出现，它一方面迥异于大型企业应用的管理工具，另一方面又像传统 MBA 教科书一样易于理解。这种新的管理工具即"企业管理科学"，我的第一部作品《四步创业法》（*The Four Steps to the Epiphany*）最早对此工具进行过介绍。我在这本书中指出，大型企业管理所用的传统教程并不适用于刚刚成立的企业。书中提出，必须重新审视现有的产品导入流程，以一种全新的方式在产品发布之前确定企业的目标客户及其需求。

👉 **我们提出的第一款管理工具完全为初创企业设计。**

在写作本书时，我的主要目的是想提出一套有利于初创企业发展的管理方式。截至本书出版时，敏捷工程（agile engineering）已成为企业首选的产品导入方式。这种迭代增量法为平行管理流程创造了需求，以便提供快速连续的客户反馈。我在《四步创业法》中描述的客户开发流程很好地满足了这种需求。

过去 10 年来，在斯坦福工学院、加州大学伯克利分校哈斯商学院以及美国国家科学基金会的课堂上，我教授过上千位科学家、工程师和工商管理硕士，他们都曾讨论、实施、评估和改善过客户开发流程。这一理念已被全球范围内数以万计的企业家、工程师和投资者接受，并付诸实施和应用。

虽然基本观点源自"四步创业法"，但本书绝非前一本书的第 2 版。流程中的几乎每一个步骤，甚至整个方法都在 10 年来客户开发经验的基础上得到了改善和提炼。

👉 **客户开发应当和敏捷产品开发相互结合。**

更加令人欣慰的是，在 10 年之后的今天，已经有很多作者和作品开始介绍企业战略科学（strategy and science of entrepreneurship）这一新兴概念。企业管理领域出现的其他一些观点包括：

- 敏捷开发，一种增量互动工程开发法，可保证产品或服务开发根据客户和市场反馈迭代与调整。
- 商业模式设计，利用九栏式模块表代替静态商业计划组建企业。
- 创造创新工具，用于提出和培育制胜观点。
- 精益管理模式，客户开发和敏捷开发衍生品。
- 精益用户界面设计，用于改善网络/移动界面和对话水平。
- 风投和企业融资，用于吸引和管理推动创新的资金。

没有任何一本书（包括本书在内）能够为创业者描绘完整的路线图，也无法解决创业者的所有问题，但汇合成一体，企业管理科学方面的诸多作品便能为创业者提供一份前所未有的清晰指南。在数十亿消费者构成的潜在市场的推动下，通过利用这些观点来测试、提炼和评估自己的创意，初创企业必将以更快的速度和更低廉的成本实现成功的目标。

☞ **任何作品（包括本书在内）都无法为企业提供完整的路线图……**

最后，我和鲍勃衷心希望这本书能加速初创企业的变革，促进初创企业的成功。

史蒂夫·布兰克

2012 年 3 月于加利福尼亚

此书为谁而作

本书适合所有创业者阅读。书中提及初创企业达数百次之多，何为初创企业？首先需要明确的是，初创企业绝非大型企业的缩微版，它是一个寻找可升级、可重复和可盈利商业模式的临时组织。成立伊始，初创企业的商业模式只是一块描绘着创意和猜想的画布，既没有客户细分，也没有任何客户信息。

但是，上面这番话并没有全面解释初创企业、创业者和创新活动。这些概念对于硅谷，对于普通民众和美国企业界来说意味着不同的事物。尽管每一种初创企业类型有所不同，但本书都能为它们提供实用指导。

> 初创企业是一个寻找可升级、可重复和可盈利商业模式的临时组织。

小型商业企业。在美国 590 万家小型企业中，绝大多数属于初创企业，占美国企业界 99.7% 的份额，雇用的非政府工作者人数占全国的一半。它们通常是服务型企业，如干洗店、加油站和便利店。此类企业经营者对成功的定义是所有人都能得到良好的回报，实现一定的利润，他们很少渴望垄断一个行业或是建立一家价值 1 亿美元的公司。

可升级式初创企业。可升级式初创企业（见图 0-2）往往是技术创业者的作品，他们在成立企业时认为自己的愿景会改变世界，同时为公司带来数以亿计甚至是十亿计美元的销售收入。在可升级式初创企业的早期阶段，其目标是寻找可重复和可升级的商业模式。规模化经营要求企业从外部获得数千万美元的风险投资以推动其快速发展。可升级式初创企业往往集中出现在全球技术中心，如硅谷、上海、纽约、班加罗尔和以色列。虽然此类企业在整个企业界中所占比例很小，但它们往往具备巨大的投资回报潜力，因此能成功吸引全球的风险投资（以及媒体关注）。

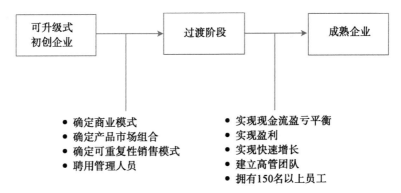

图 0-2　可升级式初创企业

"出售型"初创企业。"出售型"初创企业为新兴事物。依靠开发低成本的网络和移动应用程序，它们可以靠创始人的个人收入运营，有时甚至能吸引 100 万美元以下的小型风险投资。此类企业（及其投资者）往往以 500 万～5 000 万美元的价格出售，收购方通常是大型企业，目的是挖掘人才和有价值的业务。

大型公司企业。大型公司企业通常具备有限的生命周期，依靠在核心产品基础上推出新款的方式（即持续性创新）来实现发展。此类企业也有可能转向破坏性创新，向新市场中的新客户推出全新产品。然而不幸的是，大型企业由于其规模和文化的限制很难成功实施破坏性创新（充其量在其内部成立可升级式的初创部门）。

大型企业由于其规模和文化的限制很难成功实施破坏性创新。

社会型企业。社会型企业通常是以改变世界为目的的创新型非营利性组织。客户开发流程可为其提供评估升级能力、资产杠杆、投资回报率和成长率的计分卡。此类企业关注的目标是寻求解决方案而非盈利水平，其范围遍布世界各地，涉及领域不一而足，如水土保护、农业开发、医疗保健和小额信贷等。

尽管客户开发流程能在最大程度上帮助可升级式初创企业，但上述五类初创企业都强调企业管理和创新能力。通过使用客户开发流程，每一种企业都能大大提高成功的概率。

哪些情况不适合阅读本书

下列情况不适合阅读本书，也不适合利用客户开发法。

处于成立初期阶段的两种企业，即面对创新风险的企业和面对客户/市场风险的企业。

- 存在创新风险的市场是指那些不确定技术能否发挥效用的市场，如果技术能够发挥效用，客户就会对企业产品（如生命科学和癌症治疗药物）蜂拥而至。
- 存在客户/市场风险的市场是指那些不确定客户是否会应用产品的市场。

对开发网络产品的企业而言，产品开发过程可能比较困难，但假以时日和足够多的迭代，工程技术最终会设计出解决方案，向客户交付具有实用功能的产品——注意，这只是工程设计而非发明创新。对于此类企业来说，真正的风险在于是否存在针对该特定产品的客户和市场。在这些市场中最为关键的是客户/市场风险。

此外还有一类市场，其特点表现为存在创新风险。在此类市场中，企业需要 5 年甚至 10 年的时间才能把实验室成果成功转化成商业产品（如生物技术）。虽然没人知道产品最终能否发挥作用，但巨大的投资回报价值仍会让投资者跃跃欲试。在这些市场中最为关键的是创新风险。

☞ **初创企业可通过阅读本书解决客户和市场风险。**

第三类市场兼具创新和市场风险。例如，面对复杂的新型半导体设计，在拿到产品成品之前你并不清楚芯片的性能到底怎么样。与此同时，由于竞争对手的存在以及产品过于前卫，你仍须利用客户开发流程深化对市场的了解，以便产品设计能够战胜对手，取得现有供应商的支持。

初创企业可通过模拟工具解决技术研发风险（如计算流体力学、有限元分析等），通过阅读本书解决客户和市场风险问题。当企业遭遇客户认可和市场采纳问题时，本书可提供详细的操作指南。

导　　论

> 传奇英雄通常是某种事物的创始人，如新时代的创始人、新宗教的创始人、新城市的创始人或新生活方式的创始人。为了创造新事物，他们必须脱离原有的模式，踏上寻找原始创意的旅途。这种萌芽般的原始创意具有强大的潜力，能够催生出全新的事物。
>
> ——约瑟夫·坎贝尔　《千面英雄》

约瑟夫·坎贝尔⊖在其作品中普及了原型化的"英雄之路"概念，证明这是一种在世界各国的神话和宗教文化中普遍存在的模式。从摩西和燃烧的荆棘到天行者卢克见到绝地武士欧比旺，他们的旅程都表现出同一个特征，即英雄人物因感受到使命召唤而踏上征途。在旅途开始时他们毫无目标，根本不清楚自己前行的方向。虽然每个英雄都会遇到特定类型的障碍，但坎贝尔却敏锐地观察到此类故事的大纲总是完全相同。换言之，尽管世界上有无数的英雄，但他们成功的模式都是一样的，因此可以说是千人一面的英雄。

通过英雄之路这个概念来思考初创企业很切题，任何新企业和新产品都是从一个概念发展起来的，它代表着一种期望和目标，期望能够改变现状，实现很少有人能够预见到的目标。实际上，正是创始人这种燃烧着希望之光的愿景决定了创业者和大型公司首席执行官的不同，决定了初创企业和步入经营正轨的公司的区别。

企业创始人踏上的是一条让梦想成真、实现商业成功的征途。为实现这个目

⊖　约瑟夫·坎贝尔（Joseph Campbell），美国研究比较神话学的作家，深入探讨了神话在人类文化中的共同作用，研究了世界各地文学和民间传说中的神话原型。——译者注

标，他们必须忘掉现状，与志同道合者组成团队，一起在充满恐惧、疑虑和不确定性的未知新道路上奋力前行。在这条道路的前方埋伏着各种障碍、困难和灾难，在实现成功的过程中受到考验的不只是他们的财力、物力，同样也包括他们的精力、灵活性和勇气。

> 👉 **踏上一条充满恐惧、疑虑和不确定性的未知新道路。**

每个创业者都坚信自己的道路与众不同，他们在踏上创业之路时从不设计路线图，认为其他模式或模板并不适合自己。同样的初创企业，有些能够取得成功，而有些只能沦落到廉价清库的下场，看起来这似乎是运气使然，然而事实并非如此。正如坎贝尔所说的那样，英雄成功的故事都是一样的。因此，初创企业实现成功之路肯定是"熙熙攘攘"和容易理解的。换句话说，世上必然存在一条通往成功的真实且可重复的道路。本书为读者绘制的就是这条成功之路。

一条可重复之路

20 世纪下半叶，初创企业认为已经找到了通往成功的正确道路。它们利用产品开发法，按照商学院指导大企业经营几乎相同的做法开发和应用管理流程。这些流程为产品开发的每一步都提供了详细的商业计划、检查点和具体目标，如衡量市场规模、估计销售、开发营销需求文件、设置产品特征排序等，然而令人尴尬的是，尽管应用了上述所有流程，人们发现无论公司大小，无论企业成立时间长短，最终十之八九的新产品开发都以失败告终。而且，无论产品来自哪个类别，如高科技或低科技、在线产品或线下产品、消费品或商用品；也不管产品投资程度高低，结果总是高度一致。

然而即使目睹了数十年类似的失败经历，投资者依然对初创企业无力执行商业计划感到吃惊不已，依然继续依赖相同的产品导入流程。

现在我们终于知道了问题所在，原来初创企业一直都在使用适合已知商业模式的手段进行产品开发，殊不知它们自身还充满着各种不确定性。因此，要想建立一家成功的初创企业，创业者必须尝试这样一条新的道路：

成功者善于抛弃大公司应用的传统产品管理和开发流程，善于结合敏捷工程和客户开发，以不断迭代的方式建立、测试和寻找商业模式，从而实现从"未知"到"已知"、从"不确定"到"确定"的转变。

成功者清楚地意识到，他们的企业"愿景"只是一系列未经测试的假设条件，需要通过"客户验证"来说明其可行性。为此，他们坚持不懈地测试自己的观点，不惜经年累月地调整方向以保存现金，避免在客户不喜欢的产品和特性上浪费时间。

> 成功者清楚地意识到，初创企业的"愿景"只是一系列未经测试的假设条件。

相比之下，**失败者**总是盲目地执行严格的产品管理和导入方式。他们认为创始人的愿景可以推动企业战略和产品开发方案，因此唯一需要做的事就是筹集资金展开执行工作。

在初创企业中，负责探索商业模式的应当是创始人而非员工。最好的探索方式是，**企业创始人亲自走出办公室，从潜在客户那里了解深刻、个性化、第一手的需求信息，而不是在此之前就急于确定明确的发展方向和具体的产品方案。** 这就是成功者和失败者之间的区别，也是本书详细介绍客户开发流程的目的所在。

为什么10年之后推出这本书

自从上一本作品《四步创业法》出版之后，客户开发流程已经在初创企业中应用了10年之久。如果你是第一次接触这个概念，欢迎你加入这个大家庭。对于阅读过第一本书的数以万计的读者来说，本书可以为你提供更多的帮助。在前一部作品中，我们假定的初创企业是硅谷的高科技公司，它们通过实体渠道销售产品，目标是发展成为价值10亿美元的成功企业。如今10年时光匆匆走过，我们对初创企业的理解也出现了一些变化。

比特浪潮："第二次工业革命"

自从车轮被人类发明之后，在长达数千年的时间里人们对产品的理解从未发生过改变，它是一种可以触摸的实际物体，例如食物、汽车、飞机、图书和家居用品。这些实体产品通过实体渠道销售给客户，具体方式包括销售员拜访或客户店内选购。图0-3展示了这种实体产品和实体渠道的交叉。

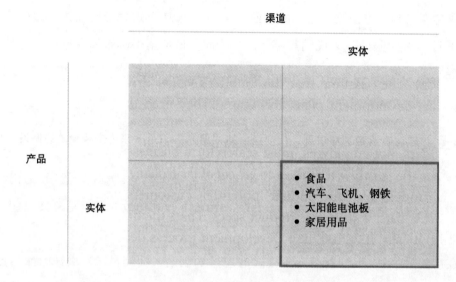

图 0-3　通过实体渠道销售的实体产品

随后，商业发展里程碑上出现了一个重要突破，即创意或承诺等无形产品的出现，例如寿险和健康保险项目、股票债券以及商品期货。

20世纪70年代，软件开始成为一种独立于计算机之外的单独销售产品，这使得购买虚拟产品成为一种新的概念。虽然比特本身没有丝毫用处，但当它们和计算机相结合以软件程序的形式出现时，便能达到解决问题和提供娱乐的目的（如字符处理、对账单、电子游戏等）。这些应用软件和娱乐程序在形态上都是虚拟或比特化的，通过实体渠道如计算机零售店销售给客户。

此外，还有一些软件程序是针对企业应用设计的（如数据库访问、自动化制造、自动化销售等），它们和上述虚拟产品一起组成图0-4中的右上角部分，即通过实体渠道销售的软件产品。

互联网的出现为商业提供了新的销售平台，这时有一类新的企业出现了，它们的价值主张是通过互联网销售实体产品，如亚马逊、美捷步（Zappos）、戴尔和其他经营这一新利基市场的电子商务公司，它们的共同特点是通过网络渠道销售实体产品。

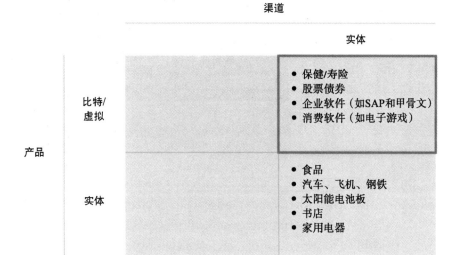

图 0-4　通过实体渠道销售的软件产品

这种新的销售渠道对真实世界的实体渠道造成了巨大冲击，街头零售商的日益凋零就是最好的证明。图 0-5 所示为通过网络/移动渠道销售的实体产品。

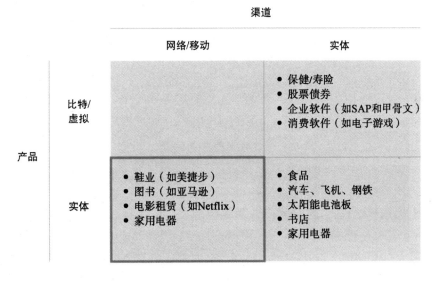

图 0-5　通过网络/移动渠道销售的实体产品

在过去 10 年中，又有一种新的产品类型出现了，它的特征是**产品本身和销售渠道全都是虚拟的**（见图 0-6）。此类初创企业往往只需数千美元和几周时间就能成立运营，完全不像传统企业动辄需要数百万美元投资和多年准备才能开始经营。受此影响，全球虚拟型初创企业的数量每年都在以惊人的速度递增。社交网络之类的新式应用程序能够复制人们在现实生活中的面对面沟通，以机器媒介的方式取而代之。虚拟化的搜索引擎（如谷歌和必应）可以在网络/移动渠道中高速搜索用户所需的任何信息。

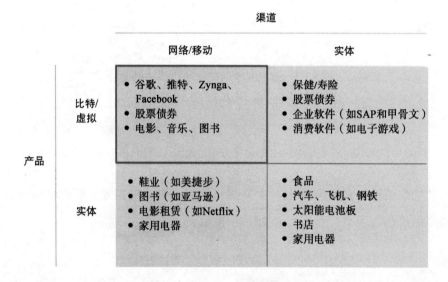

图0-6　通过网络/移动渠道销售的软件产品

更为重要的是，在比特浪潮的冲击下，曾经以实体店面销售实体产品为特征的整个商业体系如今正大举转变为通过互联网销售虚拟产品。曾几何时，人们通过面对面交流或店面经营的方式销售图书、唱片、影碟、电影、旅游产品和股票债券。如今，随着实体产品的逐渐虚拟化，这些渠道要么改头换面，要么慢慢地退出了历史舞台。

速度、时间和迭代："第二次工业革命"

无论经营哪种业务，那些注重图0-3右下角部分（即通过实体渠道销售实体产品）的企业在过去10年中都发现了这样一个事实，即适用于实体产品和实体渠道的传统经营规则和管理手段如今早已失效。它们意识到，企业越是接近网络/移动渠道和网络/移动产品，则其改变、测试、优化产品和解决方案的速度就越快。它们需要一种新的流程以适应网络/移动渠道和产品带来的新自由，这一流程的秘诀就蕴含在客户开发法当中。

客户开发流程可搜集客户对产品、渠道、价格和定位的所有反馈信息，这些信息几乎可以以实时的方式加以修改和测试。在此基础上，企业可以利用客户反馈信息对产品或服务进行迭代和优化。受此影响，网络/移动渠道的初创企业可以以"互联网速度"前进，让实体渠道销售的实体产品望尘莫及。

就在短短 10 年之前，企业想要了解客户对一款电子游戏的反馈信息，还必须招募焦点小组，一边让用户试玩，一边通过单面镜观察试用效果。如今，像 Zynga 之类的网页游戏公司，只需几天时间即可对在线游戏的特性进行测试和调整。销售低迷是因为游戏难度太高？你可以马上调整计分算法或其他游戏变量，赶在出现问题之前迅速改变产品。

☞ **客户开发即组织探索商业模式的流程。**

从理论上说，如果初创企业的产品和渠道都是虚拟化的，它们搜集信息和做出响应的速度要比通过实体渠道销售实体产品的企业快 100 倍（前者的迭代学习循环数为后者的 10 倍，每次循环只耗费 10% 的现金）。实际上，像 Facebook、谷歌、Groupon 和 Zynga 等企业，过去 10 年来的发展速度甚至超过了大多数工业企业在 20 世纪 100 年中的发展速度。因此，把这个阶段称为"第二次工业革命"的确实至名归。

四步法：新的发展道路

客户开发流程的核心理念其实非常简单——**越早走出办公室频繁和客户沟通的企业创始人，其开发的产品越有可能获得成功。**与此相反，那些急于把产品交给只会吹嘘新产品开发的销售和营销机构的企业，往往会落到一败涂地的下场。对于初创企业管理者来说，待在办公室里永远也不会取得成功，你必须"走出办公室"。"走出办公室"意味着深入了解客户需求，将其和增量迭代式产品开发相结合。客户开发和敏捷工程的结合可以极大提高新产品和初创企业成功的概率，在减少前期现金需求的同时避免浪费时间、精力、金钱上的付出。

👉 **待在办公室里永远也不会取得成功，你必须"走出办公室"。**

客户开发流程认为，初创企业的使命是坚持不懈地探索对愿景和创意的提炼，并在探索过程中对经过验证的业务进行全方位的调整和改进。创业者必须测试与其商业模式相关的一系列假设条件（猜想），如：客户群体有哪些？产品应具备哪些特性？如何升级商业模式以适应成功企业的需要？客户开发流程认为，初创企业是一个以探索可重复和可升级商业模式为目的的临时组织，客户开发即组织这一探索行为的过程。

第一部分

入门知识

第 *1* 章

通往灾难之路：
初创企业并非大企业缩微版

所谓疯狂，是指一次次做相同的事却期望得到不同的结果。

——阿尔伯特·爱因斯坦

下面这个案例虽然发生时间已经有些久远，但其中蕴含的教训却是永恒的。在20世纪末互联网经济泡沫高峰时期，Webvan [⊖] 一举成为最令人兴奋的新型初创企业，该公司曾雄心勃勃地宣称要让其产品深入每一个美国家庭。在成功筹集到史上最大一笔投资（超过8亿美元）之后，这家公司提出了耗资4.5亿美元的具有革命性意义的网上杂货零售业务，号称可实现"订购当日上门交货服务"。Webvan认为该创意是互联网上第一批"撒手锏程序"之一，客户只需选择、点击和下单即可，其他所有工作都由公司完成。公司首席执行官在接受《福布斯》杂志采访时说，Webvan将"为国民经济中最大的消费者领域设定规则"。

除了大量融资之外，Webvan创始人的每一个举动似乎都是正确的。在经验丰富的风险投资家支持下，公司快速建立起面积巨大的自动化仓储中心，购买了大量货运卡车，推出了简单易用的网站页面。此外，Webvan从咨询行业聘请了管理经验丰富的首席执行官。最重要的是，大多数早期客户确实很喜欢这种服务。可是，就在首次公开募股（IPO）仅仅两年之后，Webvan便宣布破产了。这到底是什么原因呢？

☞ **就在首次公开募股（IPO）两年之后，Webvan公司便宣布破产。**

显然，这绝不是执行上的失败。Webvan做到了董事会和投资者要求的每一项工作。特别值得一提的是，公司非常热衷于遵循大多数创新企业广泛应用的传统的新产品导入模式，坚信当时非常流行的管理思路，如"先发制人优势"和"跑马圈地经营"。究其原因，Webvan未能清晰回答"客户群体是哪些"这个问题才是导致失败的关键，正是这一点让久经验证的产品导入模式失灵，让投资数亿美元的企业坠入深渊。

传统的新产品导入模式

在20世纪，每一个针对市场开发新产品的企业都会使用某种形式的产品管理模式（见图1-1）。这种以产品为中心的开发模式出现于20世纪初，它所描述的开发流程见证了

⊖ 美国一家网上杂货零售商，曾经一度非常著名，2001年宣布破产。——译者注

整个制造业的发展史。20 世纪 50 年代，消费者包装品行业采用了这一开发流程，20 世纪末这一流程又进一步扩展到了技术商业领域。自此，产品开发流程开始成为初创企业文化不可分割的一部分。

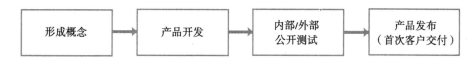

图 1-1　新产品导入流程图

乍一看，图 1-1 中描述的新产品导入模式似乎很有帮助，对企业有利无害。它详细说明了怎样把新产品一步步交付到客户手中。首先，新产品从开发阶段进入客户测试阶段（内部/外部公开测试）；其次，产品工程师根据测试得到的反馈解决技术问题；最后，进入产品发布和首次客户交付阶段。

但是企业在应用这一模式时往往忽略了一个重要前提，即新产品导入模式适用于那些已明确客户群体、产品特征、市场范围和竞争对手的成熟企业。

相比之下，没有几家初创企业符合这些前提，甚至没有几家初创企业清楚自己的客户是谁。尽管如此，许多初创企业仍坚持利用新产品导入模式管理产品开发流程，甚至以它为路线图去寻找客户，设定企业的销售、产品发布时机和营收计划。投资者也不例外，他们已经习惯于利用新产品导入模式调整和规划投资活动。于是乎，初创企业的相关各方都在利用一份不合时宜的路线图作为行动指南，直到公司破产仍茫然不知为何。

那么，传统的产品导入模式究竟错在哪里？它是如何让投资数亿美元的 Webvan 公司败走麦城的呢？

概念萌芽阶段

在概念萌芽阶段，企业创始人往往会抓住灵光一现的奇思妙想，有时甚至会把它们写在一张餐巾纸上，然后将其转变成一组核心理念，以此作为实施商业计划的大纲。

接下来，他们要明确围绕产品出现的几个问题。例如，我的产品或服务理念是什么？产品特征和价值是什么？该产品能否开发？是否需要进一步的技术研究？客户群体有哪些？怎样才能发现这些群体？统计市场研究和客户评论能够推动问题评估和商业规划。

这个阶段还可以奠定有关产品交付的一些基本假设条件，其中包括对竞争差异、销售渠道和成本问题的讨论。绘制初次定位表可以更好地向风险投资家或企业高层介绍公司情况及其带来的利益。此时的商业规划应说明市场规模、竞争优势和财务分析，同时在附录中提供详细的收支预测表。充满创意的写作、高昂的激情和不辞辛苦的付出，当这些因素和概念萌芽阶段结合在一起时，才有希望说服投资者投资创建企业或新的部门。

Webvan 很好地做到了上述工作。这家公司于 1996 年 12 月成立，不但制订了诱人的商业计划，而且创始人拥有深厚的管理背景。1997 年，Webvan 从硅谷知名风险投资家手中筹集到了 1 000 万美元启动资金，在随后不到两年的时间里，公司在 IPO 前共获得了 3.93 亿美元的私募投资。

产品开发

第二个阶段是产品开发阶段，这时大家不再空谈，开始投入工作。随着公司各职能部门的建立，相关的开发活动被分配到各个团队实施。营销部门负责确定商业计划中描述的市场规模，开始定位产品最初的客户。在组织机构分明的初创企业（即热衷于流程开发的企业）中，营销部门甚至会针对目标市场进行一两次焦点小组测试，和产品管理团队一起制作市场需求文档，以便工程部门确定产品的最终特征和功能。营销部门开始设计销售演示内容，编写销售材料（包括网站、演示词和数据表），聘请公关公司。在产品开发阶段或内部测试阶段，企业通常会聘请一位销售副总监。

与此同时，工程部门正忙着明确特征和开发产品。产品开发通常会扩展为"瀑布式"（也称螺旋式或增量式）的几个相互关联的步骤，每一个步骤都强调最小化已定义产品特征组的开发风险（见图 1-2）。这一流程源自创始人的愿景，随后被扩展为市场需求文档（以及产品需求文档），然后进一步扩展为详细的工程技术规范。有了这些任务，工程部门便开始了夜以继日的加班。实际上，瀑布式开发流程一旦启动就永无回头之路，即使产品出了问题，也不可能再进行修改。通常情况下，这一流程会持续不断地进行 18～24 个月甚至更久，即使中间出现任何有利于企业的变化或新创意，该流程也不会中断。

☞ 瀑布式开发一旦启动就永无回头之路……

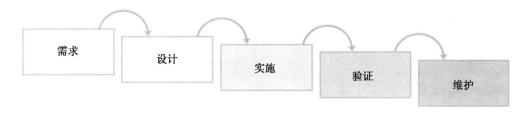

图 1-2　产品开发瀑布模型

以 Webvan 公司为例，其工程部门主要有两个工作方向，一是修建自动化仓库，二是设计公司网站。Webvan 公司的自动化仓库可以说是一项技术奇迹，建有大型平行和环形传送带以便把货架上的食品输送到员工手中进行包装。此外，公司还设计了自己的库存、仓储和路线管理系统软件，对整个客户订单和交付流程进行统一管理。这款软件可以和 Webvan 网站实时沟通，向配货中心发送订单完成指令。一旦产品排上交付单，系统会自动生成路线规划图，通过最高效的途径把产品运送到客户家中。

同时，公司的商业规划还推出了旨在强化 Webvan 品牌的营销和促销计划，如鼓励第一目标市场客户试用服务、塑造客户高忠诚度，以及最大限度实现客户的重复使用和重复购买行为。公司的计划是通过公关、广告和促销活动树立 Webvan 的品牌形象（包括在旧金山 AT&T 棒球场每个座位的饮料杯固定架上粘贴公司标志）并建立客户忠诚度。当然，所有这些活动花费的资金都是整个商业计划中的一部分。

内部/外部测试

第三个阶段是内部测试和外部测试阶段。工程部门继续按照传统的瀑布式模型开发产品，以首次客户交付日期为目标安排开发进度。进入外部测试阶段，和少数外部用户一起测试产品，确保产品满足既定的设计目标。营销部门负责开发完整的营销沟通方案，建立企业网站，为销售人员提供各种支持材料，展开公关和演示活动。公关机构负责调整定位，联系知名媒体和博客，营销机构负责展开品牌塑造活动。

销售部门和第一批外部客户（他们可能自愿付费享受新产品测试）签约测试，开始建立选定的销售渠道，扩充总部之外的销售机构并为之配备员工。销售副总监负责实现商业计划中规定的营收方案，投资者和董事会成员开始按照首次客户交付的订单数量衡量销售进度，首席执行官负责推广产品或联系总公司以寻找新的投资。

　　Webvan 公司于 1999 年 5 月开始对其杂货零售服务进行外部测试，参与测试的客户大约有 1 100 人。与此同时，营销部门开始为公司造势，通过闪电公关活动迅速发表了数百篇自我吹捧的文章。此举吸引了大量私人投资者，为公司募集了数亿美元资金。

产品发布和首次客户交付

　　产品投入运营后（至少在某种程度上如此），企业开始进入"烧钱模式"。产品和企业启动经营，公司举行大型新闻发布会，营销部门推出一系列活动创建最终用户需求。在销售部门的参与下，企业会聘请一家全国性销售机构，为销售渠道设定配额和销售目标。董事会根据销售执行情况和商业计划的对比衡量企业表现，毫不考虑这些计划是早在一年之前企业寻求初始投资时制订的，早已不合时宜。

　　建立销售渠道和支持营销活动需要耗费大量现金。如果企业不具备早期资产变现能力，势必要筹集更多的资金支持运营。首席执行官会检查产品发布活动以及销售和营销团队的发展规模，再次向投资者募集资金（在互联网泡沫经济期间，投资者在产品发布时利用 IPO 吸引投资，此时尚无迹象表明企业经营会取得成功）。毫无疑问，这种经营模式对很多企业来说都不陌生，实际上有无数的初创企业都是利用以产品或流程为中心的开发模式，把自己的第一款产品推向市场的。

　　Webvan 公司于 1999 年 6 月推出了第一个地区级网店（仅在外部测试 1 个月之后），然后在 60 天之后申请 IPO。在 IPO 当日，公司募集到 4 亿美元投资，市值达到 85 亿美元，甚至超过了美国三大杂货零售连锁品牌的市值总和，但谁也没想到的是这份辉煌竟会如此短命。

新产品导入模式的 9 大错误

　　对于 Webvan 这样的新公司来说，商业计划无法作为其开发路线图的原因在于，它的产品和客户都是未知因素。对大多数初创企业而言，下列 9 项假设是最为致命的。

1. 认为"我很清楚客户需要什么"

第一个错误是，企业创始人坚信自己清楚客户群体有哪些、清楚他们需要什么以及如何向他们销售。实际上，当一家企业刚成立时，冷静的旁观者都会发现它并没有客户。除非创始人是某一领域的专家，否则只能对客户群体、客户问题和商业模式等问题做出初步假设。成立伊始，可以说初创企业只是一个建立在假设基础上、以创始人个人信念为支撑的项目。但是，传统的产品导入法却让创始人把这些商业模式假设当作事实，以此为基础去设计产品，花钱搞什么"首次客户交付"，尽管他们实际上根本没有接触过任何客户。

☞ **成立伊始，初创企业只是一个以个人信念为支撑的项目……**

要想实现企业成功，创始人必须把假设或猜想尽快变成事实，具体做法是走出办公室询问客户这些假设是否正确，然后迅速改变其中错误的内容。

2. 认为"我知道该开发哪些产品特征"

第二个错误假设是在第一个错误的基础上形成的。自认为清楚有哪些客户群体的企业创始人，会假定自己了解客户需要的产品特征。他们会利用传统的产品开发模式在办公室里指定、设计并打造出具有全面特征的产品，但是，这种做法真的适合初创企业吗？答案是否定的，因为它只适合那些拥有已知客户群体的成熟企业应用。

☞ **未做调查，你并不清楚产品特征能否吸引客户。**

瀑布开发法（见图 1-2）通常会持续一到两年之久。在产品发布之前，企业可通过新编写的代码或新安装的硬件衡量整个开发流程。但是，由于缺少和客户之间的直接连续沟通，企业并不清楚这些产品特征对客户是否有吸引力。显然，当产品已经成形并交付到客户手中之后，此时再改正不可避免的问题，不但成本高昂而且费时费力，甚至有可能给企业带来灭顶之灾。这种开发方式往往会让产品在发布之日就成了明日黄花。更糟糕的是，它还会导致严重的工程技术浪费，当客户表示对新产品特性不感兴趣时，数百小时的工作便付之东流，上万行代码转眼之间变成垃圾。颇具讽刺意味的是，让初创企业陷入这种困境的恰恰是这些曾被广泛使用的新产品开发方式。

3. 关注产品发布日期

传统的产品导入模式强调按照雷打不动的产品发布日期安排工程、销售和营销活动。营销部门根据产品发布时间选择营销活动（行业展会、新闻发布会、博客等），管理人员根据发布日期和产品开发日历逆向安排工作计划。无论管理层或投资者，都高度强调发布日期的重要性，并对造成延误的"错误行为"严惩不贷。然而，尽管传统的工程计划安排了包括内部测试、外部测试和产品发布的整个循环过程，但实际上很少有时间去改善产品。可以说，他们的目的是努力一次性推出问题最少的初始产品。

产品发布日期和首次客户交付日期只不过是产品开发团队自认为产品首发阶段"结束"的日期，并不意味着企业已经充分了解客户以及如何向客户营销或销售。但是几乎在每一家初创企业中，无论是否准备充分，各部门的时间安排全部都以"首次客户交付"为准绳。更糟糕的是，企业投资者也是以这个时间为基础管理财务活动的。

对此，投资者的反应几乎完全一致："企业当然应该这么做，按时向市场推出产品是销售和营销部门的任务，否则企业怎么赚钱？"这条建议可谓大错特错，过度关注产品发布日期会导致"开火—准备—瞄准"式的逆向战略，它忽视了整个客户探索流程，是一个严重而致命的错误。很明显，每一家初创企业或公司都希望把产品推向市场并展开销售，但如果不了解销售对象以及对方的购买原因就盲目行动，结果肯定"凶多吉少"。这种强制性的开发流程忽略了迭代循环的作用，后者的意义在于它能提出这样的建议："如果我们的假设是错误的，或许可以尝试开发不同的新产品。"换言之，以发布日期为准绳的开发模式切断了"开发—测试—学习"流程，假定良好的工程技术实施足以吸引客户出现。

然而事实一次次证明，初创企业总是在产品发布之后才发现没有多少客户访问网站、参与游戏、推荐好友或形成消费。它们发现早期客户并不会形成主流市场，发现自己的产品无法解决高价值问题，发现销售成本高得难以承受。这一切还不是最糟糕的，它们发现自己还背上了另一个沉重包袱——高薪请来却只会烧钱的销售和营销机构。现在，它们只能想办法自己解决问题了。

以 Webvan 公司为例。互联网狂热或许强化了这家公司对产品发布的推动，但实际上这种管理思路对大部分初创企业来说都是非常典型和普遍的。在首次客户交付阶段，Webvan 拥有约 400 名员工，其后半年内又招聘了 500 多人。1999 年 5 月，公司推出了第一个耗资 4 000 万美元修建的配货中心，该中心完全是根据对客户群体的盲目预测修建的。与此同时，公司还计划修建另外 15 个同等规模的配货中心。为什么会如此疯狂？原因是 Webvan 是在忠实地按照商业计划行动，丝毫没有考虑到客户是否认同。

4. 强调执行而非"假设—测试—学习—迭代"流程

初创企业文化经常强调"完成目标，越快越好"的管理思路，因此，其工程、销售和营销部门主管很自然地认为，企业聘用他们是因为他们知道如何管理，而不是因为他们具备学习能力。他们认为自己以往的经验和新企业相关，认为要做的工作就是运用自己的知识管理执行活动——毕竟，这些经验已经令他们取得过很多次成功。

诚然，成熟的企业可以在客户群体、客户问题、产品特征等因素已知的情况下执行商业模式，但初创企业与此不同，它们必须采用"探索"模式，通过测试验证每一个初始假设。每一次测试都是一次学习机会，它们能帮助企业修正假设条件，然后再次测试，以寻找可重复、可升级和可盈利的商业模式。

☞ **盲目执行而不问其故，无异于对企业实施犯罪。**

在实践中，初创企业都是从一组初始假设（猜想）开始的，其中大部分假设最后经过证明都是错误的。显然，如果强调在未经验证的初始假设的基础上执行方案、交付产品或服务，这样做无异于自取灭亡。

与此相反，传统的产品导入模式认为，初创企业的成立是一个按部就班、承前启后的以执行为导向的过程。在这个过程中，每一步都按逻辑顺序展开，可以通过计划评审技术图（PERT，一种映射项目完成步骤和所需时间的项目管理技术）进行跟踪，每个步骤的完成都分配有里程碑和相关的资源。但是，凡是向潜在客户推荐过新产品的人都知道，和客户互动的过程充满了不确定因素，往往喜忧参半、胜负难分。因此，是否具备从错误中学习经验的能力决定着初创企业的成功和失败。

和所有的初创企业注重执行连续性产品导入方案一样，Webvan 聘请了开发、营销和产品管理副总监，公司的一切活动都围绕着既定的销售和营销战略展开执行，而不是把重点放在听取客户意见和探索客户需求上。首次客户交付仅仅 60 天之后，这 3 位副总监就招聘了 50 多位员工。

☞ **是否具备从错误中学习经验的能力决定着初创企业能否取得成功。**

5. 传统商业计划认为"不跟踪，不犯错"

传统产品开发模式的一大优势在于，它为董事会和创始人提供了明确的、带有里程碑信息的管理途径，让人认为这些目标一定可以达到。大多数工程技术人员对内部测试、外部测试和首次客户交付等概念并不陌生。如果开发出来的产品达不到效果，每个人都会停下来解决问题。与此形成鲜明对比的是，在首次客户交付之前，销售和营销活动往往是即兴和模糊的，很少具备可衡量的具体目标，缺乏停下来解决问题的方式（甚至都不清楚是否存在问题以及如何停止）。

财务流程可通过利润表、资产负债表和现金流等衡量指标进行跟踪，哪怕企业还没有可供衡量的营业收入。但在实际应用中，这些指标对初创企业来说统统没有意义。董事会成员只会采用大型企业使用的传统衡量指标，丝毫没有考虑到它们（大型企业）拥有既定客户群体和商业模式的事实。对初创企业来说，这些衡量指标全都无法跟踪它们唯一需要关注的目标——探索可重复和可升级的商业模式。正相反，传统的衡量指标甚至会阻碍它们的发展。

初创企业的董事会和管理团队应当关注的不是"还有多少天进行外部测试"或"我们的销售渠道中有哪些产品"，而是一大串测试和实验的结果，以此验证其商业模式中的各个模块。

☞ **以产品发布或营收计划为目标衡量管理流程可谓谬之千里。**

如果初创企业董事会关注的不是这些问题，那它无异于在浪费时间做无用功。无论在什么情况下，企业董事和创始人都必须关注唯一重要的财务衡量指标——烧钱率以及银行账户上的钱还能坚持几个月。

在 Webvan 公司的开发路线图上，并没有标记"暂停开发，评估发布效果"的里程碑事件。否则，公司有可能会注意到 2 000 份实际日订单和商业计划中预测的 8 000 日订单之间的巨大差异。在缺乏有效客户反馈的情况下，Webvan 公司在产品交付仅 1 个月后便和柏克德工程建筑公司（Bechtel）签订了 1 亿美元的协议，计划在未来 3 年内新建 26 个大型配货中心。

6. 混淆传统职务和初创企业的任务目标

在大多数初创企业中，管理者的职务都是从成熟企业照搬过来的。可是，它们没有意识到后者是执行已知商业模式的组织机构，其职务内涵和自己相去甚远。例如，在一家成熟企业中，销售部门指的是这样一支团队，他们以标准的演示材料、价格、条款和条件重复性地向已知客户群体销售已知产品。反观初创企业，它们基本上完全不具备这些已知因素。实际上，它们根本还没找到这些因素。

由于目标客户、产品规格和产品演示内容每天都会改变，早期阶段的初创企业管理者必须具备完全不同于以销售既定产品和延伸产品为目标的成熟企业管理者的技能。客户探索需要要求初创企业管理者具备以下特征：他们应当是一群高度适应变化和混乱局面，善于从失败中学习经验，易于在充满风险、缺乏路线图的不稳定环境中开展工作的人。简而言之，初创企业欢迎的是那些具有企业家精神的少数派，他们勇于学习和探索，充满好奇心、求知欲和创造力。他们渴望寻求可重复和可升级的商业模式，高度机敏，可应对日常变化，能够摆脱既定模式对经营管理的限制。他们随时可以扮演多种角色，能够坦然接受失败，将其视为学习和调整的机会。

Webvan 公司的首席执行官和副总监全都具备大型成熟公司管理背景，拥有丰富的管理经验。在面对初创企业的混乱状况时，他们感到的是吃惊和不安，试图通过快速扩大企业规模的方式来解决问题。

7. 销售和营销部门按照商业计划执行活动

聘请副总监和主管参与开发，他们虽然有合适的背景但缺乏必要的能力，这样做只会给企业带来更大的麻烦，因为这些手握权力的销售和营销主管是来执行制订好的商业计划的。这一过程具体如下：

根据商业计划和传统的产品导入模式，董事会和创始人约定好产品发布日期、烧钱率、营收方案和一系列里程碑事件。销售副总监开始招聘核心销售团队，设计推销辞，指定并尝试获取早期"灯塔客户"（可吸引更多客户的关键客户）。销售团队利用商业计划中指定的收入目标跟踪活动进度以便了解客户。同时，营销副总监忙于设计网站、标识、演示材料、数据表和相关资料，聘请公关公司为企业宣传造势。尽管这些只是具体手段，但被企业当成了营销目标。这样做的问题在于，营销部门往往只能等到首次客户交付之后才知道其市场定位、信息传播、定价方案和需求创造活动是否有效。

企业主管和董事会成员已经习惯于商业计划中设计好的可衡量进度指标，注重这些执行活动是因为这是他们唯一知道的行动方式（也是他们认为企业聘用自己的原因）。当然，对于拥有已知客户和已知市场的成熟企业来说，注重执行是非常合理的。甚至于对某些客户和市场因素已知的初创企业来说，这样做也十分有效。但是对绝大部分初创企业而言，以产品发布或营收计划为目标衡量管理流程可谓谬之千里，因为这样做根本没有真实的客户反馈做基础。与此相反，正确的做法应当是努力了解客户群体及其问题，用调查得出的事实取代先前所做的假设。

任何商业计划都通不过初次客户接触的检验。

Webvan 公司踏上的便是这条商业计划驱动型"营销死亡之路"。在投入运营的最初 6 个月中，公司成功获取了 47 000 位新客户，但在其 2 000 份日订单中有 71% 都是重复订单。这意味着 Webvan 必须快速挖掘更多新客户，同时努力降低过高的客户流失率。雪上加霜的是，Webvan 根据未经验证的营销预测错误地加大了投资力度，结果发现这些预测盲目乐观，完全不符合实际。

8. 盲目自信导致仓促扩张

商业计划、营收预测和产品导入模式认为，初创企业成长的每一步都必须完美无缺，只有这样才能水到渠成地过渡到下一个环节。也就是说，整个模式很少为犯错、学习、迭代和客户反馈留出余地。在这些活动中，我们看不到"了解客户之后再招聘"或"停下脚步倾听客户反馈"这样的提示。即使经验最丰富的管理者也要面对按照商业计划完成招聘的压力，完全不顾企业的发展过程，这样必然会导致下一个麻烦——仓促扩张。

☞ **对大型公司来说，这些错误只会让它们多花上几倍的投资，并不会伤筋动骨。**

招聘和支出活动只能在销售和营销活动成为可预测、可重复和可升级的流程之后再加速，而不是根据商业计划中安排好的日期（或是在发现"灯塔客户"或完成几笔销售时）展开。

对大型公司来说，这些错误只不过让它们多花上几倍的投资，并不会伤筋动骨。像微软、谷歌等企业巨头曾推出过很多产品，如谷歌的 Orkut、Wave、Deskbar、Dodgeball 和 Talk and Finance，微软的 Kin、Vista、Zune、Bob、WebTV、MSNTV 和 PocketPC，都是严格按照产品开发计划和产品成功假设开发的。但不幸的是，这些产品开发出来之后不久就因为缺乏客户响应导致产品及其管理迅速走向失败。

在 Webvan 公司，受当时风投资本普遍存在的"快速做大"思想的影响，整个企业文化中都弥漫着仓促扩张的气氛。例如，公司耗资 1 800 万美元开发专利软件，投资 4 000 万美元修建第一座自动化仓储中心，完成这一切时公司还没有向任何客户交付过任何产品。仓促扩张会为企业带来非常可怕的后果，Webvan 公司未来几十年都会成为商学院分析的典型失败案例。随着客户需求严重滞后于公司的商业计划，Webvan 才逐渐意识到已经花掉太多的钱过度构建和过度设计。显然，当 Webvan 一心一意按照商业计划执行方案时，丝毫没有发现这些方案只是海市蜃楼，完全没有以客户反馈作为依据。

9. 危机管理导致企业走向灭亡

在 Webvan 公司，各种错误行为的影响开始在首次客户交付阶段逐渐呈现。具体过程如下：

销售部门无力完成任务，公司董事会对此感到十分忧虑。销售副总监参加董事会议时仍十分乐观，列出了一堆看似合理的解释，但董事会并不相信。于是，副总监回到销售部门给下属打气，鼓励他们更加努力地工作。销售部门通知工程部门开发客户定制产品，因为这是唯一能让他们达成销售的手段。董事会议上，气氛变得越来越紧张，没过多久销售副总监被集体决议解聘。

新的销售副总监走马上任，很快便得出如下结论：公司既不了解客户，也不了解如何向客户销售。她认为公司的定位和营销战略是错误的，产品缺少关键特征。由于新的销售副总监是来解决销售问题的，营销部门现在必须配合这位和前任大唱反调的主管（毕竟前任销售副总监已经被炒鱿鱼了）。于是，新的销售副总监开始制订新的销售计划，一切都被推翻重来。

有时在这种情况下，其实企业只需一两次迭代过程即可发现正确的销售路线图，确定成功吸引客户的定位。在经济困难时期，当投资资金有限时，企业的下一轮融资可能永远也无法实现。

但 Webvan 公司的问题并不是销售战略或企业定位有误，问题在于任何商业计划都通不过初次客户接触的检验。Webvan 公司商业计划中的各种假设只是一系列未经测试的猜想，当真实效果显现时，他们才意识到营收计划中的假设是错误的。由于过于强调执行商业计划，Webvan 只能靠解雇主管的方式实现战略调整和商业模式转换。

> 失败是寻找商业模式过程中不可缺少的组成部分。

Webvan 公司于 1999 年上市，此后每个季度都产生大量赤字。但是，Webvan 并不承认其商业计划有误，也不肯缩减扩张规模，而是继续按照原定战略疯狂支出，最终导致 6.12 亿美元的经营赤字。实现 IPO 之后仅仅 7 个月，Webvan 便宣告破产倒闭。

颇具讽刺意味的是，在 Webvan 案例发生的同时，另外两家采用客户开发理念、当时还名不见经传的初创企业却抓住了机会。这两家企业即美国 Peapod 公司和英国乐购公司（Tesco），如今它们都实现了成功，企业规模不断扩大，具备出色的盈利能力。这两家公司创始时的规模都很小，没有设定好明确的假设条件和商业计划，而是在开发商业模式和财务模式过程中逐渐了解客户需求。乐购以零售店作为启动平台和"仓库"，如今每周可交付超过 85 000 份客户订单，实现 5.59 亿美元销售收入；Peapod 零售公司已向 33 万客户交付超过 1 000 万份产品订单。无论是否明确宣布，这两家企业都意识到了客户开发测试迭代流程的重要意义。

第 2 章

实现顿悟之路：
客户开发模型

引到永生，那门是窄的，路是小的，找着的人也少。

——《圣经·马太福音》

2004 年 6 月，威尔·哈维（Will Harvey）找史蒂夫·布兰克（Steve Blank）讨论商业新创意，史蒂夫一反常态，还没听威尔推销就差点儿掏出支票簿投资。在此之前，史蒂夫曾投资过威尔的另一家公司 There. com 并担任公司董事。再之前，威尔曾在史蒂夫的电子游戏公司 Rocket Science 担任工程部副总监，史蒂夫当时是这家公司的创始首席执行官。Rocket Science 曾在不到 3 年的时间内烧掉 3 500 万美元风险投资，给公司留下巨大的财务漏洞。公司甚至为此荣登《连线》（Wired）杂志封面，一时成为人们津津乐道的对象。

在史蒂夫的客厅里，威尔详细介绍了 IMVU 方案，这是一家以 3D 头像为基础实现即时通信和社交网络功能的"虚拟世界"公司。在创意开发方面，威尔具有世界级的声望。他在 15 岁时开发了一款名为 Music Construction Set 的全球畅销游戏。威尔在斯坦福大学先后取得计算机专业学士、硕士和博士学位，在上学的同时还经营一家电子游戏公司，开发出 Zany Golf、Immortal 和 Marble Madness 等知名作品。

威尔的合作创始人埃里克·里斯（Eric Ries）在耶鲁大学攻读计算机专业学位时，成立了一家网上招聘服务公司。埃里克和威尔的合作始于威尔的前一家初创企业，当时埃里克在公司中担任高级软件工程师。这家公司采用长期瀑布开发模式设计网上虚拟世界。经过 3 年的开发，公司终于准备发布产品，为此还专门聘请了具有大型企业管理背景的重量级首席执行官加盟。但令人意外的是，直到这时他们才发现，客户对公司费尽心血开发的产品并不感兴趣。

史蒂夫告诉 IMVU 创始人，要想获得他的投资支持，他们必须旁听他在加州大学伯克利分校哈斯商学院讲授的客户开发课程。随着课程的逐渐展开，威尔和埃里克意识到史蒂夫介绍的客户开发原则正是他们需要的，能够有效地帮助他们避免以前常犯的错误。于是，IMVU 公司的创始人便成了客户开发流程的首批实践者。

加入 IMVU 董事会之后，史蒂夫观察、指导并鼓励威尔和埃里克把客户开发流程和敏捷软件开发结合起来。他们建立了一个新的流程，即利用客户反馈和测试帮助自己确定客户最关注的最小可行产品特征。根据对客户群体所做的初始假设，IMVU 开始开发 3D 聊天插件。这个插件可以让用户定制头像，通过当时最先进的即时通信工具"美国在线"（AOL）和好友交流。一年之后，IMVU 发现原来自己的客户假设是错误的。虽然客户喜欢 3D 头像功能，但他们希望创造属于自己的新好友列表，而不是利用美国在线通信工具中已有的列表。IMVU 发现，客户不喜欢和已有好友交流，而是希望结识新的朋友。就这样，伴随着各种客户反馈信息，公司的产品开发进入了"走两步，退一步"的学习过程。这一过程深刻反映了他们在课堂上学到的客户开发根本原则。

☞ **大多数初创企业都缺乏测试商业模式假设的系统化流程。**

面对来自客户的不同声音，IMVU 开始测试产品特征并做出调整，然后继续测试调整过的产品特征，直到开发出没有问题的产品。出人意料的是，这一学习过程并没有造成危机，反而成为企业发展的一部分。IMVU 把客户开发和敏捷工程结合成一体，形成了第一个精益型初创企业。

这样做的结果是，IMVU 最终发展成为一个具备盈利能力和发展潜力的企业。为什么 IMVU 可以取得成功，而众多其他开发虚拟世界和人物头像的公司会以失败告终呢？客户开发流程为威尔和埃里克带来的路线图究竟和他们之前采用的路线图有何不同呢？

客户开发简介

大多数初创企业都缺乏测试商业模式假设（如市场、客户、渠道、定价）以及将假设转变为事实的系统化流程。传统的新产品导入模式在进入外部测试之前从不提供客户反馈，得到反馈时为时已晚。简而言之，决定 IMVU 的成功和其他公司失败的原因在于，从成立第一天起 IMVU 就完全接受客户开发流程，利用它快速测试商业模式假设并在第一时间对错误做出修正。

图 2-1 所示的客户开发模型可以解决第 1 章所述的新产品导入模式的 9 大问题。它打破了企业初期所有和客户相关的活动，形成一个完全独立的流程，在图中表现为四个简单易懂的步骤。在这个流程中，前两个步骤描述的是商业模式的"调查"阶段，后两个步骤描述的是经过开发、测试和验证之后的商业模式"执行"阶段。这些步骤具体如下：

- 客户探索，把创始人的愿景转变成一系列商业模式假设，开发一套测试客户反应的方案，把上述假设转变成事实。
- 客户验证，这个步骤测试的是前一步骤得出的商业模式是否具备可重复性和可升级性。如果不具备，则返回客户探索步骤。

- 客户生成，这个步骤是执行阶段的起点，负责建立最终用户需求和导入销售渠道，实现企业扩张的目的。

- 企业建设，这个步骤标志着从初创企业到以执行已验证模式为标志的成熟企业的过渡。

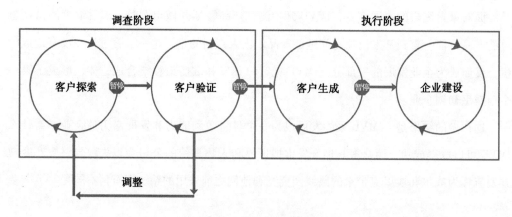

图 2-1　客户开发流程图

这 4 个步骤环环相扣，支持着初创企业商业活动的每一个要素。在接下来的几章里，我们要讨论的是前两个步骤，即和"调查"阶段相关的两个流程。

寻找商业模式：步骤、迭代和调整

在客户开发模型中，每一个步骤都用单向循环箭头组成的圆圈表示，以表明每一个步骤都是可迭代的。我们可以毫不客气地说："初创企业都是无法预测的，我们肯定会多次犯错，直到最后才找到正确途径。"

与此相反，传统产品导入模式根本不提供回头审视的机会，这样做会被认为是一种失败。正因为如此，很多初创企业创始人在走出办公室体验"学习—失败—再学习"过程时都会感到局促不安。长期以来，董事会给他们灌输的一直都是这样的概念："按这个方案来肯定会成功，否则就是自取灭亡。"这也说明，为什么在很多初创企业中，销售和营销活动往往连市场定位都没搞清楚就敢贸然往前冲。多年经营初创企业的经验表明，只有在商学院的案例研究中我们才能看到产品开发流程是以平坦的线形图解决客户的关键需求的。

相比之下，客户开发模型采用的是初创企业真正适用的开发方式，它表明回顾问题是学习和探索过程中一个自然而富有价值的组成部分。对于初创企业来说，它们必须不断重复客户开发流程中每个步骤的循环，直到达到"逃逸速度"（即在确定商业模式过程中积累足够的可衡量改善之后）才能顺利进入下一个步骤。

☞　**除了做点头先生，客户还能告诉企业什么？**

埃里克曾这样回忆创立 IMVU 之前在 There. com 的经历："公司似乎想得到客户反馈，但实际情况并非如此。从我们的角度来看，客户除了做点头先生之外还能告诉企业什么？营销部门组织的焦点小组，现在回想起来其实存在很多问题，因为那些客户都是专门找来给公司说好话的。"客户开发模型认为，其每一个步骤都必须经过多次反复才能证明准确无误。可以说，"犯错很正常，关键在于从中总结经验"正是这一模型的核心理念。

值得注意的是，在每两个步骤之间都有一个"暂停"标志。这个标志起到的是提醒作用，提醒管理者认真思考是否学到了足够的经验，能否顺利进入下一个步骤。这是一个暂停脚步，总结学习经验的时刻，或者说，是一个公正评估企业是否达到"逃逸速度"的时刻。

下面我们来详细介绍一下客户开发模型中的这 4 个步骤。

第 1 步：客户探索

客户探索可以把创始人对企业的愿景转变成商业模式相关模块的假设，并创造一组实验对每一个假设进行测试。为实现这个目标，创始人必须抛下猜测，走出办公室测试客户对每一个假设的反应，从他们的反馈中获取真知灼见，然后对商业模式做出调整。在客户开发理论的全部课程中，走出办公室和与客户对话具有至关重要的意义。只有摆脱办公室里的纸上谈兵，真正倾听客户的想法，你才能深入了解他们的问题，了解他们认为哪些产品特征能够解决这些问题，了解企业是如何推荐、批准和采购产品的。显然，你需要利用这些细节开发出成功的产品，阐述产品的独特之处，以及说服客户购买你的产品。

客户探索指的不是从潜在客户那里搜集产品特征信息，也不是指运行多次焦点小组分析。在初创企业中，创始人负责说明产品设想，利用客户探索发现客户群体和相关市场（注意这句话，初始产品规格源自企业创始人的愿景，而非焦点小组的分析结果）。

👉 **在初创企业中，创始人负责说明产品设想，利用客户探索发现客户群体和相关市场。**

客户探索包括两个室外调查阶段。第一个阶段测试客户对问题的了解以及对问题解决的需求。正确的产品可推动大量客户购买或产品互动，这一点对企业来说是否非常重要？第二个阶段首次向客户展示产品，确保产品（此时通常是最小可行产品）能出色地解决问题或满足客户需求，以便说服大量客户购买。当客户积极确认问题和解决方案的重要性时，客户探索阶段就顺利结束了。

在客户探索阶段，调整过程有可能出现。失败是不可避免的，它是初创企业发展过程中必不可少的一部分。对商业模式的误解或错误假设经常会出现，例如：你的客户群体有哪些？他们需要解决的问题是什么？哪些产品特征可以解决这些问题？有多少客户愿意付钱解决这些问题？调整正是对这些错误的响应，它指的是企业根据客户反馈进行学习，对商业模式 9 大假设模块做出的重大修改。调整在客户开发流程中经常出现，它并不意味着失败。实际上，学会接受"初创企业经常失败，需要随时进行调整"这一理念正是本书介绍的一个重要观点。

➡ 对网络/移动应用程序或产品而言，客户探索过程始于第一款"低保真"版网站或程序成形之时。网站用于测试针对客户或用户的商业假设。在开发虚拟产品时，简单型最小可行产品往往只需几天甚至几个小时即可完成，企业创始人几乎可以马上开始寻找客户、提炼产品和客户获取战略。这种方式最近在很多明星初创企业中得到了很好的应用，其中包括 Facebook 和 Groupon，这两家公司几乎都是刚一成立就利用简单粗糙的产品原型来寻找客户的。

☞　**调整并不意味着失败。**

客户探索过程中还有一个重要因素，即企业创始人可以忽略所有问题。很多情况下（尤其是在新市场中），企业创始人对产品的愿景要比潜在客户更为清晰。当然，这时创始人要做的是说明自己的理由，而不仅仅是忽略问题。

IMVU 团队很快设计出一款存在缺陷的最小可行产品，然后以每日 5 美元的高额营销费用，通过谷歌关键字竞价广告（Google AdWords）每天吸引大约 100 位新用户访问该网站。他们小心翼翼地观察、监控和评估每个用户使用网站的行为，然后公司创始人通过网上对话、调查或电话等方式联系其中的重度用户（付费用户）。在此过程中，一位经常访问该网站的用户返回的最刻薄（换个角度理解对企业来说最美妙）的评论是："每次我一使用你们的网站就会死机。"可是，就在公司获得融资 4 个月之后，一款新的产品诞生了，这一切无疑要归功于客户探索过程带来的真实客户反馈。

第 2 步：客户验证

客户验证阶段用于证明，经客户探索阶段测试和迭代过的业务是具备可重复和可升级性的商业模式，可提供大量所需客户以建立具有盈利能力的企业。在验证过程中，企业需利用新一轮测试方法测试针对更大规模客户的业务升级能力（如产品、客户获取、定价和渠道活动），这些方法不仅规模更大，更为严格，而且是定量式的。在此过程中，初创企业应为销售和营销团队（后期再招聘）开发销售路线图，或是验证其网上需求创造计划。简而言之，就是要回答这样一个问题：投入 1 美元的销售和营销资源能否创造 2 美元以上的收入（或是用户、访问量、点击率以及其他衡量指标）？最后得出的路线图应当在此阶段通过向早期客户销售的方式进行现场测试。

➡️　在网络/移动程序中，客户验证过程需要利用"高保真"最小可行产品在客户面前测试产品主要特征。客户验证可证明客户群体的存在，确认客户会接受最小可行产品，验证客户具备真实且可衡量的购买意图。

怎样才能做到这些呢？根据商业模式，验证可通过"试销"的方式来衡量，即让客户掏钱购买（或积极参与产品互动）。在单边市场（用户即支付者的市场）中，稳定的客户采购流对产品产生的验证结果远比口是心非的回答更有效，因为在这些市场中没人会替用户使用产品买单。在双边市场或广告支撑型商业模式中，以十万为基数呈几何级增长的客户规模往往意味着企业可以寻找那些愿意付费接触这些用户的广告商。

实际上，客户开发模型的前两个步骤，即客户探索和客户验证，起到的是提炼、巩固和测试初创企业商业模式的作用。完成这两个步骤可以明确产品的核心特征和市场的存在，确定客户群体，测试产品的期望价值和需求，发现财务型买方（负责签支票采购产品的人），建立定价和渠道战略，检验拟定的销售循环和流程。只有在具备足够规模的客户群体时，以及可重复式销售流程能够形成可盈利商业模式时，客户验证阶段的"逃逸速度"才会出现。这时，企业才可以进入下一个步骤，即扩张阶段，也称客户生成阶段。

👉 **意识到假设出错并不是世界末日。**

在威尔和埃里克成立 IMVU 之前创建的企业中，首席执行官和董事会命令他们在没有多少客户反馈的情况下持续 3 年开发，花费 3 000 万美元完善产品。与此相反，IMVU 成立之后不到 120 天便推出一款并不完善的早期产品。但令人惊讶的是，不但有客户喜欢这款存在问题的产品，愿意掏钱购买，而且他们还为企业创始人带来了最想要的东西——产品反馈（和金钱）。

IMVU 团队坚持不懈地利用客户反馈，对"重度用户"喜欢或讨厌的产品特征进行提升、添加或删除。例如，一项关键的定价探索为公司带来了 30% 的销售额增长。IMVU 发现，青少年消费者总是抱怨无法使用信用卡，为此公司迅速做出调整，允许用户通过便利店和沃尔玛推出的礼品卡在线购买 IMVU 产品，同时支持用户通过各大零售渠道购买其产品。

客户开发的收获：把现金和时间浪费降至最低

客户开发流程的前两个步骤，在初创企业的商业模式得到测试和验证以及开始扩张之前，严格限制着其花钱数量。此时的企业创始人不是忙着招聘销售和营销人员，也不是忙着租赁办公楼或花钱做广告，而是走出办公室检验其商业模式假设，这一过程需要花费的成本很低。

当和敏捷工程结合在一起时，客户开发流程可以大量减少被浪费的代码、产品或硬件。敏捷开发以小型增量方式开发产品，以便企业测试衡量客户对产品每一轮新迭代的反应。在这种情况下，企业不需要3年之久才发现客户不喜欢、不需要或无法使用整个团队辛苦开发出来的产品特征。

由于客户开发模型假定大多数初创企业都会在探索和验证阶段多次循环，这就使得管理良好的企业能够认真评估并节约使用现金。此外，它还能帮助企业创始人节约资产。原因在于，企业越是接近可预测和可升级商业模式，其价值也就越高，在融资过程中为创始人保留的股份就越多。例如，IMVU公司创始人在事实证明商业模式可行之前只招聘了产品开发团队，销售、营销和商业开发团队统统空白。拥有确定的证据之后，公司才转入第3和第4个步骤，即客户生成和企业建设，把商业机会转化成真实资本。

第3步：客户生成

客户生成建立在企业首次成功销售的基础上。它指的是企业加速发展、花费重金扩张业务、创造终端用户需求和推动销售渠道的阶段。这一步骤紧随客户验证过程，在了解如何获取客户之后再大笔投入营销费用，这样做可以有效地控制烧钱率，保护初创企业最宝贵的资产——现金。

客户生成过程视初创企业类型而有所不同。有些企业进入的是竞争对手明确限定的现有市场，有些企业需要开创产品和竞争对手都不存在的新市场，还有些企业通过重新细分现有市场或建立利基市场的方式开发低成本的混杂模式。每一种市场类型战略都需要不同的客户生成活动和成本（关于市场类型的详细介绍参见第3章）。

刚成立时，IMVU公司实施了范围广泛的低成本客户细分实验。他们很快就发现两个不同的客户群体——青少年和年轻母亲。在此基础上，公司投入大量资金开发这两个消费群体的客户生成活动。

第4步：企业建设

当初创企业找到可升级和可重复的商业模式时，便会进入客户开发流程的最后阶段。在这个阶段，它已不再是以调查探索为目标的临时性组织，而是变成真正意义上的成熟企业了。在这个有些苦乐参半的转变过程中，企业建设过程应当关注的是把团队精力从"调查"模块转移到"执行"模块，把非正式的以学习和探索为导向的客户开发团队转变成正式的结构化部门，如销售部、营销部、商业开发部等，并为每个部门招聘副总监。这些部门主管现在要关注的是组建各自的部门，以实现公司业务规模的扩展。

不幸的是，这个阶段也是创业者上演莎士比亚悲剧的时刻。当风投资本家意识到企业即将带来巨大的投资回报时，他们会马上认为充满激情的创业者不适合领导已经成功的公司，哪怕这个公司是创业者不辞艰辛从一无所有创建起来的。这时，董事会会寻找各种借口把创业者扫地出门，抛弃他们对客户的深刻了解，用经验丰富的执行官取而代之。就这样，随着企业宣布成功，企业精神的火花逐渐熄灭，创业激情被琐碎的管理流程淹没。

在 IMVU，公司创始人发现企业的快速发展已经超过了他们的驾驭能力。幸运的是他们并没有被扫地出门，因为他们意识到企业需要一位经验丰富的执行官。于是，他们聘请了专业的首席执行官，自己退居二线担任董事会主席和成员。新上任的执行官不负众望，善于管理企业从调查阶段向执行阶段的过渡，实现了企业的稳定发展。

客户开发宣言

在深入阅读客户开发流程之前，我希望各位读者能认真阅读一下客户开发宣言中的14条原则。你必须坚信这些原则，和企业团队定期回顾这些原则，甚至可以考虑（实现首次公开募股后）把它们刻在公司总部的大理石柱上。

第1条原则：在你的办公室里无法发现任何事实，赶快走出来

在第一天成立时，初创企业只是基于创始人愿景形成的信念型企业，严重缺乏各种事实作为支撑。创始人要做的工作就是把虚无缥缈的愿景和假设转变成事实。事实即有关市场和客户的信息，存在于办公室之外，存在于未来客户（潜在客户）工作和生活的地方，因此你必须到那里了解事实。在客户开发流程中，这条原则是最为重要的，也是最难做到的。和编写代码、开发硬件、举行会议及准备报告等工作相比，寻找潜在客户并和他们进行交流要难得多，但这一点也正是区分成功者和失败者的关键所在。

　　👉 **事实存在于办公室之外，存在于未来客户工作和生活的地方……**

在客户开发过程中，企业创始人必须积累有关商业模式每个模块的第一手经验。尽管企业团队可以起到协助作用，但第一手经验必须由创始人亲自获得。这是因为：

- 重要的客户反馈点往往是随意、无法预测和令人痛苦的，员工宁愿隐瞒事实也不愿向上级汇报坏消息。
- 员工和企业成败无甚关联，他们很少认真听取客户反馈，向上级汇报时往往也得不到重视。创始人很容易把他们的发现视为"道听途说"，或是忽略其反馈中的要点。
- 和企业员工相比，外部咨询顾问和企业成败的关联程度更低，他们喜欢添油加醋，要么诱导客户说出企业想听的话，要么向企业谎报信息，一心只想延长其咨询服务。显然，这些都是二手甚至三手反馈，其中掺杂了太多的水分，无法为企业提供参考价值。

综上所述，只有企业创始人才能获得真正的客户反馈，及时做出反应和决策以修正或调整重要的商业模式假设。

第 2 条原则：客户开发和敏捷开发相结合

👉 **除非产品开发机构能够快速灵活地迭代产品开发过程，否则客户开发流程毫无意义。**

除非产品开发机构能够快速灵活地迭代产品开发过程，否则客户开发流程毫无意义。如果工程部门采用瀑布法开发产品，除了产品说明的短暂环节外，整个开发过程对客户反馈都是充耳不闻和视若无睹的。除此之外的时间，工程师们都忙着在实验室里闭门造车，要想改变产品特征必须付出漫长的开发延期。相比之下，在采用敏捷开发法的初创企业中，工程部门可以持续不断地获得客户反馈，从而在围绕最小可行产品或最小特征组进行迭代的基础上开发出让客户满意的产品。

在本书中，敏捷工程（敏捷开发）指的是可供软件和硬件产品企业使用的快速部署、迭代开发和持续探索过程。我们并不想言过其实，只是说明其必要性。客户开发流程可提供持续不断的客户反馈信息，从而推动敏捷开发。

在企业投入产品开发之前，创始人就必须坚定认同和支持"客户开发 + 敏捷开发"的组合模式。

第 3 条原则：失败是探索过程中必不可少的组成部分

初创企业和成熟企业的一个关键区别在于这样一个从未言明的事实："初创企业的必经之路是不断地失败。"

与此相反，成熟企业很清楚哪些商业模式是可行的，哪些是不可行的。因此，成熟企业的失败反而是例外情况，通常是在执行环节出问题时才会出现。在初创企业中，你的目标是探索而不是执行商业模式，找到正确途径的唯一方法就是尝试各种实验，经历各种失误。由此可见，失败是这一过程必不可少的组成部分。

👉 **如果害怕初创企业失败，那你必定会以失败告终。**

换言之，这里所说的失败并非真正意义上的失败，其本质是初创企业学习过程的一部分。在设计销售词、开发产品特征、制定产品价格等一系列活动中，你会运行几十个甚至上百个合格测试，你必须做好准备接受失败，然后继续前行。当某个环节出现问题时，成功的企业创始人会马上调查新的事实，确定需要修改的问题，然后迅速做出行动。

客户开发流程需要频繁的敏捷迭代，然后对迭代进行测试，导致进一步迭代或调整，然后进行新一轮测试，如此不停反复……

如果害怕初创企业失败，那你必定会以失败告终。

第 4 条原则：持续迭代和调整

接受客户开发流程中存在的失败，这一战略需要频繁的敏捷迭代和调整。调整指的是对商业模式画布九大模块所做的实质性改动（例如，定价方案从免费提供改变为订阅模式，客户细分从 12 ～ 15 岁的男孩改变为 45 ～ 60 岁的妇女）。调整过程也可以很复杂，如目标客户或用户群体的变更。与此相反，迭代指的是对商业模式组成部分所做的细微调整（如定价方案从 99 美元改变为 79 美元）。

☞ **Groupon 公司著名的 120 亿美元调整是最好的案例。**

当企业在崎岖的小路上颠簸前行时，只有大刀阔斧地改变商业模式的多个组成部分，才能让其驶回通往成功之路。Groupon 公司价值 120 亿美元的调整（其首次公开募股价值）就是最好的案例。Groupon 的前身是一家名为 The Point 的公司，该公司是一个社交媒体平台，成立目的是想把人们聚集在一起解决问题，但公司很快便开始陷入财务危机。

The Point 公司所做的最出色的工作是通过组织团购的方式帮助人们节省购买资金。创始人每天都在博客上发布各方面的交易信息，声称这是在"建立你自己的 Groupon.com"。公司的第一笔交易诞生于 2008 年 10 月，客户可在其芝加哥总部一楼以一份的价格购买两份比萨。有 20 人参与了此次团购，公司从此开始踏上价值 120 亿美元的业务调整。

调整过程是由学习和见解推动的，学习和见解源自持续的"合格"测试流程，测试环节遍及整个客户探索和客户验证阶段。

优秀的初创企业创始人总是毫不犹豫地进行调整。当商业模式假设出现问题时，他们从不隐瞒，而是积极承认问题并迅速做出响应。

第 5 条原则：任何商业计划都通不过初次客户接触的检验，你必须学会应用商业模式画布

商业计划的存在只有一个目的：有些上过商学院的投资者除此之外一无所知，只有他们才需要商业计划。实际上，在实现融资目的之后，商业计划已经完全失去了存在的意义。企业管理者经常把商业计划和执行方案混为一谈，没有意识到它其实只是一系列未经验证的假设。商业计划的实质是一份投资者设定的、充满各种猜想的营收方案。这种方案怎么能成为指导企业招聘、解聘和支出的经营计划呢？简直是莫名其妙！

☞　**静态商业计划和动态商业模式之间的区别准确体现了企业失败和成功的区别。**

静态商业计划和动态商业模式之间的区别准确体现了企业失败和成功的区别。换言之，初创企业应当摒弃商业计划，采用更为灵活的商业模式。

商业模式描述了一个企业如下经营要素之间的互动关系：

- 价值主张，即企业提供的产物（产品、服务、利益等）；
- 客户细分，如用户、付费者、母亲或青少年等；
- 渠道通路，即联系客户，向其提供价值主张的渠道；
- 客户关系，用于创造需求；
- 收入来源，即价值主张创造的收入；
- 核心资源，指实现商业模式所需的资源；
- 关键业务，指实施商业模式必需进行的活动；
- 重要伙伴，指参与商业活动的合作方及其合作动机；
- 成本结构，指商业模式运行付出的代价。

商业模式画布（见图 2-2）以图形化的方式体现了企业的九大组成要素。本书使用亚历山大·奥斯特瓦德（Alexander Osterwalder）的商业模式画布作为客户开发模型第一步客户探索阶段的计分卡。奥斯特瓦德的作品《商业模式新生代》（*Business Model Generation*）⊖对商

⊖　此书中文版已由机械工业出版社出版。

业模式画布有详细介绍。

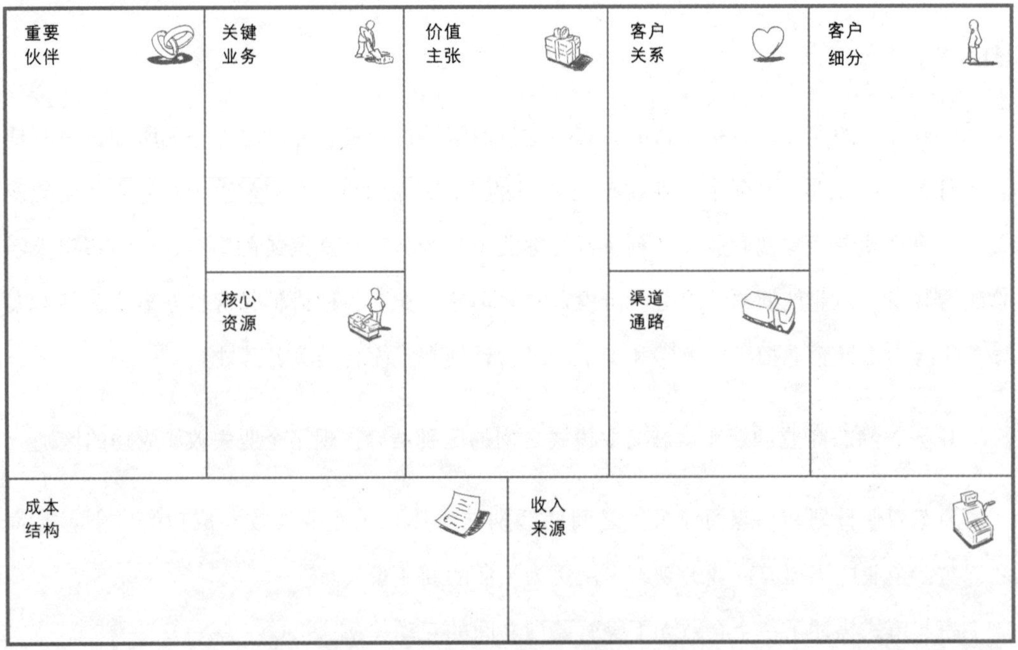

重要 伙伴	关键 业务	价值 主张	客户 关系	客户 细分
	核心 资源		渠道 通路	

成本 结构		收入 来源	

图 2-2　商业模式画布

　　在实施客户开发流程过程中，初创企业可以使用商业模式画布作为计分卡，在图内每个模块中贴上假设内容，然后根据创始人搜集到的事实对假设进行修改。你可以把第 1 版商业模式画布想象成客户开发流程的起点，其中充满了需要和客户通过当面沟通或网上互动的方式来验证的假设条件。在很多情况下，客户会拒绝商业模式画布中的假设内容，他们会说"我更喜欢购买另一家零售商的产品"或"我对这些产品特征根本不感兴趣"。随着客户对商业模式假设的支持和质疑，企业要么接受客户的认同，要么及时调整商业模式，以便更好地挖掘机会。

　　以商业模式画布为指导非常便于发现问题和调整方式，因为整个团队可以一目了然地绘制其他方案，观察哪些部分需要做出修改。每当创始人为响应客户反馈需要进行迭代或调整时（参见第 4 条原则），都必须重新绘制一张反映变化情况的新画布。随着时间的积累，这些画布会组成一本"连环画"，真实再现企业商业模式的演变过程。高度灵活的初创企业甚至可以积累厚达 6 英寸 ⊖ 的商业模式"连环画"，作为庆祝方式在首次公开募股

　　⊖　1 英寸 = 0.025 4 米。

庆祝会上一把火烧掉。

关于如何使用商业模式图在客户探索阶段为企业"保留得分"，请阅读第 3 章。

第 6 条原则：设计实验，测试验证你的商业模式假设

假设只不过是"瞎猜"的时髦表达。要想把假设变成事实，企业创始人必须走出办公室，在客户当中求得验证。但是假设应该怎样测试呢？你希望从测试中学习到哪些内容呢？测试和学习要求你必须在构建和设计测试方面善于思考。我们把这一过程称为"设计实验"。

　　👉 **假设只不过是"瞎猜"的时髦表达。**

客户开发实验都是简短容易的客观性合格测试。你要寻找的是信噪比中最强的信号，可以让 12 位客户中的 5 位说出"虽然还有问题，但我现在就需要你的产品"之类的回答。早期测试不必非常精确严谨，但一定要提供"足够良好"的信号，这样才能让企业继续前进（见图 2-3）。

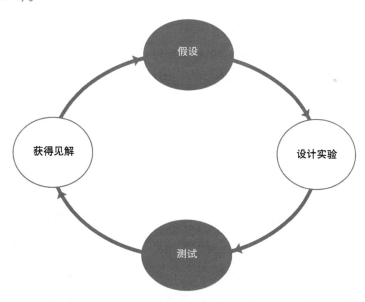

图 2-3　客户开发观点深化循环图

你可以问问自己："我需要怎样的见解才能继续前进？"然后问："获得这些见解需要

运行的最简单的测试是什么?"最后问:"我该怎样设计实验才能运行最简单的测试?"

对技术型企业创始人来说,他们经常犯的错误是把这些测试看成实际的代码、硬件或真实的产品。很多情况下,你只需模拟一个网页、设计一个演示版本或物理原型即可,它们完全可以帮助你获得宝贵的学习经验。

第 7 条原则:市场类型决定一切

本书的一条重要观点是,并非所有的初创企业都一样。初创企业之间的重要差异表现在它们的新产品和市场之间的关系上。总体来说,这种"产品/市场"关系可以分成以下几种情况:

- 向现有市场导入新产品;
- 向新市场导入新产品。

向现有市场导入新产品以实现下列目的:

- 以低成本竞争者身份重新细分市场;
- 以利基产品身份重新细分市场;
- 克隆其他国家成功的商业模式。

几十年来,让企业管理者一直困惑不解的是,传统产品导入模式在向现有市场导入已知商业模式时(如已知客户、已知渠道和已知市场)非常有效。但是,由于绝大多数初创企业的目标不是追随已知市场(属于新市场和重新细分市场类别),它们并不清楚自己的客户群体到底是谁。换句话说,这些初创企业正在探索可重复和可升级的商业模式。

👉 **市场类型影响着企业行为的各个方面。**

市场类型影响着企业行为的各个方面,适合某个市场类型的战略战术在另一个市场类型中根本不会发挥作用。市场类型决定着初创企业的客户反馈、获取活动和具体开销。它能改变客户需求、采用率,产品的特征、定位,发布战略、渠道和活动。简而言之,不同的市场类型需要完全不同的客户探索方式、最小可行产品以及销售营销战略。

在现有市场中,客户群体已经存在,营销活动相对容易:用户能够描述对其具有重要意义的市场和属性。新产品或服务通常运行速度更快,能更好或更低廉地解决问题,或是从其他方面改善客户定义的具体属性。用户、市场和竞争对手都是已知因素，竞争行为包括产品和特征的对比。

在新市场中，企业通过开创新产品或新服务的方式让客户做到以前无法实现的目标，或是显著降低创造全新用户类型的成本。根据定义，新市场中还没有客户，因此没人知道这种产品能做什么，也不知道为什么要购买这样的产品。这就使得获取反馈和创造需求变得非常困难，因为产品对用户来说是未知的，市场也是不明确和未知的，开发成本非常高。

面对新市场，问题的关键不在于竞争，而是了解是否存在足够大的客户规模以及能否说服他们购买产品。在此类市场类型中，企业创始人常犯的错误是大量投入销售营销资金。这种做法在向已知市场的已知客户销售时比较适用，但在新市场中丝毫不起作用。因此，你的目标是新市场还是现有市场，这个问题是市场类型定义的核心。

重新细分现有市场，这种手段适用于无法和竞争对手正面交锋的情况（如面对亚马逊、Facebook 或微软等行业巨头时）。重新细分战略取决于初创企业的市场和客户认知，在此基础上发现竞争对手尚未涉及的市场机会。这种市场细分通常表现为两种形式：低成本战略或利基战略（和差异化有所不同，细分在客户心目中形成的是完全不同的产品印象，即独特、有价值和需求旺盛）。

低成本式重新细分一如其字面含义。客户是否处于现有市场的低端，希望用更低的价格购买到"足够好"的产品性能？

利基式重新细分关注现有市场，询问其中某些客户是否愿意购买针对更为具体的需求设计的新产品。在现有市场中，是否具备足够规模的消费者认为新产品特性足够极端，可以改变现有市场的规则和形态？关于细分市场，钱·金（Chan Kim）和勒妮·莫博涅（Renee Mauborgne）的作品《蓝海战略》（*Blue Ocean Strategy*）从另一种角度进行了解读。

克隆现有商业模式，当一种商业模式已在某个国家成功得到验证但尚未引入另一个国家时，这种方式是非常有效的市场战略。例如，俄罗斯、印度、印度尼西亚、巴西、日本和中国（这些国家都具备大型地区市场以及独特的语言和文化壁垒）的初创企业，可以采用、借鉴或复制美国成功的商业模式，针对本地市场的语言和购买偏好量身定制适用的商业模式（不久之后，这些国家的成功创意也会被克隆到美国市场）。

例如，中国的百度和俄罗斯的 Yandex 即各自市场中谷歌的复制品；QQ 空间、人人网、朋友网和开心网即中国版的 Facebook，而 Vkontakte 和 Odnoklassniki 则是俄罗斯版的 Facebook。

初创企业通常会进入上述四种市场类型中的一种并最终坚持到底。如果选择了错误的市场类型，结果往往会对客户生成阶段造成严重影响。虽然市场类型说到底是一个"晚期制约决定"，但有效的假设有助于发现早期的客户探索问题。关于市场类型决策的详细内容，请参考第 3 章。

第 8 条原则：初创企业的衡量指标不同于成熟企业

对于成熟企业，我们已经具备了数百年的经营分析工具，如利润表、资产负债表、现金流预测和业务程序分析等。有朝一日当你的企业发展壮大时，也会需要利用这些衡量工具。过去（不是很久之前），我们使用这些工具衡量初创企业是因为除此之外谁也不知道该使用什么手段。现在我们知道，初创企业的衡量指标应当注重跟踪企业的"假设/事实"转换程度，而不是衡量对静态商业计划的执行程度。如何让企业董事会和管理层持续测试衡量每个假设条件，直到整个商业模式无懈可击，能够顺利扩展为成熟企业，这才是至关重要的。

如果企业获得风投支持，管理层和投资者必须约定一组真正有效的衡量指标，使其取代利润表、现金流量表和资产负债表，成为早期董事会会议的主题。

初创企业的衡量指标应当跟踪合格测试结果以及这些结果导致的迭代：

- 客户问题和产品特征是否得到验证？
- 产品的最小特征组能否引起客户共鸣？
- 哪些人是真正的客户？价值主张、客户细分和渠道等初始客户相关假设是否通过面对面的客户互动方式进行过验证？
- 客户验证问题可能包括：平均订单金额、客户终身价值、首次订单平均时间、销售渠道增长率、达成率改善和销售员人均收入。

除上述初创企业指标之外，董事会应当跟踪的财务指标相对较少，主要包括烧钱率、剩余现金可用月数、短期招聘计划以及企业实现现金流盈亏平衡的时间。

👉 **要跟踪的财务指标包括：烧钱率、剩余现金可用月数……**

第 9 条原则：快速决策、循环时间、速度和节奏

速度也关系着初创企业的成败，因为它必须面对银行账户金额逐日减少的可怕事实。虽然第 4 条原则谈到了迭代和调整，但并没有说明这些活动会持续多久。准确地说，答案是越快越好，因为你的"学习—发展—调整"或"迭代—发展"循环速度越快，利用现有现金找到可升级商业模式的机会就越大。如果这一循环速度太慢，企业等不到确定商业模式就会因为现金枯竭而倒闭。对循环时间造成最大障碍的是心理层面的原因，它需要管理者勇于承认犯错，甚至甘于忍受短期的战术失败。

虽然调整和迭代关系到"办公室"外活动的速度，但企业内部的运作速度也同样重要。对初创企业来说，大部分决定都必须在面对不确定因素的情况下做出。对于任何工程、客户或竞争对手方面的问题，往往并没有明确完美的解决方案，企业创始人实际上也不必费神寻找这样的方案。当然，这并不意味着凭一时兴致拿企业的未来豪赌，而是指在可承受的风险范围内采纳方案并马上加以实施（确保这些决定是基于事实而不是基于个人信念做出的）。总而言之，能够坚持快速制定和实施决策的企业往往会赢得重大和决定性的竞争优势。

👉 **确保企业决策是基于事实而不是基于个人信念做出的。**

初创企业决策可以分为两种：可逆型决策和不可逆型决策。可逆型决策如添加或撤销某个产品特征或代码中的新算法，或是指定特定的客户群体等。如果这个决定经过证明是错误的，问题可以在一段时间内恢复原状。不可逆型决策如解雇员工、发布产品或签约长期租赁价格昂贵的办公楼，这些都是很难或完全无法扭转的问题。

按照指导方针，初创企业应当在管理层会议或公司会议结束前制定出可逆型决策。完美决策既无意义也不可能实现，真正重要的是保持前进动力和严密的、基于事实的反馈循环，以便快速发现和扭转错误决策。相比之下，当大公司通知委员会下达命令，让附属委员会挑选会议日期时，大部分初创企业已经在这段时间内做出了 20 个决策，其中改变了 5 个错误决策，实施了 15 个正确决策。

👉 **初创企业应当在管理层会议或公司会议结束前制定出可逆型决策。**

学习快速决策只是保证成功的一部分。行动敏捷的初创企业还掌握着另一项诀窍——节奏，即在公司各个层面持续快速决策的能力。可以说，速度和节奏是初创企业实现成功必不可少的组成部分，成功的初创企业的行动速度往往是大型公司的 10 倍。

第 10 条原则：不可或缺的激情

如果一个初创企业缺乏目标明确、充满激情的团队，那它在成立之日就注定要无疾而终。"创业者"则完全不同，他们的思考方式迥异于常人。相比之下，大多数人擅长的是执行。他们为了生活而工作，只求做好分内事务，喜欢享受家庭和个人生活，注重个人兴趣爱好，甚至把房前除草当作一大乐事。他们是执行确定任务的最佳人选，这种生活对大多数人来说也是舒适惬意的。

但是，历史上凡是领导成功初创企业的管理者与此完全不同。他们只占世界人口极小的一部分，他们的大脑随时面对着混乱和不确定性，必须具备闪电般的思考速度。他们过于注重客户需求和如何交付成功产品。他们的工作就是生活的全部，这种工作绝不是朝九晚五，而是时刻无休无止。他们才是发现高成长率和高度成功的可升级式初创企业的领导者。

👉 **初创企业要求管理者适应不确定性、混乱情况和变化局面。**

第 11 条原则：初创企业的工作职务不同于大型企业

在成熟企业中，工作职务可以反映出各部门组织任务执行已知商业模式的方式。例如，"销售"职务意味着销售团队利用标准演示材料，以确定的价格、标准的条款、条件和合同，重复性地向已知客户群体销售已知产品。换句话说，成熟企业中的"销售"职务只是在围绕一系列已知因素做执行活动。

相比之下，初创企业对管理者技能的要求完全不同。初创企业要求管理者适应不确定性、混乱情况和变化局面。他们的表现和提议每天都在变化，产品经常处于变动之中，他们必须学会从失败中探寻和获取真相，而不是一劳永逸地庆祝成功。简而言之，他们应当具备以下特质：

- 善于学习和探索，保持高度的好奇心、求知欲和创造性；
- 渴望寻找可重复和可升级的商业模式；
- 行动高度敏捷，能随时应对每日变化，无须指导即可独立完成任务；
- 可在一天之内多次转变角色，承担不同的工作；
- 易于接受失败，将其转化为学习和迭代过程。

在这里，我们建议初创企业把传统的，以执行为目标的销售、营销和商业开发职务全部换成更为简单的职务——客户开发团队。企业刚成立时，这支团队只包括公司创始人，负责了解足够的客户观点以开发最小可行产品。当企业进入客户验证阶段，该团队可添加一位专业的"销售内行"，负责保障早期订单的实现。值得注意的是，销售内行的角色和传统的销售副总监有所不同。为实现这一过程，整个团队必须具备以下特征：

- 拥有听取客户异议的能力，能够判断这些是产品问题、演示问题、定价问题还是其他方面的问题（或者是选择了错误的客户群体）；
- 拥有与客户和工程师沟通的经验，以及在两者之间传递信息的能力；
- 面对纷杂变化处变不惊的自信，能够"无师自通"地解决问题；
- 拥有站在客户角度考虑问题的能力，能够设身处地地理解客户的工作和面对的问题。

显然，这个清单列出的都是优秀企业管理者应当具备的素质。

第 12 条原则：不到必要的时候绝不浪费现金

客户开发模型的目的并不是避免花钱，而是要在寻找可重复和可升级商业模式的过程中努力保存企业现金。一旦找到了成功的商业模式，该花钱的时候一分也不能吝啬。这段话可以分成以下几个部分说明：

保存现金。当初创企业拥有无限现金时（如互联网泡沫期或虚假投资氛围下），当然可以靠大把花钱的方式对开发错误进行迭代。但在现金紧张，没有额外资金修补错误的情况下，减少浪费就变得格外重要了。客户开发流程保存现金的方式是，在企业创始人将商业模式假设变成事实以及找到可行的"产品市场组合"之前，不会聘请任何销售和营销团队参与开发。

在探索过程中。客户开发流程认为，创立伊始的企业及其商业模式，其基础是未经验证的假设而非确定事实；认为企业创始人必须走出办公室，把这些假设转变成真实的客户数据。这种"走出办公室"的思路和快速迭代调整结合在一起，构成了客户探索和客户验证阶段的核心理念。

👉 **在寻找可重复和可升级商业模式的过程中努力保存现金……**

可重复性。初创企业获得的订单，可能来自董事会成员的客户关系网、工程部门的一锤子买卖，或者首席执行官个人英雄式的单打独斗。这些都不错，但在销售机构眼中都算不上可重复性销售。因此，企业应当寻找的不是一次性收入，而是一种可以复制的模式，如销售机构按照价格表销售或是按照客户定期访问网站进行收费。

可升级性。初创企业要争取的目标不是一个客户，而是很多客户，因为每增加一个客户都会带来销售和利润的增长。这里要面对的问题是：每增加一个销售人员或一笔营销投资能否为企业带来更大的毛利润（或用户量、点击率）？谁会影响销售？谁会推荐销售？谁是决策者？谁是财务型买方？购买此类产品的预算来自哪里？客户获取成本是多少？确定可重复和可升级的销售模式，即客户开发模型中最重要的阶段——客户验证环节。你的企业团队是否了解如何向目标客户销售？这个环节能否在企业现金告罄之前完成？

👉 **企业应当寻找的不是一次性收入，而是一种可以复制的模式……**

商业模式。商业模式回答的是企业如何盈利的基本问题。你采用的是营收模式，免费吸引用户模式，还是其他模式？你的客户群体有哪些？

该花的钱一分也不能吝啬。投资者支持型初创企业的目的不是标榜时尚生活，而是要达到一定的投资回报率（如10倍或更高的投资回报率）。当管理层和董事会认为找到可重复和可升级销售模式时（或发现合适的产品/市场组合），接下来就可以大量投入资金创建终端用户需求和开发销售渠道了。

第13条原则：沟通分享学习

客户开发流程的"学习探索"思想有一个重要组成部分，即和企业员工、共同创始人，甚至和投资者一起分享在"办公室"外了解到的一切事实真相。

传统的学习方式是通过每周一次的例会向员工传达信息，通过董事会会议向投资者通报商业模式探索过程的进展。但是，21 世纪突飞猛进的技术早已今非昔比，为我们带来了史无前例的便利沟通方式。如今，我们几乎可以以实时方式随时随地和所有人分享我们了解到的一切。

我们强烈建议企业创始人通过博客、客户关系管理系统（CRM）或产品管理工具，更新和分享他们按照本书第 3 章实施的所有客户探索活动。你可以把它当作客户探索过程的描述，其中记录了初创企业成立时所做的假设、企业团队交流过的对象、询问过的问题、执行过的测试、学习到的观点以及留给咨询顾问或投资者的问题。虽然看似有些烦琐，但实际上这样做要比每周陪咨询顾问谈话的时间要少得多。此外，这样做也提供了一种沟通手段，允许局外人近距离观察企业取得的进展，提出自己的建议和方向指导。

第 14 条原则：客户开发流程能否成功取决于企业团队是否认同

客户开发流程的"学习探索"思想，对于具有丰富执行经验的企业创始人、工程师或投资者来说具有很强的迷惑性。因此，客户开发流程要想取得成功，企业团队中的每一个人，从投资者到工程师、营销商和创始人，都必须理解和认同客户开发流程完全不同于产品开发流程这一重要观点。如果工程部副总监讨论的是瀑布开发法，董事会要求设定严格的日程表，客户开发流程注定要胎死腹中。每个人都必须接受这个流程，意识到它是一种充满变化的、非线性的商业模式探索方式，而且这一流程有时会持续数年。

☞ **客户开发流程完全不同于产品开发流程。**

客户开发流程几乎改变了初创企业的行为、表现、衡量指标，甚至成功潜力等每一个方面。它绝不是在商业计划指导下执行营收模式时"顺手完成"的工作，而是对商业模式未加计划的重新创造，以及在需要的时候所做的迭代和调整。企业创始人在实施客户开发之前必须取得团队和董事会的承诺，确保所有人都理解并认同这是一个反复、必要和值得实施的流程，而且会在开发过程中改变基准点和衡量指标。

在此过程中，像"产品规格已经确定，产品已投入开发，无法改变特征""我们已经建立好工厂（销售团队或营销资料等）"或"为实现计划方案，我们必须发布产品"等看法，都是客户开发流程的大忌。为成功实现客户开发，企业必须摒弃传统的强调执行虚拟商业计划的模式，取而代之以注重"学习—探索—失败—迭代"的客户开发流程，只有这样才能找到成功的商业模式。如果你准备好了深入了解这一流程，本书将指导你如何进行具体操作。

小结：客户开发流程

客户开发流程反映了成功初创企业的最佳实践方案。它是网络型企业唯一适用的开发方式，没有持续的客户反馈和产品迭代，它们在寻找客户时只能踏入死胡同。客户开发流程的快速循环时间和固有的现金保存能力为企业管理者提供了更大的机会，帮助他们在银行账户余额用尽之前做出调整、迭代，并获得成功。如果向成功领导企业实现盈利的管理者描述客户开发流程，他们一定会点头认同这一模型。

虽然在客户开发模型中每一个步骤都有具体的目标，但整个流程作为整体有一个更为重要的目标——在企业资金用尽之前找到可重复、可升级和可盈利的商业模式。这一目标可以把建立在一系列假设基础之上的公司转变成货真价实的赚钱机器。

☞ **客户开发绝不是轻松任务，千万不能等闲视之。**

客户开发绝不是轻松任务，千万不能等闲视之。你不可能靠放放幻灯片或是周末装装样子就完成任务，客户开发是一项需要投入大量时间和全面接触客户的体力活儿。它是一项改变企业建立方式的长期承诺。当然，它也是经过验证的、可提高初创企业成功概率的有效途径。

第二部分

第一步：客户探索

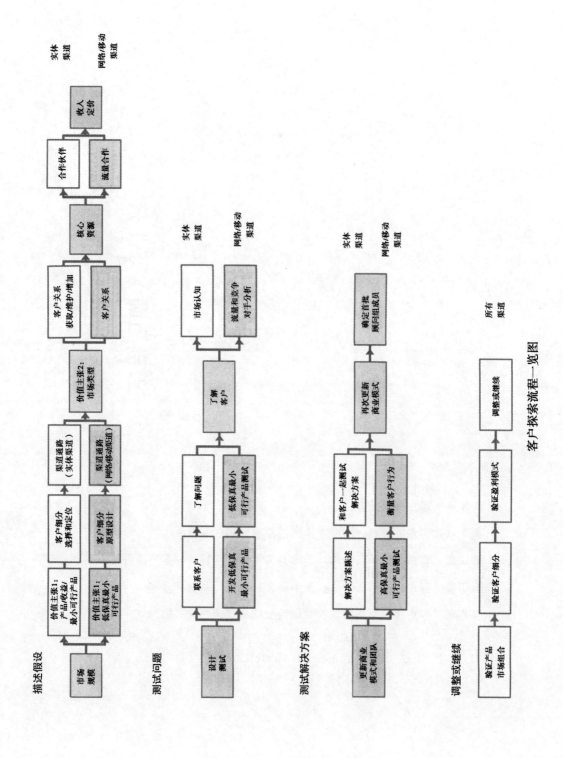

客户探索流程一览图

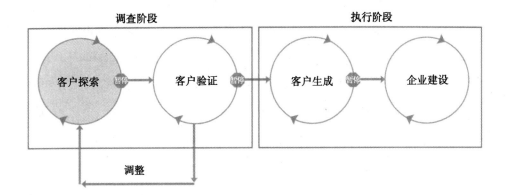

第3章

客户探索简介

任何商业计划都通不过初次客户接触的检验。

——史蒂夫·布兰克

千里之行，始于足下。

——老子

铱星计划是有史以来初创企业规模最大的豪赌，投资额高达 52 亿美元。铱星公司由摩托罗拉和来自全球 18 个国家的投资方于 1991 年成立，计划建造一个服务范围涵盖全球任何角落的移动电话系统——无论大洋之深或丛林之密，无论沙漠之广或山峰之险，都能为用户提供移动电话服务。

怎样才能实现这个目标呢？答案是太空商业计划。首先，公司从俄罗斯、美国和中国购买了 15 支火箭，然后向地球轨道发射了 72 颗私人卫星，形成一张首尾相连、高达 500 英里 [⊖]、可覆盖全球任何角落的手机信号塔。在铱星公司成立后第 7 个年头，所有卫星已经进入轨道。但就在 1998 年其第一部手机面世之后 9 个月内，铱星公司便宣布破产。随着卫星被迫返回地球并坠毁，铱星公司创造了史上最惨烈的初创企业失败。这一切到底是怎么回事呢？

1991 年铱星公司成立时，全球手机呼叫服务不但非常稀少，信号不稳定，而且价格非常昂贵。手机设备非常笨重，大小和饭盒差不多。铱星公司在制订商业计划时对其客户群体、存在问题和解决问题所需的产品做出了假设。此外，公司还对其销售渠道、合作伙伴和营收模式等做出假设，在此基础上形成一套财务预测——可以说，铱星公司已经胜券在握，只等疯狂吸金了。

👉 **史上最惨烈的初创企业失败源自对商业计划的执行。**

但让人没想到的是，在铱星公司按部就班地实施商业计划的 7 年多时间里，移动电话和手机网络出现了闪电般的技术创新。截至铱星服务开始启动时，全球已经没有多少地方无法提供手机服务。传统手机公司提供的服务范围涵盖全球所有主要区域，手机价格像当年的座机电话一样迅速跳水。相比之下，铱星公司的卫星电话又笨又重，携带起来好像一块砖头。更糟糕的是，铱星公司的手机在车内或建筑内部没有信号，必须在室外空旷地带才能联通卫星。最要命的是，相对于其他手机每分钟 50 美分的通话费，铱星手机的通话费高达每分钟 7 美元，这还不算 3 000 美元的购机费用。

面对严峻的现实，铱星公司的潜在市场每天都在萎缩。公司并没有如愿以偿地获得商业计划中想象的巨大用户市场，只吸引了很小一部分愿意付钱购买产品，还要忍受诸多限

⊖ 1 英里 =1.609 344 千米。

制和不便的客户。尽管如此，铱星公司的商业模式假设和计划仍未做出任何调整，仿佛时光仍停留在 1991 年。在 8 年多的发展过程中，这家公司投入了 50 亿美元开发产品，但从未关注过以下 4 个关键问题：

- 我们是否发现了客户希望解决的问题？
- 我们的产品能否解决客户问题或满足其需求？
- 如果能够解决或满足，我们是否具备可行和可盈利的商业模式？
- 我们是否在实际客户沟通和销售过程中总结了足够的经验？

对这些问题的回答即客户探索过程第一步的意义所在。本章将详细介绍如何着手进行。

（20 年后，铱星公司重新申请经营。2000 年，某投资集团以 2 500 万美元的白菜价收购了公司价值 60 亿美元的资产。经过长期艰难的开发，公司于 2011 年 9 月终于迎来第 50 万位客户。）

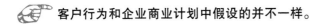 客户行为和企业商业计划中假设的并不一样。

客户探索思想

初创企业源自其创始人的愿景，这是一种关于新产品或新服务的愿景，能够解决客户的某些问题，满足其需求；同时，也是关于产品或服务如何向客户销售的愿景。客户探索过程的作用在于，它能显著降低像铱星公司这样巨额投资无法获得任何回报的风险。因此，客户探索过程的第一目标可以总结为：把企业创始人对市场和客户的初始假设变成事实。

走出办公室

关于市场和客户的事实存在于企业办公室之外，存在于客户工作和生活的地方。因此，客户探索过程最重要的部分就是走出办公室，面对面地接触客户。这个过程持续时间很长，绝非几天或几周就能完成，而是要在数月的时间里反复接触客户。此外，这个任务只能由企业创始人承担，绝不能交给手下员工去办。只有当创始人完成这一步骤之后，他们才会真正了解自己的愿景到底是货真价实还是虚无缥缈。

听起来还挺简单的，是不是？但实际上，对任何在成熟企业工作过的人来说，客户探索都是一个非常让人"找不着北"的过程。所有从大企业学来的关于新产品管理的规则，在这里统统失去了效果。有鉴于此，我们特别列出一些在此阶段不要尝试去做的工作：

- 了解*所有*客户的需求；
- 在客户购买产品之前列出他们想要的*全部*产品特征；
- 向产品开发团队递交*全体*客户需要的产品特征列表；
- 向产品开发团队递交*详细的*营销需求文档；
- 运行焦点小组活动，测试客户对产品的反应，观察对方是否会购买。

你要做的是为少数派而不是多数派开发产品。此外，你要在了解是否拥有客户之前就开发产品。

☞ **在初创企业刚成立时，客户反馈非常有限，甚至完全不存在。**

对经验丰富的营销或产品管理总监来说，这些观点不但令人迷惑、违反直觉，甚至可以说是异端邪说。为什么全体潜在客户的需求并不重要？新企业开发的新产品和大型公司后续开发的产品有什么不同？初创企业的第一批客户为什么会导致如此不同的管理原则？

寻找"问题/解决方案"组合

客户探索过程寻找的是"问题/解决方案"组合，它会提出下列问题："我们是否找到了很多人希望我们解决的问题（或希望我们满足的需要）？""我们的解决方案（产品、网站或应用程序）能否以令人满意的方式解决他们的问题？"可以说，客户探索过程的本质是确定这样一个问题，即初创企业的价值主张和它计划定位的客户群体是否匹配。

如前段所述，"问题/解决方案"组合实际上等同于人们所说的"产品/市场"组合。这两个概念在本书中都有体现，其含义完全可以互换。值得注意的是，在多边市场中往往具有多种价值主张和多个客户群体，但"问题/解决方案"组合只有在营收模式、定价、客户获取等环节全都符合客户需求时才能实现。

为少数派而不是多数派开发产品

在成熟企业中，传统产品管理和营销的目标是为工程部门开发市场需求文档

（MRD），文档中包含所有可能的客户特征需求，而且要以产品管理、营销、销售和工程等各部门之间的通力合作为第一要务。营销或产品管理部门负责组织焦点小组测试，现场分析销售数据，观察客户特征需求和抱怨。这些信息会导致向产品规格中添加需求特征，工程团队进而将这些特征综合到下一款产品中开发。

虽然这一流程对进入现有市场的成熟企业来说是合理的，但对于初创企业来说却愚不可及。为什么会这样？原因在于初创企业并非大型成熟企业的缩微版，并不具备足够的客户信息和客户反馈。在成熟企业中，市场需求文档开发过程可确保工程部门开发出对已知市场现有客户富有吸引力的产品，在这样的市场中客户群体及其需求都是非常明确的。相比之下，当初创企业刚成立时，有关开发正式产品规格的客户反馈非常有限，甚至完全不存在。

在初创企业中，第一款产品的设计并不是为了满足主流客户的需要。任何初创企业都无力一次性开发出具备主流客户需要的全部特征的完美产品，这样的产品往往需要耗费数年时间才能开发成功，但等推向市场时商机早已丧失殆尽。与此相反，成功的初创企业解决这一难题的方法是注重向一小部分早期客户开发和销售产品，这些客户的特征是坚定支持企业的产品或服务愿景。在这些富有愿景的早期客户支持下，企业会获得必要的产品反馈，然后随着时间的推移把其他产品特征逐步开发出来。

 早期支持者乐意接受企业的超前观念并购买早期产品。

早期支持者——对初创企业意义最重大的人

热衷于向好友、家人或同事传播企业产品消息的群体经常被称为支持者。但是，对于那些勇于购买未完善和未测试产品的早期使用者（即愿景型客户）来说，在描述他们时有必要使用一个新的词汇。这些人的特征是，无论是出于获取竞争优势还是扩大吹牛资本，反正他们就是喜欢"引领潮流"，从不甘居人后。因此，我们在这里将其称为早期支持者（earlyvangelist）。相比之下，"主流"商业客户或消费者产品客户希望购买到成熟、完善和经过测试的产品，而早期支持者则乐意接受企业的超前观念并购买其早期产品。无论哪一个行业，都会有这样一小群人，他们坚定地支持某个企业的信念和早期产品。

初创企业创始人经常容易犯这样一个错误，即放弃或忽视针对上述"蓝筹股"客户开发的早期内测和外测产品。在单边市场中（用户即购买者），早期支持者乐意付费提前体验或接触产品。如果他们不这样做，也就算不上是早期支持者了。他们的付费意愿正是客户探索过程的一个重要部分，企业可以利用这一点测试整个采购过程。

➡️ 对网络/移动程序企业来说，它们经常面对的是多边市场（用户和购买者分离），早期支持者既可以是用户也可以是购买者。即便是免费使用产品的用户，其中的早期支持者也愿意或渴望成为企业病毒式增长的加速器。

☞ **早期支持者愿意或渴望成为企业病毒式增长的加速器。**

在实体/网络移动渠道中，早期支持者会表现出以下特征（见图3-1）：

- 他们面临某个问题或具有某种需求；
- 他们意识到问题存在；
- 他们积极寻找解决问题的方案和时间表；
- 他们的问题已经严重到只能靠权宜之计解决；
- 他们拥有或能够快速获得采购预算。

图 3-1 早期支持者的特征

你可以把早期支持者的特征理解成标志客户痛苦指数的金字塔结构。早期支持者客户只存在于塔尖范围，他们一直在寻找问题解决方案，尝试过权宜之计（包括企业自行开发软件或是客户在家中自己鼓捣工具），拥有或能够获得采购预算。这个群体是早期支持者的理想候选人，企业完全可以依靠他们获取反馈信息，实现初始销售。他们会主动宣传产品，说明企业愿景真实可靠。而且，他们还会成为潜在的顾问团候选人（详见第 4 章）。

先开发最小可行产品

初创企业首先开发的是针对小规模特定客户而非一般市场主流客户需要的产品，这是一个非常激进的观点，接下来的过程也一样具有革命性。

☞ **最小可行产品的目标是开发最小产品特征组。**

初创企业刚成立时，可获得的客户反馈非常有限，它们所拥有的只是对问题、产品和解决方案大致情况的预判。不幸的是，这种预判的结果可能会形成真实愿景，但更多的是化作海市蜃楼。企业并不清楚第一批客户是谁，也不知道他们需要哪些产品特征。面对这种情况，解决办法之一是在第一款产品中一次性开发创始人所能想到的全部特征。当然，现在我们知道这样做会浪费大量工程、时间和资金上的投入，结果却发现客户根本不愿使用或是不需要在缺乏其反馈信息的基础上开发出来的大部分产品特征。

另一种解决办法是暂停产品开发，直到客户开发团队发现客户并获得足够反馈之后再启动产品开发。这样做的风险是浪费时间，而且缺乏客户提供反馈所需的产品。第三种同时也是更为有效的解决办法，是先开发产品的核心特征（利用敏捷工程法进行增量和迭代式开发），这些核心特征源自企业创始人的愿景和经验。利用这种方式开发出来的即最小可行产品。

客户探索过程的目的是测试企业对客户问题的了解情况，观察你提出的解决方案能否激发客户使用或购买仅开发了核心特征的产品。诚然，大多数用户希望得到的是经过完整开发的产品；但早期支持者却是最小可行产品的完美目标。因此，企业必须对初次发布的产品进行量身定制，满足早期支持者的需要。如果客户认为你的最小可行产品缺乏吸引力或不能满足其需要，你必须对产品进行迭代或调整，直到让足够的早期支持者踊跃接受。

从一次性开发全面特征的首款产品到增量和迭代式开发最小可行产品，这是一个非常重要的认知飞跃。从工程师的角度来说，他们都希望产品功能"大而全"，最好是完美无缺。但最小可行产品概念强调的是首先开发那些最为重要、不可或缺的产品特征。换句话说，开发最小可行产品的目标并不是搜集特征需求改变产品，也不是努力扩大产品特征组，而是要把它们放到客户面前，确定企业是否了解客户问题，能否定义解决方案的核心元素。然后，在此基础上对你的解决方案进行迭代式提炼。当且仅当无法找到客户定义最小可行产品最重要的特征时，企业才能把客户的附加特征需求提交给产品开发团队。在客户开发模型中，对最小可行产品的特征需求是通过例外法和迭代法而非根据规则确定的。这样就有效地避免了因无尽的需求列表而造成首次客户交付延迟，让产品开发团队不再感到头疼。

⇨ 网络/移动业务的最小可行产品与此不同

网络/移动产品企业实施客户探索的过程和实体产品企业有所不同。通过结合网上互动和面对面互动，它们可以迅速接触到数以百计甚至数以千计的客户。此类企业应强调的是客户的获得、激活和推荐。网络/移动业务的最小可行产品，其开发速度要快得多，交付时间也早得多，可加速整个客户探索过程。产品交付之后，它们可以利用粒度更高的客户响应数据实施更多的客户测试。这样会形成问题描述、建议方案和最小可行产品本身更快的迭代。

对网络/移动型初创企业来说，最小可行产品在客户探索过程中的应用方式如表3-1所示。

表3-1 为网络/移动业务开发最小可行产品

阶段	页码	行动	目标
为客户参与做好准备	158	• 开发低保真最小可行产品 • 通过小范围推广最小可行产品的方式推动客户参与	• 了解初创者对问题/需求的认识和客户观点是否吻合 • 了解问题/需求对客户的重要性
低保真最小可行产品问题测试	168	• 逐渐增加最小可行产品的试用人数，密切观察用户在访问和评估等方面的行为 • 面对面地和客户进行沟通 • 确定产品是否具备升级能力	• 了解产品可解决的问题或满足的需求，如何描述这些问题和需求 • 客户是否关注你的描述
高保真最小可行产品测试	189	• 邀请客户参与测试活动 • 注意客户激活速度	• 确定客户是否愿意参与测试、购买产品或使用你的网站和应用程序（解决方案测试） • 找到足够多的，坚信你的产品可帮助其解决问题的热心的早期支持者
优化"获取"客户流程	308	• 鼓励大量客户参与产品试用	• 优化"获取客户"策略

使用商业模式画布作为客户探索计分卡

通常在企业中，不同的人对商业模式的认识和理解也缺乏一致性。本书的客户探索过程使用亚历山大·奥斯特瓦德的商业模式画布，以图表形式说明企业打算如何实现盈利。如图 3-2 所示，每一个企业都可以划分成 9 个模块，涉及其产品、客户、渠道、需求创造、收入模式、合作伙伴、资源、业务和成本结构（关于商业模式画布，我们已在客户开发宣言部分详细介绍过）。

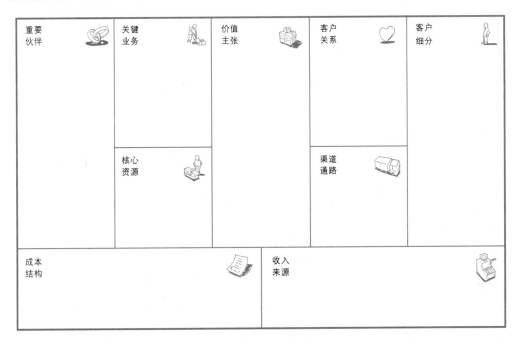

图 3-2　商业模式画布

在此阶段，你要为商业模式画布中的模块及假设设计一份单页或双页式说明。其中包括：

- 市场规模：你的商业机会有多大？

- 价值主张，第一部分：你的产品或服务，以及利益和最小可行产品。

- 客户细分：客户群体有哪些？产品可解决哪些问题？

- 渠道通路：产品如何销售？

- 客户关系：需求如何创造？

- 价值主张，第二部分：市场类型假设和竞争组合/差异。

- 核心资源：供应商、商品或其他基本商业元素。
- 重要伙伴：有助于企业成功的其他公司。
- 收入来源：营收和利润的来源及规模。

完成假设条件的初次拟定之后，画布中的各个模块会被填满，如图3-3所示。

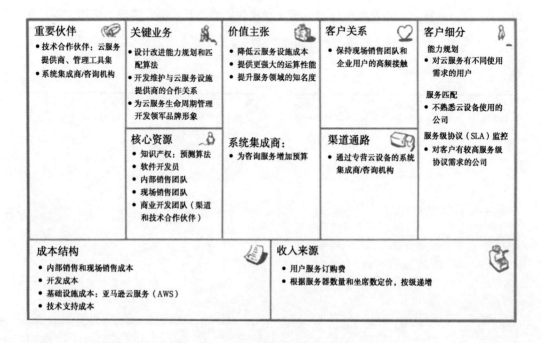

图 3-3　商业模式画布图样——初始假设

商业模式画布除了用于静态描述某个特定时刻固定的商业活动之外，还可以在客户开发流程中用作"计分卡"，用于跟踪探索商业模式的整个过程。

企业应当每周更新一次画布，以反映所做的迭代和调整活动，用红色在画布中标出和上周不同的变化。

当你和团队对商业模式中的变化取得一致认同后，将其合并到本周的新画布中（原来标为红色的变化内容现在更改为黑色）。同样，接下来一周里出现的新变化继续用红色标明，经讨论通过后再改为黑色并添加到新的画布中。按照这个程序每周不停反复，最终形成一系列画布。

这种方法突出显示了企业在不同阶段出现的变化，以便创始人和团队随时参考。

图 3-4 显示了商业模式画布随着时间积累产生的结果。

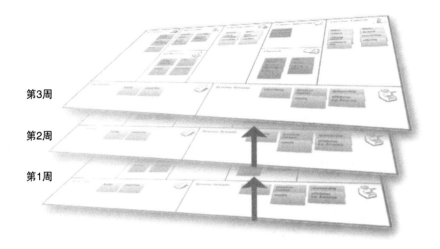

图 3-4 商业模式/假设/测试流程

试想一下，如果铱星公司的管理者阅读过本书，走出办公室接触过客户，他们肯定会意识到产品的市场规模有多小，从而及时终止项目，节省几十亿美元的投资。采用本书介绍的方法，他们肯定会重新探索其他可行的商业模式并获得成功。

客户探索思想可以总结如下：客户探索过程的目的是观察企业能否实现"产品/市场"组合，具体方法是寻找早期支持者、了解早期支持者需求、证明最小可行产品能够解决他们的问题。如果达不到上述目标，企业可通过持续的客户反馈推动产品和商业模式的敏捷和频繁调整。

完成假设开发后，你的商业模式很快会具备多维性。现在你在开发的实际上是 3 份初始画布：

- 商业模式本身的核心模块（价值主张、渠道通路等）；
- 你为商业模式每个模块所做的假设（如"人们需要以下产品特性"或"客户购买我们的产品，原因在于……"）；
- 简述关键合格测试的概括层，用于和客户面对面交流，获取反馈信息，把假设转变成事实。

客户探索过程

客户探索过程的 4 个阶段如图 3-5 所示。

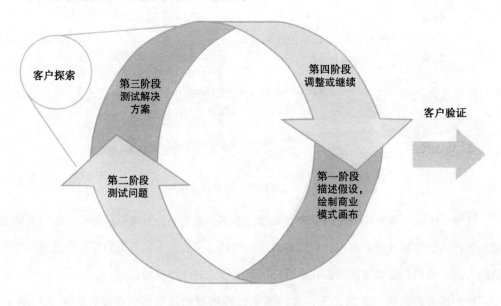

图 3-5　客户探索流程图

客户探索过程的 4 个阶段

在第一阶段，你要把企业创始人的愿景分解成商业模式画布的 9 大模块（涉及产品、客户、渠道、需求创造、收入模式、合作伙伴、资源、业务和成本结构）。然后，你的团队必须针对每一个模块的假设制定单页式说明，列出所需的实验或测试方法，以证明假设条件成立或不成立。

在第二阶段，你必须执行实验以测试"问题"假设。这样做可以帮助你了解问题有多重要或是会变得多严重。具体做法是测试商业模式中的大部分模块，其中包括价值主张、定价、渠道战略和销售过程。你的目标是要把假设变成事实，或是抛弃错误的假设，以新的假设取而代之。在此过程中，你会获得有关客户业务、工作流程、组织结构和产品需求等方面的深刻了解。当掌握了所有事实之后，必须及时更新商业模式画布结果。

➡ 网络型产品和渠道经常以实时方式实施第二阶段的大部分内容。

在第三阶段，你要做的是测试"解决方案"，向客户提出你的价值主张（产品、定价、特征和其他商业模式组成部分）和最小可行产品，对比他们的反应和你事先设计好的"合格"测试目标。

➡ 对网络型产品来说，最小可行产品可以是一个网站、一段演示样品，以及一种特征、功能或内容。你的目的不是销售产品，而是在听到客户表示"这些最小特征即可解决我们的问题"或是"我需要这件产品"时，验证你对客户问题的了解程度。最理想的状况是，客户会询问企业："我们什么时候才能得到这件产品？"

➡ 在网络中，客户应当参与和互动，花时间使用产品，以群体形象出现，多次反复访问，推荐好友参与。

在第四阶段，你应当停下来评估一下所做的实验产生了哪些效果，确认以下内容：

- 完全了解客户的问题、苦恼或需求；
- 价值主张能够解决这些问题、苦恼或需求；
- 产品拥有相当规模的客户数量；
- 客户会付钱购买产品；
- 得出的收入方案可保证业务盈利。

验证产品特征和商业模式之后，你应当做出选择，企业是否获得了足够的反馈，可以向少数愿景型客户销售特定产品；抑或是客户反馈信息还不够充分，必须回头重新了解他们的问题和需求。记住，只有在成功完成这一步之后，你才能进入客户验证阶段。

上面就是客户探索阶段的简要介绍。本章的要点总结部分详细描述了其中的每个阶段（见第四部分"核查清单"）。

下面我们就开始进入正题。

第4章

客户探索第一阶段：
描述企业商业模式假设

59 页的图是客户探索第一阶段的示意图。请注意，实体产品的假设条件和网络/移动产品并不相同。在两种产品出现不同假设的部分我们会分别加以描述，其中位于图表上方框内的是实体产品初创企业，位于图表下方灰色框内的是网络/移动产品初创企业。因为首先介绍的是实体产品初创企业，欲了解网络/移动产品的读者可以先参考实体渠道相关部分的内容，以便加深了解。

在客户探索第一阶段，首先要做的工作是开发大致的市场规模预计，以评估新企业的市场机会。接下来，剩余的客户探索过程会使用商业模式画布记录有关企业初始假设条件的简单总结（假设简述）。商业模式画布以图形化方式在一页纸上体现企业的商业模式，可作为团队成员的参考，以及在企业出现商业模式变化时作为跟踪记录调整和迭代开发的计分卡。

假设简述可提供详细而简明扼要的信息，确保每个团队成员都能准确理解其含义。假设简述一般不超过两页，大量使用要点内容而不是整段的文字或语句来描述，因此对使用者非常有帮助。基本每一项假设都会总结出第二阶段和第三阶段所需的实验，帮助企业通过客户对话的方式验证这些假设是否成立。有些情况下，你甚至要走出办公室做调研，搞清楚需要做哪些测试或实现哪些结果。

一开始，你的假设简述会非常空洞。别着急，它们所发挥的只不过是大纲的作用。你的开发团队必须经常回顾这些内容，填补其中的空白，修改初始假设条件，用了解到的事实取而代之。

市场规模假设（实体和网络/移动渠道）

这是一项局外假设，不直接出现在商业模式画布中。很多初创企业往往费尽多年辛苦，结果发现最后营收状况完全达不到预期目标。相比之下，市场规模假设可以帮助企业评估市场机会的大小。评估市场规模的好处在于，它能帮助你确定新企业的回报是否值得付出汗水和努力，确定是否需要在一开始就做出重要调整。

对企业创始人来说，在企业刚成立时调整投资者和创始人的目标无异于买下一份"人寿保险"。这是因为经营初创企业会遭遇很多风险，而其中无法判明市场机遇的风险尤其可怕，会让创始人轻易断送前途。

☞ **无法判明市场机遇会让企业创始人轻易断送前途。**

市场规模思路既适用于实体渠道也适用于网络/移动渠道，但它存在一种例外情况，即"出售型"初创企业，这种企业的成立目的就是向 Facebook 或谷歌等大型平台快速销售。对于此类初创企业来说，它们应当考虑的规模是某个大型市场的微观细分市场。

市场机会在 3 种因素的推动下会变大，分别是大量潜在的活跃用户或客户、某个市场内具备快速和可预测的明确的未来用户增长，以及吸引活跃用户或客户的机会。

总有效市场、可服务市场和目标市场

营销者及其投资者经常把市场规模描述成 3 个数字，即总有效市场规模、可服务市场规模和目标市场规模（见图 4-1）。例如，对于某新型智能手机应用程序开发商来说，总有效市场可包括全球 10 亿智能手机用户。但如果该程序仅提供英语界面或是仅针对苹果手机开发，那它的可服务市场或潜在服务市场就要小多了。至于它的目标市场，可能仅限于苹果应用程序专卖店的客户。根据这些分析，你下一步要做的是预计在这些客户中有多少人会掏钱购买产品。在上述分析过程中，每一步都会逐渐缩小目标市场的范围。

评估总有效市场、可服务市场和目标市场是做出市场规模假设的良好开端。客户可以帮助你把假设条件转变成事实。

自上而下的评估是第一步，接下来你应当利用行业分析报告、市场研究报告、竞争对手新闻稿、大学图书馆资料以及与投资者和客户的交谈来"判明"产品的整体市场规模。在此过程中，你可以充分利用各种合适的衡量指标，如数量、价值、页面浏览量、访问量等。

需要注意的是，初次经营企业的管理者很容易受到诱导，以各种研究机构提供的市场

图 4-1　总有效市场、可服务市场和目标市场

注：总有效市场＝全球市场总和；可服务市场＝销售渠道可达市场；（初创企业）目标市场＝可能成为
　　消费者的潜在群体。

规模为准。他们应当留意，市场研究机构所擅长的只不过是分析以往的数据（如果它们真有本事预测未来数据，恐怕早就改行做对冲基金了）。

　　从这个角度来说，自下而上的评估对初创企业往往更具有现实意义。以玩具制造企业为例，它们评估市场规模的方式非常简单：美国每年出生约 200 万女婴，其中半数家庭买不起价值 90 美元的玩具，因此在美国这个目标市场上，6～8 岁女孩的玩具市场规模最多只有 300 万客户。

　　　市场研究机构擅长的只不过是分析以往的数据。

　　在评估现有市场或重新细分市场时，一定要考虑邻近市场中可能出现迁移的客户。例如，当苹果公司推出 iPhone 手机后，数百万黑莓用户转而放弃使用 RIM 设备。你的初创企业是否也能推出具有如此竞争优势的新产品，吸引广大用户"临阵倒戈"呢？在此过程中，你只能考虑那些可转化的客户群体，留意长期合同、服务合同以及培训安装等"沉没成本"，因为这些往往都是潜在的阻碍客户迁移的壁垒。

　　当然，对于新市场来说，谁也无法评估其规模，原因是其产品市场还不存在。面对这种情况该怎么办呢？你可以根据代理市场或相邻市场评估市场规模，观察有没有可做对比的企业。例如，其他企业的发展速度是否和预计速度吻合？你的初创企业和它们有哪些相似之处？

⇨ 评估网络/移动市场规模

尽管有些人喜欢用访问量、页面浏览量、下载量、推荐用户量或访问时长等指标评估网络/移动市场规模，但归根结底这些指标还是要体现在企业营收方面。让很多初创企业管理者感到迷惑的是，网络/移动市场经常是多边市场，其用户（未必是支付者）量可以用访问量、页面浏览量、下载量、推荐用户量或访问时长等指标来衡量，但是最好有愿意掏钱接触这些用户的支付方。

例如，在评估市场规模时可以采用这样的计算方式，把访问量乘以买方愿意为每次访问支付的费用。

对大多数网络/移动产品来说，如何高效且成本低廉地积累大量不断增长的用户是企业的第一要务（电子商务和利基式垂直网站不在此列）。企业必须做出初始假设，假设用户来自哪里以及用户群体有多大。在这个阶段，大部分网络/移动初创企业会遵循谷歌、Facebook 和 YouTube 的经营战略，即积累大量用户并保持用户黏性，在此基础之上再考虑如何盈利。

> 👉 **如何高效且成本低廉地积累大量不断增长的用户是企业的第一要务。**

如果只知道统计用户数量，丝毫不了解哪些人愿意付费接触这些用户，这种做法显然大错特错。在多边市场中，你必须评估市场的每一个方面，特别是愿意支付费用的一方。

使用谷歌提供的免费工具可以很轻松地衡量网络市场的规模。你可以集思广益，想出潜在客户在寻找你的产品或网站时可能用到的所有关键字，如"多人打怪游戏""打怪电子游戏""怪物网游"等。谷歌的关键字工具可以总结出有多少人在搜索每个关键字。此外，你可以留出一个月的时间进行数据复制，这也是开发市场规模评估法的另一种方式。这种方式在评估企业市场规模是否过小时非常有效。例如，在此类市场中，用户的总搜索量往往只有数千条。

评估网络/移动市场规模的另一种方式是"30/10/10 法则"，该法则是由著名风险投资家弗雷德·威尔逊（Fred Wilson）首先提出的。威尔逊发现，在其包括移动应用程序、游戏、社交和音乐服务在内的整个资产组合中存在以下规律：

- 30% 的注册用户和可下载移动程序每月使用该服务；

- 10% 的注册用户和可下载移动程序每天使用该服务；

- 实时服务并发用户数量很少超过 10% 每日使用服务的用户数量。

行业研究也能帮助企业深刻了解市场规模。关于如何研究市场，请参考第二阶段的"了解客户"部分（173 页），其中详细介绍了各种网络研究工具和具体做法。

价值主张 1：产品/收益/最小可行产品假设（实体渠道）

在填写商业模式画布时，首先要确定的是价值主张假设，即企业要为客户提供什么产品或服务。你可以在这个模块中详细说明产品、产品特征和利益，以及企业的长期产品愿景和早期最小可行产品。你可以把价值主张想象成企业和客户签订的一份合同，在这份合同中客户是买方，付费请你的企业帮助其解决某种问题。

你可以从以下 3 个不同角度描述企业创始人对产品的看法和讨论：

- 产品愿景；

- 产品特征和利益；

- 最小可行产品。

产品开发团队负责拟订大部分产品简述方案，这是一项产品开发团队很少从事的书面工作。他们必须列出主要的价值主张假设，然后总结成各级主管认同的假设简述。

产品愿景

在价值主张简述中，产品愿景陈述的是，你希望企业通过产品实现怎样的成功。

随着时间的推移，成功的企业往往不会只推出一种单一产品。你对企业有怎样的长期愿景？你希望实现怎样的根本变革？你打算通过一系列产品实现这个目标吗？怎样才能把业务扩展到临近市场？怎样让用户改变行为？企业实现目标 3 年后世界会发生怎样的变化？5 年后又会发生怎样的变化？

利用罗列要点的方式，简要陈述你的长期愿景。例如，20 世纪 90 年代某财务软件公司这样介绍其客户故事：

- 消费者不愿在使用支票簿时遇到麻烦；
- 我们可以开发一款模拟支票簿的计算机程序；
- 该软件可实现所有烦琐家庭财务的自动化处理；
- 消费者可利用此程序，通过网络支付各种账单；
- 未来将有数百万人通过家庭电脑完成以前无法实现的任务；
- 现在的小企业通过簿记员记账；
- 实现消费者程序自动化后，企业将投入小企业财务软件开发业务；
- 未来会有数百万小企业利用电脑完成以前无法实现的任务。

利用这种方式，企业愿景马上变得清晰起来。企业愿景之所以重要，原因在于客户开发团队必须为早期支持者描绘一幅蓝图，说明未来一至两年内的产品特征。

☞ **只有说服早期支持者接受企业愿景，他们才会掏钱购买尚不完善、充满缺陷和功能不全的早期产品。**

在长期愿景中，在确定最小可行产品、后续产品和改善版本的交付日期时，产品开发团队应尽可能向后推迟（18 个月到 3 年）。对初创企业来说，这一要求往往会引发如下质疑："最小可行产品的首次交付日期还没确定，我怎么知道未来的情况？"对于急于进行产品开发的团队来说，你应当向其说明这只是个临时计划，并非铁板钉钉的方案。

只有说服早期支持者接受企业愿景，他们才会掏钱购买尚不完善、充满缺陷和功能不全的早期产品。企业愿景应说服每个用户，让他们坚信这是一个值得投入大量金钱和为之奋斗数年的好机会。但颇具讽刺意味的是，事实证明没有几家初创企业最后能推出符合早期愿景的优秀产品。

以下战略问题考虑得越早越好：

- 产品能否制造网络效应？例如，孤零零一台传真机毫无用处，只有当用户普遍使用时才能发挥作用。

- 能否利用可预测的定价模式制定产品价格？你采用的是订阅式收费方式还是一次性收费方式？

- 是否会产生客户锁定成本/高转化成本？例如，可考虑从 Facebook 或个人医生办公室获取数据。

- 能否实现较高的毛利率？

- 产品在扣除营销开支后是否仍有有效需求？具有有效需求的企业，其商业模式无须基于代价高昂的营销活动，谷歌、eBay、百度、Skype 等企业就是明证。

产品特征和利益

在价值主张简述中，这个部分陈述的是产品特征以及客户使用或购买产品的原因。

尽管很多工程人员认为新产品只关系到产品特征，但实际上产品只是初创企业取得成功的诸多因素之一。产品特征列表是一份单页文件，文件中用简明扼要的语句描述了整个产品愿景包括的十大（或更少）特征。（如果描述特定特征时存在歧义，可附加更详细的工程文件作为参考。）

实际上，产品特征列表即产品开发部门和企业其他部门之间签订的契约。产品开发部门要面对的最大挑战是决定以何种顺序向客户交付怎样的产品特征。开发最小可行产品可以启动这一优化选择流程。当企业创始人走出办公室了解客户时，客户会通过应用早期最小可行产品的方式指导整个优选流程。

你可以把产品特征视为工程部门开发的对象，把产品利益视为企业为客户解决的问题。

☞ **把产品利益视为企业为客户解决的问题。**

开发出产品特征列表之后，你可以站在客户的立场描述特定的产品利益，以此方式建立产品利益列表。（例如，可为客户提供更新的产品？更好的性能？更快的速度？或是更低廉的价格？）在此基础上，企业应当构思"用户故事"，即说明产品效用的简短陈述。例如，你的产品是如何解决客户的燃眉之急的？是如何满足他们的需求的？在理想状况下，你的产品应当解决重要的问题，提供令人满意的客户利益，或是满足某种尚未言明的需求（例如，可帮助客户节省金钱或时间？缓解症状？提供乐趣、轻松、便捷体验？更快的速度？或是更低廉的价格）。比方说，某银行软件公司可以这样描述其用户故事：

- 每到周五以及月初月末，银行现金存储柜台总是排起长队，客户经常会等得不耐烦，甚至对银行服务感到愤怒；
- 这种情况会导致银行损失 5%～8% 的客户；
- 由此产生的利润损失每年高达 50 万美元，占银行总利润的 7%；
- 这款价值 15 万美元的软件可以把现金存储柜台的业务办理时间缩短一半，后续版本还会进一步提高办理速度。

在思考产品特征时，需要牢记的是价值主张可以以性能更高、价格更低或使用更便利的产品等形式得到体现。它能满足某个市场利基群体或细分领域的需求，以全新或不同的方式，以更快的速度或更低廉的价格解决某些问题。有时候，产品的物理或外观设计，或是品牌自身具备独特之处，足以吸引用户的关注。此外，产品也不一定都能解决问题。虽然大部分企业产品确实能够解决问题，但消费者产品往往更多用于满足各种领域的需求，如在线游戏、社交网络、流行时尚和汽车产品等。

诚然，营销者希望描述产品利益这一点是无可厚非的，但问题在于初创企业的营销部门此时并不具备关于客户的真实数据，他们所有的只是主观猜测。在初创企业中，创始人和产品开发团队才有可能是掌握真实信息的人。因此在这个阶段，营销人员最好保持沉默，聆听产品开发团队对产品特征和产品利益的假设。这些由工程部门提出的产品利益，正是企业必须针对真实客户反馈进行测试的假设条件。在客户探索第二阶段，企业创始人必须走出办公室，直接从客户那里搜集反馈信息。

最小可行产品

最小可行产品是价值主张陈述第一部分的最后一个环节。它是对最小可能特征组所做的简要总结，可作为独立产品发挥作用，一方面能够解决客户的"核心"问题，另一方面也能够证明产品的价值。

最小可行产品的特征：

- 它是削减工程时间浪费的战术手段；

- 它是尽快向早期支持者交付产品的战略方式；
- 它是在最短时间内实现最大化客户认知的有效工具。

在简述最小可行产品时，首先要说明需要了解哪些需求以及从哪里了解这些需求。客户开发过程需要一小部分具备早期愿景能力的热情客户的参与，在确定可盈利的商业模式之前指导产品特征的开发活动。换句话说，最小可行产品越早交付到他们手中，企业就会越早得到反馈信息。在说明最小可行产品时，通常的做法不是让客户明确说明具体的产品特征，而是要提出这样的问题："客户愿意付钱请我们解决的最小问题或最简单问题是什么？"

这种做法和传统的渴求"大而全"产品特征的做法完全相反，后者往往是根据竞争对手的产品或是根据最新客户需求确定的。

因此，相对于大多数销售和营销部门经常向产品开发团队询问的内容，最小可行产品可以说与其完全背道而驰。

👉 **客户开发流程的目标是了解不必向客户提供哪些产品特征。**

初创企业倾向于整理产品特征列表，当具备这些特征的产品开发出来之后，只能吸引一位新客户的购买。10 页产品特征列表也只能实现针对 10 位客户的销售。显然，这种开发方案是错误的。实际上，客户开发流程的目标并不是从客户那里搜集产品特征，而是了解不必向客户提供哪些产品特征。完美的产品特征列表最多只有一段话，却可以实现向数千甚至数百万客户的销售。因此，客户开发宣言的核心理念即"以少胜多"。换句话说，企业应当尽快向客户提供最小可行产品，利用这种方式最小化产品不需要的特征。对此我们提出的指导方针非常简单：在确定商业模式之前企业完全不必开发新的产品特征。

价值主张 1：低保真最小可行产品假设（网络/移动渠道）

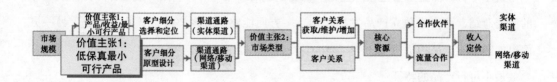

最小可行产品简述是一份简要总结，其中说明了可作为独立产品工作的低保真网络/移动特征。

开发最小可行产品的前两个步骤（构思企业长期愿景与列举产品特征和利益），和前述实体最小可行产品部分的内容完全相同，此处不再赘述（参见 64 ～68 页）。读者可在阅读本节之前回顾上述步骤，制定相关的假设陈述。

低保真最小可行产品测试的目标是了解企业是否准确定位了客户关注的问题。

最小可行产品在网络/移动渠道中发挥的作用远远超过在实体渠道发挥的作用。它可以尽可能早地让潜在客户接触产品，甚至能在持续部署添加新的产品特性、功能或图形过程中做到这一点。低保真最小可行产品非常简单，可以是一个用来搜集客户反馈的网页，以便了解产品需要解决哪些问题。对采用敏捷开发和持续部署的网络型初创企业来说，低保真最小可行产品的发布之日基本上就是产品管理启动之时。尽管在敏捷开发流程的这个阶段推出的产品还不成熟，只具备一定的雏形，但它一定会随着时间的推移逐步完善。

即使是最早的最小可行产品版本，也应当具备某种吸引用户注册或关注的方式，通常是吸引他们留下个人电子邮箱以便发送产品更新消息。这些早期用户会在整个客户探索以及其后的流程中发挥重要的帮助作用。

网络/移动渠道必须同时测试低保真最小可行产品和高保真最小可行产品。这两种产品的用途非常不同，低保真最小可行产品测试的目标是了解企业是否准确定位了客户关注的问题（通过用户对企业网站的访问量、接收到的邮件、观看过的演示等指标确定）；而高保真最小可行产品（详见客户探索第三阶段）测试的目标是了解产品能否准确地解决客户关注的问题（通过客户订单数量、网站浏览时长、用户推荐数量等指标确定）。在随后的客户验证流程中，当更多客户接触到高保真最小可行产品时，产品的外观和操作会更接近成熟产品。把两者加以综合，低保真和高保真最小可行产品测试便可以帮助企业确定正确的产品市场组合。

构思用户故事而非产品特征列表

“用户故事”对于网络/移动渠道非常重要，因为在这个渠道中竞争非常激烈，数以百万计的在线产品和属性让产品差异化变得非常困难。例如，互联网上可能有几千个护士网站，使用用户故事可以帮助你更好地定位自己的需求。你的用户故事可以这样描述：直到目前为止，手术室护士一直无法畅所欲言，宣泄心中的压力和医生问题，因为这样有可能导致流言蜚语或招致人力资源部门的不满。现在有了ORNurse（意为"手术室护士"）和Nurseconfidential.net（意为"护士悄悄话"）等网站，她们可以轻松地：

- 以匿名方式和全国甚至全球范围内的同事聊天互动；
- 向遭遇类似问题的其他护士提问，寻求各种建议；
- 以匿名方式向法律部、人力资源部以及专业人士寻求帮助；
- 向感兴趣的人发送私信；
- 对某些医生、问题或患者情况发布匿名评论；
- 通过每日邮件了解网站上的各种新闻。

虽然这些并非"特征列表"，但用户故事可以帮助用户更好地了解产品愿景、产品特征和利益，以及该网站试图吸引这一用户群体的原因。

客户细分：选择和定位假设（实体渠道）

此项简述介绍的是客户群体有哪些（客户类型）以及他们具有怎样的问题、需求或苦恼，具体包括以下5个部分：

- 客户问题、需求或苦恼；
- 客户类型；
- 客户原型；
- 客户问题体验日；
- 组织影响图。

客户问题、需求或苦恼

产品之所以能够售出，是因为它们能够解决某种问题或是满足某种需求。（参见 67 页价值主张部分的银行软件公司的用户故事）要了解这些问题或需求，首先必须了解它们的来源。因此，你必须走出办公室，探索客户会遇到哪些问题以及这些问题对他们为什么如此重要。你应当了解组织影响问题，以及这些问题给企业、家庭或消费者带来的痛苦有多大。你可以针对每一类重要客户设计"问题衡量表"。在和客户沟通时，对方会向你透露以下内容：

- 潜在问题：客户尚未意识到的问题。
- 被动问题：客户意识到问题存在但缺乏改变问题的动机或机会。
- 主动问题（迫切问题）：客户意识到问题或苦恼，正在寻求解决方案，但尚未有效解决。
- 个人愿景：客户对解决问题的看法或许是自己琢磨的权宜之计，他们已准备好付费采购更好的解决方案。

研究这些问题。你的产品能否解决企业面对的迫切问题或是满足消费者的必需需求？你的产品对客户来说是必不可少还是可有可无的？如果你的产品能解决让客户夜不能寐的问题，能给他们带来收入或利润，情况肯定对你非常有利。当你的产品是市场中最炙手可热的"全新事物"时，无论在实体渠道还是虚拟渠道，都要牢牢抓住这一机会。最优秀的初创企业善于在客户已经尝试过自行解决问题的领域里发现商机，它们会同时探索客户眼中的重要问题和理想解决方案。现在你只需说服客户，告诉他们自行解决问题只会舍近求远、得不偿失——没错，这就是你的新商机！

> 最优秀的初创企业善于在客户已经尝试过自行解决问题的领域里发现商机。

需要重申的是，并不是所有产品都能解决问题。有些产品的目的是提供娱乐或信息，还有些用来制造魅力和浪漫。社交网络并不能解决问题，却吸引了数以百万的用户，原因就在于它满足了消费者的需求和愿望。即使你的产品单纯地提供娱乐或满足奢侈需求，也必须意识到消费者需要合理的购买理由。

确定客户类型之后，你应当根据他们的情感需求和愿望设计假设条件。说明如何说服客户，使他们相信你的产品能提供某种情感回报，如魅力、美好、财富、威望、约会机会或减肥承诺等。

客户类型

无论客户在社交网站打发时间、买口香糖或是采购价值上百万美元的电信系统，每一次销售行为都涉及一群决策者。因此，客户分析首先要了解你要接触的客户分为哪些类型。如果你的产品能够解决不同类型客户的问题或是能够满足不同类型客户的需求，显然企业成功的机会就会大大增加。客户探索过程可以确定和探查这些不同的需求。具体来说，客户类型包括以下几种（见图4-2）。

图 4-2　客户类型

最终用户：即每日使用产品的人，他们必须接触产品，实施各种操作，对产品了如指掌，爱恨之情溢于言表。深刻了解最终用户的需求和动机非常重要，虽然他们在销售或采用过程中的影响力可能最小，这一点在复杂的企业销售中表现得尤其明显。

影响者：有时候，对客户采购决策造成最大压力的并不是初创企业的直接行为，而是源自外部人士的言行。在每一个市场或行业中，无论是虚拟渠道还是实体渠道，总会有一小群引领趋势、时尚和大众观点的个人。例如，你可以询问知名服装设计师对奥斯卡女星衣着的看法，或是想想成千上万的用户在 Facebook 上点击"关注"，利用微博向好友转发某个产品、广告或服务等，这些行为都会产生巨大的影响。有时候，这些影响者是市场研究机构掏钱聘请的博客主或行业专家，也可能是身穿流行服饰的孩子或明星。你应当列出这些外部影响者并想办法接近他们。对于这个群体，提供免费产品、支付费用、举办明星活动、提供免费电脑和网上会员身份都是可行的接触方式。

推荐者：推荐者也会影响采购决策，但他们和影响者的不同之处在于，他们的意见会促成或破坏销售。推荐者可以是热衷某个网络游戏、拥有大量读者的博客主，是建议从戴尔公司采购全部电脑产品的部门主管，是批准某项医疗设备的医院董事会委员，或者是坚定拥护某个特定品牌的一对夫妻。当然，推荐者也可以是某些外部咨询机构和研究公司，如高德纳（Gartner）、弗雷斯特（Forrester）、玛莎公司和《消费者报告》（Consumer Reports）杂志。

财务型买方：此类客户在决策链条上的位置更高，往往负责控制或批准采购和预算。（此类客户是企业销售的重要目标！）他们可以是公司副总裁、办公室经理、负责退税的保险公司、拥有大量零花钱的青少年或是做好度假预算的夫妻。

决策者：此类客户可以是经济型买方，或是处于决策链条更高位置的角色。决策者拥有最终采购权，有时也被称为最终决策者或大老板。当然，这个角色也有可能是父亲、母亲或老公。无论是哪种身份，企业都必须了解他们的购买动机。

破坏者：此类角色可以潜伏在任何地方（如同搞阴谋破坏的人一样），他们的身份通常是首席财务官、首席信息官、儿女、配偶或是号称"有熟人"的采购代理。他们往往出现在战略规划部门或是客户家里，用反对意见让你的销售努力化为泡影。因此，你必须找出这些破坏者，发现他们在采购决策过程中搞鬼的蛛丝马迹。

在后面的客户验证部分，详细了解采购活动中的各种参与者具有非常重要的意义。眼下我们只需知道这样一点即可——客户是一个比个人复杂得多的概念。

客户原型

老话说得好，一图胜过千言万语。为帮助初创企业更形象地说明客户目标，下面我们就来花点时间对每一种重要的客户类型加以描述，其中对最终用户和决策者仅做少量介绍。客户原型可帮助企业团队直观地发现愿意使用或购买其产品的客户，明确产品战略、客户获取等诸多要素（见图4-3）。

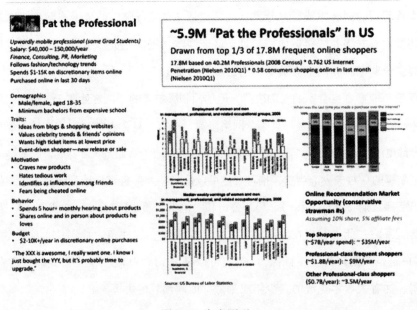

图 4-3 客户原型

在 B2B 销售中，最终用户的工作场所是办公室、工位还是锅炉房？他们是出差员工、演示员还是埋头跟数字打交道的文员？采购决策者是公司高管、研发主任还是一线经理？

欲了解更多有关客户原型的内容及其使用方法，请参考下一节"客户细分：原型设计假设"部分的详细说明。阅读之后，你可以利用从原型中搜集的数据对每个关键客户原型建立全面认识。

相对于关系复杂的 B2B 销售，消费者原型的建立要简单一些。你应当确定尽可能多的有关买方特征资料和心理资料的假设。例如，买方是否富裕、关注时尚、健康积极？是养宠物、带孩子还是子女已经成人的夫妇？他们住的是个人房产、公寓还是活动拖车？这些特征会影响商业模式的很多方面，包括客户关系、渠道通路和收入来源等。

客户问题体验日

无论你的客户是消费者还是商业客户，了解他们的一个重要方式是接触他们的日常工作生活并将其记录下来，描述客户生活中的具体遭遇。

☞ **接触客户的日常工作生活并将其记录下来，描述他们生活中的具体遭遇。**

对企业来说，这一步需要从各个层次深入了解目标公司。我们以向某银行销售软件为例，去银行兑换支票是无法了解银行如何工作的，你必须学会从银行工作人员的角度去观察问题。例如，产品的潜在最终用户（出纳）是怎样完成一天的工作的？他们使用什么产品？花多长时间使用该产品？改用你的产品会给他们的工作带来哪些变化？显然，除非你"做过"一回银行出纳，否则这些问题只会让你一脸茫然。如果你不了解银行出纳的具体工作方式，又怎么能成功销售帮助他们解决问题的产品呢？

（如果你是个经验不足的销售员，走出办公室这个概念听上去会有些令人生畏。请参考第 5 章，了解如何组织首次客户接触。）

接下来，试着从支行经理的角度观察一下问题。他们的一天是怎样工作的？你的新产品会给他们带来怎样的影响？然后，再试着从行长的角度考虑问题。他们具体做哪些工作？阅读哪些内容？谁会影响他们的决策？你的产品会对其产生什么影响？如果你要安装和银行现有软件有关的产品，就必须和 IT 部门打交道。那么，IT 部门的员工是怎样工作的？他们使用的是什么软件？他们现有的系统配置是怎样的？他们青睐的产品供应商是哪一家？他们是否准备好了热烈欢迎来自新企业的新产品？

☞ **这些问题的回答并不难，如何提出正确的问题才是最难的部分。**

企业采购商业产品是因为它们能帮助企业解决问题，因此作为卖方你必须深入了解客户。如果你销售的是零售产品，如经销点工具，你的团队能否站在柜台前体验几天繁忙的客户工作？想要深入了解客户，最好的办法莫过于在他们的岗位上亲自体验一番。了解潜在用户当前是如何解决问题的，以及使用新的产品会给他们的工作带来哪些变化。你应当弄清楚，激发这些客户做出购买决定的因素有哪些？为此，你必须描绘一幅生动具体的客户工作体验图，在他们工作的岗位上做现场调研，体会他们的具体感受，而不是坐在公司会议室或星巴克里凭空想象。

继续前面的银行案例，你是否了解银行业的发展趋势？有没有接触过银行业软件协会？有没有参加过银行软件展销会？是否做过相关的行业分析调查？除非你是来自目标行业的企业，否则在客户问题简述中肯定会留下很多问号。这一点并不可怕，在客户开发流程中，问题的回答并不困难，但如何提出正确的问题才是最难的部分。因此，你必须走出办公室和客户交谈，以实现填补客户问题简述部分各项空白的目的。

对于消费者产品，这种练习方法也同样适用。客户当前是怎样解决问题的？使用你的产品会给他们带来哪些帮助？你的产品会让他们感到更轻松？更简单？还是感觉更好？你是否了解激发客户购买行为的具体因素？

此外，你一个人了解这些问题还不够，必须和产品开发团队及公司同事一起分享这些体会，向他们描述你在客户问题体验过程中的收获。

组织影响图

现在你已经深入了解了客户的具体工作方式，意识到除个别情况外，大部分客户都不是自行完成工作的。例如，消费者经常和家人好友互动，商业人士经常与同事互动。因此，你必须列出那些可能影响客户购买决定的人，绘制一张潜在客户草图，在图中标明每个人的影响范围。此外，你应当描述产品对他们的每日工作和个人生活产生的影响，然后制作一份组织影响图，对围绕在用户周围的所有具备潜在影响力的人进行说明。对大型公司来说，这种组织影响图会非常复杂，充满各种初始未知因素。图 4-4 所示为 MammOptics 公司的组织影响图示例。

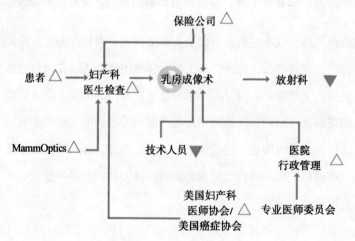

图 4-4　组织影响图示例

客户细分： 原型设计假设（网络/移动渠道）

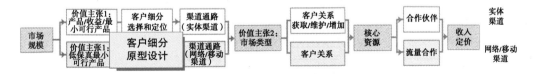

⇨ 完成这份简述后，你就能开发出客户原型，总结出类似下面的发现——"我们认为大部分客户是 18 ～ 25 岁的城市青年，他们热衷于技术产品，使用苹果电脑，每天花两小时访问 Facebook""我们有 25% 的客户定期阅读《科学》和《自然》杂志，希望以更好的方式订购化学试剂和实验室设备"。在此基础上，你可以了解并绘制客户问题体验日表格，然后制作消费者网络影响图。

请先回顾上一节的假设。

客户原型：探索目标客户的指南

客户原型的作用在于，它把你对"最典型"客户或用户了解到的所有信息总结成一个或多个完整的说明（当然，并不是每一个客户看上去都如此同质化，因此企业的客户原型往往不止一个）。

你可以把有关客户特征和行为的统计资料汇集成一幅图景。利用谷歌的 Google Trends、Google Insights 工具和 Facebook 广告，企业可以轻松了解网络/移动客户的人口特征。利用 Crunchbase 网站，你可以了解到竞争对手的销售对象有哪些。对于那些表现接近潜在客户的群体，你必须和他们进行面对面交流，弄清楚他们是谁、从事什么工作以及具备怎样的行为方式。你可以在网上搜索有关目标消费者的研究、文章和报告。调查竞争对手的媒体选择、新闻报道和年报。最重要的是，随着时间的推移和了解的增加，你必须不断更新客户原型（见表 4-1）。

表 4-1 利用客户原型推动营销战略开发

原型关键词	客户获取指导
40～55 岁，高收入	用于定位大型广告条和文字链接营销活动
夫妻双方都是职业白领	不要在工作日内发布广告或促销活动，收效甚微
经常购买珍馐美食	与美食博客合作，或通过美食网站促销产品
驾驶豪华汽车	考虑和高端汽车网站合作，共同促销产品
经常进行商务旅行	向旅行网站和旅游博客发送产品介绍
只在周末做饭的家庭	为节约费用，不要在工作日发布关键字竞价广告；在周四周五向客户发送促销邮件、微博消息和短信
经常在家搞聚会	与家居网站、娱乐网站以及相关博客合作促销产品

例如，你的目标客户或用户是企业高管？网络保姆？还是游戏少年？他们居住在郊区还是市内？他们是单身还是已婚？你必须不厌其烦地搜集尽可能多的客户信息。他们的年龄有多大？收入水平如何？有多少休息时间和零花钱？此外，你还应当关注客户拥有或使用的网络/移动设备类型，它们是台式机、笔记本、iPad 还是智能手机？抑或是兼而有之？他们是宅男还是社交网络达人？他们是否经常向他人推荐网站和产品信息？当这些用户在线时，他们是一个人待在家里还是和同学一起在学校？你可以以表 4-1 的样表为例开发自己的客户原型。

"客户问题体验日"：了解客户行为的指南

在一天 24 小时中，你的客户通常花多少时间上网？这些时间是花在台式机、笔记本还是移动设备上？无论你的企业为客户提供的是信息、社交网络、娱乐还是电子商务，要想取得成功就必须融入客户的工作生活，成为其中的一部分。可是，面对资讯泛滥注意力短缺的现实，怎样才能让客户"挤出"时间访问你的新网站，使用你的新程序呢？他们会减少睡眠时间这样做吗？会缩短在 Facebook 或 eBay 上逗留的时间吗？会在工作中忙里偷闲访问新网站吗？

怎样才能让客户"挤出"时间访问你的新网站，使用你的新程序？

在这里，你必须了解客户是怎样发现新产品的。他们是 TechCrunch[⊖]网站、《人物》杂

⊖ TechCrunch 是一个 Web 2.0 的博客网站，主要提供一些新兴互联网公司的评论。——译者注

志、游戏评论网或新闻站点的忠实读者吗？他们是否拥有 2～50 人的好友圈并经常发送和阅读微博消息？他们每天是否发送 2～100 条短信？发送对象是谁？他们通过哪些渠道了解产品信息？特别是诸如你的企业生产的产品？他们多久了解一次产品信息？每次持续时间有多长？

在哪里寻找客户？在网络中，你的客户无处不在，他们可能位于利基网站、博客空间、Facebook 和其他社交网络，或是位于社交新闻站点。他们可能在阅读或发送微博消息、编写短信，或是通过论坛和维基社区等渠道和其他类似的客户互动。

你可以利用起床后或睡觉前的 15～30 分钟构思"客户问题体验日"场景。在这里，你必须特别留意花在网络/移动设备上的时间，不但要说明客户使用的设备类型，而且要说明他们具体做了些什么和花费了多长时间，如给好友发短信、阅读博客（注明是哪些博客空间）、玩移动或社交游戏（注明是哪些游戏）、网上买鞋（注明具体网站）或是向 Facebook 上传宠物照片等。

你可以以表 4-2 为样表开发自己的"客户问题体验日"。

表 4-2　利用"客户问题体验日"推动营销战略开发

"客户问题体验日"关键词	客户获取指导
每日访问社交网站的时间少于 15 分钟	Facebook 等社交媒体不宜作为营销优先选择
每日 3 条短信，仅限夫妻之间	不必浪费时间考虑微博营销手段
喜欢浏览烹饪杂志和网站	可以在菜谱、产品新闻稿等方面做公关推广
每周 2～3 次观看明星主厨节目	想办法让公司创始人参与节目，做产品促销
每日浏览新闻站点 1 小时	考虑通过新闻网站的美食和生活栏目主编促销产品
每日工作之余上网 20 分钟	在花钱做邮件促销和网络广告之前，注意对用户行为进行测试
每日听美国公众广播 45 分钟	考虑参加周末节目赞助活动，发布产品新闻或在节目中热线呼入
每日和 15～20 位老友交谈或发邮件	为其好友提供菜谱、信息和消费折扣

注意，你应当以罗列要点的形式总结客户原型和"客户问题体验日"。利用这些要点，你可以在开发客户关系假设时评估获取客户活动的潜在价值。在表 4-1 和表 4-2 中，我们以某个销售可下载式网络烹饪课程的企业为例进行说明，该企业的产品以在家做饭且希望改变烹饪花样的双职工家庭为销售对象。

完成客户原型和"客户问题体验日"分析之后，企业对客户的群体特征、工作生活方式以及如何定位等问题便了如指掌了。

这个案例体现了客户原型和"客户问题体验日"两种手段对"客户获取"活动的关注。虽然在大众营销活动中不存在完美的客户定位，但对各种"获取客户"活动进行微调以实现有的放矢，仍可以帮助企业最大限度地获得客户开发投资的回报。

制作消费者网络影响图的方法

在网络/移动世界，影响图是一个既复杂艰深又非常重要的概念。例如，消费者在网上受到影响的方式有很多种，与此同时企业也可以在营销过程中左右那些影响者。在网络影响图中有很多"节点"，它们可以是博客空间和聊天室、权威网站、社交网络、行业专家以及推荐或参考站点。除直接讨论外，这些影响者也经常是重要的"自然搜索"点击来源，能吸引人们访问企业网站（见图4-5）。

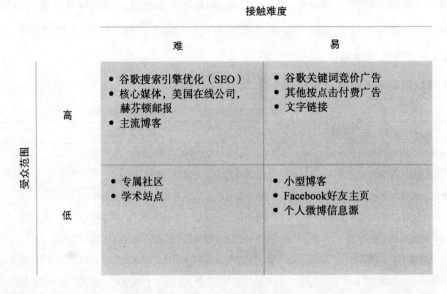

图4-5 消费者网络影响示意图

最后需要注意的是，在网络/移动渠道企业在多边市场中可能要面对多个客户细分市场。在这种情况下，"客户"可以是免费使用产品服务的一方，他们在供应商眼中具有重要价值，企业可以将其作为资产进行转售。例如，谷歌公司就是典型的"多边市场"企业，它拥有数十亿免费使用其搜索服务的"客户"，吸引了数百万家广告公司愿意付费接触这些用户。实际上，大部分社交网站和内容网站都是采用这种模式经营的。

渠道通路假设（实体渠道）

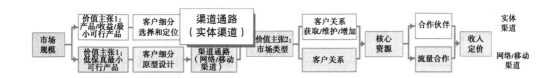

渠道简述描述的是产品从企业流向客户的方式。

在这个方面，实体渠道和网络/移动渠道具有非常显著的差别。对于前者，实体产品必须从装货码头运输到客户手中或零售渠道；对于后者，由于产品的提供和销售都是在线完成的，因此根本不需要人力参与（如果产品是虚拟的，其销售和交付过程都可以在网上完成）。

实体渠道的存在已经有数百年历史了。它们扮演的角色是初创企业必须面对的"中介客户"，由此带来的障碍也是显而易见的，如成本高、交付周期长、缺乏控制和促销手段等。但是，实体渠道给企业带来的回报非常可观。在 20 世纪，通过实体渠道分销产品是最为重要的销售方式。沃尔玛创造了实体分销的顶峰，每天可吸引 2000 万美国消费者光顾。

☞ **分析你的产品适合在哪个渠道销售。**

如今，大多数企业会同时采用实体和网络/移动渠道进行销售。例如，虽然拥有 10 000 多家实体店，但沃尔玛仍像美国其他全国性零售商那样，投资重金打造 walmart. com 以拓展网络销售业务。实际上，现在大部分渠道战略，特别是针对实体产品的渠道战略，都是对实体渠道和网络/移动渠道双管齐下。无论企业采用的是实体还是网络/移动渠道，都必须创造客户需求并将这种需求投入销售渠道。实体渠道和网络/移动渠道的需求创造活动具有显著的区别。

分析你的产品适合在哪个渠道销售

不同的销售渠道支持不同的产品定价区间。例如，通过销售员销售企业软件，每年至少要为企业创造 150 万美元的收入。但如果通过苹果系统应用程序店销售智能手机应用程序，没有几款产品的销售价格会超过 10 美元，从中还要扣除 30% 的店面经营成本。像亚马逊和百思买等电子零售商，其产品销售价格往往从数百到数千美元不等，有时甚至能实现一半的销售利润。

在开发定价假设时，一定要全面考虑所有的渠道成本，因为很多渠道会对分销、促销，有时甚至会对产品上架和未售品退货进行收费。渠道选择往往会显著改变企业的收入模式，因此在选择渠道时一定要根据企业的成本和净收入思考和更新收入方案假设（一定要用净值计算企业收入，只关注最后能够进入公司保险箱的收入）。

实体渠道选择

每一种实体销售渠道都有各自的优势、劣势和成本。有些渠道是"间接"渠道，企业将产品销售给扮演"转售"角色的中介公司（如分销商、增值销售商、经销商等），后者再将产品销售给最终用户。例如，某掌上游戏产品制造商想通过各地的独立玩具店销售产品，这些玩具店就需要从其地区分销商或全国分销商那里购货。显然，企业肯定无法承担在全美范围内拜访每一家独立玩具店的成本，但你可以联系这些玩具店的经销商。总而言之，实体销售渠道既高度复杂又成本不菲。下面我们就来简单介绍其中几种常见的选择（见图 4-6）。

直接销售：企业聘请销售人员拜访最终用户（包括消费者和企业用户）或是向转售商销售产品。

优势：良好的监督控制能力；销售人员只关注你的产品。

劣势：渠道成本最高的选择；难以发现和管理销售精英；产品价格或利润无法补偿支出。

独立销售代表处：独立销售人员代理多家企业在某个特定渠道销售产品，通常以地区为单位划分（也有些代表处是全国性的）。它们通常销售的是具有兼容性但并不形成竞争冲突的产品，大多采用提成式收费，有时也采用预付费或按次收费等方式。

优势：可以以不同成本快速实现全国销售，无须前期开支。

劣势：这些代表处关注的是自己的客户而非你的企业，换言之，它们更像是一种被动

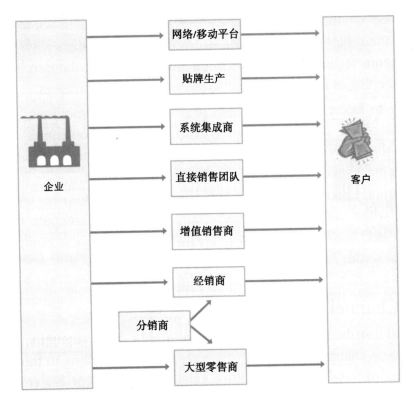

图 4-6　实体销售渠道选择

的管道，即销售方，而非积极的营销者。

　　系统集成商/增值销售商：和独立销售代表处不同，系统集成商和增值销售商在销售时产品会增值（如增加咨询费、安装费以及其他厂家产品的集成费等）。这些机构主要从事的是技术行业中 B2B 销售。系统集成商的规模可大可小，既可以是一两个人组成的地区级 IT 顾问所，也可以是全球性服务公司，如埃森哲和 IBM。

　　优势：可以以不同成本快速实现全国销售和"全面产品集成安装"，无须前期开支。

　　劣势：它们只关注客户，不关注生产企业，更像是被动管道而非积极营销者。它们需要企业投入大量精力予以支持，如促销、联动、培训和激励等，通常很难形成稳定的全国性影响，激发销售动力更是难上加难。

　　分销商：数量中等或较低的企业产品和消费者产品经常通过分销商渠道销售，它们扮演的是制造商和零售商之间的媒介角色，负责在各地存货以及保障地区店面有足够数量的铺货。有些分销商（如经营计算机产品的 CDW 公司、经营电器产品的箭牌公司和经营药品的麦克森公司）在经营范围上是全国性的，销售的产品有数千种之多。因此，通过分销商促销某个特定产品，这种做法既困难重重又耗资不菲。

优势：可提供对产品的个别关注，展示和促销自己喜欢的产品。

劣势：成本很高。分销商通常具备"守株待兔"的销售心理，很少成为积极主动的营销伙伴。此外，它们可能向企业要求退货权，在实现一定销售比例之后才会和企业结款。

经销商（零售商）：和分销商不同，经销商必须事先购买企业产品。无论销售的是企业产品还是消费者产品，经销商一般都是独立零售商或小型连锁店，可展示和促销选择数量有限的产品。通常，为了补偿较高的经营成本和较低的销售数量，它们会在批发价格的基础上增加较大的涨幅（往往是成本的两倍）。经销商很少直接和厂家（你的企业）打交道，一般从分销商或其他中介方那里购货，购货数量相对于好市多（Costco）这样的连锁超市要小很多。至于消费者产品，很多都是通过街边店、食品摊和便利店销售的。

优势：可提供对产品的个别关注，展示和促销自己喜欢的产品。

劣势：利用经销商作为主渠道很难建立新的业务，投入的成本也很高。

大型零售商：在美国，沃尔玛、好市多、家得宝和 7-Eleven 等全国性连锁零售商可以向消费者销售大量零售产品，可以对制造商形成巨大影响力，往往通过压低零售产品一半的价格来盘剥制造商。未经小范围成功"试售"，它们很少贸然推出新产品。试售成功之后，这些零售商会要求企业支付数万美元的"上架费"（不包括产品涨价）来展示产品。

优势：销售量大，有很大的广告和营销潜力。

劣势：销售周期长（有时甚至长达一年或更久），销售成本过高，缺乏营销控制和影响机会；未售产品退货权；结款速度慢，有时长达半年或更久。

原始设备制造商（贴牌生产）：原始设备制造商购买某种产品，然后将其作为部件组装到自己的产品中。例如，个人电脑生产厂家从各大制造商购买硬盘、半导体、线路板和键盘，然后将其组装成更大更复杂的产品向最终用户销售。对于这一渠道，初创企业应当关注以下几个问题。

初创企业的品牌、形象和特征往往被包含在贴牌生产产品中，最终用户很难接触到。

（电脑产品上粘贴的"英特尔内核"标志属于非常例外的情况，因为这个组件能够为产品的品牌和声誉增加价值。）换句话说，如果依靠这个渠道取得成功，实际上成功的是贴牌生产厂家的产品而非初创企业的产品。贴牌生产厂家对客户需求、问题和反应的理解往往会妨碍初创企业，使其无法准确了解客户需求。

　　优势：有实现大量销售的潜力。

　　劣势：通常利润较低，初创企业无法实现品牌效益和知名度。

我该选择哪种渠道

　　在这个问题上，很多初创企业容易犯的错误是弄巧成拙。实际上，在完成客户验证之前，企业是无法选出和专注于最具潜力的销售渠道的。在此之前，你仍处于测试和扩展渠道假设阶段，需要关注的是了解事实。因此，我们的建议是不要尝试通过直接销售、连锁店和直邮等渠道同时进行销售，这样做根本无法取得成功。当然，唯一可行的例外情况是把实体渠道和网络营销结合起来，在实体渠道销售的同时获得网络营销的支持。

　　由于渠道和定价问题的决策相互关联，因此企业必须在开发渠道假设的同时开发收入定价假设。例如，零售经销会显著削减企业收入，直接销售虽然能带来收入但往往耗费很长时间。在考虑渠道选择问题时要牢记以下几个标准：

- 该产品类别是否具备确定的购买习惯或惯例？
- 该渠道能否强化销售过程？企业需要付出多少成本？
- 围绕产品销售会出现哪些价格和复杂性问题？

　　初创企业很难一开始就建立正确的渠道战略。例如，大部分技术型初创企业认为直接销售是正确的渠道，但事实往往证明这一假设是错误的。因此，最明智和最安全的做法永远是先"观"后行，即观察当前类似产品和产品类别的客户购买模式与购买习惯，然后再做出正确选择。这是因为，客户只会在自己喜欢的渠道中花钱购物。

渠道通路假设（网络/移动渠道）

　　➡ 销售渠道简述描述的是网络/移动产品从企业流向客户的方式。

开发此项假设之前，请先阅读上一节关于实体渠道的介绍，其中探讨了渠道战略问题，各种实体渠道的成本及其对企业收入的影响。

网络/移动渠道可通过电脑、笔记本和掌上设备联通世界范围内的数十亿在线网民。此类渠道永不关闭，也从不停歇，一天24小时处于消费者"掌"控之中。移动渠道的这种影响力、持久性和便捷性正在对人们的生活、工作、消费和行为方式产生重要影响。

对每一个营销者来说，能够每天向数十亿人时刻不停地提供店面或服务解决方案是他们的最大梦想。网络/移动产品不但能以最小的成本进行快速开发，而且几乎能够即时呈现在消费者面前。例如，在雅虎上成立一家网店每月只需5美元的成本。除此之外，企业可以实现对销售的全面控制，获得几乎100%的直接销售收入，随时调整定价、促销等各种营销活动。

当然，网络/移动渠道并不是没有问题。它的不利之处是客户绝不会自动走上门访问你的网站，而且企业必须独立承担吸引客户、拓展流量和实施销售等各种活动的压力和成本。无论是企业自营网站、亚马逊零售网站还是苹果系统应用程序店，网络/移动渠道的成功几乎完全依赖于以下活动：创造需求，以低廉的成本吸引用户，以及说服对方使用或购买产品。

网络/移动渠道选择

和实体渠道类似，每一种网络/移动渠道都有各自的优势、劣势和成本（见图4-7）。（如今越来越多的实体产品开始同时通过网络和实体渠道销售。）作为初创企业，你应当选择的是这样的销售渠道，它必须在企业的价值主张、成本和收入模式，以及客户购买偏好等因素之间建立良好的平衡（随着企业规模的扩大，你可以在后期增加新的销售渠道）。

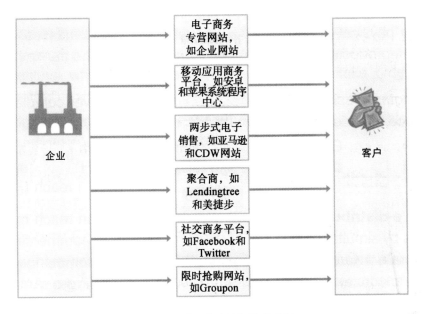

图 4-7　网络/移动销售渠道选择

☞ **先选择一种销售渠道，然后随着企业规模扩大增加其他销售渠道。**

电子商务专营网站：指企业为销售产品专门开发的电子商务网站（网站主机地址可随意选择），客户通过网络浏览器访问企业网站。无论是实体产品或网络/移动产品，消费者和商业客户都可以通过输入 URL 地址的方式了解信息、观看产品、对比特征和完成交易。

优势：简单网站很容易开发，可实现对价格、产品演示、库存等各个环节的全面控制。

劣势：企业必须承担流量开发和客户转化带来的问题和成本。

两步式电子销售：这种方式能实现一箭双雕的销售效果，它能在通过电子商务网站销售产品的同时吸引用户关注和创造需求。这是最常见的网络/移动渠道，包括亚马逊、百思买等各种零售商，安卓和苹果系统应用程序店，以及各种小型电子商务网站。不同平台的销售成本有所不同，其中亚马逊公司处于渠道高端，销售一本实体书可获得零售价格55%的收入。相对于这笔不菲的收入，作为渠道，亚马逊负责的是维持库存、包装运输产品和收取款项的工作。通常，零售商创造的客户需求越多，它们从销售中得到的回报也越多。

优势：可以以不同成本快速实现全国销售，无须前期开支。

劣势：除非额外支付费用，否则很难控制产品的网上促销和知名度推广。

聚合商：网络聚合商相当于实体渠道的购物中心，不过通常只注重某个产品类别。它们聚集具有共同兴趣的消费者，然后将其定向到网络/移动产品超市。客户通过网络浏览器访问此类站点。例如，LendingTree.com 网站为客户提供了数百个资产抵押和相关的财务产品，cloudshowplace.com 网站为客户提供了数百种 SAAS 软件工具。在这些产品和软件中，很多只需点击图片即可购买。Diapers.com 和美捷步（两家都是亚马逊旗下公司）分别聚合了来自数百家制造商的婴儿类和鞋类产品。B2B 产品网上展会发挥的也是聚合商作用，它不但能创造出和传统展会相同的外观和感受，而且能推出虚拟"展位"，让营销商宣传各种产品资料和处理客户订单。

优势：可以以不同成本快速实现全国销售，无须前期开支。

劣势：难以推广知名度、进行网络促销和营销；销售活动成本可能很高。

可作为渠道运营的平台

移动应用商务平台：网络/移动应用程序销售平台的作用在很大程度上和实体渠道的零售店差不多。移动程序以及很多网络程序和游戏，都可以通过网络/移动平台销售。例如，Zynga 的开心农场和其他网络游戏，利用拥有数亿用户的 Facebook 作为平台。Facebook 平台同样对数千家网络公司开放，把自己的社交网络变成一个巨大的销售渠道。苹果公司和谷歌公司都推出了应用程序中心，帮助移动用户购买基于 iPhone 和安卓系统手机的各种软件，从小游戏到理财软件不一而足。

像 iPhone 和安卓应用程序中心这样的专业市场，都是销售智能手机程序的主要"平台，即渠道"型市场。苹果应用程序中心对 iPhone 手机下载版软件收取零售价格 30% 的费用。虽然智能手机程序的销售是这一渠道的主力军，不过 salesforce.com 网站已经推出了针对 B2B 程序的 AppExchange 平台，其他一些类似公司也将进入这一渠道。

优势：可通过快速增长渠道大量销售游戏、软件和购物程序等产品；此渠道 24 小时开放，购买方式非常便利（拥有数百万消费者），是一个爆发性商业机会。

劣势：中介成本高，文件大小受限，存在产品演示和支付问题，经营复杂度高，难以吸引消费者关注、促销产品和发布营销内容。

社交商务平台：Facebook 和 Twitter 等社交网络已快速转变为商务平台，利用其巨大的用户基础实现盈利。客户通过浏览器或专用程序访问这些网站。使用网络/移动货币和商品推动网络游戏的做法已经非常成熟，很多垂直市场网站正在加入这一市场掘金。

优势：快速销售，具有巨大的潜在销量；有利于发布产品、建立知名度和实现快速收入。

劣势：难以创建和吸引客户关注；平台需投入 50% 以上的收入作为销售成本。

限时抢购网站：此类网站可在 24～38 小时内为消费者提供极低的折扣以购买知名产品。Gilt. com、Groupon 和很多类似网站都属于此类渠道。它们会根据特定的产品类别或地理位置，搜集大量希望购买某产品或位于某地区的消费者邮箱和社交网络好友列表。这些社交商务网站可以为企业带来收入和客户。

☞ **限时抢购可迅速为企业带来巨大赤字。**

优势：快速销售，具有巨大的潜在销量；有利于发布产品，建立知名度和实现快速收入。

劣势：成本非常高，最终用户往往希望以一半的折扣价格获得产品，制造商必须承担社交商务平台 50% 零售价格中的一半；可迅速为企业带来巨大赤字。

免费 + 付费渠道：这种模式很难说清到底是平台、渠道还是一种需求创造战略。它是一种非常有效的客户关系开发手段，特别是对那些提供免定制型网络/移动产品的企业。Zynga 就是采用此类渠道实现快速增长的公司之一，它们利用社交网络创造大量受众，如"开心农场"和"血战黑手党"等游戏的免费用户。这些公司为用户提供一定数量的免费游戏（有时甚至提供全部免费游戏），通过销售游戏中出现的网络/移动产品来盈利。

☞ **如果无法把免费用户转化成付费客户，企业必死无疑。**

还有些游戏公司会大量提供免费但关数有限的产品，或是提供一定时间内（如"输入信用卡号即可试玩一周"）的无限制产品，希望利用这种做法把免费用户转化成付费用户。最近，一些网上税务软件公司也开始向简单退税人提供免费的联邦退税方案，目的是想借此开发一个销售渠道，向他们追加销售更为复杂的退税产品或从在州级和市级退税中收费。

优势：可以以较低成本加速产品的试用和采用；非常适合作为产品启动战略。

劣势：免费＋付费模式既诱人又危险，企业可以迅速积累大量用户，但如果无法将其转化成付费客户，企业必死无疑。成也萧何，败也萧何，免费＋付费模式既可以成就企业也可以使企业灭亡。

测试可以帮助你选择正确的渠道

对于某些产品来说，渠道选择并不困难。例如，iPhone 或 iPad 程序只有一种合适的销售渠道，社交游戏产品的销售渠道也同样容易确定。但对于另外一些产品，企业必须首先测试不同渠道的成本效益和潜在销量，然后才能确定该向哪个渠道投入精力和营销成本。例如，一个简单的可下载程序可以同时进行 3 个渠道的测试，即应用程序中心、免费＋付费模式和网上零售平台。在设计测试时，企业应当向每一个渠道投入相同数量的资金，观察 1 美元的营销成本能否至少产生 2 美元或更高的销售收入（以便后期对营销成本进行改善）。然后观察哪一个渠道创造客户的单位成本最低，哪一个渠道创造的绝对客户数量最多。

多边市场需要独特的渠道方案

在实体渠道企业思考销售渠道的同时，多边网络/移动市场中的初创企业应当开发有关其他"方面"的假设，在这里指的是企业的"营收渠道"假设。

大部分多边营收渠道的工作方式都很简单，它们吸引大量用户和广告商，这些广告商可通过文字链接、广告条、游戏内置广告或传统网络广告等方式接触用户。因此，企业的目标非常简单明确——找到潜在的广告商或代理机构，评估对方的期望支付水平，明确销售流程，判断有关市场营收方面的假设是否有效。在此过程中，企业应努力避免多边市场营销有关广告活动的两大致命问题，即受众范围过小和受众范围模糊。

☞ **受众范围越明确，越难聚合，其营销价值就越高。**

受众范围过小：广告公司喜欢把巨额客户资金投资到尽可能少的广告订单上，它们希望每一个广告都能接触到大量受众。想要获得广告订单或是向广告公司进行销售的机会，网站通常要实现每月数百万人次的访问量。因此，作为渠道验证过程的一部分，企业必须确保"买方"渠道具有明确的发展潜力。

受众范围模糊：网络广告市场非常杂乱无章，其中有大量未售出的广告版面。很多广告商会通过一些广告网络购买大量广告条、广告专版和文字链接。这些广告网络往往能聚合数十家甚至数百家吸引特定用户群（如青少年）的网站。广告商会以极低的价格买入全部未售出的广告版面，然后将其打造成包含数亿受众点的统一产品。

受众范围越明确，越难聚合，其营销价值就越高。例如，"全职母亲"和"新生代"消费者很容易聚合，但频繁乘坐飞机的客户和豪华汽车车主就比较难聚合。其他价值较高的受众包括：正畸医师、私人飞机机主或租赁人、每月游戏开销超过 100 美元的玩家以及挥金如土的赌徒。你的客户群体特征越明确，多边市场中"买方"就愿意掏更多的钱针对这个受众范围打广告。

价值主张 2： 市场类型和竞争假设

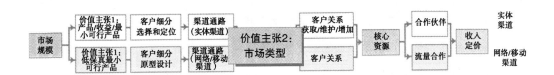

市场类型简述描述的是企业适合哪一类市场。（参见附录 2A 客户开发宣言第 7 条规则）此外，本节还包括有关竞争假设的简述。

无论选择哪种渠道，初创企业都要采用（或追随）4 种市场类型中的一种。选择错误的市场类型，其后果是非常严重的（导致企业过早进行营销和销售投资）。和产品特征的选择不同，市场类别是一项"后期影响"型决策。尽管市场类型的最终选择可以推迟到客户生成阶段，但如果能在客户探索阶段针对早期市场类型假设进行开发和测试，则是更为明智的做法。在接下来的几章里，我们会不时回顾市场类型选择过程，在讨论完客户和市场之后对市场类型分析加以提炼和深化。

在市场类型简述部分，你只需寻找这样一个问题的临时答案：你的企业正在进入现有市场？重新细分现有市场？创造新市场？还是在克隆市场？

👉 **市场类型可推动营销支出、销售时机和现金需求。**

市场类型

对某些初创企业来说，当进入一个拥有大量竞争对手的市场时，其市场类型选择是非常清晰的。无论是智能手机、社交网络、血糖仪还是飞机市场，企业只能面对唯一的选择，即现有市场。但是，如果你的企业开发了一种从未出现过的全新类别的产品，你要面对的很可能是一个新市场。不过，大多数企业还是有机会选择市场类型的。那么企业究竟该怎样进行选择呢？我们不妨从以下几个问题开始思考：

- 该市场是否已经成立，定义明确，拥有大量客户？客户是否清楚市场名称？市场是否存在竞争对手？你的产品是否具备相对于竞争对手产品的优势（如更好的性能、特征、服务）？如果是，企业面对的是现有市场。

- 在现有市场中，是否有部分群体愿意购买专门为满足其特定需求设计的产品？即使该产品价格较高，或是某些和该利基群体需求无关的产品性能表现不佳，他们也会购买吗？如果是，企业要考虑的是重新细分市场中的利基市场战略。

- 另一种重新细分市场类型回答的是以下问题：在现有市场的低端，是否具备愿意以很低的价格购买性能"尚佳"产品的客户？如果是，企业应考虑重新细分市场中的低成本战略。

- 如果没有已成立和明确定义的市场，显然企业既没有客户也没有竞争对手，这时必须为产品创建新市场。

- 在俄罗斯、印度、印尼、巴西、日本和中国（这些国家有大型地区市场以及语言和文化壁垒），这里的初创企业还有另外一种市场类型，即克隆市场。你能采取、借鉴或复制美国成功的商业模式和企业，使其适应本国市场的语言和购买偏好吗（不久之后，来自这些国家的创意也会在美国被克隆）？

如果和客户谈论市场问题，他们会给出许多种不同意见。关于市场类型的选择，企业出现犹豫并不要紧。现在你只需了解每一种市场类型，然后从中挑选一个和企业愿景最吻合的即可。表 4-3 对各种市场类型的优缺点进行了分析。

表 4-3 市场类型优缺点分析

	现有市场	重新细分市场 （利基或低成本市场）	新市场	克隆市场
客户	已存在	已存在	新客户或开发老客户的新消费习惯	新客户
客户需求	产品性能	• 购买成本 • 感觉性需求或问题	简单便利	复制国外市场已经成功的创意
产品性能	更快更强	• 满足低端市场需求 • 满足利基市场需求	忽略传统属性，按照新的客户需求改善产品	满足本地市场需求
竞争对手	已存在	已存在	无竞争或存在其他初创企业竞争对手	无竞争或存在国外竞争对手
面对风险	竞争对手存在	• 竞争对手存在 • 利基战略失败	市场冲突	文化冲突

在选择现有市场进入战略时，有一项非常出色的工具源自军事行动研究领域。它认为以下几条简单原则可以帮助企业对现有市场进行分析：

- 如果某公司占有至少 75% 的市场份额，即形成有效的独家垄断市场。对初创企业来说，和对手正面交锋完全没有任何胜算（如搜索引擎市场的谷歌和社交网络市场的 Facebook）。

- 如果市场中存在两家最强的竞争对手，其联合市场份额大于 75%，且其中一方的市场份额不到另一方的 1.7 倍，则会形成两强垄断，初创企业的攻击也不会影响其市场地位，如在电信行业中，思科和瞻博网络公司（Juniper）形成对核心路由器市场的两强垄断。

- 如果市场中存在两家最强的竞争对手，其中一方占有大于 41% 的市场份额，且构成另一方市场份额 1.7 倍以上，则会形成市场领袖。对初创企业来说，这种市场也很难进入。在具备明确市场领袖的市场中，企业可考虑重新细分市场机会。

- 如果市场中的最大竞争对手拥有至少 26% 的市场份额，则会形成诸侯争霸市场，企业排名变化会出现剧烈波动。初创企业可能发现某些现有市场进入机会。

- 如果市场中的最大竞争对手拥有不到 26% 的市场份额，则不会对市场形成实际影响，即自由竞争市场。希望进入现有市场的初创企业很容易进行渗透。

如果你决定进攻一个一家独大的市场，必须准备好花费 3 倍于对手销售和营销预算的开支（试想一下，和谷歌或 Facebook 正面交锋绝不会那么轻松）。

在拥有多个竞争对手的市场中，企业的进入成本较低，但仍需花费目标对手销售和营销预算 1.7 倍的开支（要进入现有市场，你必须从对手那里夺取市场份额，用商战比喻非常形象）。表 4-4 总结分析了现有市场类型及进入成本。

表 4-4　市场类型及进入成本分析

	市场份额	进入成本（相对于业内领袖的销售和营销预算）	进入战略
独家垄断市场	>75%	3 倍	重新细分或寻找新市场
两强垄断市场	>75%	3 倍	重新细分或寻找新市场
行业领袖市场	>41%	3 倍	重新细分或寻找新市场
诸侯争霸市场	>26%	1.7 倍	利用现有市场或重新细分市场
自由竞争市场	<26%	1.7 倍	利用现有市场或重新细分市场

现有市场的竞争

了解了要进入的市场类型，你的竞争视野会变得更加清晰。如果认为企业和产品适合进入现有市场，你必须了解自己的产品相对于竞争对手的产品有何优势。在现有市场中，客户能告诉你有关竞争对手产品的基本情况。虽然你们的竞争目标主要集中在产品属性方面，但有时候商业模式中的其他模块，如渠道或价格等也会为你带来竞争优势。因此，企业必须开发出能让客户大喊"花多少钱我也要买"的产品、特征或性能改善。

想要针对众多现有竞争对手进行产品定位，必须熟练选择企业能够制胜的竞争基础。值得注意的是，取胜之道不一定总是靠产品特征，也可以是便利性、服务、品牌或其他方面，前提是你在这些方面一定要比竞争对手做得更好。你可以把这些想法总结到市场类型简述中。在进入现有市场时，企业需要解决的问题包括：

- 竞争对手有哪些？推动市场的是哪些竞争对手？
- 每个竞争对手拥有多少市场份额？
- 市场领袖在竞争中投入的营销和销售成本是多少？

- 相对于现有竞争对手，你的市场进入成本是多少？
- 客户认为重要的产品性能属性有哪些？竞争对手如何定义产品性能？
- 企业在进入市场后的头 3 年希望实现多少市场份额？
- 竞争对手如何定义市场？
- 市场中有没有现行标准？如果有，这些标准是由谁来推动的？
- 企业希望接受、扩展还是取代这些标准？（如果答案是扩展或取代标准，则表明存在重新细分市场机会。）在进入现有市场时还需要填写竞争简述以进一步完善定位，这部分内容本节会稍后讨论。

在设计现有市场进入策略时，参考商业模式画布是一个很好的方法。客户希望你的产品帮助其完成什么任务？你的价值主张能为其解决哪些问题？

现有市场的重新细分

在现有市场中，你的初创企业是力量最弱小、资源最缺乏的竞争者。因此，和最强大的对手正面竞争是非常愚蠢的。你必须选择承认实力现状的行动战略，然后充分发挥自己的敏捷优势。如果你的对手在市场中一家独大，拥有 74% 以上的市场份额，千万不要展开正面竞争，因为你必须付出 3 倍于对手的资源才有胜算。因此，你应当考虑的是那些利用有限资源能够取得成功的攻击目标。换句话说，你必须对现有市场进行细分，开发出欢迎你的独特产品的子市场。或者，你可以开发一个新市场，定义一个竞争对手无法满足的市场空间。

☞　**强而避之，怒而挠之，卑而骄之。**

如果对手的市场份额在 26% ～ 74%，你必须小心谨慎地展开竞争。企业必须牢记正面竞争的成本：独家垄断竞争者的 3 倍预算，自由市场竞争者的 1.7 倍预算。

实际上，大多数初创企业都不具备如此强大的财力。因此，重新细分市场或创建新市场几乎成了企业面对强大竞争对手时的默认选择。而且，所有算计对手的营销计谋都可以应用于此。其实，早在 2 500 年前，孙武就已经在其著名的《孙子兵法》中对这些计谋进行了总结。孙子的战斗思想包括："兵者，诡道也""强而避之，怒而挠之""敌则能战之，不若则能避之"。

记住，你的目标是要在客户关注的某个方面做到最好，这些方面包括但不限于产品属性、影响范围、销售链条/零售业务或客户基础。企业必须不断对市场进行细分（按年龄、收入、区域等条件），努力寻找竞争对手的弱点，直到发现自己能够取胜的领域。记住，每个企业都能从竞争对手那里赢得客户，前提是做好充分的竞争定位，不打无把握之仗。

在对现有市场进行重新细分时，企业可以选择以下某种定位：

- 找到独特的利基市场，其特点是某些产品特征或服务可重新定义市场，形成明确的竞争优势。
- 成为低成本产品提供商。
- 结合差异化和低成本经营，形成蓝海战略，即在创造获取新需求时开发无人竞争的市场空间，使企业避开竞争压力。例如，西南航空公司是最早利用这种方式重新细分航空市场的企业，随后出现了很多失败的效仿者，后来捷蓝航空公司（Jet-Blue）也采用了这种战略。太阳马戏团也是采用蓝海重新细分战略的成功案例，不但实现了产品差异化而且降低了经营成本。

☞ **在现有市场中，你的初创企业是力量最弱小、资源最缺乏的竞争者。**

在基于利基战略重新细分市场时，企业应当回答以下问题：

- 客户来自哪些现有市场？
- 这些客户有哪些独特特征？
- 现有供应商无法满足这些客户的哪些需求？
- 哪些产品特征会让客户放弃现有供应商？
- 现有竞争对手为什么无法提供这些产品或特征？
- 你要花多长市场才能开发出具备足够规模的市场？这个规模具体有多大？
- 你的企业如何培育市场和创造需求？
- 如果新的细分市场中没有客户，企业的现实销售预测情况如何？
- 你的销售预测如何测试？
- 能否改变商业模式中的某些模块以实现企业的差异化定位？

对于此类初创企业来说，绘制图 4-8 所示的"市场图"（用于描述新市场）可以直观地说明企业的独特之处。在这张图中，初创企业位于中心位置。重新细分市场理论认为，客户会从现有市场流入重新细分市场。因此，图中应绘有体现客户来源的现有市场（注意市场是由一群具备共同属性的企业构成）；此外还应绘有产品特征和功能，这些特征和功能结合在一起可充分说明企业的新产品。（如好时巧克力最新推出的花生酱和零热量产品，每一种属性都能吸引不同的客户群体）。

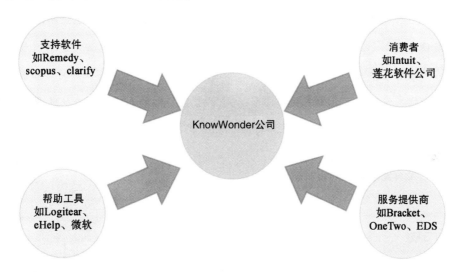

图 4-8　市场图样图

在基于低成本战略重新细分市场时，企业需要回答以下问题：

- 客户来自哪些现有市场？
- 这些客户有哪些独特特征？
- 让这些客户花时间上网体验或购买新企业的产品服务，需付出多大代价（即"转化成本"）？
- 为享受更低价格，客户愿意放弃哪些产品特征？
- 上述假设如何进行定量测试？

最后，设想一下怎样才能吸引成千上万的新客户接受你的产品，进入你开发的细分市场。此外，企业必须小心使用"低价服务商"细分市场，因为竞争对手会马上调整价格，让你的新定位失去作用。

⇨绘制市场图对于刚成立的网络企业尤其重要。无论你的网站提供的是个人财务、在线游戏还是社交网络服务，你要考虑希望客户在上面花多少时间，然后考虑这些时间从哪里来，是吸引客户放弃某些网站、减少睡眠，还是在你新开发的社交网络平台上处理所有个人邮件？也就是说，绘制市场图的依据是时间而非金钱。

因此，你必须考虑如何吸引客户付出时间？他们为什么要转向新的企业？怎样转向新的企业？对社交网络初创企业来说，这个问题即"Facebook问题"：相对于市场领袖Facebook，你的社交网络能让客户做到哪些现在做不到的事？客户为什么选择你的社交网络？

从某种角度来看，客户时间即网络/移动渠道中的市场份额。你必须说明消费者为什么愿意缩短当前网站的使用时间以投向新的网站，以及他们具体是怎么做的。如果新的网络游戏无法削减他们玩"开心农场"或"血战黑手党"的时间，他们会从哪里挤出时间玩其他新游戏？想清楚这些问题，然后在图中绘制出客户的"时间资源"。

☞ **没有竞争对手的市场就一定轻松吗？**

进入新市场

如果你的产品没有竞争对手会怎样呢？如果在和早期客户沟通时，你经常听到这样的回答："你们提供的产品是市场中独一无二的"；如果分析完所有定量数据之后，你发现其他公司都没有和你类似的产品——恭喜，现在你要开发新市场了。猛一看，新市场似乎好处多多，非常诱人。让人感到好笑的是，每一个新市场都有冠冕堂皇的缩略名，好像听上去挺牛的样子。是啊，还有什么情况会比没有竞争对手的市场更好呢？没有竞争对手往往意味着价格不再是竞争问题，而是变成了市场承受能力的问题。想想看，没有竞争对手的压力，滚滚利润都被卷入你的企业囊中，这可太棒了！

开发新市场的企业和进入现有市场或重新细分现有市场的企业具有很大的区别。虽然在新市场中没有任何竞争对手抢占市场份额，但这里同样也没有任何客户。没有现成的客户，即便在产品发布时拥有无限需求开发预算，企业也不会获得任何市场份额。换句话说，开发新市场意味着长期客户培植和养育。

进入新市场是成本最高的需求创造挑战。因为没有可供对比的产品，营销者不能说

"比 Yummies 小吃更好吃""比保时捷速度更快"或是"比某某品牌更便宜"之类的话。虽然听起来有些咬文嚼字，但开发新市场意味着你的目标是当前并不存在的市场，是没有客户的市场。在进入新市场时，企业需要回答以下问题：

- 和你的新市场相近的市场有哪些？

- 潜在客户来自哪些市场？

- 你的企业有哪些愿景？为什么会吸引客户关注？

- 你的产品有哪些支持客户使用或购买的"前所未有"的新特征？

- 培育潜在客户以形成足够规模的市场需要花多长时间？具体有多大规模？

- 企业如何培育市场？如何创造需求？

- 如果目前还没有客户，企业头 3 年的真实销售预测目标是怎样的？

- 在培育开发市场时，企业需要融资多少支持开发活动？

- 在开发市场过程中怎样预防实力雄厚的竞争对手取代你的地位？（预防老话所说的"枪打出头鸟"）。

- 你的产品定位成进入重新细分市场或现有市场是否更准确？

☞ **新市场的进入成本最为高昂。**

企业在新市场中竞争时，靠的不是在产品特征上战胜对手，而是要让客户相信其市场愿景是真实的，能够以全新的方式解决他们的实际问题。此类经典案例包括斯纳普饮料（Snapple）、丰田普锐斯、西贝尔（Siebel）、Groupon 和 Facebook。不过，用户群体有哪些，新市场本身如何定义等问题还都不明确。因此，在市场类型简述部分应当以初创企业为中心对新市场及其用户进行说明。

最后要考虑的问题是，开发新市场的初创企业在推出产品之后，往往需要 3～7 年时间才能形成足够产生利润的市场规模。这些令人清醒的数据源自过去 20 年对数百家高科技初创企业开发新市场的结果调查。或许你认为自己的初创企业和它们不一样，但除非受到泡沫经济的推动，否则企业很难快速实现成功，都需要很长的时间让市场普遍接受新的创意和产品。（泡沫经济是指所有正常规则失效，企业出现非理性繁荣的一种现象。）

关于市场类型的总结：市场类型是企业创始人必须做出的最重要的一项选择，也是必须和投资者取得共识的一项重要选择，因为它会推动营销支出、销售时机和竞争分析。虽然企业不必在客户探索阶段做出选择，但必须在这一阶段做出初始假设。如果投资者想在企业成立第一年实现大量收入，认为已经对现有市场做出了投资，但结果往往会以更换新的首席执行官失败告终。因此，市场类型选择可以推动企业的支出、预算和收入期望。

竞争简述

了解了企业的市场类型，构思竞争简述就相对简单了。竞争简述可以帮助企业了解如何在市场中和对手竞争。

进入现有市场或重新细分市场时，你会本能地认为，企业价值主张中的产品特征就是你的竞争基础。事实有可能如此，但实际上你忽略了更大的竞争优势。试想一下，在你的合作伙伴、渠道、资源等模块中有没有可以改变游戏规则的因素呢？以苹果公司的 iPod 为例，它在硬件播放器（很多企业都生产）的基础上结合了简单易用的软件程序 iTunes（其他厂家没有，但也可以开发出来），然后和唱片公司建立合作伙伴关系（这就需要史蒂夫·乔布斯个人的现实扭曲场力量了）。在集体讨论此类创意时，使用商业模式画布进行分析是一个非常好的方法。

👉 **在新市场中企业会认为"我们没有竞争压力"，这种想法是错误的。**

企业应当说明自己的新产品为什么比竞争对手好，到底好在哪里？其他需要考虑的竞争问题包括：

- 现有竞争对手如何定义竞争基础？是以产品属性还是服务作为竞争基础？它们有哪些价值主张？有什么产品特征？你的企业和产品在哪些方面和对方明显不同？是产品特征、性能还是价格？
- 客户是否关注你的产品能帮助他们完成以前无法完成的任务？
- 在零售店的货架上，摆放在新产品旁边的是哪个竞争对手的产品？
- 对于网络/移动应用程序，你应当评估竞争对手的产品质量、特征、销售或用户数据以及流量水平。
- 每一个竞争对手的产品有何突出之处？当前客户对现有产品最满意的是哪些地方？

希望这些产品做出改变的是哪些地方？

- 客户购买、使用产品、程序或访问网站的理由是什么？为了这么做他们会放弃哪些竞争对手的产品？为什么会放弃这些产品？

如果企业开发的是新市场，它们往往认为"我们没有竞争压力"，但这种想法是错误的。虽然你的新产品尚未推出，但人们现在是怎样解决问题的？他们是什么都不做，还是利用临时办法效率低下地解决问题？你的新产品能帮助他们做到哪些以前做不到的事情？他们有什么理由关注你的新产品？

初创企业喜欢和周围其他初创企业做对比，这是很自然的事情。但它们必须牢记客户开发流程的一个关键原则：千万不要罗列所有竞争对手的产品特征，开发出更大更全的特征表。实际上，产品特征方面的增量开发或改善很难造就成功的、可升级式企业。而且，在刚开始发展的几年中，初创企业也很难让其他初创企业退出市场。

 成功的企业了解客户购买产品的原因。

当初创企业面对资金和技术资源竞争时，成功者往往了解客户购买产品的原因，失败者却从未认清这一问题。竞争分析首先关注的是客户为什么会购买，然后再考察包括新老竞争对手的整个市场。

> 🕰️ **注意**
>
> 现在还不是大规模推广产品和广泛宣传的时候（这样做会招致巨大的竞争压力），你的目标是利用最小可行产品测试前面做出的假设！

客户关系假设（实体渠道）

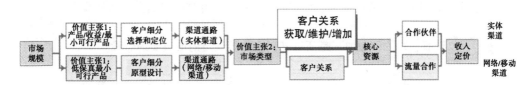

客户关系简述部分描述的是如何把客户吸引到销售渠道中，如何维护客户以及如何通过他们增加销售收入。

在这里，我们把客户关系按照不同渠道，以"获取、维护和增加"为具体步骤，在图 4-9 中展示了整个流程，并在第 103 页的表中介绍了每个步骤中的常见活动。在本节的假设陈述中，我们主要说明表中左侧的活动，即实体渠道的活动。

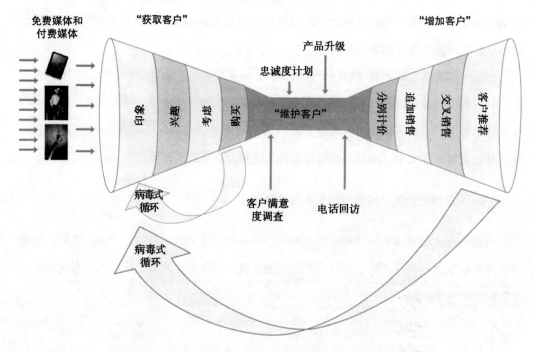

图 4-9　实体渠道客户"获取—维护—增加"漏斗模型

每一家企业，无论其产品或渠道是实体型或网络/移动型，都可以将其任务总结成三句话，即开发成功产品、"获取、维护和增加"客户以及从客户那里直接或间接实现收入。所谓客户关系，其实指的就是获取、维护和增加客户的具体战略和战术。

获取客户，有时也叫需求创造，指把客户吸引到选中的销售渠道中。

维护客户，也叫客户维持，指设法让客户忠于你的企业和产品。

增加客户，指向客户持续销售已购产品和新产品，并鼓励他们推荐新的客户。

☞ **"获取、维护和增加"是所有初创企业要做出的最重要的假设。**

"获取、维护和增加"是所有初创企业要做出的最重要的假设。失去客户，企业必死无疑，而这些步骤对任何企业来说都是成本最高的活动。图4-9展示了客户关系生命周期的整个概况。在本节的假设分析中，我们会把这幅图进行分解，首先从左侧第一步"印象"谈起，然后按照"获取、维护和增加"的步骤逐步深入。

 注意

本节内容不可一次全部实施，后面有全面的思考问题总结，可帮助管理者制定最适合初创企业的营销战略。

在实体渠道中开发客户关系

	实体渠道	网络/移动渠道
获取客户（需求创造）	战略方针：印象、兴趣、考虑、购买 战术手段：免费媒体宣传（公关、博客、宣传册、评论等）、付费媒体宣传（广告、促销等）、网络工具宣传	战略方针：获取、激活 战术手段：网站、应用程序零售店、搜索（搜索引擎营销和优化）、电子邮件、博客、病毒式营销、社交网络、用户评论、公关宣传、免费试用、主页宣传
维护客户	战略方针：互动、维持 战术手段：忠诚度计划、产品升级、客户调查、电话回访	战略方针：互动、维持 战术手段：产品定制、用户组、博客、在线帮助、产品使用提示说明、服务扩展、吸收会员
增加客户	战略方针：实现新收入、客户推荐 战术手段：追加销售、交叉销售、未来销售、客户推荐、（或）分别计价	战略方针：实现新收入、客户推荐 战术手段：升级、竞赛、再订购、推荐好友、追加销售、交叉销售、病毒式传播

将"获取客户"过程想象成一个"漏斗"，位于漏斗最左侧的是数量最大的潜在客户——对企业产品产生印象的人。潜在客户的数量会随着对产品兴趣的增长逐渐下降，直到最后形成实际采购。在客户探索过程中，企业必须确定能够以可重复、可升级和成本有效的方式吸引客户进入此漏斗的具体战术。拥有客户之后，你就可以利用客户维持活动维护客户，利用追加销售、交叉销售和客户推荐等方式增加客户数量和销售收入。

"获取客户"

获取客户，即需求创造部分，在实体渠道中包括4个具体阶段，分别是印象、兴趣、考虑和购买（见图4-10）。

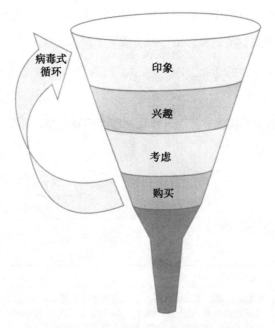

图4-10 实体渠道"获取客户"漏斗

注意

本节内容不可一次全部实施，后面有全面的思考问题总结，可帮助管理者制定最适合初创企业的营销战略。

在印象阶段，潜在客户可以了解你的产品或服务（比如电视里推销新航线的广告，收音机里反复播放的"现在你可以享受低价飞行了"），它能让人们想起企业的产品和服务。

在兴趣阶段，即使潜在客户还没有准备好行动，但他们已经不再忽略你传递的产品信息。例如，经过印象阶段的培育，一些人会说："有机会我要试试这些低价航空服务。"这时，企业只需稍加推动就能让潜在客户进入考虑阶段。

当企业传递的信息足够强大或具备足够的说服力时，考虑阶段就会紧随兴趣之后出现。例如，潜在客户会这样想："下个月去佛罗里达，我干吗不试试捷蓝航空呢?"通常，当企业提供免费试用机会时，潜在客户比较容易进入考虑阶段。

在考虑阶段之后出现的即购买行为，这个阶段是企业实施"获取"活动梦寐以求的结果。

值得注意的是，为沃尔玛商场货架上的消费者电器创造需求，完全不同于开设比萨饼连锁店或销售新型半导体。虽然关于客户关系活动的描述一开始看起来很容易，但事实并非如此，它实际上是客户、销售渠道、价值主张以及营销活动预算等多种因素复杂互动的结果。只有正确处理好这些活动，企业才能逐步发现可重复、可升级和可盈利的商业模式。

开发"获取客户"战略

在图 4-11 的漏斗中，印象、兴趣和考虑活动发生在消费者意识中，企业只有通过其广告内容才能激发这些活动。其中前两个阶段"印象"和"兴趣"，在通过零售、直销代理、网站等渠道了解产品以及在明确表示关注之前，是不受企业控制的（当客户在展会上留下名片，在线要求获取更多信息，或是和企业代表交谈时可出现上述阶段）。当客户产生自我认识，渠道将"考虑"和"购买"活动取而代之时，"获取客户"活动便可以把客户尽可能深入地推向漏斗低端。当然，这一切都要从建立印象开始。

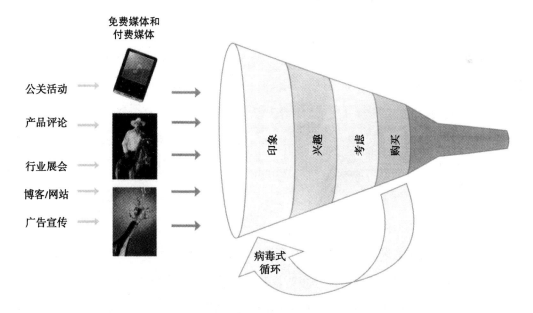

图 4-11　免费媒体和付费媒体宣传推动"获取客户"漏斗形成

	实体渠道	网络/移动渠道
获取客户 （需求创造）	战略方针：印象、兴趣、考虑、购买 战术手段：**免费媒体宣传（公关、博客、宣传册、评论等）、付费媒体宣传（广告、促销等）、网络工具宣传**	战略方针：获取、激活 战术手段：网站、应用程序零售店、搜索（搜索引擎营销和优化）、电子邮件、博客、病毒式营销、社交网络、用户评论、公关宣传、免费试用、主页宣传
维护客户	战略方针：互动、维持 战术手段：忠诚度计划、产品升级、客户调查、电话回访	战略方针：互动、维持 战术手段：产品定制、用户组、博客、在线帮助、产品使用提示说明、服务扩展、吸收会员
增加客户	战略方针：实现新收入、客户推荐 战术手段：追加销售、交叉销售、未来销售、客户推荐、（或）分别计价	战略方针：实现新收入、客户推荐 战术手段：升级、竞赛、再订购、推荐好友、追加销售、交叉销售、病毒式传播

重要提示：企业必须注意实体渠道在过去 10 年中出现的变化。无论产品销售地点是在汽车代理商、矿场、连锁超市还是时髦的精品店，21 世纪的消费者都会通过网络搜索产品。因此，网络营销对于实体渠道营销者的重要意义丝毫不亚于对于网络渠道营销者的意义。作为营销者，你的任务是要确保客户能够轻松地在网上找到你的产品或服务。这意味着除本节内容之外，实体渠道营销商必须同样关注本章下一节要讨论的内容——网络/移动渠道客户关系。

（为取得最佳效果，建议读者在开始本节练习之前先通读上述两部分内容。）实体渠道的营销商必须利用每一个机会尝试基本的网络营销手段，如网站、关键字竞价广告、在线广告等，哪怕你的产品看起来不适合网上销售。在网络中，你的任务是把客户"拉向"你的产品，帮助他们在网上发现你的产品，哪怕他们最后是从你的批发店购买、从沃尔玛购买或是通过销售代表购买的。

实体渠道中的印象、兴趣和考虑主要通过两种沟通方式来实现，分别是免费媒体和付费媒体。

免费媒体即企业生成的无偿宣传。在实体渠道中，它包括新闻发布、产品评论、编辑报道和各种"游击营销"战术，如在企业未参展的展会上向客户分发传单。这些手段往往会受到初创企业的青睐，因为它们的成本比付费媒体低得多。例如，很多消费者产品都是通过免费样品、免费试用、街头分发样品或优惠券等方式找到第一批客户的。

免费媒体的不利之处在于，它不像付费媒体那样可以在特定的时间和地点展开宣传。例如，编辑报道机会很难预料，产品能否得到报道要根据杂志有没有版面以及产品是否具备新闻价值来决定。

👉 **网络营销对于实体渠道营销者的重要意义丝毫不亚于对于网络渠道营销者的意义。**

付费媒体顾名思义即企业必须掏钱支付的媒体宣传，包括电视、气球、直邮、网络等多种方式。由于此类活动动辄花费数百万美元费用，因此客户探索流程在产品发布时采用的是小规模测试的方式，以确定哪种手段能够产生最大的宣传效果。

其他通过付费媒体开发客户印象的手段包括广告、展会、直邮、商品目录、宣传活动、电话营销和店内促销等。当然，大多数实体渠道营销者也会通过网络进行产品促销。在客户探索阶段，企业在成功测试具体宣传手段，并证明该手段能够以低廉成本创造商机和销售之前，可以有效地降低营销开支。

值得思考的简单"获取客户"手段

制定"获取客户"假设支出表，在表中说明以下内容：

- 免费和付费媒体活动；
- 企业希望实现的目标和为此支付的成本。

在进行上述测试以及其他客户关系战术测试之前，企业必须做到以下几点：

（1）为每个"获取"测试开发"合格"指标，说明该测试是否有效，能否进行扩展。例如，在每 30 个打给潜在客户的电话中，能否实现一次销售拜访机会？

（2）思考改善测试结果的方法。例如，如果电话轰炸无效，可改为先发送邮件，然后给每位潜在客户打两次电话。

（3）确保测试结果可以客观衡量，这样可以避免后期凭个人感觉而不是在事实的基础上做出重要的营销开支决策。例如，为实现每投入 1 美元即可创造一次拨打订购热线电话的目标，捷蓝航空对其电台广告做出了客观衡量。具体方式是，捷蓝航空花 3 美元的营销成本（有时也叫客户获取成本）销售往返机票，结果平均每 3 位致电者当中就会出现一位消费者。

（4）别忘了销售靠人完成。企业必须努力创造而不是避免通过电话或面对面方式和潜在客户进行沟通的机会。这些都是非常有效的销售手段。

☞ **大部分通过实体渠道销售产品的企业也会采用各种网络/移动营销战术。**

（5）大部分通过实体渠道销售产品的企业也会采用各种网络/移动营销战术，以创造产品印象和实现销售。因此，企业必须综合使用下一节网络/移动渠道中的"获取"客户活动。

图 4-12 所列的样表列出了某初创企业获取客户活动的成本和预计结果。该企业新推出的耐用打印机价格为 2 500 美元，主要通过办公产品商店向企业销售。设计此表格的目的是确保活动测试结果有效。

活动	成本（美元）	结果
免费媒体		
在行业杂志上得到 5 次新品发布机会	2 000	产生 50 次询问
在展会上发出 1 000 份产品传单	100	产生 10 次询问
为 5 家律师事务所提供免费产品试用	500	达成 2 笔销售
在 3 家技术公司安装演示装置并得到产品评论	100	达成 3 笔销售
付费媒体		
向 1 000 位办公室经理直邮价值 50 美元的促销券	3 000	达成 20 笔销售
在本地计算机用户杂志上发布广告	500	达成 10 笔销售
在谷歌发布关键字竞价广告	500	达成 5 笔销售
在 3 家本地办公用品店进行店内促销	2 000	达成 10 笔销售
支出总计	8 700	达成 50 笔销售

活动目标：实现 50 笔销售和 60 次产品询问，其中 10% 的询问可转化为销售。

活动结果：实现 56 笔销售，发现 54 位潜在客户。

单位销售成本 = 155.36 美元（8 700/56）；单位销售利润 300 美元。

√ 测试结果良好

图 4-12 利用投资回报分析测试客户关系假设（样图）

"维护客户"

正如上述练习所示，获取一位新客户是一项成本极高的活动。因此，接下来企业要考虑的是如何维护或维持费尽千辛万苦争取到的客户（见图 4-13）。当客户取消订阅，不再光顾某个超市，或是关闭企业采购账户时，即会出现客户流失（客户维护的相反情形）。

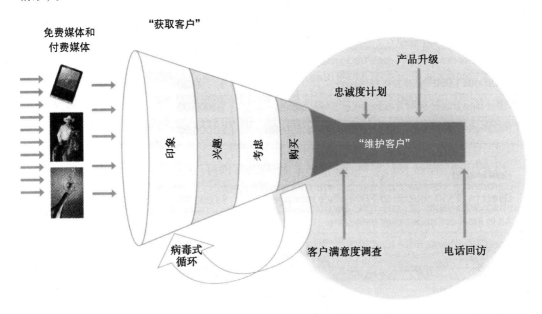

图 4-13　"维护客户"漏斗

开发"维护客户"战略

	实体渠道		网络/移动渠道
获取客户（需求创造）	战略方针：印象、兴趣、考虑、购买 战术手段：免费媒体宣传（公关、博客、宣传册、评论等）、付费媒体宣传（广告、促销等）、网络工具宣传		战略方针：获取、激活 战术手段：网站、应用程序零售店、搜索（搜索引擎营销和优化）、电子邮件、博客、病毒式营销、社交网络、用户评论、公关宣传、免费试用、主页宣传
维护客户	战略方针：互动、维持 战术手段：忠诚度计划、产品升级、客户调查、电话回访		战略方针：互动、维持 战术手段：产品定制、用户组、博客、在线帮助、产品使用提示说明、服务扩展、吸收会员
增加客户	战略方针：实现新收入、客户推荐 战术手段：追加销售、交叉销售、未来销售、客户推荐、（或）分别计价		战略方针：实现新收入、客户推荐 战术手段：升级、竞赛、再订购、推荐好友、追加销售、交叉销售、病毒式传播

要实施客户维护战略，企业首先必须做到吸引客户做出购买行为。必须保证客户喜欢你的产品或服务，保证每一个客户沟通环节（如客服、投诉处理、交付和收费）都完美无缺。企业必须保证稳定的产品升级和改善，以保证产品具备领先对手的竞争优势。实际上，从本质上来说这些都属于核心价值创造活动，应当在价值主张假设部分提出。

接下来要考虑的是那些能够主动联系客户，可以强化或巩固客户维持率的活动。这些可以是很简单的活动，如打电话确认客户是否满意；也可以是很复杂的活动，如奖励重复购买行为的多级式忠诚度积分活动。在初创企业成立初期测试忠诚度活动的影响很困难，因为这项活动的结果需要经过很长时间才能加以衡量。

> 👉 **在初创企业成立初期测试忠诚度活动的影响很困难。**

此外，企业还可以考虑其他的忠诚度活动，如积分、奖励、折扣，以及多年合约等长期性客户保持激励。你可以把这些活动变成假设条件，然后在客户验证阶段加以测试。

最后，企业应当考虑商业模式画布中的其他组成部分。例如，在维护客户方面你的合作伙伴能做些什么？有没有其他可以利用的资源？

值得思考的简单"维护客户"手段

在客户探索过程中，你应当制订方案，测试其中比较基本、成本较低的"维护"活动以观察其具体效果。在此基础上，利用测试结果指导客户验证和客户生成阶段的行动方案。一些值得测试和思考的简单活动包括：

- 忠诚度计划：指如何使用忠诚度活动维持客户。欲了解更多关于忠诚度计划的内容，请参考客户验证部分，将其列入本节假设。

- 电话回访：制订电话回访方案，每月或每季度向每位客户或1/5的客户打电话，对他们表示感谢，询问他们对产品有什么意见。在打电话时，调查他们在产品、特征或功能等方面有何疑问。（顺便提一下，电子邮件缺乏互动，不如通过电话或Skype和客户沟通。）随着时间的推移，从这些客户中确定至少15%的重复销售或继续使用机会。

- 客户满意度调查：无论通过网络、邮件或电邮，企业应当制订计划，调查客户对产品或服务的使用情况和满意度。（调查产品投诉或使用较少的原因，接触那些表示存在问题的客户，从这些客户中确定至少 15% 的降低客户流失机会。）
- 邮寄产品升级公告：制作简单的使用技巧或用户说明，帮助客户最大限度地利用产品。（向所有客户邮寄产品升级公告，向提供使用技巧的用户提供奖品，这类方式很难准确衡量效果，但实施成本很低。）
- 监控客户服务问题：经常投诉产品或服务的客户最容易流失。（学会先发制人，主动找出此类客户，解决他们的问题，提升他们的满意度。此类客户的问题一旦得到解决，很少会出现流失。）
- 客户锁定或高转化成本：如果客户比较容易从你的产品转向竞争对手的产品，很可能出现较高的流失率。这时应考虑那些可以把客户"锁定"到你的产品或解决方案上的手段（如通过长期合约、独特技术或采用难以轻松转移的数据）。

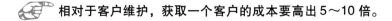 **相对于客户维护，获取一个客户的成本要高出 5～10 倍。**

长期客户维护

只有当客户自我认识到销售人员、渠道伙伴或企业代表能够联系他们，希望提高他们的满意度和实现更多采购时，客户维护活动才会有效。随着对每个客户了解的深入，维护活动会变得越来越个体化，根据企业观察和衡量的客户行为来确定目标。关于这部分内容我们会在客户验证部分进行更全面的说明，那时会有更多的客户要考虑维护。

需要监控和实施的特定"客户维持"指标包括：

- 购买模式：数量、频率下滑或暂停；
- "增加客户"活动的参与（详见下节说明）；
- 客服、退款要求、问题等投诉数量；
- 忠诚度计划和激励计划的参与、活动水平和实施。

客户维护活动的成败取决于对客户行为的密切监控，以便了解哪些客户会留下，哪些客户会离开，以及他们这样做的原因。你应当围绕"群组"（即共同客户群体，如"1 月份签约的新客户"）建立衡量指标。例如，使用期满 3 个月的客户，其行为和使用期满 9 个月的客户有所不同，后者可能比前者更为活跃或更不活跃。

"增加客户"

由于维护客户比获取新客户成本更低，因此企业拥有客户之后很自然地会考虑这样一个问题——为什么不向他们增加销售？大多数初创企业只考虑向客户初次销售能产生多少收入，但聪明的企业考虑的是在和客户建立关系的整个生命周期内能实现多少收入。可以说，衡量客户的终身价值是初创企业发展的重要加速器。因此，企业应当描述如何通过增加销售和鼓励客户推荐等方式，从现有客户身上实现更多销售收入（见图 4-14）。

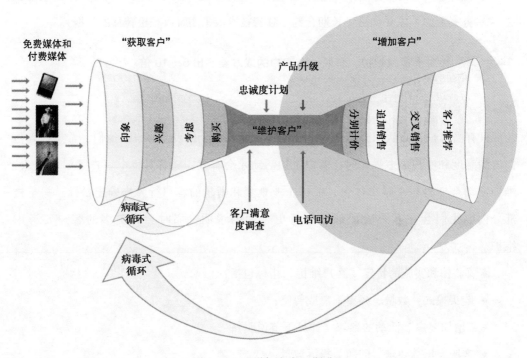

图 4-14　"增加客户"漏斗

开发"增加客户"战略

	实体渠道	网络/移动渠道
获取客户（需求创造）	战略方针：印象、兴趣、考虑、购买 战术手段：免费媒体宣传（公关、博客、宣传册、评论等）、付费媒体宣传（广告、促销等）、网络工具宣传	战略方针：获取、激活 战术手段：网站、应用程序零售店、搜索（搜索引擎营销和优化）、电子邮件、博客、病毒式营销、社交网络、用户评论、公关宣传、免费试用、主页宣传
维护客户	战略方针：互动、维持 战术手段：忠诚度计划、产品升级、客户调查、电话回访	战略方针：互动、维持 战术手段：产品定制、用户组、博客、在线帮助、产品使用提示说明、服务扩展、吸收会员
增加客户	战略方针：实现新收入、客户推荐 战术手段：追加销售、交叉销售、未来销售、客户推荐、（或）分别计价	战略方针：实现新收入、客户推荐 战术手段：升级、竞赛、再订购、推荐好友、追加销售、交叉销售、病毒式传播

企业的"增加客户"战略应包括两个关键部分：让现有客户购买更多产品，鼓励他们推荐其他客户。有些"增加客户"手段仅适用于实体渠道，如：

- 店内活动、使用培训、使用示范及类似活动；
- 包装在促销邮件中的试用品、优惠券和样品；
- 只能通过销售员面谈获得的特价品或赠品。

当然，直邮也是一种有效增加客户的手段。只不过，由于具备速度快、成本低和准确定位受众等特点，网络营销正逐渐取代邮寄销售成为实体渠道营销者越来越青睐的新途径。企业应当研究从本书第 128 页开始介绍的网络/移动渠道"增加客户"部分的战略战术，以便获取更多营销创意。它能帮助你开发早期活动，通过增加销售和客户推荐等方式扩大客户基础。

在目前这个阶段，要构思和测试大量"增加客户"活动还比较困难，因为你还没有多少客户可供测试。更多详细讨论请参考客户验证阶段（见 320 页），那时企业会有足够的客户基础展开"增加客户"活动。

客户关系假设（网络/移动渠道）

➡ 本节的客户关系简述描述的是如何吸引客户使用你的网站或移动程序，如何维持客户以及增加销售收入。

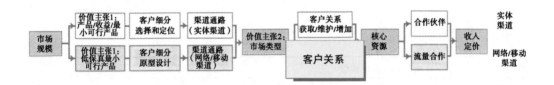

> **⚙ 注意**
>
> 目前还不能向大量用户广泛推广你的网站或程序，你现在的目的是制定假设描述，而不是利用最小可行产品实施营销活动。

阅读本节之前，请先回顾上一节实体产品部分客户关系的内容。如图4-15所示，网络/移动渠道客户关系漏斗和图4-9的实体渠道漏斗有很大的不同。在这里，获取客户阶段比较简单，只有两个步骤。此外，图中还有一个"病毒式循环"，指的是早期客户可在此阶段邀请同事或好友试用企业的新产品。最后要说明的是这幅图中隐藏了一个客观事实，即和实体渠道相比，网络/移动渠道中的初创企业测试营销活动的速度更快、成本更低、接触客户范围更广。

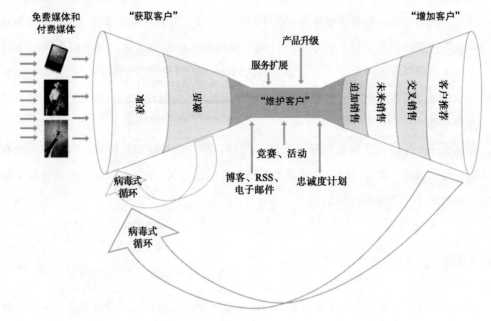

图 4-15　网络/移动渠道客户"获取—维护—增加"漏斗模型

在客户探索阶段，"获取、维护和增加"（客户）活动的测试都是小规模的，目的是把尚不成熟的低保真最小可行产品介绍给少量用户（通常为数百人），以衡量他们对企业的商业模式（包括价值主张、价格和产品特征）有何反应。客户探索能够发现哪些营销手段有效，而且能够衡量客户对最小可行产品的早期反应。

在下表中，右侧一栏是对网络/移动渠道"获取、维护和增加"战略战术的总结。它首先强调的是如何获取客户，因为企业必须先获取客户，然后才能维护客户和增加客户。

	实体渠道	网络/移动渠道
获取客户（需求创造）	战略方针：印象、兴趣、考虑、购买 战术手段：免费媒体宣传（公关、博客、宣传册、评论等）、付费媒体宣传（广告、促销等）、网络工具宣传	战略方针：获取、激活 战术手段：网站、应用程序零售店、搜索（搜索引擎营销和优化）、电子邮件、博客、病毒式营销、社交网络、用户评论、公关宣传、免费试用、主页宣传
维护客户	战略方针：互动、维持 战术手段：忠诚度计划、产品升级、客户调查、电话回访	战略方针：互动、维持 战术手段：产品定制、用户组、博客、在线帮助、产品使用提示说明、服务扩展、吸收会员
增加客户	战略方针：实现新收入、客户推荐 战术手段：追加销售、交叉销售、未来销售、客户推荐、（或）分别计价	战略方针：实现新收入、客户推荐 战术手段：升级、竞赛、再订购、推荐好友、追加销售、交叉销售、病毒式传播

需要注意的是，很多网络/移动产品是通过多边市场经营的，谷歌和 Facebook 就是典型的案例。在多边市场中，消费者免费使用产品，广告商向企业支付费用，向这些客户提供广告、关键字竞价广告、文字链接和其他营销信息。正是依靠这些广告收入，谷歌才能投资开发巨大的数据中心，为用户提供"免费"的搜索引擎服务。

多边市场需要两种独立的、彼此平行的"获取客户"方式，一种针对用户方，另一种针对购买方，因为企业在这两个市场中的价值主张完全不同。普遍经验证明，几乎所有的多边市场营销商首先关注的都是如何吸引用户。如果企业已经积累了数百万用户，它们不费吹灰之力就能找到愿意花钱和如此庞大的受众沟通的营销商。

获取客户：获取和激活

开发企业如何"获取"客户的假设

在移动程序中心，可供客户选择的应用程序有上百万种，此外还有无数的商业、社交和内容网站。因此，企业推出一件新产品并不意味着就能取得商业成功。换句话说，开发产品并不难，难的是怎样让客户找到你开发的程序、网站或产品。可以说，建立客户关系是一项非常艰巨，而且永无止境的挑战，每一个客户的开发都来之不易（见图4-16）。

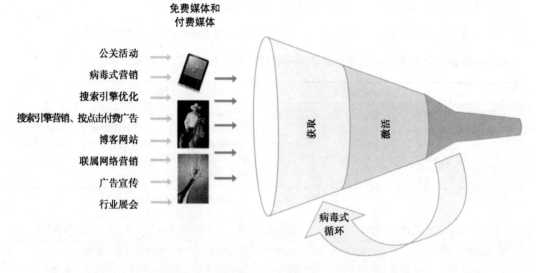

图 4-16　网络/移动渠道"获取客户"漏斗

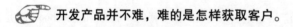 开发产品并不难，难的是怎样获取客户。

获取和激活有何区别

我们首先来看看"获取"客户的两个步骤：获取和激活。

	实体渠道	网络/移动渠道
获取客户 （需求创造）	战略方针：印象、兴趣、考虑、购买 战术手段：免费媒体宣传（公关、博客、宣传册、评论等）、付费媒体宣传（广告、促销等）、网络工具宣传	战略方针：获取、激活 战术手段：网站、应用程序零售店、搜索（搜索引擎营销和优化）、电子邮件、博客、病毒式营销、社交网络、用户评论、公关宣传、免费试用、主页宣传
维护客户	战略方针：互动、维持 战术手段：忠诚度计划、产品升级、客户调查、电话回访	战略方针：互动、维持 战术手段：产品定制、用户组、博客、在线帮助、产品使用提示说明、服务扩展、吸收会员
增加客户	战略方针：实现新收入、客户推荐 战术手段：追加销售、交叉销售、未来销售、客户推荐、（或）分别计价	战略方针：实现新收入、客户推荐 战术手段：升级、竞赛、再订购、推荐好友、追加销售、交叉销售、病毒式传播

客户获取：在这里，获取阶段等同于实体渠道中的"印象""兴趣"和"考虑"三个步骤。客户利用这个阶段在做出购买行为之前对产品进行了解和探索。在网络/移动渠道中，"获取"行为关注的是吸引尽可能多的客户访问企业的网上"前哨站"——主页。他们可以在主页上了解产品，从而推动购买或使用行为的发生。由于访问主页但并不购买或使用产品的人比例很高，网络/移动渠道想要实现足够的销售必须吸引大量访问者。对消费者网站来说，这一数字往往需要达到数百万之巨。

客户激活：这个阶段和实体渠道中的"购买"步骤非常相似。在这个阶段，客户通过免费下载、产品试用、了解更多信息或购买等方式表现出对企业产品的兴趣。需要注意的是，即使客户上网购买产品或登记个人资料，只要企业获得了足够的联系信息（如通过电子邮箱、电话或短信等方式），而且得到对方明确的许可（联系他们），我们即认为该客户已经被激活。

如何在网络上吸引客户

和以前的面对面销售不同，企业在网络营销中的任务是把客户"拉向"其产品，而不是把产品推向客户。在网络中，有很多种工具可以帮助企业实现这一目的。

👉 **你在网络中的任务是把客户"拉向"你的产品。**

在客户获取和激活过程中，企业首先要了解人们如何购买或使用你的产品。其具体过程如下。

第一步：人们发现某个需求或希望解决某个问题。他们会说"我想开个派对"，或是感到孤独，想找个聚会或约会网站。

第二步：展开搜索。现如今，绝大多数情况下这种搜索都是在网络中进行的。人们通常使用谷歌网站搜索，但并不一定如此。他们也会通过 Facebook 询问好友，通过 Quora 征集意见，或是通过数百种专注于某个领域的推荐网站了解信息，如 Yelp、Zagat 和 TripAdvisor 等。

第三步：人们不会关注每个搜索结果。在搜索过程中，人们找到的绝不会只有你一家企业，实际上他们只关注搜索结果中的前几项内容。（试想一下，在谷歌搜索结果中你有几次关注过第一页之外的内容？）有鉴于此，企业必须在尽可能多的客户最喜欢搜索的网站上，设计出最醒目的网站、程序或产品（前面所述的整个"获取"流程会指导你实现该目标）。

第四步：人们喜欢访问界面友好、娱乐性强或信息全面的网站。换句话说，企业无法靠令人乏味的销售词或刻板的内容吸引客户的关注。以常见的谷歌搜索为例，你只不过是客户可以随心所欲点击鼠标的成千上万选择中的一个。因此，为了吸引他们点击你而不是其他企业的链接，你必须以各种形式（如范本、图表、白皮书、博客、视频、游戏、演示等）向客户提供诱人的、实用的或充满趣味的信息，必须努力融入客户喜欢访问的社区和社交媒体。

开发"获取客户"战略

企业提供的网络信息必须尽可能地丰富、诱人和广泛适用，必须在客户进行搜索时撒出覆盖范围最大的"渔网"。你应当提供实用的非销售性信息，吸引客户再次访问你的产品、程序或网站，然后再展开销售活动。

你应当利用人们进行决策的方式指导整个客户获取和激活战略。具体描述如下：

（1）确定客户范围。你的目标是在他们出现的任何网络地点中树立醒目形象。例如，滑板爱好者肯定不怎么读《华尔街日报》或 TechCrunch 网站，因此你必须关注滑板运动相关的网站、博客和其他网络资源。

（2）确定对客户具有吸引力的网络内容。对滑板爱好者来说，他们可能更喜欢图片、游戏、视频等宣传方式，而不是大段的产品说明或白皮书。因此，你必须提供对方最感兴趣和感觉最实用的内容来吸引他们，如有关滑板运动的安全提示和更为刺激大胆的招数，决不能靠冗长的滑板产品说明吸引他们。

（3）确保你提供的内容能因地制宜地发挥效果。像在 Quora、Twitter 和 Facebook 等平台，这里的用户喜欢接受简短有趣的内容，讨厌企业的长篇大论。在社交网络中，大段的销售说辞毫无用武之地。因此，你必须确保提供的内容符合发布平台的特征。

（4）加入客户喜欢访问的社区。在这些网络社区中，企业应当积极回答客户的问题，提供反馈信息和各种提示，然后不动声色地邀请人们了解你的产品。

（5）开发人们愿意转发的内容。无论你提供的网络内容是实用提示、疑难解答、动画或搞笑视频，一定要确保它们是客户乐意和朋友分享的内容。这样做能有效地把企业信息推广到更多的客户。

需要测试的客户获取手段

要展开测试，最好的办法是先制定测试计划表格，表中列明各种活动及其成本和目标。关于获取计划样表，请参考 257 页表 9-8。在实施获取步骤时，首先要利用免费媒体或网络媒体吸引客户，因为这样做最具备成本效益。网络可提供很多免费的众包机会或获取机会（如搜索引擎优化、社交媒体、病毒式营销、蜂鸣营销等）。

免费获取手段

- 公共关系：针对网站、博客和社交网络中的问题（不是产品本身问题）制造少量"测试"新闻和特征报道。在进入客户验证阶段前不要宣传产品或解决方案，现在还为时尚早。（公共关系指的不是高薪聘请外部公关机构，企业必须在客户探索阶段明白这一点。）

- 病毒式营销：这是一个经常让人混淆概念的术语，它指的是 3 种类型的获取营销方式，每一种适用的网络/移动渠道都不同。这 3 种方式大概是网络/移动营销商最重要的客户获取手段了，因为它们都具备免费或成本低廉的实施优势。关于这部分内容，我们将在"增加"客户部分详细介绍（128 页），说明病毒式活动是如何鼓励客户推荐新客户的。

- 搜索引擎优化：这是一种免费或"自然式"搜索选择，可以把客户定向到企业的产品或服务。

- 社交网络：社交网络可鼓励好友和早期客户在博客中宣传企业或产品，利用 Facebook 关注，或是使用 Twitter 和其他工具广播个人推荐内容。

展开免费获取活动之后，接下来企业要测试的是付费获取手段。

付费获取手段

客户获取手段的具体成本很难确定，其中部分原因在于这些手段存在太多变量，企业拥有的资金量，对商业假设的信心以及寻找客户的难度是最需要关注的 3 个方面。毫无疑问，在吸引足够数量具备高终身价值的优质客户时，免费获取手段的效果要比付费获取手段更好。但具体情况往往并不那么简单，企业必须在测试免费手段的同时测试一些付费手段。

下面是值得企业思考的最常见的几种网络/移动渠道付费获取手段：

- 按点击付费广告：谷歌和其他平台上可定位、可说明的付费搜索广告能有效推动访问企业内容的网络流量。
- 网上广告和传统媒体广告：这些手段经常用于推广新产品或新服务。
- 联属网络营销：向其他相关网站付费以推动访问企业产品的网络流量。
- 网络商机开发：在客户许可的前提下购买邮件列表以诱发客户兴趣（更为隐蔽，高度针对手机短信的推广形式）。

回顾上一节实体渠道"获取"客户手段列表，看看有哪些方式支持网络/移动初创企业的测试活动。显然，其中包括广告、直邮以及从街头促销到气球和广告牌在内的各种方式。

一些简单、快速的获取测试

在客户探索第二阶段，你必须利用上述免费和付费手段进行小规模的客户获取测试，以便观察对客户问题或需求的了解程度。在客户探索第三阶段，你会再次使用获取工具，衡量初始客户对最小可行产品的反应，判断最小可行产品能否有效地解决客户问题。注意，这些只是有限且目标明确的测试，而非产品发布行为。因此，企业不应发布新闻稿，因为大范围宣传会造成以下某种结果：吸引太多客户或是让人产生错误印象，认为该产品是最终推出的完成所有调整的产品。

换句话说，企业在客户探索第二阶段和第三阶段的客户获取测试，应当限定为那些可控制的、成本低廉的、易于衡量的手段，具体举例如下：

- 购买 500 美元的关键字竞价广告，观察能否吸引可创造 5～10 倍收入回报的客户访问企业网站、使用企业产品，或至少能吸引他们注册个人信息。测试至少两种不同的竞价标题和命名，仔细观察每种方案的表现，最后撤销无效的方案，继续提炼有效方案。

☞ **在没有建立客户基础之前，病毒式营销无从谈起。**

- 利用 Facebook 或微博平台向可衡量的受众群体发送信息，邀请至少 1 000 人了解企业的新产品。测试几种不同的信息内容或邀请方案，确保关于产品的描述清晰准确。如果你的信息无法推动客户参与或注册，结果很可能是产品或推荐方式存在问题。

- **病毒式营销**：在没有建立客户基础之前，病毒式营销无从谈起。病毒式营销包括几种类型，请参看上一节的相关讨论（以及 131 页的说明）。希望利用网络效果的企业应尽早考虑病毒式营销活动。

- 通过 Commission Junction [⊖]公司张贴推荐牌，让众多网站帮你推广产品。你可以针对相关网站设置 1 000 美元的推荐费（通常每次推荐成本为 12 美元）。如果广告牌推出而费用基本未动，则考虑退出。

- 花费 500 ～ 1 000 美元购买**目标客户邮件表**，发送至少两封不同的推荐邮件，目标是实现至少 3 倍的收入回报，或至少让客户进行注册。

- **流量合作伙伴**也是可推动"获取"步骤的重要的用户或客户来源。它们通常是和企业建立合同关系的公司，可为你的企业提供可预测的客户流或用户流。同时，作为交换你必须向对方提供自己的客户或是支付一定费用。流量合作伙伴对大多数网络/移动企业来说都至关重要，因此我们在 139 页专门针对"合作伙伴假设"进行讨论。

网络内容由谁开发

成功的网络/移动初创企业团队必须具备一系列能力，其中包括出色的技术能力（黑客、硬件、科技等方面）、探索能力（探索商业模式、客户和市场）以及用户侧设计能力。其中，擅长用户界面设计的创始人应负责内容开发任务。他们应具备足够的专业能力，无须天价聘请代理机构开发网络内容。此外，你还可以通过 guru.com 和 craigslist.com 网站寻找人才，特别是那些费用不高、具有丰富经验和良好口碑的自由设计师。

⊖ Commission Junction 简称 CJ，是 ValueClick 旗下的一家网络广告公司。因其规模和声誉与 Linkshare、Shareasale 等网络广告大鳄相当，被称为北美最大的联属营销平台之一。——译者注

需要测试的客户激活手段

激活是获取客户的第二步。如前所述，客户在这一步要么做出购买行为，要么至少会举起手说："我对你们的产品感兴趣，欢迎随时联系。"激活行为可以是对企业网站的探索性访问或移动程序的免费试用，是博客或社交网络中的一条评论，或是对免费搜索引擎的使用。另一方面，低成本移动应用程序和其他产品往往把交易视为最佳的初始激活活动，因为此类产品经常是免费版或仅售 99 美分。

👉 **激活是获取客户阶段的瓶颈，客户往往在此阶段决定是否参与、使用或购买。**

对网络/移动企业来说，激活是获取客户阶段的瓶颈，即客户决定是否参与、使用或购买的成败关键点。这个阶段和实体营销渠道不同，其特点是"产品本身即销售员"。也就是说，在网络/移动渠道中鼓励用户探索、尝试和了解产品的不是企业销售代表，而是产品自身。激活行为总是靠诱人的价值主张、经过良好宣传的准确展示，以及低保真（探索阶段）和高保真（验证阶段）最小可行产品来推动的（见图 4-17）。企业可以如 257 页表 9-8 所示，首先制定一份激活手段方案表。

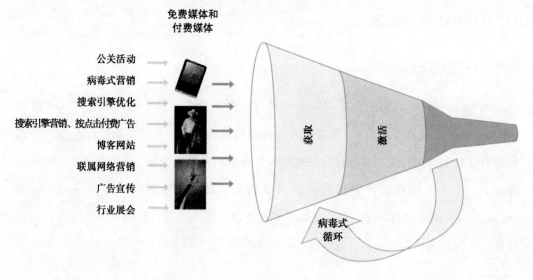

图 4-17　网络/移动渠道的获取和激活过程

很多初创企业会错误地认为，既然客户都是在线的，那网上沟通一定是客户唯一希望采用的联系方式。但很多情况表明，一通简单的电话交谈往往会极大提高客户获取和客户激活的比例。在某些情况下，只有不到一半通过网络了解产品的客户愿意通过人际沟通之外的方式被激活或实现购买行为。实际上，电话号码的存在只是为了说明企业的真实性。很多情况下，企业只是公布自己的电话号码，哪怕从来没人拨打过，也会让网络点击率增加 5～30 个百分点（注意，添加电话号码时，企业必须确保有专职人员迅速、机灵、有效地接听电话，以激活来电客户作为第一目标）。

一些简单快速的激活测试

- 搜集客户电子邮件地址，征求对方同意为其进一步提供企业或产品信息。继续跟踪 1 000 位客户，至少从中确定 50 位以上愿意被激活的客户。

- 奖励激活行为：向 500～1 000 位客户提供免费试用、下载、白皮书或可观的折扣。至少采用 3 种不同方式尝试上述活动，从中确定至少一种能产生 5% 或更高客户响应水平的方式。持续该测试至实际销售阶段，然后根据客户响应率和活动成本计算收入模型。

- 立即给未激活的 100 位潜在客户打电话，观察电话沟通能否较好地提高客户响应水平，以保证活动投入的成本有效性。通常，利用这种方式需达到 3 倍的客户响应率（即提高客户响应率 3 倍）。

- 免费 + 付费模式：针对某个应用程序、服务或网络/移动产品提供一到两周的免费试用，然后拿 60 天获取周期内实现的销售收入和典型付费宣传活动获取客户的结果进行对比。或者，企业可以提供网站或应用程序的部分功能。例如，在婚恋交友网站 eHarmony.com 中，用户可以免费搜索理想的约会伴侣，但必须付费成为会员才能得到对方的联系方式。

👉 **一通简单的电话交谈往往会极大提高客户获取和客户激活的比例。**

- 利用免费下载网站提供免费下载或试用机会。企业必须确保 90 天内的销售收入超过标准客户激活活动实现的收入。

监控上述所有测试的结果，如果对测试结果不满意（或未通过合格测试），必须调整方案再次测试。

维护客户（客户保持）

图4-18所示为网络/移动渠道"维护客户"漏斗。

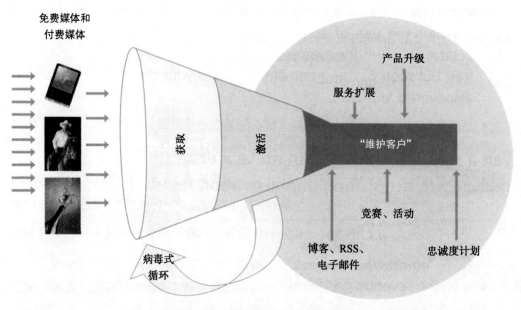

图4-18 网络/移动渠道"维护客户"漏斗

在网络/移动渠道中，维护客户部分和实体渠道的维护部分目的完全相同，即通过提供出色的产品和服务，通过经常与客户互动来降低客户流失率（在当前客户探索阶段，企业还没有要维护的客户，需要先确定以后要测试的维持活动）。客户保持环节在网络中比较容易实施，因为在这里企业具备非常强大的能力，可以对每一个潜在客户或客户的个体行为进行（在不侵犯对方个人隐私的前提下）跟踪和监控。

	实体渠道	网络/移动渠道
获取客户（需求创造）	战略方针：印象、兴趣、考虑、购买 战术手段：免费媒体宣传（公关、博客、宣传册、评论等）、付费媒体宣传（广告、促销等）、网络工具宣传	战略方针：获取、激活 战术手段：网站、应用程序零售店、搜索（搜索引擎营销和优化）、电子邮件、博客、病毒式营销、社交网络、用户评论、公关宣传、免费试用、主页宣传

（续）

	实体渠道	网络/移动渠道
维护客户	战略方针：互动、维持 战术手段：忠诚度计划、产品升级、客户调查、电话回访	战略方针：互动、维持 战术手段：产品定制、用户组、博客、在线帮助、产品使用提示说明、服务扩展、吸收会员
增加客户	战略方针：实现新收入、客户推荐 战术手段：追加销售、交叉销售、未来销售、客户推荐、（或）分别计价	战略方针：实现新收入、客户推荐 战术手段：升级、竞赛、再订购、推荐好友、追加销售、交叉销售、病毒式传播

正如个性化客户服务和支持可以顺利应用于数字化渠道一样，从实体渠道借鉴来的忠诚度计划、积分计划和其他客户维护手段，也能在网络/移动渠道发挥重要作用。功能强大的数字化帮助工具、疑难解答、用户博客、网上社团和新闻通讯也能帮助实现客户保持。

客户维护战略

客户维护活动的成败取决于对客户行为的密切监控，以便了解哪些客户会留下，哪些客户会离开，以及他们这样做的原因。在对客户进行跟踪时，关键的不是对其所有行为方式，而是对那些企业希望改善的最为重要的行为方式进行跟踪，从而实现对产品的调整。

例如：

- 跟踪每个客户的出现日期和来源（通过博客、别的网站还是其他渠道推荐）。
- 跟踪每个客户的活动水平。他们多久访问一次？每次访问时间多长？两次访问之间的时间间隔多长？
- 客户什么时候放弃访问的？是什么情况导致他们放弃访问的？
- 在线监控客户行为，他们喜欢点击什么内容？不喜欢点击什么内容？
- 跟踪客户的推荐对象及其来源和活动水平。
- 跟踪每次促销活动结果，包括网站内部活动和外部活动。

 注意

此处为概括指南，本节内容不可一次全部实施。

进行测试时需牢记以下原则：

- 电子邮件是最容易被客户忽略的促销手段，有时会让人感觉像垃圾邮件，必须小心使用，不能过度依赖这种方式。在客户邮箱中往往至少有4～5封邮件从未打开过，消费者经常会退订自助式营销邮件。

- 客户不喜欢"虚假"的个人化信息。人们更喜欢真实有效、亲自参与的产品个人化活动。例如，"这是我们针对您的尺码选的运动鞋，11D"——这样的表达要比"超级大优惠，赶快来参加"要好得多。

- 要勤于尝试不同营销手段，不要把外发邮件作为唯一的客户维护方式。在和客户沟通时，强调产品本身、性能改善、优质服务和其他核心维护元素。

- 积极使用社交网络作为维护手段。利用这些平台维持企业和产品的高知名度，邀请客户及其好友经常回访。

网络/移动渠道客户维护活动的关键在于，客户为企业提供的数据可以让个人化客户维护活动变得更加便利，但前提是你必须努力搜集这些数据。因此，你必须观察每个客户的行为，根据他们的特定行为表现与其展开互动。

企业必须逐个跟踪每个客户的行为，利用获得的数据建立高度个人化的一对一客户关系，进而引导对方按照企业期望的行为目标进入下一阶段。（注意必须时刻尊重客户的个人隐私。）

☞ **客户维护活动的成败取决于对客户行为的密切监控。**

值得思考的简单客户维护测试

这里所做的假设应包括一些核心的初始维护活动，这些活动应当在客户探索阶段讨论，然后在客户验证阶段进行小规模测试。对于我们在实体渠道介绍的相关活动，注意不要遗漏其电子版实施方案。在这些活动中，需要进行测试的包括：

- 服务扩展：其中包括欢迎邮件、技术指南以及感谢用户加入和说明产品使用技巧的电话活动。企业可考虑开发以下客户维护邮件：

  ➢ 亲爱的用户，您已经两周没有登录/访问××网站了，最近好吗？

  ➢ 亲爱的用户，我们注意到您好像遇到了一些问题，需要帮助吗？

  ➢ 亲爱的用户，您注意到我们网站的新变化了吗？

> ➢ 亲爱的用户，下面是我们为您总结的玩转××网站的 5 大"秘诀"！

- 博客、聚合内容（RSS）和新闻聚合：利用这些平台进一步鼓励客户或用户参与产品或网站互动。

- 忠诚度计划：用于鼓励和奖励客户的重复访问、购买和推荐行为（这些活动都是从实体渠道借鉴而来的）。

- 竞赛和特别活动：如网络研讨会、特邀嘉宾、新特征发布以及其他可吸引当前客户再次关注的活动。

- 移动应用程序促销：iOS 和安卓系统即使在设备关机的情况下也能让开发商向用户发送信息。对应用程序开发商来说，正确运用这一优势可以很好地推动客户维护和客户参与。

- 当前产品的升级和改善，此举能有效提升客户忠诚度和维持率。

☞ **获取新客户既困难痛苦又代价不菲，相比之下维护好现有客户要轻松得多，也更具成本效益。**

- 如果企业采用订阅式收费模式，在合同续约之前每隔几周或每月（前提是按年订阅）致电客户是一个很好的选择。注意要用友好的服务型语气和对方沟通，关注是否存在客户流失的迹象，准备好利用交易、折扣和优惠等手段把客户保留住。企业必须牢记，获取新客户既困难痛苦又代价不菲，相比之下维护好现有客户要轻松得多，也更具成本效益。

- 介绍产品提示和使用技巧的实用邮件：企业可根据用户使用网站的具体行为，每隔一周或两周向其发送此类邮件。

- 个人化客户服务和支持：企业应尽可能多地提供电子化服务，例如，出色的数字帮助工具、疑难解答、用户博客、网上社团和新闻通讯也能帮助实现客户保持。

- 客户锁定或高转化成本：如果客户比较容易从你的产品转向竞争对手的产品（在现有市场中），企业很可能出现较高的客户流失率。这时应考虑那些可以把客户"锁定"到你的产品或解决方案上的手段（例如，像 Facebook 和 LinkedIn 那样，采用独特技术或难以轻松转移的数据，或是投入很高成本寻找新服务商）。

监控特定的客户维护指标

企业必须监控和实施以下基本的客户维护指标：

- 客户访问网站或使用程序出现访问量、浏览量和时长逐渐下降的迹象；
- 两次访问之间的时间间隔越来越久；
- 平均客户生命周期（即保持活跃的时间）以及后期可能出现的客户终身价值；
- 客户投诉、寻求帮助和支持服务的数量增加；
- 企业邮件的响应率或打开率下降。

你应当围绕"群组"（即共同客户群体，如"1月份加入的新客户"）建立衡量指标。例如，使用期满3个月的客户，其行为和使用期满9个月的客户有所不同，后者可能比前者更为活跃或更不活跃。（对此我们将在第10章详细讨论。）

增加客户（新的营收和推荐客户）

图4-19所示为网络/移动渠道"增加客户"漏斗。

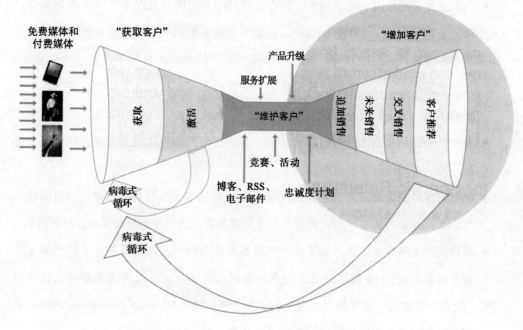

图4-19　网络/移动渠道"增加客户"漏斗

增加现有客户有两种方式：一是鼓励现有客户增加产品消费，二是鼓励他们向企业推荐更多新客户。关于这部分内容我们将在第 10 章详细讨论，那时你的企业应当已经具备可以增加的客户基础了。

 注意

此处为概括指南，本节内容不可一次全部实施。

	实体渠道	网络/移动渠道
获取客户 （需求创造）	战略方针：印象、兴趣、考虑、购买 战术手段：免费媒体宣传（公关、博客、宣传册、评论等）、付费媒体宣传（广告、促销等）、网络工具宣传	战略方针：获取、激活 战术手段：网站、应用程序零售店、搜索（搜索引擎营销和优化）、电子邮件、博客、病毒式营销、社交网络、用户评论、公关宣传、免费试用、主页宣传
维护客户	战略方针：互动、维持 战术手段：忠诚度计划、产品升级、客户调查、电话回访	战略方针：互动、维持 战术手段：产品定制、用户组、博客、在线帮助、产品使用提示说明、服务扩展、吸收会员
增加客户	战略方针：实现新收入、客户推荐 战术手段：追加销售、交叉销售、未来销售、客户推荐、（或）分别计价	**战略方针：实现新收入、客户推荐** **战术手段：升级、竞赛、再订购、推荐好友、追加销售、交叉销售、病毒式传播**

鼓励客户增加产品消费

要鼓励客户增加产品消费，首先必须确保他们对产品、性能和价格满意。在此基础上，你可以试着向他们销售更多产品、升级服务或延长服务合同。这些活动对于客户的长期开发非常重要，因此必须在客户验证阶段对其进行测试。增加客户的基本方法包括：

- **交叉销售**：鼓励客户购买其他周边产品。例如，你可以让购买墨盒的客户购买纸张、铅笔和其他办公用品。

- **追加销售**：鼓励客户购买更多高端产品。例如，鼓励客户购买一箱而不是一个墨盒，或是在销售墨盒时鼓励他们购买复印机、传真机和其他办公设备。

- 未来销售：指侧重开发未来订单的销售活动。例如，你的企业能否鼓励客户签订长期墨盒采购合同？向客户销售存放文件的信封？或是成为客户的首选办公产品供应商？这些基本的客户增加战略既适用于消费者产品，也适用于企业产品。

- 分别计价：利用这种方式有时可以增加销售收入。如果产品比较复杂或具备多种特征，可以将其拆分成几个不同产品分别销售。这种方式适用于很多技术、软件和工业产品领域的产品。

接下来，你必须开发企业增加客户活动的假设，然后通过客户对这些活动进行测试。

值得思考的一些简单"增加客户"活动

- 企业网站的每一个感谢页面或确认页面都应推荐客户可能感兴趣的内容，为增加客户消费提供动机。

- 在企业网站中，为增加订单量设计的新内容、特殊报价和折扣信息应摆放在醒目位置，并进行高能见度检验。

- 电子商务企业应设置"推荐引擎"，例如："如果你购买产品 X，一定会喜欢产品 Y。"

- 电子商务企业应在每次交付产品时提供促销和折扣信息。

- 利用电子邮件向客户介绍对方可能购买的新产品或附加功能。

- 向客户促销对方没购买过的新产品或新服务。

- 客户推荐是最常见的病毒式营销类型，但必须具备企业已经拥有实际客户这个前提。（正因为如此我们才把这个问题放在"增加客户"部分讨论。）病毒式营销可刺激对企业产品感到满意的客户推荐其他客户，可以在最大受众范围的基础上激发关注。企业可考虑使用 YouTube 之类的工具，或是参加能够演讲或促销产品的会议，鼓励企业的合作公司及其团队邀请各自的好友深入了解其产品。可考虑采用竞赛、抽奖和促销等活动扩大病毒式营销活动的影响范围。

- 可实现自我销售的病毒式产品：例如，在和客户进行沟通时，Hotmail、Gmail、Facebook 和很多其他网络产品会在末尾附加"现在就邀请你的好友使用我们的服务"的链接。客户一旦使用，便会启动强大的免费病毒式营销。

- 网络效应病毒性可促进 Skype、Photobucket 甚至传真机等通信产品的使用。试想一下，你不可能和没有安装 Skype 软件的人进行网上对话，也无法向没有传真机的朋友发送传真文件。在这种情况下，客户会为了自身利益鼓励对方加入和扩展其通信网络。在这个过程中，他们会无形中为企业带来新的客户。

客户推荐是新业务最"真实"的来源。

鼓励客户向企业推荐更多新客户

很多不同的病毒式营销工具和手段都能帮助企业鼓励客户推荐新客户，下面介绍的是其中六种非常有效的方式。

值得思考的一些简单病毒式推荐活动

- 在 Facebook 上鼓励客户点击"关注该产品"。
- 为客户提供折扣或免费试用信息以便和好友共享。
- 鼓励客户利用其地址簿给好友发送邮件，从而创建邮件列表。
- 设计竞赛或其他激励活动，鼓励客户转发微博信息，点击"关注"或参加其他病毒式营销活动。
- 在网站中高亮显示"转发至我的社交网络"按钮，简化病毒式传播过程。
- 鼓励博客主编写和产品有关的软文并为其提供奖励。

（客户关系假设一旦展开，还应解决如何优化"获取—维护—增加"活动。关于这部分内容，请参考 293 页优化方案和工具部分的说明。）

核心资源假设（实体和网络/移动渠道）

核心资源假设简述确定的是对企业成功至关重要的外部资源以及企业如何寻找和获取这些资源。

核心资源可以分为 4 大类，即实物资源、财务资源、人力资源和知识产权。你必须在每一个相关类别中列出需要的资源、希望付出的成本以及获取这些资源的途径。

实物资源：实物资源分为两类，企业设施和产品/服务资源。前者如办公室和公司地点（交通位置好可吸引更多员工加入，或是所在城市有很好的餐厅等），后者如稳定的超薄硅晶片或铁矿石供应、数千平方英尺的仓储空间、专业实验室或生产制造空间等。很多资源是资本密集型资源，特别是那些和实体产品相关的资源，如加工制造设备、原材料等。

👉 **很多资本密集型资源已成为公共设施或外包资源。**

进入 21 世纪，很多企业以前必须实体拥有和支付成本的资本密集型设备或服务资源，已经变成公共设施或外包资源。例如，需要计算能力和服务器空间的初创企业可以从 Amazon.com 或其他公司购买云处理能力和云存储服务（此举可将软件初创企业成本削减至原来的 1/10）。此外，原来属于资本密集型的加工制造业如今可外包到亚洲（同样能显著降低企业成本），IT 和服务业可转移到成本更低廉的印度。

财务资源：资金是初创企业的生命之源，没有了资金，企业便无法继续维持。本书介绍的就是如何减少各种资金浪费行为，如何实现更高的资金利用效率，从而降低初创企业的失败率。

如今，市场上有数不清的文章、网站和书籍介绍如何为初创企业融资，以及通过哪些渠道融资。其中，家人好友、公开众筹、天使投资、风险资本和企业伙伴等都是常见的融资渠道。但是，初创企业不要忽略另外一种融资选择——政府津贴。在美国，grants.gov 网是很多企业获得小型企业管理津贴（SBA）和小型企业创新研究津贴（SBIR）等财务资源的首选。

销售实体产品的企业还具备以下额外的财务资源：

- 设备租赁额度：这种方式可以帮助你为购买商业设备或商务车辆融资。设备租赁额度通常由银行提供，无论你的目的是保存营运资本用于其他开支，或是企业处于扩张阶段需要资金，这种方式都是很好的解决办法。

- 保理：如果购买产品的客户需要一段时间才能支付费用，你可以把应收账款（即销售发票）以折扣价格卖给第三方（即保理商）。此举能为企业迅速提供所需的现金。

- **供应商融资**：这种方式即企业和为其供应大量产品的服务商之间的贷款活动，此类供应商会为采购企业提供贷款以购买其产品。

不要忽略人力资源

人力资源分为 3 类，分别是个人指导（导师、教师和教练）、企业顾问和合格员工。

教师、教练和导师是那些可以为个人职业生涯发展提供帮助的人。如果你想了解某个特定领域的内容，可以寻找教师帮助；如果想磨炼某些技能或实现某个具体目标，可以聘请指导教练；如果想让自己变得更聪明，在职业道路上少走弯路，可以求教于关注你的导师。

顾问是那些可推动企业实现成功的人。企业创始人遭遇失败，往往是因为他们错误地认为自己的愿景是客观事实。向经验丰富的人寻求建议可以帮助你拨开迷雾，看清楚自己的愿景是不是海市蜃楼。实际上，组织顾问团（在投资者之外扩展智囊范围）对初创企业的成功非常重要，需要我们在客户开发流程中单独进行说明。

合格且高度能动的员工也非常重要，他们标志着失败创意和成功企业之间的显著区别。你的企业在发展过程中是否需要几十位专业的工程师、程序员或设计师？如果是，你该从哪些渠道以什么方式找到他们？你的企业所在的城市能否吸引世界一流的人才？是否缺乏人才？企业规模扩大时是否需要海外团队？海外团队成员该如何选择和管理？对于高度专业化的行业来说（如航空电子、芯片设计和生物技术等），如果企业团队必须快速扩展，这一问题会更具挑战性。如果企业总部位于较为偏僻的小城市，所招聘的人才必须举家迁移时，这个问题会变得更加严峻。如果企业所在的地区或位置无法提供足够的合格员工，你该怎样利用更具创意的方式吸引他们加入？你必须确定企业有哪些人力资源需求以及两到三年后这些需求会出现哪些变化，这样才能确保企业发展不会受到限制。

知识产权也是核心资源

知识产权可以让你有权阻止他人使用你的创意。你可以保护的资产包括企业的"核心技术"，如源代码、硬件设计、系统架构、开发流程和方案等。当然也可以是企业的品牌、标识或域名。此外，你还可以保护商业流程、专业技术、客户信息和产品路线图。知识产权的保护对象还包括音乐、图书和电影等内容。需要注意的是，在上述资产中有些可自动获得知识产权保护，还有些则必须通过注册、申请和考察才能得到全面保护。

商标权：商标权可保护企业的品牌和标志，授权企业防止他人使用与其"高度相似"的产品标志和标识。商标权在企业使用标志期间一直有效，标志使用越频繁，其保护力越强。商标注册虽然是非强制的，但如果注册得到批准，可以为企业提供显著的知识产权优势。

版权：版权保护的是原作者的创造性工作，特别是歌曲、图书、电影、照片等内容。它能授权企业禁止他人复制、散播原著或制作原著衍生物。版权保护的是创意的"表现形式"而非潜在的创意。（如果你的产品是软件，可使用版权禁止他人将其作为机器代码或源代码进行剽窃和销售。）版权保护期限几乎永远有效，虽然版权注册是非强制性的，但如果控告侵权行为则必须申请注册。

表4-5所示为知识产权保护类型。

表4-5　知识产权保护类型

知识产权类型	受保护内容	举例
商标	品牌（如耐克swoosh）	商标、标识、广告语
版权	原创性作品或表现形式	软件、歌曲、电影、网站内容
商业秘密	具有经济价值的企业机密（如可口可乐生产配方）	非公开技术客户名单、生产配方
保密协议	协议约定事项	技术、商业信息
专利	发明创造	新技术

合同：合同是具备约束力的法律协议，具有法庭执行效力。合同并无正式注册过程，其中定义的条款即为保护内容（例如，保密协议可授权企业保护其机密信息）。合同的保护期限为条款约定期限。

专利：专利是指政府授权的垄断权，禁止他人制造、使用或销售你的发明创造，哪怕对方的侵权行为是无意或偶然发生的。

任何内容都可以申请专利保护，如电子线路、硬件、软件、应用算法、方案、设计、用户界面、应用程序和系统等。当然，科学原理或单纯的数学算法无法申请专利。企业的发明创造必须具备"非自明性"。确定是否具备非自明性的方法是鉴于该发明创造出现时的现有技术水平，工程师能否做到以下两点：①确定问题；②利用该发明创造解决问题。此外，企业必须是"最早申请人"，必须在产品销售、计划销售、公开发布或公开使用一年内向美国政府申请专利保护。专利申请必须包括对发明创造具体细节的书面描述，这些细节应保证他人可以根据该描述复制发明创造，应保证使用"最佳模式"描述该发明创造的关键技术。此外，专利申请还必须确定所有用于解决该问题的当前技术和解决方案。

专利保护期限通常为 15～20 年，需要经过正式的申请和考察过程。每项专利申请需花费企业 20 000～50 000 美元，费时 1～4 年。通常，专利申请是企业投资方关注的内容。（除全面专利之外还有一种"临时专利"，允许企业提出"最早申请"并进入"专利待定"期。相比之下，临时专利申请速度更快，成本也更低；但缺点是一年之后会自动终止，不再提供专利保护权。临时专利是一项很好的"占位"手段，不但申请成本低，而且不会影响其他专利申请。）

知识产权能创造价值

知识产权是企业的一项资产，你必须获取、保护和利用这一资产。在制定知识产权战略时，企业可以问自己以下几个问题：

- 在这个市场中，主要参与者是谁？应用的主要技术有哪些？
- 需要申请专利（或临时专利）的最重要的创意和发明创造有哪些？越早申请越好！
- 接下来还有哪些重要的专利申请？

初创企业常犯的 4 种知识产权错误

（1）创始人和前雇主之间存在产权纠纷。你以前任职的公司或大学是否拥有或声称拥有产品发明权？这是一个非常主观的判断标准，由于初创企业没有足够的资源和时间打官司，大型企业和大学院校会使用诉讼作为威胁手段，让你无法带走任何发明成果。对此，最好的建议是不要"以身犯险"。

（2）初创企业无法证明拥有知识产权。企业必须花时间建立明确的、详细登记的知识产权转让记录（就像实验室交接班登记一样）。如果你使用的是独立承包商，要确保开发书面转让协议。针对员工，要开发员工发明转让协议。（如果雇用转包商或朋友参与发明工作，也要签订转让协议。）

（3）由于申请延误或发明公布导致失去专利权。在美国，出现下列情形超过一年则丧失专利权保护权：

- 在出版物中公布发明（包括白皮书、杂志或会议论文、网站）。

- 准备在美国销售（启动销售活动、制定价格表、报价、展会演示、保密协议中未说明的所有演示活动以及在美国公开使用发明的活动）。

在美国之外的大部分国家都不提供一年的专利宽限期。

（4）为知识产权颁布"挑战性"使用许可。争取首批客户的初创企业会在关键市场或地区提供特别许可条款，如颁布"最惠国"许可条款或其他带有优惠许可的经济条款。这样做会导致企业的知识产权对未来客户相对贬值，或是达成企业无法转让产权（或无法摆脱产权）的交易。

其他核心资源

除上述内容外，一些外部商业元素对企业能否成功也具有重要影响。例如，明星类网站需要制造稳定流量的"热门话题"（这一点不应成为问题）；没有了玛莎·斯图尔特 $^\ominus$，MarthaStewart.com 也就失去了意义；缺少稳定的高质量折扣商品，Overstock.com $^\ominus$ 肯定无法取得成功。

依存度分析

企业的依存度分析主要回答的是这样一个问题——为实现产品的大量销售，必须具备哪些无法控制的条件？企业无法控制的条件包括必须具备的其他技术基础设施条件（所有手机都能上网，每个家庭实现光纤到户，电动汽车大量销售）。依存度还包括消费者生活

$\ominus$ 美国著名女企业家，有"家政女王"之称。——译者注
$\ominus$ 美国一家大型产品零售网站。——译者注

方式或购买行为的变化、新的法律法规、经济条件的变化等。企业必须确定将会出现哪些需求（比方说心灵感应的广泛采用），这些需求何时出现（2020 年之前在少年中普及）以及需求未出现会发生什么情况（产品会继续使用互联网）。此外，在衡量变化是否出现时，企业还必须注意所使用的基准点。

在本节所述的假设中，企业必须确定所有核心资源，说明如何确保这些资源随时可用。此外，企业还必须确定资源不可用带来的风险，以及可降低对商业模式影响的其他选择。注意不要把合作伙伴（下节详细讨论）和核心资源混为一谈。

合作伙伴假设（实体渠道）

重要合作伙伴可以提供初创企业无法自行开发或不愿自行开发的能力、产品或服务。例如，电池之于手电筒厂商，以及设计公司之于网站便是明显的例子。谈到合作伙伴，最著名的案例莫过于苹果公司的 iPod 产品。如果没有唱片公司提供的音乐作为内容，iPod 和 iTunes 只不过是市场中无数硬件或软件播放器中的一种。可以说，正是在合作伙伴的帮助下，苹果公司的商业模式才取得了今日的辉煌成功。

在合作伙伴假设部分，你必须列出企业需要的重要伙伴，以及和对方之间的价值交换方式（如"我们付钱，对方提供客户"）。伙伴关系可以分为 4 种，分别是战略同盟、联合商业开发、竞争合作以及重要供应商。

我们可以把合作伙伴假设想象成一张包含三栏内容的表格。三栏的标题分别是："合作伙伴名称"（列出重要程度排名前两位的合作伙伴）、"对方提供的产品服务"以及"我们付出的回报"。如果填写表格时第三栏中多次出现"现金"这个字眼，你完全不必感觉尴尬。实际上，对初创企业来说，至少在初级阶段这种情形非常正常。

战略同盟指非竞争性企业之间建立的合作伙伴关系，在初创企业提供全面的产品或服务时，它能减少必须开发或提供的项目。对于实体产品来说，战略同盟伙伴可以提供产品培训、安装和服务以及周边设备或配件，无论它们的产品是否以你的企业品牌进行销售。很多行业中的专业服务公司（如法律、财务、工程、IT 等），可通过相互组合服务的方式销售范围广泛的服务内容。此外，战略同盟还可以帮助初创企业扩大产品覆盖范围，在企业自身销售和支持服务延伸不到的地区为客户提供产品。

联合商业开发通常在初创企业发展周期中的出现时间较晚，但企业一旦建立自主形象和品牌之后往往会发挥重要作用。例如，戴尔和惠普销售大量其他公司生产的软件和产品，但是在确定这些产品具备重大客户需求之前它们不会轻易这样做。在客户探索流程中，企业可以把这种伙伴关系作为长期发展机会加以调查。

竞争合作同样出现在初创企业发展后期，是一种和直接竞争对手共享成本或市场的合作形式。例如，纽约时装周是和知名时装设计室进行竞争合作的典型案例。虽然两者之间存在激烈竞争，但它们又在协调时装秀时间安排方面彼此合作，以保证优质客户能一场不漏地参加所有时装秀活动。苹果版 Word 软件大概是有史以来最出色的竞争合作案例，值得注意的是，在开发和推出这款产品之前，微软和苹果都已经是非常成功的企业。

重要供应商对初创企业具有生死攸关的重要意义。试想一下，如果没有来自中国的供应商富士康的鼎力支持，iPhone 手机可能出现数以百万的客户流失；如果没有樱桃的持续供应，本杰瑞公司（Ben & Jerry）也绝对无法推出著名的 Cherry Garcia 冰激凌。尽管供应商对所有企业的成功都有推动作用，但紧密灵活的伙伴关系才是具备绝对重要意义的因素。很多初创企业都会把各种"后台"任务外包给供应商，范围包括仓储、产品交付、人力资源、薪金管理、员工福利、财务管理等各个方面。这些外包供应商可以视为企业部门的延伸，利用供应商的专业能力有效改善初创企业的经营效率和成本结构。

关于合作伙伴，企业需要考虑以下问题：合作伙伴能否在企业建立初期灵活调整其交付时间、订单量需求、信用条款或产品价格？合作伙伴如何确保根据客户需求的增减提供稳定供应？有鉴于此，你必须确定企业有哪些重要供应商，以及企业对它们有何需求。接下来，企业必须对这些假设条件进行验证，了解在互利互惠的合作关系中自己和对方分别发挥什么样的作用。

流量合作假设（网络/移动渠道）

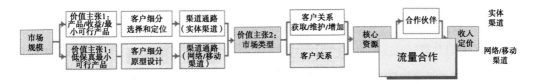

⇨ 除上一节介绍的 4 种合作伙伴关系外，第 5 种针对网络/移动初创企业具有重要意义的伙伴关系是**流量合作关系**。流量合作伙伴可以通过以下方式鼓励客户访问网站或使用移动应用程序：

- 交叉推荐，即客户交换；
- 按推荐收费；
- 文字链接、站内推广和推荐站点广告；
- 交换邮件列表。

关于这些流量交易活动，我们将在第三阶段详细介绍，它们一方面很难和对方商议，另一方面又具备非常重要的作用。在开发流量合作假设时，企业必须确定目标合作伙伴，希望对方完成哪些任务以及你愿意支付的现金或实物补偿方式。

合作伙伴关系有时对初创企业来说具备决定成败的重要意义。开发流量合作关系时值得考虑的案例有：

- 网络游戏巨头 Zynga 公司，几乎 100% 依赖于合作伙伴 Facebook，因为这是 Zynga 为用户提供 "开心农场" 和其他热门游戏的唯一平台。失去这个合作伙伴，Zynga 公司很难创造任何流量或收入。
- YouTube 视频网站的早期流量大部分来自和谷歌公司的合作，以至于公司后来被谷歌收购。
- Salesforce. com 网站通过与 AppExchange 的合作推动流量以及网络/移动产品和客户关系管理软件的销售收入。
- 移动应用程序的用户流量主要来自 dot. com 上的合作伙伴。
- 利基内容零售网站也经常具有类似的活跃合作伙伴。

除此之外，还有另外一些对网络/移动渠道比较重要的合作伙伴关系。应用程序中心和市场是移动应用程序的重要合作伙伴，因为这里是应用程序的主要销售渠道（有关内容详见渠道部分说明）。企业必须了解合作伙伴的经营方式、建立伙伴关系的意愿，以及需要为此支付的成本。信用卡发行商往往被企业忽略，其实它们也是很好的合作伙伴。只不过，它们有时比较轻视提供网络内容、社交平台、游戏和电子商务的企业（特别是初创企业和网络/移动产品销售商），原因是信用卡发行商曾经被不择手段的企业创始人激怒过很多次。由此产生的结果是，它们往往会针对初创企业设定很不公平的合作规定。

对于网络/移动型初创企业来说，必须确定早期和发展过程中所需的流量合作伙伴。可以考虑制定一份优先选择列表，把合作伙伴划分为"必须拥有"和"最好拥有"两个类别。在客户探索第三阶段，你可以和潜在的合作伙伴举行会谈，确定它们是否有兴趣建立合作关系，以及为实现合作成功有哪些需求。

收入定价假设

收入定价简述或许是整个商业模式画布中最难假设的部分，但它又是非常重要的部分，因为这项假设能确保企业的商业模式具备财务可行性。从某种程度上说，这项简述非常简单，它关注的是以下4个问题的答案：

（1）我们要销售多少产品或服务？

（2）收入模式是怎样的？

（3）该收取多少费用？

（4）能否建立值得开发的业务？

虽然有些问题在实体和网络/移动两个渠道的表现有所不同，但企业收入的计算过程在这两个渠道中基本上是一样的。实际上，在这个阶段很多工作已经完成了（见图4-20）。

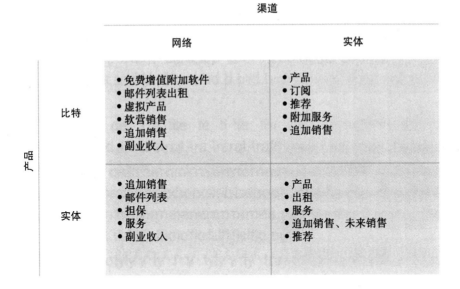

图 4-20　收入来源

问题一：我们要销售多少产品或服务

在实体渠道中，企业通过销售产品产生收入。它们要么通过一次性销售或客户分期付款方式，要么通过租赁或订阅等财务手段获得收入。它们会鼓励现有客户推荐新客户，并对推荐行为给予奖励。

根据前面完成的以下假设获取收入：

- 市场规模和市场份额假设：这些假设可转化为预计客户数量（如百万人群市场 10% 的市场份额 = 100 000 客户）。
- 渠道假设：评估销量潜力和渠道成本。
- 确保扣除渠道的销售成本（可能数目巨大），企业只能计算或维持扣除渠道成本之后的净收入。（满腔热情的企业管理者经常会犯未扣除渠道成本的错误。）

问题二：收入模式是怎样的

和实体渠道相比，网络/移动产品往往具备更为多样化的潜在收入来源。（产品销售是实体产品的主要收入来源）企业需要考虑和评估的直接收入来源有以下几种。

- **销售收入**：对很多网络/移动型初创企业来说，产品、应用程序或服务的销售是最主要的收入来源。这些销售通常是一次性交易，但仍会为企业带来后续销售。

- **订阅收入**：软件、游戏和其他网上产品通常以按月预收费用的形式销售。

- **按使用收费**：有些网络产品（如旅游网站和 eBay）根据客户使用次数实现收入，具体方式包括订阅收费和贴现量采购两种。

其他网络/移动收入来源包括以下几种：

- **推荐收入**：向网络/移动站点或产品推荐流量或客户得到的收入。

- **加盟收入（收入共享）**：定向客户到目标站点（通常是电子商务网站）获得的收入或佣金。

- **邮件列表租金**：订阅服务网站和会员加盟网站经常把客户邮件列表出租给经过仔细挑选的广告商。

- **后台活动收入**：来自其他公司的附加销售，这些销售通常在客户注册或购买确认过程中实现。

至于广告销售，有两条适用的基本原则。第一条原则：受众群体越有特色、越与众不同、越难以接触，营销商就愿意花越多的钱进行开发。例如，私人飞行员和私人飞机用户要比普通的"旅行者"价值高得多，"活跃的多人游戏玩家"要比一般青少年价值高得多。

第二条原则：没有几家营销商或广告商对小型受众群体感兴趣，哪怕它们的产品或网站以后一定会吸引大型受众群体。对广告商来说，仅仅为影响几千人（有时可以是 50 万人）而展开研究调查、签订协议和投入大量书面工作，这样做的摩擦成本太高，完全不值得尝试。因此在研究这个问题时，企业应全面考虑各种潜在收入来源，把不同的结果包括在收入计算中。

问题三：该收取多少费用（定价策略）

这个问题包括两部分。第一部分是对经营成本的评估，对实体产品来说，这一点尤其重要。如果你销售的产品是罐装豌豆或微波信号塔，这些实体产品本身会有非常清晰明确的一系列成本——零件、组装、包装、运输等费用。

在 B2B 产品和某些消费者产品销售中，还有一些需要考虑的问题，如企业经营总成本。（如果房租很高或员工很多，甚至连高昂的电费也会成为推高产品成本的因素。）

第二部分即"该收取多少费用"的问题，这个问题比较简单，它关注的实际上是"产品如何定价"。关于定价假设的测试我们将在客户探索后期展开，现在首先要完成其他一些工作。

好的定价模型可以体现市场类型，可以适应制造成本、产品价值、市场信心和竞争价格等方面的变化。此外，它还能在市场可承受的范围内收取最大费用，从而实现利润最大化。为得出最佳结论，企业必须首先深入了解竞争性定价的概念。

👉 在网络/移动渠道中，产品价格更为透明，客户总是能够在网上轻松确定产品价格，这种现象强化了监控竞争性定价的需求。

在挑选定价模型时初创企业有很多种选择，其中最常见的包括以下几种：

- **价值定价**：根据产品提供的价值而非制造成本确定价格。利用这种定价模型，投资理财软件、专利产品和药品有时可实现利润优化。

- **竞争定价**：针对竞争对手定位产品价格，这种方式常用于在现有市场中展开竞争的企业。

- **销量定价**：这种定价方式用于鼓励多次采购或不同用户的联合采购，适用范围包括办公用品和 SaaS 软件。

- **产品组合定价**：有些企业为客户提供多种产品和服务，每一种产品和服务都有各自的成本和效用。在这种情况下，企业定价的目标是利用产品组合实现利润。因此在销售时有些产品加价较高，有些产品加价较低。具体加价范围根据竞争状况、锁定效果、产品价值和客户忠诚度确定。

- **"刀锋"式定价**：指部分产品免费或价格非常低廉，但可以通过持续性重复购买实现大量利润（如低廉的喷墨打印机价格搭配昂贵的油墨使用成本）。这种定价方式对初创企业来说压力很大，因为企业必须付出可观的前期成本。

- **订阅式定价**：虽然这种定价方案经常被视为一种软件策略，但"每月一书"俱乐部（Book of the Month Club）[⊖]仍开创了实体产品的订阅式定价。

⊖ 美国一家成立于 1926 年的邮购图书俱乐部，每月向客户推荐一本新书。——译者注

- **出租式定价**：降低客户使用产品的入门成本，然后实现多年连续收费。
- **产品型定价**：根据产品各种实际成本确定价格，常用于实体产品定价（用于实现收入销量比或利润销量比最大化）。

⇨ 需要注意的是，实体产品的销售成本核算与网络/移动产品非常不同，后者增加一位新客户的增量成本几乎为零。例如，一款多人游戏软件增加50位新客户，每个客户为软件系统增加的成本最多只有几分钱。

两个 B2B 产品定价问题

总拥有/采用成本（TCO）：此类问题经常出现于企业类产品而非消费类产品销售环节。总拥有成本分析会对客户购买和使用产品的总体成本进行评估。对于企业类产品，客户是否需要购买新电脑以运行该软件？使用该产品是否需要接受培训？是否需要做出实体或组织方面的改变？是否需要对整个企业成本进行配置？对于消费类产品，企业必须衡量"采用"该产品满足客户需求所带来的成本。客户是否需要改变生活方式？是否需要改变任何购买行为或使用行为？是否需要放弃现在使用的产品？

投资回报率（ROI）：在确定向企业销售的产品价格时，你应当向客户证明这样的价格"物有所值"，或是让对方感觉到这是一笔"好买卖"，这里指的更多是对产品总体投资回报而不是对价格本身的关注。通常来说，企业要比消费者更为强调投资回报，对大额交易的关注是造成这种情况的一部分原因。投资回报指的是客户以问题解决能力、生产率、时间、资金和资源为目标进行衡量，在此基础上产生的对投资行为的期望结果。对于消费者，这种回报通常包括生活方式或地位的改变，有时甚至只是为了寻找乐趣。

向企业销售产品时，你应当在首次客户沟通之前设计好假定的投资回报方案（投资回报方案是产品白皮书值得重点说明的内容）。如果你的解决方案无法为客户提供多种有意义的投资回报，销售就很难达成。例如，用价值50 000美元的自动吸尘系统取代年费5 000美元的清洁服务，这种销售显然很难实现。如果在投资回报计算中认真分析总拥有成本（维修费、电费、零件费等），你会发现这种销售根本不靠谱。

问题四：能否建立值得开发的业务

要回答这个问题，绝不是用产品销售量乘以平均销售价格那么简单。当然，在目前这个阶段，这个问题的答案也不必非常准确。你需要牢记的是，客户探索的目标是要反复提炼商业模式，使其能够经受下一步客户验证阶段的测试考验。因此，眼下企业只需了解大概的收入情况以及各种相关的固定成本和变动成本。你可以针对下列问题做出大致计算：

- 销售收入能否在短期内支付各种成本？
- 销售收入能否快速实现大量增长？
- 随着销售收入的增加，企业盈利能力能否得到改善？

再次说明，这里只是对企业收入做简单的非正式计算，目的是确定你在客户探索阶段发现的商业模式能否顺利进入客户验证环节。注意，现在不需要进行准确的财务统计。

☞ **网络/移动市场经常是多边市场。**

单边市场和多边市场对财务的影响方式

销售实体产品的企业通常具备的是"单边"市场，即购买该公司生产的某种产品的客户。

相比之下，网络/移动市场往往是多边市场。对网络/移动型初创企业来说，它们首先注重的是积累大量的用户、关注度或点击率，然后再"慢慢琢磨收入方式"，这就是多边市场。

多边市场中的每一个"边"，即每一个具体市场，都有不同的商业模式。通常，会出现变化的商业模式模块包括价值主张、客户细分、客户关系和收入来源。

在多边市场的用户侧，企业衡量的是用户的关注度、页面浏览量、推荐量或使用时长，而不是销售收入。多边市场的另一侧——客户侧，是由愿意付费接触网络用户的广告商组成。例如，在数以亿计的用户眼中，Facebook 是免费社交网络。事实也的确如此，Facebook 必须通过不同的渠道（直接销售和网上自助服务）以不同的价值主张从不同于用户的客户群体（即广告商）获得收入。

因此，现在你要计算的收入来自这个多边市场的客户侧，即付费方。对初创企业的商业模式而言，了解广告商愿意支付多少费用去接触你的用户，这是一个非常关键的问题。

记住，作为初创企业你的资源很有限。你必须首先确定一个主要且关键的收入来源，然后再慢慢探索其他收入来源。一开始就多管齐下很容易让企业走上歧途。

两个值得思考的收入问题

销售渠道可影响收入来源。对于通过内部销售团队直接销售的产品，计算收入很简单，只需按照产品定价扣除给予客户的折扣金额即可。但是，如果是通过间接渠道销售产品，收入计算就比较复杂了。例如，能向沃尔玛销售产品固然不错，但大部分零售渠道都会要求"退货权"。（如果摆在货架上的产品未能售出，你必须收回这些产品。）再比如，你的销售对象如果是贴牌生产厂家，它们往往要求极不合理的折扣价格，而且在对方大量销售产品之前，你的收入基本上微乎其微。

考虑客户的终身价值。对客户来说，在和企业建立关系的整个生命周期内他们会形成多少消费？像 SaaS 软件、约会网站和网络游戏等产品，关注的是客户的终身价值而非一锤子买卖。例如，客户在 salesforce.com 注册每月只需支付几美元，但企业开发和争取一位新客户付出的成本要比这高出好几倍。企业为什么会这么做？原因是它很清楚在 salesforce.com 网站订阅服务的平均时间会持续很久，这就使新客户创造的收入抵消了企业每月付出的成本。当然，这种做法还有一个前提，即企业能够长期坚持经营，这样才能实现收入。（并不是所有服务都能实现客户终身价值，对于建筑拆除商来说，客户的终身价值往往就是首次销售价值。）

无论网络渠道还是实体渠道，客户终身价值都能显著影响企业的收入来源和定价策略，尽管它和报纸杂志等订阅式收入有所不同，相比之下后者会出现快速下降。对实体产品来说，除了健身房会员卡之外，几乎没有多少种适合采用订阅式收费的产品（见图 4-21）。

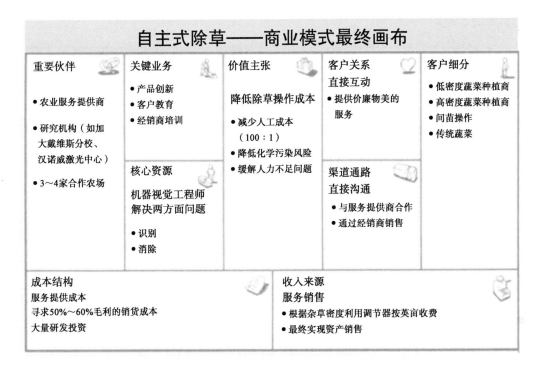

图 4-21　商业模式假设终稿

把收入模块和商业模式假设绑定在一起

　　收入来源和定价问题会与商业模式中的价值主张、渠道、客户关系及其他模块产生相互影响，因此需要进行多次重设和调整。收入来源假设在最终确定之前需要经过反复测试，首先在客户探索讨论部分进行测试，然后在客户验证部分再次测试。收入来源简述完成之后，企业必须对其再次验证以确保支持商业模式运行。最后，企业要回答的是这样一个关键问题——我们能否实现足够的收入、利润和增长以证明商业模式可行？

完成假设开发流程

　　到这里为止，我们已经完成了企业前期要做的唯一的大型书面工作。接下来你要做的是走出办公室，了解潜在客户有哪些需求，对前期做出的假设内容进行证明或提炼。在此之前你需要完成以下工作：

- 把最后形成的商业模式画布放大打印并粘到墙上，举行团队会议进行讨论，画布旁边对每一项假设简述进行总结。

- 全体参与者都必须阅读商业模式简述的每一个模块。

- 观察画布中的总结内容，仔细阅读假设简述，和团队进行讨论，从中寻找明显存在矛盾或冲突的地方。

- 企业创始人、产品开发部门、工程部门和运营团队应再次验证成本假设和变动因素。

- 回到第一项假设内容，确保每项内容和后面的假设不存在冲突。例如，考虑到定价、安装需求等因素，你的销售渠道还是否合理？较少的客户能否为企业提供足够的管理开支和开发费用？

- 回顾每项假设内容并一致通过最终版本。

- 确保假设总结和商业模式画布中相关模块的内容一致。

- 适当升级商业模式。

- 更多检查列表见第四部分。

接下来，你必须走出办公室接触客户和事实了。

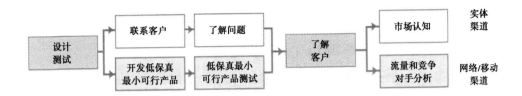

第5章

客户探索第二阶段：

走出办公室测试问题——客户是否关注

第二阶段的目的是让企业团队"走出办公室"测试问题，回答以下 3 个重要问题：

- 我们是否真正了解客户问题？
- 有没有足够多的客户足够关注此问题，从而使之成为巨大的商机？
- 客户是否对产品或服务足够关注，愿意向好友推荐？

在接下来的第三阶段，我们要测试企业的产品能否为客户存在的问题提供出色的解决方案。对于本章的"客户问题"和下一章的"解决方案"问题，如果你做出的都是坚定的肯定回答，那么企业便找到了正确的"产品/市场"组合，可以进入客户验证环节了。

    ➡️ 对网络/移动型初创企业来说，问题测试阶段的活动和实体产品企业存在显著区别，具体表现是其产品开发时间比后者短得多，客户反馈速度比后者快得多。在这个阶段，问题探索是通过开发低保真最小可行产品网站或移动应用程序的方式来实施的。企业早期开发的最小可行产品有时非常简单，可以是一张 PowerPoint 图表或一个单独的网页，它们能帮助企业快速获得有关客户问题的反馈。完成这一步之后，在客户探索第三阶段会通过高保真最小可行产品对解决方案进行测试。

这个阶段包括 5 个关键步骤：

- 为客户测试设计实验；
- 准备联系和预约客户；
- 测试客户对问题的认识，评估问题对客户的重要程度；
- 了解客户；
- 了解竞争对手和市场信息。

在介绍第二阶段的活动时，有必要提示一下附录 2A 客户开发宣言部分提出的一些原则：

- 客户探索活动必须由企业创始人完成。
- 假设需要测试，测试需要设计实验。
- 网络调查固然轻松，但必须同时采用面对面方式获取客户反馈，哪怕企业从事的是网络产品。
- 和客户会谈的目的不是了解他们是否喜欢产品，至少现在不是。你的目的是要了解客户面临哪些问题，以及希望解决这些问题的需求有多迫切。只有确定要解决的问题非常严重，足够形成值得企业开发的市场时，你才能转而关注产品。

- 未经迭代或调整，前期假设很难通过客户反馈的考验。

设计测试和合格实验

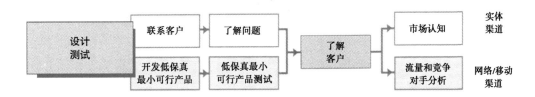

截至目前，你在第一阶段所做的商业模式假设依然是"猜想"。在第二阶段，你的任务是走出办公室，通过在客户面前测试的方式把这些假设变成事实。

我们可以用一种更直观的方式来说明这个过程。你可以把它想象成一个包含三个层次的立体商业模式图，图中最底层是初创企业的早期观点，第二层是我们在第一阶段开发的各种假设细节，第三层体现的是企业必须进行的测试活动。这些测试可以验证和衡量每个假设，把它们变成事实，从而保证商业模式的可行性和完整性（见图 5-1）。

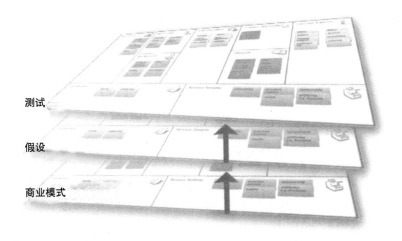

图 5-1　商业模式—假设—测试流程

但是具体该怎样测试呢？在客户开发宣言中，第 6 条原则告诉我们要进行实验设计，

第 9 条原则告诉我们要强调速度、节奏和快速循环周期。因此在测试商业模式假设时，第一步必须为每项测试设计简单的合格实验，然后进行测试，接下来总结数据。这样不但能得到测试结果，而且可以从中获得某些见解。整个"假设—设计实验—测试—获得见解"循环如图 5-2 所示。

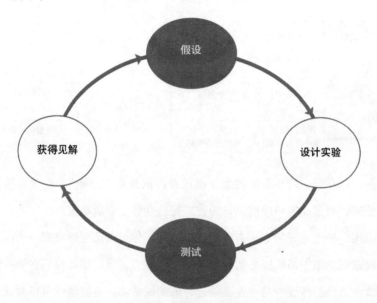

图 5-2　假设—设计实验—测试—获得见解

不管企业开发的是实体产品还是网络/移动产品，客户开发实验都必须是短小、简单和客观性的合格测试。你的目的是要在杂乱的噪声中寻找信号，合格测试正是为你提供稳定信号的途径。

首先你要问自己"我想了解什么信息？"，然后问"了解这些信息最简单的合格测试手段是什么？"，最后问自己"我该怎样设计合格实验来实施简单测试？"。

例如，一项关于实体产品客户关系的假设认为，每 10 次销售拜访可以让 3 位潜在客户积极考虑采购活动。对此，最简单的实验方式是向 30 位潜在客户做内容相同的销售拜访，观察实验是否"合格"，即说服 9 位或更多的客户下订单或是签订购买意向书。

再比如，一项针对客户关系和收入模式的网络商业模式假设认为，花费 100 万美元在谷歌上做关键字竞价广告可以获取 500 万客户。对此，你的合格实验形式应当是这样的："每投入 20 美分的点击成本做谷歌关键字竞价广告可成功获取一位客户。"在具体实验中你应当开发 3 个不同的登录页面，每个页面投入 500 美元做竞价广告，每隔一天依次对 3 个页面进行测试（通过同一个竞价广告平台测试）。如果测试合格，每个页面应当吸引 2 500 次点击，低于这个数字则说明假设不成立（如果出现多个合格结果可进行二级测试，二级测试的目标是观察哪一个页面吸引客户的速度最快）。

大多数情况下，你可以通过仿制网页、制作演示材料或原型产品的方式获取有价值的客户信息。

测试

对于具有丰富工程经验的企业创始人来说，测试过程中最大的困扰莫过于他们这样的一种思路，即认为假设测试必须是货真价实的代码、硬件或产品。实际上，大多数情况下，你可以通过仿制网页、制作演示材料或原型产品的方式获取有价值的客户信息。因此，假设测试活动既不需要投入大量资金，也不需要投入大量时间。只要你能够得到有效反馈，比方说从首批 10 位客户中得到 4 人的反馈，就可以停止测试，宣布成功了。记住，你的目标是速度和反馈结果，你要寻找的是全局极大值而不是局部极大值。图 5-3 所示为全局极大值和局部极大值的对比。

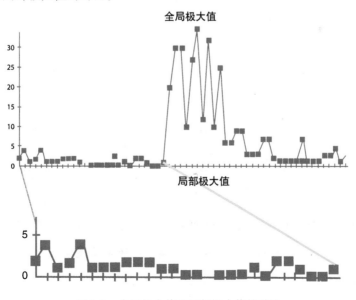

图 5-3　全局极大值和局部极大值的对比

什么是全局极大值？比方说，你在新的周末度假网站上连续 3 天提供免费试用服务，先后吸引了 50、60 和 80 位用户注册。这时你会想："哇，一天就有 80 人注册，太棒了！"然后便停止了测试。但你恐怕想不到第 4 天的用户注册量会出现井喷。如果你能多测试两天，可能会发现全局极大值达到每天 500 人。尽管测试时间只能靠经验和运气来决定，而且一般来说时间越短越好，但你还是要给自己一个机会，不要错过全局极大值。

在接下来的第二阶段和第三阶段，以及后面的客户验证阶段，我们会详细讨论如何为网络/移动产品和实体产品设计测试。

获得见解

所有这些实验和测试，其目标不只是搜集客户数据，不是简单地为了通过合格测试，也不是仅仅为了了解一些信息（当然，我们希望你能通过这些活动了解到需要的信息）。

实际上，真正重要的目标是一些更为深奥和难以明了的事物，是那些最终让企业管理成为一种艺术的事物。换句话说，你要超越这些数据本身，从中发现更深刻的见解。比方说，你是否在销售拜访过程中时常被打断，却记得有人说过"你们干吗不卖××产品，我们的需求量很大"这样的话？从这些反馈中你能发现怎样的见解呢？

准备联系客户（实体渠道）

证明商业模式假设的下一步是走出办公室、会议室和企业，到真实世界和活生生的客户打交道。无论你的产品销售对象是大型企业还是普通消费者，首批联系人都是那些愿意接受客户培育和陈述问题的人。更重要的是，他们很有可能以后成为你的客户。

从 50 位目标客户开始

这个阶段的第一步是最难的，你必须联系那些并不认识的潜在客户，说服他们给你一些时间，诚恳地和对方交流。

👉 **在这个阶段，你要关注的不是企业中的大人物，也不是"完全正确"的消费者。**

首先，你必须找到 50 位可以测试个人想法的潜在客户，把他们的名字列在一张纸上。50 个人名听起来似乎不少，但实际上很快就能找到。一项有效的探索活动通常需要每周 10 ~ 15 次客户拜访，要确定 50 位可以面对面沟通的客户，大概需要联系约 200 位客户。那么，该从哪里寻找这些客户呢？你可以先从直接认识的朋友开始，然后通过搜索共同创始人、公司员工的好友录和社交网络列表（如 Facebook、Google + 、Twitter、LinkedIn、Jigsaw 等）来扩展联系范围。接下来，你可以召集每一个可能对此感兴趣的人来扩展潜在客户表，如好友、投资者、创始人、律师、招聘者、会计等。最后，你可以通过参会人员名单、行业媒体和能想到的其他渠道扩展这张列表。

即使你的销售对象是企业，眼下客户在企业中的职务和级别与你的测试活动毫不相关；如果你的销售对象是消费者，对方是否对你的产品感兴趣对你的测试活动也无关紧要。现在，真正关键的问题是你必须从客户那里了解（有关商业模式假设的）事实真相。在这个阶段，你要关注的不是企业中的大人物，也不是"完全正确"的消费者。你的目标是要找到这样一批人——他们愿意花时间和你交流，他们甚至不必完全吻合你在客户假设部分对其所做的描述。（实际上，这时拜访企业高管根本就是浪费机会，因为你还不知道该怎么陈述自己的观点，你拥有的只不过是未经测试的猜想而已。因此你必须耐心等待，等到商业模式基本稳定成形之后再联系他们。）

在开发联系人列表时，你必须同时开发创新者列表。何为创新者？创新者指的是最具创新能力的企业、企业部门，或者是那些非常聪明、备受尊重、善于解决问题的行业精英。对消费者产品而言，他们可以是人人寻求建议的"技术达人"，或者是能帮助他人了解行业趋势的群体。创新者列表有两个用途。首先，你必须找到那些善于"获取"新创意的梦想家并和他们沟通。然而很不幸的是，大多数人都把创新视为危险的病毒，恨不得将其从企业中一扫而净，只有很少的人期望聆听和了解全新的观念。显然，后者才是你要沟通的目标。其次，创新者列表还能帮助你联系到行业内的知名影响者以及潜在的顾问团成员。

如果你从未拜访过不认识的客户，这项工作会很棘手。不过，只要精心设计一套参考故事，问题就会变得简单很多。

设计参考故事

在联系客户时，第一步工作是设计参考故事。

参考故事强调的是你要解决的问题、解决问题的重要性以及为此开发的解决方案。

参考故事的开头应当是一段介绍，例如："你好，我是新银行软件公司的鲍勃，（此处插入推荐人姓名）建议我和你联系，他说你是（此处插入市场或行业名称）领域的行家。"接下来，你要说明潜在客户愿意和你沟通的理由，例如："我们刚刚成立一家公司，准备解决银行出纳窗口客户排长队的问题，现在正在开发一款名为'无忧出纳'的软件。我不是向你推销产品，是希望你能抽出 20 分钟和我聊聊，我想了解一下你和你们公司是怎么解决出纳窗口排长队的问题的。"

☞ **初次联系潜在客户最好通过同行介绍。**

这样做对你的联系人有什么好处呢？你可以这样说："我想在这个问题上你能提供一些看法，作为交换我可以向你介绍一下银行软件方面的技术发展趋势。"——问题搞定！

当然，在实际运用中你可以对上面的故事稍做调整和变更，不过总体目标都是一样的，即和对方约定好会谈时间。（你也可以通过电子邮件方式和对方约谈，不过成功概率很低。）虽然读起来挺容易，可如果你不是专业销售人员，整个过程做起来还是很难的，因为谁都不喜欢给不认识的人打电话。第一次练习客户探索的人往往在房间里走来走去，目光紧盯着电话不放，等终于鼓起勇气拿起话筒，最后还是因为胆怯而放下电话。可是，不管有多困难，最终你还是要硬着头皮给潜在客户打电话。实际上这件事并没有你想象的那么难，对方很有可能对你说："好啊，这正是我们想解决的问题，20 分钟没问题，那就周二来吧。"这句话肯定会让你觉得充满信心。其实，事实就是这么简单！

启动约谈工作

首先要注意以下几点：

- 在可控范围内，初次联系潜在客户时最好通过对方公司同行的介绍。对于消费者产品，这样做非常有挑战性。怎样才能抓住自己不认识的人呢？这时我们可以使用相同的办法，通过潜在客户认识的人引荐。

- 首先你可以发送一封自我介绍邮件，或是通过 LinkedIn、Twitter 和 Facebook 发送自我介绍信息（最好是由引荐人发送），说明准备给对方打电话的原因，以及对方的支持对客户的重要意义。

- 牢记开头首先说明你的引荐人是谁，例如："史蒂夫·布兰克说我可以给你打电话……"

- 告诉对方会谈目的不是推销产品，而是表示听说对方是某个行业的行家里手，希望能从他们那里得到一些反馈信息。

- 请对方拨出一些时间见面，例如："我只占用你 15 分钟"。（别担心，通常会得到更多时间。）

- 不要谈论产品或特征。说明你的目标是想了解市场或产品方面的问题，解释你会充分利用对方时间的原因。

- 有时候，和对方来个咖啡座谈会效果会更好。这样会显得你的目的更为友好，只是想交流一下观点，而不是咄咄逼人地做推销。利用这种方式，潜在客户更容易接受邀请，在交谈过程中也会更为放松、坦诚和开放。

☞ **企业管理者常犯的一个错误是混淆动机和行为。**

在准备联系客户时，成功的企业往往会花一周时间安排会谈，然后用数周时间实施计划。和动辄需要数年时间才能成功的企业付出相比，这样的代价要小得多。我们认为，每个企业创始人每天至少要向 10 位潜在客户打电话，直到工作日程表中排满足够的会谈安排。

在这个阶段，企业管理者常犯的一个错误是混淆动机和行为。具体说来，你发送的邮件、留下的语音信息以及在 LinkedIn 上的短消息，这些都只是表达希望和潜在客户沟通的动机，只有双方展开对话才是真正发生的行为。因此，要实现 10 次对话可能需要发送 25 封电子邮件、语音邮件或微博消息。你必须不断给潜在客户打电话，最终确保每天安排 3 次客户访谈。在此过程中你必须习惯于被对方拒绝，但是别忘了追问一句："如果你太忙，能否推荐其他人和我谈谈这个问题？" 这样做能有效维持命中率统计。对于消费者产品，这一方法也同样适用。经验表明，每 50 次电话沟通可产生 5 ~ 10 次拜访机会。因此，在走出办公室之前，你必须从头到尾计划好整个电话沟通内容，然后反复进行演练。

最后，当日程表中排满潜在客户约谈安排之后，指定创业团队成员分别和客户进行面谈。由于潜在客户所处的地区、临近程度和交通条件都会影响面谈的效率，你必须事先认真分析，最大限度地让每次客户面谈实现个性化。不要指望每个客户会对每个问题都做出认真回答，或是对需求或问题的每个方面都提出有效观点。正相反，你应当准备好拼接零散不全的答案，最终形成对每个问题的深入反馈。

开发低保真最小可行产品（网络/移动渠道）

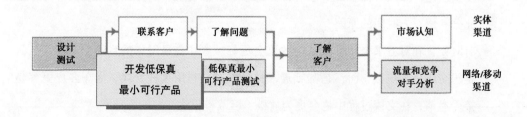

⟹ 证明网络/移动企业商业模式假设的测试，需要和数以千计的客户讨论问题和需求，为此你必须开发低保真最小可行产品。低保真最小可行产品必须回答以下两个关键问题：你是否了解客户的问题或需求？如果了解，是否有足够的客户关注这些问题或需求？

也就是说，低保真最小可行产品测试必须确保你准备解决或满足的问题或需求，在客户眼中是非常迫切的问题或需求。

我们将在本节讨论如何开发低保真最小可行产品，在下一节讨论如何进行实际测试。

低保真最小可行产品战略

如前所述（客户探索第一阶段），低保真最小可行产品可以是一个简单的登录页，其中说明了企业的价值主张、收益总结、行动方案、调查内容或预订信息。它也可以是用幻灯片方式展示的，或是利用简单主页开发工具制作的快速网站原型。经验更为丰富的网站开发人员可利用线框图原型工具，开发具有实用功能的用户界面和低保真网站。无论哪种情况，这些都是非常初级的网站，没有漂亮的用户界面、企业标识和动画内容。

企业必须尽快开发最小可行产品（通常自成立之日起就着手开发），以便了解是否有人认同你对客户需求或客户问题的看法。在开发低保真网站时，首先要做到以下几点：

- 用文字或图片描述问题的严重性。（例如："你的办公室是否看起来和图中一样？"）
- 描述问题，鼓励用户"注册并了解更多内容"。
- 展示解决方案的屏幕截图（如"你可以这样支付账单"）。

此外，你还可以考虑其他简单的最小可行产品组件，例如使用 YouTube 网站视频展示或讨论问题，对问题展开网络调查，或是利用博客了解来访者的观点。

其次，你必须邀请消费者尽可能全面地对问题做出答复，为他们提供几种具体的选择。首先，你可以询问他们是否愿意注册成为用户，以便了解更多内容。其次，重要的方式是询问他们是否愿意把产品推荐给很多朋友，这一项测试的是访问者对问题重要程度或意义的看法。例如，你可以询问他们在想到某个新网络游戏时是否感到兴奋。

再次，你可以通过电子邮件或调查工具获取更多详细反馈，或是询问对方是否愿意接受电话访谈，表达对新产品或企业的看法。需要注意的是，你对访问者要求得越多，对方愿意做出回答的可能性就越低。因此你必须确保在最小可行产品最显著的位置设计最简单和最基础的响应机制，如"马上注册，了解更多内容"。

➡本节所列工具仅作例证，并非作者推荐或首选工具。新的工具每天都会出现，企业必须自己寻找最合适的工具。欲了解最新工具，请访问 www.steveblank.com。

怎样开发低保真最小可行产品

对于非程序员：

- 利用 PowerPoint 或 Unbounce、Google Sites、Weebly、Godaddy、WordPress、Yola 等工具制作快速原型；
- 对于网上调查和预定信息等形式，无须复杂编程即可在网站中轻松嵌入 Wufoo 和 Google Forms 等工具。

对于程序员（开发用户界面的提示）：

- 选择一种网站线框图原型工具（如 JustinMind、Balsamiq）；
- 99 Designs 可提供出色的图形设计和网络设计，它采用的是竞赛形式，成本非常低，Themeforest 也能提供很好的设计；
- 开发线框图，模拟低保真网站；
- 开发假的注册订购表测试客户承诺，或者利用 LaunchRock、KickoffLabs 等工具开发"病毒式"登录页；
- 利用 Slideshare 在网站上嵌入幻灯片放映，或利用 YouTube、Vimeo 嵌入视频浏览功能；
- 利用 Usertesting 或 Userfy 等工具进行用户界面测试。

另外，不要低估设计的长期价值和用户界面的重要性。有时甚至连家人朋友都会怀疑你的最小可行产品，觉得它太过简陋，好像开发者能力不够。但是，千万不要忘记眼下你的目标是测试问题而不是美化用户界面。只要正确建立测试，界面问题随时可以解决。

考虑使用多种最小可行产品

很多初创企业会开发多个低保真网站以测试不同的问题描述。例如，一项简单的网上应付账款软件可同时通过三种不同方式来测试，分别是 fastpay、ezpay 和 flexipay。每一种方式都能解决 3 种不同的应付账款问题——速度、易用性和灵活性。每一个登录页面都不相同，比方说都侧重解决"易用性"问题。要对这个问题进行简单测试，首先为每一个 URL 地址购买谷歌关键字竞价广告，在竞价区间和登录页以 3 种不同方式提出问题。然后，你必须轮换竞价排名，确保每个地址在谷歌存储器堆栈中有 1/3 的时间排名第一（如果没有人点击这些地址，请参考本章开头部分）。你要观察的是哪种方式能带来最大的点击量，哪种方式能产生最大的注册量，哪种方式能实现最大的推荐数。

接下来，企业就可以启动刚开发好的低保真最小可行产品了，看看会发生什么情况。祝你好运！

测试问题了解情况，评估问题的重要性（实体渠道）

安排好客户会谈之后，现在你必须走出办公室，衡量客户的问题、苦恼和需求在其眼中的严重性和重要性了。换句话说，你要解决的是那些"火烧眉毛"的问题还是可以"有空再说"的问题。毫无疑问，对企业来说前者意味着大得多的市场机会。

开发问题陈述

和产品陈述相比，问题陈述的设计目的是从客户那里获取反馈信息。问题陈述总结了你对客户问题的假设以及对客户当前解决问题方式的假设。此外，它还提出一些潜在的解决方案以测试你的假设是否正确。可以说，问题陈述是和客户进行面谈时的"开场白"。（对于多边市场，你必须针对其中不同的市场开发问题陈述，因为买方和卖方之间、用户方和支付方之间存在的问题不同。）

　　 和产品陈述相比，问题陈述的设计目的是从客户那里获取反馈信息。

开发问题陈述并不难，关于客户问题及其解决方案的假设，我们已经在第一阶段的价值主张部分详细说明。你可以把这些假设做成幻灯片，然后进一步总结成表 5-1 所示简单的单页图表。在这张表格中，在左侧列出你认为存在的问题，在中间列出客户当前使用的解决方案，在右侧列出你提出的解决方案。

表 5-1　客户问题陈述

问题列表	当前解决方案	新解决方案
1.	1.	1.
2.	2.	2.
3.	3.	3.

但是，我们希望你在交谈时永远不会用到问题陈述。记住，你的目标是让客户说出想法，而不是自己长篇大论说个不停。可以说，这一点是客户开发流程中最重要的观点。问题陈述的真正目的在于，它能帮助你总结对一些看法的假设。但和成熟企业不同的是，现在你完全不必证明你的看法准确无误。你的任务是聆听对方，而不是说服对方。

 你的目标是让客户说出想法，而不是自己长篇大论说个不停。

问题讨论

完成幻灯片之后，你可以用白板向客户展示，或是在桌面上简单地给对方做比画。记住，这里所说的"展示"并不是真的要堆砌说辞，实际上它只是做出一种姿态，请客户做出响应。因此，简单说明你在第一栏列出的问题之后，注意要停下来询问客户对这些问题有何看法，你总结的问题有无遗漏之处，对方如何排列问题顺序，以及哪些问题需要马上解决，哪些问题可以推迟解决。如果客户的回答是愿意不惜一切代价解决问题——恭喜，你找到关键问题了。

你的问题陈述必须能够鼓励讨论。大多数人走进会议室时都会有做"听众"的心态，当对方是潜在的服务商时情况更是如此。播放幻灯片时，至少一半的页面要设有"暂停"，让客户回答问题（注意不能是简单的是非问题）。更好的方式是，你可以用两张打印好的内容代替幻灯片，这样可以更随意地和对方交流。可以刺激对方参与讨论的问题如下：

- 我们认为这些是本行业当前面对的五个首要问题，你认为它们对公司的影响情况孰大孰小？

- 如果明年你们在这个领域有 3 个主要问题需要解决的话，它们会是哪些问题？为什么会是这些问题？

- 你们公司是怎样评价新产品的？（强调价格、性能还是产品特征？）

如果客户表示你认为重要的问题实际上并不重要该怎么办？这时千万不要产生挫败感，因为你刚刚得到了最真实的数据。虽然这些话听起来可能不舒服，但不可否认的是尽早获得这些信息对你非常有帮助，能够指导你及时调整自己的错误假设。

我们可以把这些讨论总结成两大问题，即"客户在当前工作方式中遇到的最头疼的问题是什么？"以及"如果有一样东西可以彻底改变现在的工作方式，你认为它会是什么？"（这两个问题即"IPO 问题"。了解了这两个问题的答案企业就可以成功上市了。）在和客户讨论的过程中，你可以很随意地问一句"这个问题给你们带来的损失有多大？"（如收入损失、客户损失、时间损失、导致挫败感等），稍后，你可以在客户验证阶段利用这个数字开发新的陈述。

了解客户目前如何解决问题

确定了客户问题和解决问题的成本，现在你可以进入第二栏的讨论了（见表 5-1），即当前使用的解决方案。同样，介绍完之后你应当暂停一下，询问对方当前采用的解决方案到底是怎样的，你的假设有没有遗漏任何问题，以及客户对当前各种解决方案的可行性是如何排序的。现在，你的目的是要了解客户当前是怎样解决问题的，或者说他们认为别人是怎样解决问题的。如果问题让他们感到足够痛苦或是对他们足够重要，你往往会得到十分有趣的回答。在讨论这个问题时，另一项需要了解的重要信息是哪些人会面对同样的问题？比方说，对于同一项任务，有没有需要完成它的其他消费者？来自同一个公司的其他员工？来自同一个行业的其他公司？或者是具有相同职位的其他同事？显然，面对同样问题的一群人往往具备相同的价值主张。这就意味着，你可以用一种便于广大受众理解的内容来描述你的产品价值。

　　如果有一样东西可以彻底改变现在的工作方式，你认为它会是什么？

最后，无论是企业产品还是消费者产品，你都要介绍第三栏列出的解决方案。（注意不是一组产品特征，而是有关产品的大致想法。）然后暂停一下，观察客户的反应。他们是否明白你说的话？如果你的解决方案有效，让对方做出这样的回答——"如果你们能做到这一点，我的问题就全部解决了"；如果还是模糊不清，让对方回答——"抱歉，我没听懂你的意思"。如果经过20多分钟的解释，对方还是对你的方案感到困惑又该怎么办呢？你应当询问你的解决方案和客户当前使用的方案相比之下表现如何。注意，你的目的不是向对方推销产品，而是要了解对方的反应，实现有效的讨论。

当然，企业能从这些讨论中得到哪些信息，这要取决于讨论之后的分析工作。由于对方的回答往往相互影响、模糊不清，因此在进行客户访谈时最好带上你的假设简述。预览一下所有简述内容，在和对方面谈之前，把整个清单浓缩成一个问题："在拜访客户时我必须了解的3个最重要的问题是什么？"记住，这3个问题是拜访客户时至少要搞清楚的内容。在访谈中你应当勤做笔记，用心倾听。慢慢地，随着客户对关键问题的回答逐渐明确，可以试着提一些其他问题。

结束会谈时，你可以这样问对方："在这个领域，能否推荐3位和你一样出色的人士？我想尽量扩大联系人范围。"此外，你也可以这样问："你觉得我有什么遗漏的问题吗？"这个问题往往会让你们的对话持续半个小时之久。

关于新市场的问题讨论

在新市场中使用问题陈述会让人感觉非常郁闷，因为这个市场缺乏客户背景，企业很难对大家尚未确认或意识不到的问题征求反馈信息。关于新市场的问题讨论，有这样一个经典的可能性案例——如果亨利·福特询问客户需要什么，对方有可能回答："一匹速度更快的马。"现有市场的特点是存在已知客户，他们了解相关的竞争要素（如特征、价格、需求等）。和现有市场不同，新市场的特点是并不具备已知客户。当然，这一点并不意味着你就可以坐在办公室里闭门造车了。

☞ **学会向客户询问："你觉得我有什么遗漏的问题吗？"**

针对新市场进行问题讨论时，你的目标是利用"问题—方案"陈述说明企业的愿景，而不是说明具体的产品特征。在新市场中，客户回答提供的应当是新的见解而不是具体的数据化信息。能否找到愿意分享企业愿景的早期支持者是一个重要的信号，在关于新市场的问题讨论中，它能帮助你判断企业的看法到底是海市蜃楼还是真知灼见。（注意，早期支持者分享企业愿景的方式是下订单，而不是口头赞扬和鼓励。）

搜集各种信息

结束客户访谈之前，问问自己："我还能了解哪些信息？"每一次访谈（哪怕是效果糟糕的访谈）都不要轻易结束，至少要了解前面所述的 3 个方面。在和客户沟通时，我常常会问一些看似无关痛痒的问题。例如，你们经常参加哪些会议和会展？阅读哪些博客、报纸和杂志？认为最好的销售员是谁？通过哪些渠道了解新观点？如果能对 100 位以上的客户询问这些问题，你会慢慢发现一张"客户定位图"正在逐渐成形——它能帮助你深入了解客户群体有哪些以及如何找到这些群体。因此，你必须对客户访谈过程的所有回答做详细记录，开发客户探索计分卡。

避免大公司客户会谈中的圈套

在拜访大公司客户时，有一个需要特别留意的圈套。在这里，往往是很多员工一起参加问题讨论会。显然，这种会谈方式对于那些可能提供丰富反馈信息的早期支持者不利，因为它会妨碍和早期支持者进行自由开放的交流。为确保最大限度地获得反馈信息，你可以：

- 在小组会谈之前或之后，和重要目标人物（如决策者、关键影响者和重要用户）进行一对一面谈以获取个人反馈。
- 由于很多人在集体会谈中不愿在领导面前袒露心声，你必须想办法让老板回避。如果有上司在场，员工们往往会顺从领导的意见，从而导致出现重要"异常"反馈的概率下降。
- 在大公司进行问题探索时，比较好的办法是拉上初创企业的整个"智囊团"和对方管理层进行"门当户对"的沟通，双方高管可组织讨论会商讨商业机会。
- 学会开门见山：如果有一种新产品可以帮助企业解决问题，你可以说"我们想更好地了解趋势引领者和行业主导企业如何应对此类问题或挑战"（给对方戴戴高帽子）。

汇合反馈信息，为客户数据打分

完成"走出办公室"的第一个问题阶段后，你必须利用客户探索计分卡总结客户反馈数据（见表5-2）。计分卡可以直观反映围绕企业产品是否具备足够的客户热情，能否保证后期的进一步拓展。这项分析可帮助企业衡量是否接触了正确的客户，能否确定足够数量的早期支持者。你可以对这些数据进行加权，以便调整统计结果对企业目标的重要性。在这个过程中，你会发现有些客户必须穷追不舍，有些客户需要等产品被广泛接受之后再联系，还有些则需要放弃。

表5-2 客户探索计分卡

客户	热情拥护产品	对产品有迫切需求	商业影响	权宜之计	120天内采购	关键决策者	120×2	合计
A	3	3	3	2	2	3	2	18
B	2	2	2	1	2	2	2	13
C	2	2	1	1	1	2	1	10
D	3	2	1	1	3	2	3	15
E	1	3	1	1	1	1	1	9
F	1	1	1	1	1	1	1	7
平均	2	2.16	1.5	1.16	1.6	1.8	1.6	

另外，不要遗漏或忽略异常评论。这些评论可能引导企业实现新特征开发，实现不同销售方式，或是为商业模式提供其他需要迭代的暗示。因此，你必须学会一方面观察总结数据，另一方面留意潜在客户特定的或不同寻常的评论。

以表5-2为例，这张计分卡针对某个新型工业电池列出了6位客户的评论看法。表中使用1～3分进行评定，其中3为最高分。样表中的评分要点包括：

对产品的"热情拥护"和"迫切需求"文如其意，不言自明。

"商业影响"指的是采用这项技术对客户造成的影响有多大，带来的改变有多大。答案是还行？可影响某个部门？还是彻底改变整个公司的商业模式？

"权宜之计"指的是客户利用临时方案解决问题的程度。

"120天内采购"指的是客户在120天内下订单的可能性有多大。因为表中虚构的企业需要六个月时间筹集更多资金，必须对120天采购进行加倍（即后面出现的120×2）。

"关键决策者"指的是和有采购实力的买方进行对话的机会。

在实际使用中，你的计分卡可能有数十行、几百行甚至几千行之多。不过通过这个简单的计分卡我们要寻找的只是个别需要的客户。如果表中的六位客户具有代表性，我们就可以以此为基础搜集更多的探索数据。比如，在这张表中客户 A 和客户 B 都反映出对产品的热情拥护和迫切需求，但是在他们当中，只有客户 A 是潜在的早期支持者，因为它更加无法继续忍受使用权宜之计解决问题带来的痛苦。即便如此，在总分为 21 分的表中客户 A 的总分也只有 18 分，从表中可以看出它对 120 天内采购仍表示不确定，这些都反映出客户 A 对于产品虽然足够热情，但还不够疯狂。表中透露的其他信息有：

- 客户 A 可能会在 120 天的目标期间内采购。
- 客户 E 可以抛在脑后，虽然他对产品有迫切需要，但热情程度并不高。此外，和对方关键决策者进行对话的机会很渺茫，做出采购决策的机会也很小。
- 对于客户 C，应努力实现和决策者进行面谈的机会；对于客户 B，请求再次和决策者面谈。
- 不要放弃表中的每一个客户，因为它们都表现出对该产品具有某种程度的需求。对于那些未选中进入深入探索阶段的客户，可以暂时将其冷藏，后期再慢慢开发。对于客户 F，必须耐心打电话进行培育。

👉 **企业必须开发能够准确衡量主要问题的可行方法。**

除了每个客户的具体得分，表中的平均得分也能向我们传达一些信息。较高的"迫切需求"平均分表明可能存在非产品性问题，比方说问题陈述不足，投资回报理由不充分，或是需要在客户探索阶段和客户方高层多接触。这是因为，尽管每个客户都表示存在产品需求，但没有几位客户有强烈的购买欲望。120 天采购一栏的低分表明，产品利益可能描述得不够清楚，价格或价值信息传递的不够明确，或是产品价格价值本身可能需要调整或重新说明。

每一个产品都有一组需要考虑的不同变量，以及用于汇集和评估客户探索结果的评分。因此，企业必须开发能够准确衡量主要问题的可行方法。一旦这些评分得到公正应用，企业就可以讨论整个系统的准确性了。如果系统准确无误，接下来就必须对全体客户进行评分。此外，不要忘记研究客户反馈中的异常评论。

低保真最小可行产品问题测试（网络/移动渠道）

⇨ 接下来，企业要观察有没有人关注你要解决的问题或满足的需求。现在你可以逐步邀请客户了解之前开发的最小可行产品了，注意观察他们的反应，衡量他们的具体做法和行为方式。

> ◯ **注意**
>
> 本节内容应循序渐进，因为你的新产品是第一次和客户见面。未读完本节内容之前千万不要贸然行动。

开发好了最小可行产品并不意味着一定能吸引客户关注（互联网上有无数网站）。因此，现在你必须邀请人们来体验你的最小可行产品（一次最多几百人即可）。你可以按照在"获取客户"假设中所列的方案，逐步加快客户获取步伐，密切观察客户的行为方式。毕竟，这是你的产品假设第一次呈现在真实客户面前，企业很可能会获得大量信息反馈。

可以肯定的是，你所做的部分假设很可能一开始就被客户发现存在严重错误。例如，如果企业邀请50位好友体验最小可行产品，结果没有一个人点击或注册，大多数企业管理者都会意识到问题并马上做出调整。试想一下，如果你新开发的 toddlermom. com（意为"幼儿之母"）网站花钱邀请 1 000 位有小孩的母亲体验服务，结果只有 3 人愿意注册，你肯定会感到无比惊讶。

我们在第一阶段开发的客户关系假设，详细描述了如何吸引潜在客户访问或试用你的最小可行产品、应用程序和网站。你可以回顾一下这部分内容，从中选择并小心尝试一些能为你带来大量客户的获取和激活手段。（你可以把计划实施的每一种手段想象成一罐燃料，先往发动机里滴上几滴检查一下效果，如果感觉不错，和假设部分的描述差不多，那就继续添加一勺、一品脱或是一夸脱。）记住这只是一次小规模测试，目的是检验初创企业能否解决客户非常关注的问题或满足其需求。

邀请客户试用你的网站有 3 种基本方法，分别是推动法、拉动法和付费法。这 3 种方法企业可能都要用到。

推动法指的是通过电子邮件、好友推荐或社交媒体宣传等方式推动人们访问你的网站或程序；拉动法指的是利用搜索引擎优化、按点击付费或其他手段拉动访问量；付费法顾名思义，指的是通过购买邮件列表、点击率或其他吸引眼球的方式邀请客户。

"推动"联系人需要推荐资源：你可以使用电子邮件、文本，以及 Twitter、Facebook、LinkedIn 等社交网络平台联系好友和熟人，鼓励他们给朋友和同事发邮件，通过其 Twitter、Facebook、Google + 和 LinkedIn 账号联系尽可能多的好友。你必须努力让自己的邮件列表变得越来越长，不必担心具体做法，只要能搜集大量邮件地址即可。如果收件人认识发件人，这样的邀请活动往往效果会更好。

你必须拟好合适的邀请信内容，方便朋友们代表你的企业在联系他们的熟人时使用。信中应当表达对企业创意的支持，说明探索客户问题的价值。此外，你的邮件内容必须简短，语气尽量个人化，表明企业创始人和邮件发送人之间的密切关系。

"拉动"式战略：拉动法可以通过广告、文字链接、关键字竞价广告和自然搜索方式吸引人们访问或试用企业的最小可行产品、应用程序和网站。拉动法可解决以下 3 种问题：

- 无须哄骗他人提供电子邮件地址；
- 能有效定位相关客户，只有对所述问题或需求感兴趣的人才会响应；
- 受到拉动影响的人做出响应的可能性更大，甚至可能重复做出响应。

拉动客户的具体方式包括：

- 谷歌关键字竞价广告；
- 社交网络（Facebook 等）或相关网站上的展示广告或文字链接；

- 带有链接的新闻稿，可链接至讨论该问题的调查内容或网站；

- 鼓励博客主写作文章，说明客户问题，邀请读者评论；

- 尝试其他可用的网络反馈工具。

"付费法"：花钱购买目标企业名单或潜在消费者列表。出于明显的原因（要投入资金），虽然付费法对初创企业来说是吸引力最低的方式，但它往往是反应最快的选择。值得考虑的方法包括：

邮件列表：购买用户邮件列表（前提是征得用户同意）。目标受众范围越小越集中，企业付出的成本就越高。使用这种方法的客户响应率不容易得到保证。

网络调查工具：网上有很多调查服务提供商，如 Markettools 等。企业可以购买包括受访人、调查设计、实施方案和有效响应数量在内的整体调查服务。

知名移动数据服务商：对于网络/移动渠道，具备良好资信、高质量客户和优秀道德标准的服务商对企业来说必不可少。注意仔细检查推荐人，这样做很容易违反联邦法律。

购买刊物调查：一些行业媒体和网络媒体愿意收费为企业提供读者调查服务。此类服务虽然代价不菲，但其可信度能够保证有效的客户定位和反馈。

测试低保真最小可行产品时需避免的错误：

- 企业创始人偷懒，客户探索成为其他人的任务（如咨询顾问、员工等）。

- 客户评论的总结、汇集和平均，可能导致最为特别的"异常"评论被掩盖，无法实现必要的迭代或调整。

- 必须了解和尊重有关移动信息传播和个人隐私方面的国家法律法规，违反这些法律会给企业带来重大损失。

- 网络工具无法为深入了解关键探索领域提供背景和对话机会。

- 通常，和面对面沟通相比，人们在填写网络调查表时往往更加随意，关注程度不高。

- 网络反馈无法取代走出办公室和客户直接沟通的行为，哪怕企业的部分客户最初是通过网络发现的。换句话说，一定不要只强调网络互动，企业还必须和客户当面交流。

只有客户的关注眼神才能证明你获得的数据真实无误

人们在网络上很少说真话。如果你完全依赖网络数据，肯定无法确定这些数据是否真实。因此，你必须在真实世界里检验这些客户反馈。为做到这一点，最好的办法是和提供网络信息的部分客户当面交流。只有客户的关注眼神才能证明你获得的数据真实无误。

此外，当面互动还能测试你的最小可行产品能否有效地说明客户的问题或需求，当你向对方展示多个最小可行产品，希望了解他们的选择和原因时这一点显得尤其重要。经过你的简单说明，客户能否自动说出你的价值主张或问题陈述？在交谈中，他们的表现是非常激动还是不冷不热地东扯一句西扯一句？你应当说明这个问题对其好友或同事的重大影响程度，询问他们是否愿意购买能够解决该问题的产品。在此过程中，你必须密切关注对方的"题外话"。例如，"你们要是提供这项服务就好了""这不是和某产品一样吗？上次那个根本不管用！"这些评论虽然一闪即逝，但往往对重设和调整商业模式非常关键。

推动流量，开始统计

你必须尽可能早地开始发邮件、发微博消息、打电话，邀请你认识的每一个人访问最小可行产品并提出反馈意见。对于网络/移动应用程序，一项有效的策略是首先推出产品，然后对其进行全面衡量分析。你可以使用网络分析工具跟踪点击情况、访问时长和用户来源。对于初始网站，Google Analytics 可提供快速设置和足够的信息。经过初始最小可行产品阶段之后，可以考虑采用更高级的分析平台（如 Kissmetrics、Mixpanel、Kontagent 等）。你可以创建一个账户，衡量用户对产品的满意度（通过 GetSatisfaction、UserVoice 等工具），了解用户对新特征的反馈和建议。

你必须衡量有多少客户对问题或需求表示关注，以及他们的关注程度有多高。对此，最显著的衡量指标是选择注册网站了解更多内容的受邀人比例。接下来，你需要了解的是来访客户是否觉得他们的好友也有同样的需求或问题。为此，你必须设置转发和分享最小可行产品的模块，帮助他们实现向好友推荐的目标。

关注用户转化率。如果你的最小可行产品吸引了 5 000 次页面访问量，但只有 50～60 人注册成为客户，这时就要停下来分析其中的原因了。在看到关键字竞价广告和最小可行产品文字链接的用户中，如果有 44% 的人注册成为客户，企业毫无疑问可以继续加大投入。现在你要弄清楚的是，受邀参加测试的人真正出现的比例有多大？在每次测试中有多大比例的人提供个人邮件地址？向好友推荐或转发最小可行产品介绍？进一步参与调查、博客或其他信息反馈活动？在回答调查问题的人当中，有多少人认为企业要解决的问题"非常重要"而不是"感觉还行"？

某些特定问题，如"是否存在阻碍你注册成为客户的因素"和"考虑该解决方案还需要了解哪些情况"，要比一般性问题更易于激发内容丰富的客户反馈。如果可能的话，搜集用户的邮件地址以便联系对方进行更多深入探讨。

在测试客户问题时，使用 Satmetrix 开发的 Net Promoter Score™（意为"净推荐值"）是一种非常有效的方法，它能帮助企业衡量客户对问题或需求的兴趣程度。这款工具会以 1～10 为标准让客户回答一道简单的问题，其中 10 分表示"可能性非常高"，0 分表示"完全不可能"。这个问题是："你向好友或同事推荐我们公司的可能性有多高？"根据反馈结果，客户会被分成以下 3 类：推荐者（得分 9～10）、冷淡者（得分 7～8）和诋毁者（得分 0～6）。把诋毁者的比例从推荐者比例中扣减，即可得出净推荐值。通常，50 分以上的净推荐值被认为比较理想。

仔细分析结果。认真剖析全部数据，确定是否某些客户细分或媒体尤其善于推动热心用户参与试用最小可行产品。例如，如果 92% 的女生向好友转发信息但其他客户群体均未表现出特别兴趣，你的商业模式仍然是可行的。

考虑扩展能力：对企业来说，让人头疼的不只是要找到关注问题的客户，如何找到大量的此类客户以实现企业成功也非常具有挑战性。比方说，如果你的初创企业达到了 100 万激活用户的盈亏平衡点该怎么办（此目标是很多风投型网络企业的适度目标）？在客户生成阶段，如果想激活 100 万用户你可能需要邀请 5 亿用户访问，为此必须投入异常巨大的成本。

具体计算如下：

接触网站或产品的用户数量	500 000 000 人
其中 2% 被企业获取（1/50）	10 000 000 人
其中 10% 被获取的用户成为被激活客户（1/10）	1 000 000 人

对于这家虚构企业，除非客户获取过程几乎完全是病毒式的，否则让 5 亿用户接触产品的成本肯定会让企业花光所有资金。为避免这种情况，你必须确保找到真正重要的，对客户来说头疼不已、亟待解决的问题或需求。（然后解决该问题或满足该需求）吸引大量客户的能力既可能让企业成功也可能让企业失败。如果客户响应率连客户关系假设中的目标都达不到，企业就必须马上调整商业模式了。

"自由放任"式管理

然而，即使是在客户探索过程的这个早期阶段，投资者开始越来越多地鼓励初创企业打破常规，实现自由放任式管理，甚至在毫无任何产品的情况下鼓吹概念。（反正企业管理者是出了名的不按规矩办事。）当然，这样做永远都不失为一种选择。只不过对投资者来说，他们掌握着庞大的资产组合，拥有 10 家、20 家甚至更多像你的这样的初创企业。因此，他们是把赌注押在整个资产组合上，大不了可以旱涝保收。可是对你来说，你的赌注只有手中的初创企业，失败了就一无所有。我们并不否认，有些情况下管理者完全可以抛开本书随心所欲地大干一番（例如在市场泡沫期，客户狂热追捧产品概念等情形），但你一定要清楚这样做的原因是什么。

了解客户

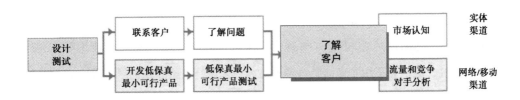

除了检查关于客户问题的猜想，你还要验证关于客户如何生活、消费和工作的假设。无论你的产品是企业产品、社交网络还是新型消费电子设备，都必须详细了解客户的生活或工作方式，了解他们的工作或设计流程如何实现，以及当前是怎样解决问题和满足需求的。

如果你的客户在公司里工作，他们的工作是不是独立完成的？如果不是，他们和其他部门如何互动？他们使用的其他产品有哪些？他们确定的问题仅限于自身？还是公司里其他人也面对同样的问题？能否在整个公司内部量化这种问题带来的影响（如浪费的金钱、时间、成本等）？同样，这些问题也适用于消费者客户。他们是否亲自使用产品？是否取决于其他人或是他们的家人好友对产品的使用？

此外，你还要检验以下假设：客户是否愿意付费使用你的解决方案？愿意付费的客户具体有多少？导致客户改变工作方式的因素是什么？价格？产品特征？还是新的标准？如果客户对你的解决方案兴趣不高，你可以试着描述假设的产品说明："如果你们有一款这样的产品（此处简要描述企业提供的解决方案），你们会在该产品上投入多大比例的使用时间？该产品的重要性如何？能否解决上述令人头疼的问题？使用此类产品的阻碍因素有哪些？"（如果你是了解企业所处行业的创始人，多半已经是该领域的专家，对客户问题了解得非常清楚。）

由于你的初创企业很快就要创造需求接触这些客户，因此必须利用这个机会了解客户对于新产品的看法。在新闻媒体上、在行业分析和博客社区中，有哪些愿景者客户经常阅读其作品？有哪些愿景者令客户尊敬？

最后，不要错过发现人才的机会。这些客户对企业下一步发展是否有帮助？能否推动下一轮会谈？能否成为顾问团成员？成为付费客户？或是向你推荐其他客户？

经过大量此类客户会谈之后，你的目标是能够走到管理团队面前说："我们原来对客户、客户问题和客户工作方式的假设是这样的，现在他们亲自告诉我们真正重要的问题是什么，告诉我们他们究竟是怎样生活和工作的。"

换句话说，你的目标是要深入了解客户。何为"深入"？显然你不可能比客户更加了解其工作情况，但是你必须非常彻底地熟悉对客户来说真正重要的问题，以令人信服的方式通过交谈了解这些问题。

对于 B2B 企业，你必须在工作中体验客户，至少要学会在工作中观察客户。比方说，你可以花上一天时间站在银行出纳柜台后面，在展会中，或是在目标客户可能参加的会议上观察他们怎样工作。你可以经常给客户买咖啡，花点时间闲聊。你的目标是充分了解要开发的客户，了解他们工作中的方方面面。这种了解必须非常深入密切，能让他们把你当作"自己人"看待和对待。

☞ 对客户的了解必须深入到让他们认为你是"自己人"。

⇨ 了解网络/移动应用程序的客户时，首先要具备以下战略观点：

对于消费者应用程序，网络正在逐渐取代自人类出现以来便长期存在的面对面社交互动形式。交友活动如今已主要转移到社交网络中，使友情体现出新的含义。发送短信已经取代当面对话，分享照片已经超越快照共享，网络游戏逐渐代替棋盘游戏。如今的销售人员早已不再在道路上奔波，而是更多地花时间利用 Skype 和 WebEx 等工具，通过 LinkedIn、Jigsaw 和 Facebook 等平台联系客户。就连爷爷奶奶也经常会跟家人视频聊天。

商业应用程序的发展状况也一样（见图 5-4）。

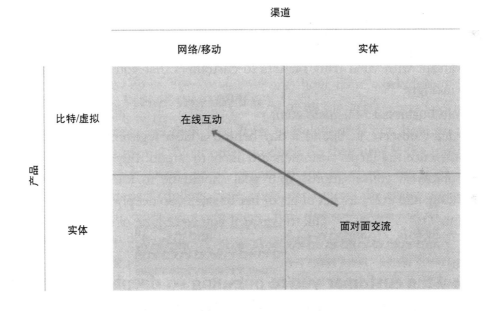

图 5-4　客户互动方式

有鉴于此，在搜集客户数据时你应当问自己这样几个问题："我们的产品能取代什么？为什么？怎样才能改变人们现在需要亲力亲为的行为？"

从战术角度来看，企业必须"化身"为现有网络/移动产品的客户，这样才能深刻体会客户现在是怎样完成工作和满足需求的。要做到这一点，首先你必须表现出和客户一样的行为：

- 融入客户的文化。阅读他们的网站和出版物，观看他们喜欢的视频、电影和电视节目，分享尽可能多的客户体验。

- 了解现实中的客户。不要只通过焦点小组了解客户，而是要深入到客户生活工作的现场中去了解他们。观察他们何时上网何时下网，每次拿起手持设备喜欢干些什么——他们使用什么应用程序？向哪些人发送信息或交谈？为什么在这个时间玩游戏 A 而不是游戏 B？他们最初是通过什么方式了解到这两款游戏的？

- 玩客户爱玩的游戏，使用客户常用的程序，加入客户所在的社交网络，访问客户经常去的网站。通过深入观察和了解客户的行为和动机，你可以慢慢地把客户体验变成自己的体验。

- 想办法以量化形式了解客户怎样以及从哪些渠道探索消磨时间的新方式，是从好友哪里，还是从应用程序销售中心的"热销榜"？是在飞机上，还是在校车上？

总而言之，你的最终目的是要"变成客户"。

获取市场认知（实体渠道）

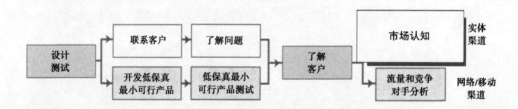

有了对客户的深入了解，现在你可以展开对市场的认知了。你可以接触来自相邻市场的企业、行业分析人士、新闻媒体工作者和其他重要影响者，参加行业展览和会议，以便了解希望开发市场的形态和方向。

在企业成立之初，对于临近市场中有哪些企业，以及这些企业能否为你搭建基础设施或生态系统等问题，你大概已经有了模糊的概念。你可以利用个人关系或通过他人介绍（后者为主要方式），邀请你的同行共进午餐。在交流过程中，注意你要搜集的不是竞争信息，而是对下列问题的回答：行业趋势是怎样的？当前未解决的主要客户需求是什么？

这个市场中的主要参与者有哪些？有哪些推荐读物？有哪些需要认识的人？应该向他们问些什么？应该拜访哪些客户？

对方这么做有什么好处呢？显然，他们肯定不会出于好心告诉你这些问题的答案。实际上，他们同意会谈是为了做交易。他们需要了解的是重要的客户问题及其解决方案，作为交换你得到的是关于行业现状的分析和深入看法。

和利用问题陈述接触潜在客户时的做法一样，记住千万不要展示或推销，你的目的是聆听和学习。邀请几位比较友好的客户一起吃午餐，询问他们来自内部和外部的潜在竞争对手有哪些？他们认为哪些公司的产品和他们的差不多？谁是这个行业的创新者？你的解决方案在客户公司其他部门内是否尝试过？在他们的公司里是否有人尝试开发该产品？从这些潜在客户身上，你可以了解到很多至关重要的信息。

你可以对来自临近市场的同行提出相同的问题，完成之后你应当试着联系我们在第一阶段列出的重要的行业影响者和推荐者，然后向他们提出同样的问题。

如今，几乎每个企业都有自己的网站，这也是获取信息的良好渠道。只需动动手指，你就可以了解到关于竞争对手、市场和企业准备进军的市场的相关信息。首先，利用谷歌搜索一下你的问题，在返回结果中阅读前面几百条链接。注意，在选择搜索字段时一定要尽量准确，尝试搜索不同字段以便最大限度地获得有效信息。这种方法可以提供大量市场信息，其中包括有关产品类别、提供解决方案的企业、重要的业内博客和网站、行业专家以及咨询顾问的信息。

👉 **和你的竞争对手共进午餐。**

接下来要深入了解的是在前期调查中确定的每一个竞争对手。了解它们是如何自我评价的，以及别人是如何评价它们的，无论这些评价是正面还是负面的。努力识别那些帮助竞争对手实现差异化的重要产品特征和卖点，搜集行业内部和竞争对手的新闻稿、研究数据和报告，追本溯源发现写作这些文章的咨询顾问、研究人员和专家，关注他们是如何看待竞争对手的。

然后开始搜集量化市场数据。通常，华尔街分析人员会发布关于特定市场和临近市场的报告，你可以搜集所有此类报告的副本。当然，搜集完了还要认真阅读，了解市场分析人员眼中的行业趋势、参与者、商业模式和主要衡量指标是怎样的。

最后，行业会议和展会也是非常重要和宝贵的信息来源。千万不要说："我太忙，没空参加这些会议。"你应当至少参加两次重要的会议或展会（即第一阶段确定的会议或展会）。这些会议和展会不但能提供重要的信息，而且是企业发现人才和了解行业趋势的主要场所。你可以在会中询问关于市场趋势和参与者的一般性问题，试着完成一些在别的场合做不到的任务。你可以索要竞争对手的演示材料以及来自临近市场的产品，亲自了解这些产品，获取竞争对手的产品说明，和对方的销售人员交谈，让自己充分融入这个新行业。你应当参加尽可能多的此类会议，了解其他企业如何描述它们的产品，了解它们对未来的愿景，以及它们是如何评价你刚开发的价值主张的。

测试完客户问题（或需求），实现对客户的全面了解之后，现在可以让产品和潜在客户初次见面了。记住，你的目的不是销售产品，而是获得客户对产品的反馈。在行动之前，别忘了记录出现变化的内容，及时更新你的假设和商业模式。

流量和竞争对手分析（网络/移动渠道）

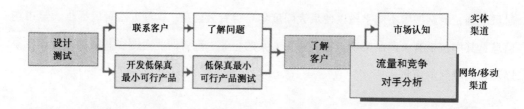

实体渠道开发市场认知的工具和手段，在网络/移动渠道也完全适用。首先，你必须搜索网络，参加会议、展会和其他活动以了解深刻的市场观点。其次，你还要和关注特定行业（特别是技术行业）的群体进行面谈。正如竞争对手组织的网络研讨会一样，和这些群体面谈也是获取市场认知的重要方式。

对于企业的竞争对手以及潜在客户如何解决问题和满足需求等问题，网络市场信息可以提供全面的了解。

利用免费的流量测量工具对比和了解每个竞争产品吸引的流量。

你可以利用 Alexa 和 Compete 等免费流量测量工具，对比和了解每个竞争产品或竞争网站吸引的流量，同时在可能的情况下关注这些产品或网站的流量来源、增长趋势和用户统计信息。很多此类信息在网上都是免费提供的，其中包括推动网站流量的关键字，链接至网站的特定站点列表，有时甚至包括网站访问者的人口统计信息和收入数据。例如，Compete. com 可提供多个 URL 地址一对一式的比较分析；你还可以访问 Quora. com 之类的"问答"网站答疑解惑。这些做法可以为企业揭示更多市场信息，甚至有可能接触到熟知产品、分类和市场的新的专家意见来源。

移动型初创企业应当访问针对每一种相应平台的所有应用程序店，以便确定自己的竞争对手及其市场类别。在这个市场类别中，这些竞争对手的排名情况如何？这些排名是在上升还是下降？在可能的情况下，至少要尝试确定大概的销售量。你可以在应用程序销售店和针对特定市场类别的评论网站阅读产品评论内容。在了解产品评论方面，苹果公司的应用程序销售店存在一些问题。它们的评论过程以及产品销售缺乏透明度（如你的应用程序有多少人浏览、点击和下载等），让企业很难实现对客户获取和参与水平的准确衡量。

最后，你必须总结上述结论，和管理团队一起进行回顾，确保每个人都能准确说出产品即将进入的市场的竞争特征。把竞争分析结果加以汇总，绘制成竞争分析表和市场图，推动新产品的定位和营销。

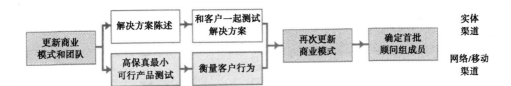

第6章

客户探索第三阶段：
走出办公室测试产品解决方案

这一天，史蒂夫桌上的电话响起，他拿起电话，里面传来一位求助者的声音："虽然你并不认识我，但我刚刚读了你的作品，觉得需要你的帮助。"就是在这一天，我们结识了一家来自《财富》500强（排名第6）的最富创新性的企业——通用电气公司。

普雷斯科特·洛根（Prescott Logan）是通用电气公司能源存储部的新任总经理，他意识到正在开发的新型钠电池是一项破坏性创新技术。对于此类技术的开发，通用电气公司一向都非常擅长，但现在的问题是产品要面对的是一个最终用户不明的市场。普雷斯科特发现，他那价值数百万美元的部门和其他初创企业一样要面对很多不确定性，唯一的区别是该部门很不幸地置身于一家以执行为导向的巨型企业中。他需要一个有效的框架或系统，帮助团队解决"空白市场"问题，力求在这个以"六西格玛"执行管理闻名的企业中成功应用初创企业调查和客户探索等原则。

现在，能源存储部正在购买资产设备，动工建设大型厂房，四处出动拜访客户，所有这些都是按照大型企业最擅长的"执行"模式来管理的。但是，尽管部门为这些活动付出了很多，甚至聘请了外部咨询机构进行深入的商业机会分析，但并没有和最终用户当面讨论过几次。

拜访完客户之后，负责接触客户的团队开始坐在办公室里构思客户探索方案。他们已经明确了"客户问题"（如生命周期、更大的工作温度范围等），知道如何把仔细审查过的创新技术从实验室转化为工厂制造，但是还有一个问题没有解决——谁会大量购买这种产品以及原因何在？在为期两天的头脑风暴会议中，客户开发团队向通用电气公司提出了以下早期观察结果：

- 公司的新型电池可满足数十个细分市场的需求，不是只有最初选定的两种市场：信号塔和数据中心的备份系统；
- 他们必须寻找更多客户以验证产品的市场选择；
- 产品经理在通用电气公司位于纽约州斯克内克塔迪的总部浪费了大量时间，在这里既没有客户也得不到反馈信息，因为客户都在企业办公室之外；
- 利用现有的全球客户基础，通用电气公司有很多途径接触潜在客户；
- 他们需要找到产品的早期支持者（这一点在发布新技术时非常重要），确定早期支持者的特征和找到他们的方式；

- 他们需要利用正式的流程评估当前已获得的探索数据，以便了解每个细分市场的价值定位有何不同，以及和铅酸工业电池（比车用蓄电池要大得多）相比，高性能、高价格的替代产品在哪些市场具有最大的竞争机会；

- 客户为签订采购，希望该部门在商业模式中做出调整的其他模块有哪些？通用电气公司团队发现了这样一些模块，其中包括改变产品特征本身，实现一定程度的可配置化，以及提供租赁和其他融资手段等。

普雷斯科特对客户开发流程的理解和掌握，在我们接触过的人中无出其右。实际上，通用电气公司的能源存储部就是一家初创企业。在这里，所有管理和发布产品线延伸的规则（商业计划和收入模型）统统不起作用。与此相反，他们需要首先测试有关商业模式的基本假设。

在发现问题之后，普雷斯科特和他的团队开始走出办公室，马不停蹄地飞往美国、亚洲、非洲和中东各地，与大量潜在客户、疑似客户和影响者进行面对面沟通，以便探索多个潜在的新市场和产品应用途径。他们努力把长篇累牍的幻灯片抛到脑后，学会倾听客户当前在使用电池方面的问题、需求和苦恼。他们在全球范围内向广大潜在客户展开了这种未经计划的开放式探讨，了解他们如何购买电池、使用频率如何以及电池工作情况如何。为充分了解某个目标市场，普雷斯科特甚至把一位客户开发团队成员及其家人"流放"到了印度，对他说："找不到订单你就别回来！"结果这位同事不但找到了订单，而且深入了解了目标市场用户使用该电池的方式，以及（更重要的）他们评价和购买产品的方式。

通过和广大潜在客户当面沟通，这个团队很快发现了更多细分市场。尽管这些细分市场业务规模还不大，但由于产品的独特性能能为用户有效释放出更大的价值，因此具备非常乐观的未来。例如，该电池占地面积小，不损害自然环境，是高层写字楼内计算机系统的理想备用电源，因为这些建筑的租金非常昂贵，企业不愿浪费空间安装体积庞大的铅酸电池组。有一次，他们甚至听到一位建筑师这样说："不管这个产品多少钱，我要定了！"——看，这就是早期支持者的生动描述。

正是因为有充满激情的企业首席执行官（通用电气公司首席执行官是杰夫·伊梅尔特）推动客户探索和早期验证，初创企业领导者才能脱颖而出。为帮助团队有效实施客户探索，避免被公司著名的六西格玛管理方式所左右，普雷斯科特的上司，通用电气公司副总裁蒂娜·多尼科斯基为下属提供了很好的掩护。此外，普雷斯科特在人才选用方面也很注意，他大胆启用那些不遵循大公司管理模式，善于调查和接受未知事物的"空白"型思考者。

尽管目前还看不到结果，该部门距离巨额收入目标的实现还有很长的路要走，但这个隶属于《财富》6强企业的管理团队，工厂投产刚刚半年就贴出了"产品售罄"的告示。我们认为，这是一个非常积极的信号，而且会持续相当长的一段时间。

"测试解决方案"简介

在上一个阶段，我们测试了客户的问题或需求，了解了这些问题或需求在客户眼中的迫切程度。在这个阶段，我们要测试企业针对上述问题或需求的解决方案，即你的价值主张能否吸引足够的客户热情，让他们做出采购或使用产品的决定。这个阶段包括以下5个步骤：

- 更新商业模式和团队（"调整或继续"选择点）；
- 开发产品解决方案陈述（实体渠道）或高保真最小可行产品测试（网络/移动渠道）；
- 测试产品解决方案（实体渠道）或衡量客户行为（网络/移动渠道）；
- 再次更新商业模式和团队；
- 确定首批顾问组成员。

➡ 如果没有最小可行产品，网络/移动初创企业很难让客户直观地了解解决方案（至此，大多数初创企业至少已经开发了低保真最小可行产品）。有了最小可行产品，可以向客户进行直观的产品描述，帮助客户了解具备最小可行特征组合的产品能否解决其问题。在此过程中，企业可通过网络和当面沟通等形式获取反馈信息（截屏图和简单仿制产品不再适合本阶段使用）。

更新商业模式和团队（"调整或继续"选择点）

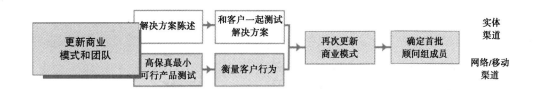

有了对客户及其问题的深入了解之后，现在需要对客户开发流程做出重要的"调整或继续"选择了。尽管有些初创企业已经做过了调整，但每一位企业管理者都应当把这一步作为契机，停下来审视目前搜集的关于问题及其重要性的客户反馈。这些结果和大量客户研究、行业研究和竞争对手研究结合在一起，为企业提供了很多有效信息，帮助企业更好地了解客户、客户的工作或生活方式、市场，以及企业准备解决的问题。根据企业获得的这些信息，几乎可以确定此前所做的商业模式假设中至少有部分模块必须做出改变（当一个或多个商业模式假设需要做出重大改变时，即形成调整）。

在这个阶段，我们首先要集中尽可能多的企业管理人员（不只是创始人和副总，也包括公司董事和经理），和主要投资人一起参与"调整或继续"审核会。在会议中，大家必须共享了解到的所有信息，侧重说明有关问题严重程度（或需求重要性）的客户反馈，即潜在的"产品－市场"组合。此外，大家还必须审核可能影响第一阶段所做的假设或猜想的新发现，并在合适的时机做出调整。这些受到影响的假设通常包括价值主张或产品说明、客户细分、定价和收入模式等。

从聚合数据开始

开始会议之前，客户开发团队必须汇集所有客户数据，开发原型客户工作流程图。在会议中，团队发言人应以图示说明客户怎样完成工作以及和哪些人互动，此举可以为客户假设提供真实性校验。接下来继续绘制说明图，直到能够充分说明客户的工作和生活当前是如何进行的，包括他们花费时间和金钱的方式。然后，把描述结果和初始假设进行对比（绘制说明图时，企业客户往往有较为正式的组织机构，而对于消费者客户可跟踪其外部影响者）。

完成对客户工作流程和互动方式的全面描述后，转而揭示真正重要的问题。客户认为他们有哪些问题？这些问题到底有多严重？你访谈过的客户在"问题量表"上处于什么位置？他们现在是怎么解决这些问题的？如果绘制两张客户工作流程图，一张使用你的产品，一张不使用你的产品，结果是否存在显著差异？客户有没有表示愿意付费实现这种差异？总体而言，关于客户问题你了解到的信息是怎样的？最让你感到意外的是什么信息？最让你感到失望的是什么信息？

质疑每个环节

客户开发团队介绍完之后，好戏便开始了。现在，你可以提出最难的问题了。根据客户访谈获得的全部信息，初级产品说明解决问题的把握有多大？是完全没问题、能够部分解决，还是不好说？如果答案是"部分解决"或"不好说"，会议就会变成寻找原因和企业建设的练习课。为什么会出现这样的答案？是因为没有访谈到合适的对象？访谈人数不够多？还是因为没人提出正确的问题？这项评估之所以重要，是因为客户开发模型存在一条基本假设，即对产品做出改动之前必须不停地探索客户积极性。当且仅当产品找不到任何客户时，才能讨论修改产品特征表。

和客户交谈过的人会有一种倾向，他们会罗列产品特征表，只要把这些特征添加到原有开发方案中即可多吸引一位客户购买产品。这样做的问题在于，他们往往总结了 10 份特征表，结果只能实现向 10 位客户的产品销售。与此不同的是，客户开发流程的目标是建立一段式特征列表，针对的销售目标是成千上万的客户。

如果每个人都觉得和你交谈的对象是正确的客户，但对方的反馈表明企业开发的是错误的产品，这该怎么办呢？答案是马上做出修改。此时必须停止产品的继续开发，不要再幻想会出现奇迹。你有两种选择，要么重新定位市场，寻找愿意购买产品的新客户；要么考虑调整产品特征。

如果产品能够部分解决客户问题，这时企业应当继续检查产品假设和产品说明，按照客户反馈审核第一阶段确定的产品特征表，优先开发那些客户认为重要的特征。你的客户开发团队能够在产品特征和客户问题之间建立全面匹配吗？如果不能，原因是什么？尽管搞清楚要开发哪些特征很重要，但弄明白哪些不是优先特征也同样重要。你的客户并不关注的特征有哪些？产品说明中哪些特征可以删除或推迟开发？记住，在初创企业中客户开发团队的目的不是添加产品特征，而是要根据愿景型客户的反馈信息找到产品的最小特征组。

接下来，审核并约定交付时间，必要时再次修正第一阶段所做的假设。如前所述，充满愿景的客户（特别是企业客户），不仅愿意接受你的最小可行产品，更愿意接受你对未来的深刻见解。他们期待了解的是企业在未来 18 个月计划推出什么产品。

☞ **早期支持者期待了解的是企业未来 18 个月的产品路线图。**

最后，全体管理者一起审核第一阶段确定的其他假设内容（事先把所有假设写下来会很有帮助）。根据来自客户的所有反馈信息，企业进入的是四类市场中的哪一类？这个市场有何不同？企业有哪些竞争优势？最初设计的定价和交付渠道假设是否有效？对影响者有何了解？

⇨ 这一步对网络/移动初创企业来说基本相同，但此类企业享有可访问更多行为数据的优势。网络/移动初创企业可以把客户对问题解决和需求满足的兴趣和热情加以量化。此类分析应当关注的不是 2.5% 或 3.2% 的客户对产品有兴趣，而是要评估目标是不是让客户感到火烧眉毛的亟待解决的问题。客户探索数据之所以有限，是因为网上问题探索的实施对象是小范围目标，因此你的分析结果从本质上说只是方向性的。说明问题或需求相当严重的信号包括：

- 至少 10%（25%～50% 更佳）面对该问题的客户表示有兴趣将其解决；
- 在面对该问题的客户中，很多人向同事或好友传递此信息；
- 净推荐值至少达到 50 分或更高；
- 在整体市场中某些具体细分市场对该问题或需求表现得特别热情。

调整或继续

无论是实体还是网络移动渠道，这个步骤最终带来的是首次"调整或继续"讨论。企业管理层和投资者应确认这样一点，他们自信公司已经找到了大量客户期待解决的重要问题。如果不能确认这一点，那么就必须重新考虑企业的价值主张，准备解决那些更严重、更迫切、更多客户感兴趣或亟待解决的问题。如果大众都热切希望解决这个问题，企业就可以进一步向客户提出潜在的产品解决方案了。

> 👉 **总结客户反馈信息不是财务问题。**

最后需要注意的是，搜集和总结客户反馈信息不是财务问题。你不能简单地把客户反馈数量加在一起就万事大吉，而是要从这些数据中寻找信息、意义和深刻见解。更重要的是，你必须从他们当中找到那些迫不及待地准备向好友或竞争对手展示你的产品的重要客户。

开发产品解决方案陈述（实体渠道）

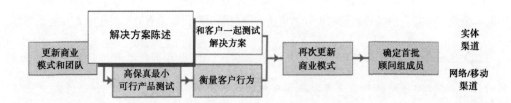

产品开发团队和客户开发团队对修订后的假设取得一致意见之后，接下来要做的是开发首次产品解决方案陈述。这份陈述不是用于融资或招聘员工的陈述，和前面第二阶段所说的问题陈述也不一样。因此，你必须放下原来准备的幻灯片重新进行开发。这项陈述测试的是有关产品本身的修正后的假设，是一项旨在确认产品可解决重要客户问题或满足客户关键需求的解决方案陈述。通过表达购买或使用产品的兴趣，客户可以有效地证明这项陈述。

解决方案陈述应涵盖5个（最多5个）关键产品特征和产品能够解决的问题。在合适的情况下，可以添加介绍"产品使用前"和"产品使用后"的对比说明。绘制客户工作流程图或产品使用前后对比图，注意不要添加营销、定位等内容，最后在结尾处说明至少18个月后的产品愿景（根据价值主张部分的"愿景"假设确定）。

在陈述表中，注意留出足够的空间和线索提示客户反馈，然后反复进行演练。记住你的目的不是销售，而是了解产品是否具备升级能力。尽可能多地获取信息，有助于保证销售开始时客户会热情购买产品。

产品解决方案陈述大纲

（1）检查问题。首先要提醒受众你的产品准备解决什么问题，你的解决方案为什么如此重要或紧迫。在此暂停，重新验证解决问题的重要性。如果出现不同的观点，返回第二阶段。

（2）描述解决方案。如果可能的话，可以演示你的产品，即便是关键概念或特征的简述或原型也能帮助客户了解解决方案。在此暂停，注意客户的反应，他们是否认为该方案能够为其解决问题。

（3）绘制产品使用前后的客户工作流程对比图。验证产品使用前后的工作流程，描述在客户所在的组织机构中，还有哪些人会受到新产品应用带来的影响。

（4）理解价值等式。有些客户愿意不惜代价购买能帮助其解决重要问题的产品，有时添加第三方特征可以提升这种价值。因此，企业必须保持定价讨论通畅，确定哪些是潜在客户眼中的关键价值，关注有利的上行定价机会。

产品解决方案陈述最长不应超过 20 分钟，接下来你要对客户进行演示，听取他们的反馈意见。

如果此时还没有开发最小可行产品，利用演示版或原型产品会让客户讨论更有效。正因为如此，时装设计师会制作一件服装向客户展示，汽车厂商会提供"概念车型"参加展会，玩具公司会设计一两件流行玩具和游戏的泡沫塑料原型吸引客户反馈。你的最小可行产品的外观、感觉和功能越接近实际产品，客户反馈的信息就越丰富。显然，对某些产品类别来说，这样做要比其他产品类别容易得多（如开发新式 787 喷气客机产品原型）。同样，你的最小可行产品越接近有形的、可用的产品原型，设计解决方案陈述时需要的幻灯片就越少。

高保真最小可行产品测试（网络/移动渠道）

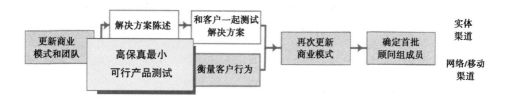

⇨ "低保真最小可行产品测试"探查的是客户对问题或需求的兴趣强度。现在我们要确定的是客户是否愿意参与或购买你的产品，或者使用你的网站或应用程序。

这种"解决方案测试"并非产品现场发布，也不是"软发布"行为，它的目的是邀请有限数量的客户体验你的最小可行产品（产品还需要不断进行改善）。这里所说的"有限数量"可以是几千人，实际体验人数则越多越好，因为这样意味着其中很多是在好友的推荐下加入其中的，证明你的解决方案很有吸引力。

☞ **"解决方案测试"并非产品现场发布，也不是"软发布"行为。**

值得注意的是，企业的目标并不是大规模测试。在这个阶段，你只是打开"前门"邀请一定数量的客户参与反馈活动。你的目的是要发现足够数量富有激情、高度热心、深信你的产品可以帮助他们解决问题的早期支持者。

更重要的是，你必须关注客户激活的"速率"。何为速率？对汽车来说，速率指的是车运行的快慢。对网络/移动企业来说，速率经常指以下几方面：

- 客户被激活前的访问次数是多少？
- 有多少人向好友转告信息？
- 他们的好友被激活的速度有多快？
- 客户回访的速度和频率是多少？

在了解速率问题时有两种少见的例外情况，其一是像 lefthandedprobowlers.com（意为"左手保龄球员"）之类的利基式垂直网站，其二是企业软件或奢华珠宝等高价值产品。对于这些产品，只具备少量的高价值客户也无妨。

是否采取"秘密行动"

对于高保真最小可行产品的发布，要采取"秘密"方式根本不可能，因为企业必须向客户和潜在客户介绍产品和网站以测试其反应。客户开发和秘密行动实际上是反义词，如果你的创意不堪一击，除非签订保密协议，否则无法向员工之外的人展示，那么阅读本书就是在浪费时间。

当然，完全开放和公开的网站或应用程序也会吸引竞争对手访问。要避免这个问题，你可以考虑把网站设置为"邀请访问"模式，此举能在测试解决方案过程中有效控制访问者身份。

在大多数市场和行业中，行业媒体并非研究性出版机构（被它们盯上如同引火烧身）。因此我们想提醒各位企业管理者，现在还不是做新闻报道、节目访谈、博客宣传或公开演示的时候（除非这些活动是针对潜在的投资者）。实际上，你对要从事的商业活动了解得还不够深刻，还没到闲庭信步的地步。如果你的产品吸引了媒体的关注，对它们的邮件或电话不加理睬便是。

和客户一起测试产品解决方案（实体渠道）

完成解决方案陈述后，你要决定应当邀请哪些用户。在此前的"问题探索"邀请中，你已经至少接触了 50 位潜在客户，现在应当努力向这些客户展示解决方案陈述。你应当扩展最初的客户名单，其中包括至少 10 位复杂产品（如企业软件）的潜在客户和更多的消费者产品潜在客户。这些新的客户名单可以让你保持前进的势头，为在客户验证阶段实现销售奠定基础。

现在，你要测试的是有关客户职务的前期假设，这些客户的特征是都负责采购决策活动。你可以回顾前面讨论的客户类型部分中的访谈图中所列的每一类客户，以获取全面的反馈信息。如果有机会，一定要找出潜在的破坏者，寻找他们在职务上的模式特征。准备好客户名单，构思好自我介绍邮件、参考故事和销售词，你又要走出办公室去面对客户了。

解决方案陈述

首先要提醒受众你的产品准备解决什么问题以及为什么解决该问题，这对客户非常重要。对问题及其重要性取得一致意见后，前面开发的解决方案陈述终于该发挥作用了（大多数企业管理者都希望企业刚一成立就这样做，因此你早就应该做好了准备）。你可以充分展示自己的产品、概念原型或最小可行产品，最大可能地对客户产生影响。

接下来该聆听反馈了。听完你的解决方案描述，客户是否认为它能解决问题？他们是否认为你的方案与众不同，认为你的产品是开创了一个新市场还是现有产品的升级版？（如果是后者，你的产品比现有产品好在哪些方面？）抑或他们对你的产品摇头耸肩、兴趣全无？这时你就要检查其他假设了。客户对你提出的收入模式和定价方案有何看法？此类产品的可比较价格是怎样的？

每次完成访谈后，坚持使用"记录卡"（见图6-1）详细记录客户反馈信息。记住，你的访谈活动目的不是销售拜访，而是了解客户是否认为你的产品是解决其重要问题的有效方案，以及该方案是否具备足够的吸引力，能让他们在产品推出后积极购买。

关于预算的问题

在和富有愿景的客户讨论价格不菲的B2B产品时，你应当询问一些可测试产品采用行为的问题，如"如果免费的话，你们是否愿意在整个企业范围内使用我们的软件"。此外，还要测试潜在客户所面对问题的严重程度。如果客户连免费使用软件的准备都没做好，毫无疑问你选错了访谈对象。当客户开始讨论使用你的产品的情形时，询问他们怎样使用产品，有多少用户使用，哪些部门首先使用，对方衡量产品是否成功的标准是什么。当这段假想练习结束时，潜在客户已经在大脑中安装使用了你的软件。

别忘了谁掌握着财政大权。试想一下，经历了长达几个月之久的反复讨论，如果到了销售阶段才发现各部门没有采购预算，或是发现一年一度的采购刚刚结束，这种情况简直太郁闷了。因此，你必须询问对方当前有没有安排购买此类产品的预算，以及哪个部门或哪个负责人掌握这笔预算。在设计销售路线图时，这些信息非常重要。

定价问题

你还需要了解产品的定价范围。你可以这样问对方："你们是否愿意花100万美元使

AJAX 客户访谈记录卡

公司名称＿＿＿＿＿＿＿＿＿＿＿＿＿＿＿＿＿访谈日期＿＿＿＿＿＿＿＿＿＿＿＿＿＿＿＿＿

联系人＿＿＿＿＿＿＿＿＿职务＿＿＿＿＿＿＿＿访谈人＿＿＿＿＿＿＿＿＿＿＿＿＿＿＿

在该公司负责下列哪项工作（勾选）：审批/采购/影响销售

所在行业主要问题（按客户描述顺序排列）

1. ＿＿＿＿＿＿＿＿＿＿＿＿＿＿＿＿＿＿＿＿＿＿＿＿＿＿＿＿＿＿＿＿＿＿＿＿＿＿

2. ＿＿＿＿＿＿＿＿＿＿＿＿＿＿＿＿＿＿＿＿＿＿＿＿＿＿＿＿＿＿＿＿＿＿＿＿＿＿

我们的产品可解决/无法解决客户的哪些问题？

＿＿

解决方案核心要素（勾选）：价格/特性/易购/易用/培训/服务支持

描述当前问题给客户带来的困扰（5 分最严重）：1　2　3　4　5

客户当前解决问题的方法：＿＿＿＿＿＿＿＿＿＿＿＿＿＿＿＿＿＿＿＿＿＿＿＿

客户对当前解决方案的满意程度（5 分最满意）：1　2　3　4　5

（勾选）对上述新问题/不同问题，客户已有权宜之计/已安排预算/经过失败尝试/感到难以解决，该问题客户必须面对/需要解决/希望我们帮助解决

＿＿

客户希望新的产品/解决方案具备/取消哪些特性？

＿＿

客户心目中的理想产品是：

＿＿

公司测试/购买新产品流程：

（人员/审批/时机/投标/其他）

＿＿

从哪里购买？如何购买？＿＿＿＿＿＿＿＿＿＿＿＿＿＿＿＿＿＿＿＿＿＿＿＿＿＿

通过哪种渠道了解新产品信息？＿＿＿＿＿＿＿＿＿＿＿＿＿＿＿＿＿＿＿＿＿＿＿

主要决策者/从哪里开始接触/需要哪些人引荐：＿＿＿＿＿＿＿＿＿＿＿＿＿＿＿

价格因素：价格范围/客户预估/类似产品价格：＿＿＿＿＿＿＿＿＿＿＿＿＿＿＿

＿＿

最佳估算额/产品数量（初始范围）＿＿＿＿到＿＿＿＿；第二年：＿＿＿＿到＿＿＿＿

最佳估算价格＿＿＿＿；销售概率＿＿＿＿；销售月份＿＿＿＿；直接销售/渠道销售

访谈对象类别（勾选）：早期支持者/顾问团/行业影响者/破坏者/C 级

和受访者相似的被推荐人：　　姓名＿＿＿＿＿＿＿＿＿＿公司＿＿＿＿＿＿＿＿

　　　　　　　　　　　　　　姓名＿＿＿＿＿＿＿＿＿＿公司＿＿＿＿＿＿＿＿

该公司其他需要接触的对象：　姓名＿＿＿＿＿＿＿＿＿＿公司＿＿＿＿＿＿＿＿

　　　　　　　　　　　　　　姓名＿＿＿＿＿＿＿＿＿＿公司＿＿＿＿＿＿＿＿

后续访谈机会：

＿＿

（勾选）下次带产品/与其他人/数据规格/样品/订单访谈

　　注意事项：请对方推荐其他公司负责人……询问能否电话回访……给对方发送感谢邮件

图 6-1　客户访谈记录卡模板

用我们的软件？"这个问题的答案往往具有指导性意义。如果客户回答"恐怕第一批软件我们最多只能支付 25 万美元"，这就等于向你透露了产品定价底线。通常，客户口中说出的第一个数字即为当前可用的预算数字或前期采购价格。

　　了解了第一个数字，接着问："专业服务部分（定制和安装）你们准备把费用提高多少？"在大多数情况下，对方会表示这项成本已经包含在预算当中，不过有些客户会额外计算。接下来你要乘胜追击，问对方是否愿意每年支付这笔额外费用，或是这样询问客户："如果专业服务费用比你说的价格高出一两倍，你希望我们怎么做？"

　　如此这般经过几次客户练习之后，你就能了解产品的平均销售价格和客户的终身价值了。

渠道问题

　　产品该怎么销售呢？为测试这项假设，你必须询问客户最喜欢的购买方式是怎样的。通过零售店、网上购买、直接销售，还是通过经销商？在此基础上，如果时间允许，利用下面的问题了解一下有效的营销方式有哪些：

- 如果你们对此类产品有兴趣，会通过什么渠道了解该类产品？
- 你们是怎样了解与此类似的新产品的？
- 购买之前你们是否询问他人的意见？如果是，会询问谁的意见？
- 你或你的下属参加行业展会吗？
- 你平时阅读哪些行业相关的杂志？阅读哪些商业出版物？
- 对于消费者产品，询问客户最喜欢接触哪些一般性出版物、报刊、博客或网站。

"获取、维护、增加"问题

　　接下来要探查的是客户的产品获取流程。对于企业产品，可以这样问对方："你们公司是怎么购买此类产品的？如果从头到尾介绍一下采购审批流程，会涉及哪些部门或负责人？"需要提醒软件公司管理者注意的是，很多《财富》500强企业非常令人讨厌，对于成立不到5年的初创企业的软件产品根本不加考虑。如果是消费者产品，你应当了解客户的整个购买过程。他们是不是冲动型购买者？是否只买名牌产品？是否只买电视里做过广告的产品？

陈述技巧

　　以下技巧可以推动陈述过程的顺利进行。

- 在每次解决方案访谈中，不要询问客户所有问题，有些客户对产品的某个方面了解的情况要比其他客户更丰富；

- 尽量选择一对一而不是群体会议的访谈形式，这样可以让你获得更详细、更深入的个人反馈信息；

- 根据客户对购买行为表现出的不同兴趣，你可以把访谈转化为简单的销售管道；

- 找出并停止或删除无关的产品特征比添加新的产品特征更重要，你现在的目标是开发最小可行产品。

我们可以乐观地预计，在首次陈述时客户会积极分享他们对产品的看法，或者每一位客户对每一个问题都所知甚详。随着客户访谈工作的进行，你必须努力总结大家对每一个问题的回答。这个阶段的完成意味着企业对客户问题的全面了解及其对产品兴趣程度的准确把握。

接触渠道合作伙伴

如果你的产品涉及任何形式的间接销售渠道，还有一个群体需要了解你的解决方案陈述，即企业潜在的渠道合作伙伴。虽然现在和渠道伙伴签订正式合作协议为时尚早，不过你可以先和他们保持接触，了解他们怎样才会帮你销售产品。为此，需要考虑的问题有：

- 渠道合作伙伴希望了解关于早期客户的哪些情况？

- 客户怎样接触这些渠道？

- 你的产品是不是他们愿意积极销售的产品？

- 他们是否喜欢商业媒体宣传和产品评论？是否接受客户向他们致电求购？

- 他们是否要求财务激励手段，如货架费、退货保证，甚至是更苛刻的"销售保证"计划，把未售出的商品退还企业？

渠道合作伙伴不会自动了解如何对新产品进行定位和定价。但结合现有市场的产品，这些问题就比较简单，你可以告诉他们："跟你现在销售的某个产品差不多，但是销售速度更快些。"对于重新细分市场和新市场中的产品，间接渠道就很难了解如何进行产品定位了。为此，你必须花时间了解渠道合作伙伴的动机和激励方式，向他们征求关于产品特征、定价和销售机会等问题的反馈意见。

此外，你还要了解每个渠道合作伙伴的商业模式。这是因为，除非明确他们的商业模式，否则你不可能清楚他们的订购量有多大，会向客户收取多高的费用。对此，你可以了解一下其他企业是怎么做的。你可以邀请这些公司的主管共进午餐，询问他们的利润和折扣情况。当然，最糟糕的后果大不了是对方不愿泄露这些信息。根据你获得的信息，设计一份渠道和服务合作伙伴陈述，强调和你建立伙伴关系会给他们带来的好处。合作伙伴通常喜欢那些能带来持续利润的机会，比方说需要提供安装、服务或长期供应的产品，如复印机专用纸张和墨盒等。接下来你就可以走出办公室和对方沟通，了解他们的商业模式了。此时需要考虑的问题有：

- 企业如何和他们建立合作关系？
- 他们是否像你一样接受客户的求购电话？
- 潜在的合作伙伴是如何盈利的（按项目、按服务时间、通过经销软件）？
- 他们的商业模式和同行业的其他企业相比表现如何？
- 吸引他们建立合作关系的最小交易金额是多少？
- 深入了解每个渠道合作伙伴的商业模式，在白板上绘制出来。

衡量客户行为（网络/移动渠道）

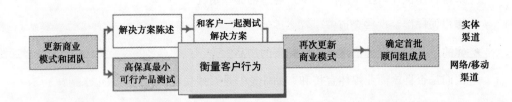

在上一节中，我们启动了高保真最小可行产品测试，它能邀请客户参与了解你的产品、网站或应用程序。记住，你的目的不是向他们销售产品（这个目标以后再实现），而是要了解他们对你的产品热情程度有多高。客户出现之后，你必须仔细衡量他们的每一个举动。例如，他们从哪里来？点击了什么内容？在网站上做了些什么或逗留了多久？这些工作并非统计练习，而是要弄清楚哪些衡量指标最适用。

注意

此处为概括指南，本节内容不可一次全部实施。

最重要的任务是衡量客户对产品的热情程度

无论任何产品、程序或网站，下列指标都能很好地衡量客户对它们的热情程度：

（1）购买：这种行为无疑是电子商务网站和服务订阅网站的最爱。如果产品或服务有售（哪怕目前只是最小可行产品），购买行为是最简单的衡量方式；如果产品或服务尚未销售，可行的替代方案是衡量客户的注册意愿。这种方式的好处是，当产品上市时企业可以通知注册客户，或是利用他们的注册信息深入了解这些客户。

（2）参与：用户初次访问你的网站之后多久会再来一次？多边市场和广告支撑型网站要弄清楚用户多久访问一次，以实现可保证营收水平的页面访问量。比如，如果用户每周访问 5 次，形势非常有利；如果每月访问 5 次，恐怕无法形成可扩展的商业模式。再比如，如果有 1 000 位客户访问过你的网站，他们当中有多少人会经常回访？有多少人很少回访或从此不再出现？你必须深入了解以下信息以确定客户对产品的参与程度：

- 用户多久访问一次？
- 每次访问时逗留时间多长？
- 用户使用网站或程序时活跃程度如何？
- 频繁访问产品的用户有哪些特征（他们是技术派、青少年、退休者还是家庭主妇）？
- 企业能否以低廉的成本发现这些用户？

像 Weather. com（一个天气预报网站）和必应之类参与度较低的网站，以及 Tip Calculators（一款计算小费和账单摊付的程序）和 Foursquare（一款基于用户地理位置信息提供服务的程序）等应用程序，客户往往点击进入网站或使用程序，了解所需的信息之后便马上离去。对于这种网站或程序，需要通过衡量用户的使用频率来确定其热情程度。如果用户每月访问一次，显然没有多大价值；如果每天使用程序几十次，那就充分证明该产品非常适合多边市场。低参与度的网站必须首先衡量用户的访问频率。

👉 **寻找那些频繁访问网站或在网站上长久逗留的用户。**

高参与度网站包括多人游戏网站、社交网站和富含利基内容的站点，此类网站需要寻找那些频繁访问或长久逗留的用户。它们要了解访问者在以下衡量指标上的表现：

- 网站注册；
- 资料填写和发帖数量；
- 评论数量；
- 图片上传；
- 邀请好友参与。

（3）保持：几乎对任何应用程序或网站来说，保持率都是衡量客户热情程度的重要指标。由于客户在探索阶段访问网站的时间相对较短，要衡量产品的客户保持率很棘手。毕竟，如果探索活动实施两个月，那你衡量到的保持率也仅限于这个短暂期间。因此，企业要探寻的是客户的行为模式。你必须同时衡量两种最明显的客户流失形式——取消订阅和使用终止。此外，休眠状态（不活跃）是最明显的客户流失形式，对移动应用程序产品来说尤其如此。在这种情况下，用户并不删除程序，但也从不使用程序。

（4）推荐：你的网站访问者或最小可行产品使用者会向好友推荐信息吗？

- 有多大比例的用户会向他人推荐？
- 他们推荐的人数是多少？1人、2人、6人，还是10人？
- 哪些用户推荐的客户参与程度更高？
- 哪些被推荐者会成为频繁用户或新的推荐者？

例如，如果freecash.com网站（意思是"免费得现金"）真的名副其实，经营者一定会得到无穷无尽的被推荐客户。较多的被推荐人数量表明客户对产品热情度高，同时暗示获取客户成本较低，原因是很多客户根本无须企业花钱，完全是通过产品的现有客户推荐而来。这两点都能预示企业有成功的潜力。

执行合格测试

对于每一项测试，我们已经在前面开发了相应的合格指标。在测试中，你要寻找的是大量或出色的答复和活动，而不是仅仅盯着合格线。

客户对于合格测试的回答具有二元性，即（50% 以上的）客户是否喜欢你的产品？你的产品能否吸引足够的（在此插入你的具体数据）客户，推动初创企业进入客户验证阶段？

多少客户才算足够？这个问题需要由企业管理者而不是财务人员来回答。

在客户验证阶段，详细的数据表和分析会起到巨大的帮助作用，届时必须对数以万计访问者的行为细致地加以衡量。但是眼下企业的第一要务是确保测试有效，事先设置好成功标准并将其纳入到商业模式之中。例如，如果通过 Facebook 广告获取一笔订单的成本是50 美元，当产品售价为 200 美元时毫无问题，但如果产品售价为 49.95 美元就变得毫无意义了。因此在通过测试时，"合格"分的每一次提高都会让你离成功的商业模式更近一步。

👉 **多少客户才算足够？这个问题需要由企业管理者而不是财务人员来回答。**

关于早期支持者的数量问题，企业必须做出非常令人信服的回答——没错，我们可以找到兴趣足够浓厚的热心支持者购买产品（他们会在接下来的客户开发流程中指导产品开发和营销活动）。

注意，千万不要向客户推销产品，除非你已经确认以下问题：

- 在对问题或需求表示严重关注的人群中，有多少人真正接受邀请体验你的产品？有多少人参与或接受你的行动口号？
- 在不感兴趣或兴趣不高的人群中，有多少人愿意体验你的产品或参与你的活动？
- 在上述两种人群中，有多少人愿意向他人转告信息？他们会向多少人转告信息？

分别用比例数字和绝对数字回答上述问题。例如，如果有 1 000 人接受邀请，这个数字可能看起来不错，但你发出的邀请目标是多少？是 2 000 人还是 200 000 人？这两个数字之间的差距不言而喻。

无论通过电子邮件、关键字竞价广告、微博还是信鸽等方式，每一组邀请都必须多次发送以实现最大影响效果。如果流量或参与度不够，可以考虑改变发送内容。否则，没人知道这些内容是否糟糕或产品是否缺乏吸引力。

认真衡量测试结果

利用最小可行产品衡量客户行为非常重要。尽管用户数量可能比较小，但你既要衡量流量和用户活动，又要衡量流量来源和获取激活比例。你的用户在使用产品或网站时花多长时间？访问者是在第一次、第二次还是第三次访问时注册的？用户推荐率也许是最重要的热情度衡量手段，企业必须加以密切衡量。

☞ **企业要寻找的是出色的答复和活动，而不是仅仅盯着合格线。**

整理测试数据并对其进行深入挖掘，从中寻找关于流量来源、参与度最高和最低的客户类型、推荐量最多的客户，以及其他信息的深刻见解。这些数据会在下一个阶段被深入分析，现在我们只需关注其中一个简单的内容，即我们是否找到了对产品感兴趣的足够多的客户，是否可以进入客户验证阶段了呢？

研究渠道数据：在网络/移动产品领域，你的渠道可能是亚马逊网站之类的经销商，可能是应用程序销售中心或 iTunes，抑或是像 GameStop、CDW 或 Yugster 之类的聚合经销网站。你必须和这些渠道互动，了解它们管理新产品的规定。例如，从前期联系到网站实际销售需要多长时间，以及这些渠道的付款条件如何等。由于此类渠道往往负责大量应用程序和软件的销售，它们的管理者非常了解定价和产品定位等关键问题，对企业具有很大的帮助。

在客户探索阶段，数据本身或许并不强大，不够令人兴奋，但是在放弃之前，你必须深入挖掘这些数据以确定应用程序或网站能否打动某个客户群体的心弦（如小女生、网站初次访问者、高尔夫球老手等）。你应当从活动最频繁的用户当中挖掘数据（如果此类用户数量不大则更为轻松），观察他们是否具备某些共同特征。比方说，他们都是民主党成员、美食厨师，还是都市白领一族？如果具备共同特征，可考虑重新设计营销信息和受众目标，以便达到从范围较小的用户子集中激发更高客户兴奋感和参与度的目的。

多边市场还应和市场中的其他"边"展开前期对话，即那些愿意付费接触你的网站或应用程序积累的大量用户的人。企业需要考虑的问题包括：这些"付费方"如何购买广告？他们愿意支付的费用是多少？这个过程需要多长时间？对话应当在哪个时点建立？

再次更新商业模式（新的"调整或继续"选择点）

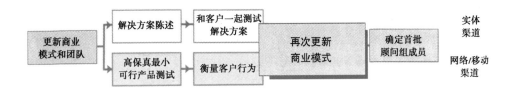

接下来，企业必须更新商业模式以反映最新的客户探索解决方案信息，体现这些信息是如何影响你的商业模式要素的。你可以把这次更新视为商业模式微调，在下一个阶段我们还要对它进行全面的审核。

在这里，你要关注的是客户对产品的热情度，对话内容应当是合格测试的结果而不是个人意见。

⇨ 对于网络/移动型初创企业，数据可在对话中发挥更大的作用，请看下面的详细讨论。

☞ **你的商业模式应当定期更新。**

寻找炽烈的客户热情

企业必须明白这样一点，如果客户对你的产品及其解决的问题反应平平、不温不火，这是一个非常严重的危险信号，它说明你必须马上对产品做出调整，绝不能进入客户验证阶段。对于那些接受过访谈，对产品表示高度热情，非常相信你能为其解决重要问题或满足其关键需求的客户，企业应当讨论他们的比例和具体数量。有多少客户会马上购买你的产品，你的团队对于这个问题的真实评估量是多少？有多少客户会奔走相告，向同事好友积极推荐你的产品？有没有个人或（更理想的情况下）一群人用下面的话语来表达对你的产品的高度信任？——"我不在乎产品是否完善或完美，我现在就需要它。"在和客户展开对话之前，你应当按照以下几个类别对客户反应进行分类：

- 第一类：全体客户都很热爱产品，认为产品无须任何改动。
- 第二类：客户喜欢产品，但不断反映希望在发布时添加某些特征。
- 第三类：客户听完细致说明之后才了解产品，没有人表示愿意马上购买。
- 第四类：客户看不出对此产品有何需求。

如果你的客户大多数属于第一类反应，那就可以举杯庆祝了。当商业模式中的各个模块能够顺利进行组合时（如下一步所述），企业就可以进入客户验证阶段了。

无论采用哪种渠道，客户探索都是按最初说明的方式为产品寻找市场的。最危险的客户反应是第二类，即"我们需要更多的产品特征"。我们在前面强调过，了解不需要哪些特征和了解首先要提供哪些特征一样重要。这时，你必须在客户反应和开发时间之间建立平衡，因为让客户做出第一类令人满意的回答需要产品开发团队付出很大的努力。这么说是因为客户和开发团队对产品的看法往往存在显著差别，就好像一句老话说的那样："如果一般人觉得产品还能用，那么就真的还能用；如果工程师认为产品还能用，仅仅是因为他们还没有着手开发出足够的功能而已。"

工程开发的自然本能是不断添加产品特征，但客户探索的目的则不同，它是一场竞赛，看能否以最快的速度把最小可行产品推荐给愿意付费购买的客户。因此，开发较少的产品特征或"功能刚刚够用"的最小可行产品要比开发大而全的产品更有优势，因为后者会损失一个月或一周的客户反馈时间。面对这种情况，你应当询问哪些特征可以延迟开发。让早期客户帮助确定该添加哪些特征和功能以及用什么样的顺序添加。认真听取客户的意见，制定适合所有渠道的高成功率产品开发策略。

➡ 在网络/移动渠道中，开发团队应基于更大规模的早期客户研究粒状行为数据，应展开关于产品特征的定性讨论，每次讨论都应当补充有关客户行为的真实数据，数据对于每个讨论点都具有重要作用。有些要讨论的事实情况，必须同时以绝对数字和相对比例两种方式呈现，例如：

- 每日或每周页面浏览量以及这些浏览量的增长率；
- 客户对网站或产品的平均访问时长或页面浏览量；

- 客户后续访问时增加时长或浏览量所花的时间，即"增加率"；
- 热情用户和一般用户的重复访问次数，两次访问之间的间隔时间和次数"增加率"，即两次访问之间可衡量的间隔时间缩减量；
- 企业最终获取的受邀客户或了解产品的客户的数量和比例；
- 从访客到被获取，从被获取到被激活，以及从被激活到成为活跃用户的转化率；
- 推荐率和病毒式循环速度：推荐好友的早期用户的数量和比例，他们推荐的好友数量，以及好友被获取、被激活和成为活跃用户的数量。

☞ **不温不火的客户反应表明商业模式存在严重问题。**

虽然在上述的反应类型中客户数量可能不大，但这个探索过程的意义主要在于其方向性而不是限定性。坦率地说，它的目的是寻找炽烈的客户热情，那种能够带来巨大商业成功的客户热情。因此，你必须确定产品是否具备足够的客户热情和积极反馈，只有它们才能保证企业顺利进入客户验证阶段更为严格的测试。

这个阶段也是企业凭借经验和勇气指导是否做出"前进"决策的阶段。如果决定前进，最有力的证据包括以下数据：大量被激活的用户、多次重复访问的用户以及大量积极向同事好友推荐信息的客户。在利用这些统计推动对话的过程中，企业领导者会本能地做出决策。正是在这个阶段，经验丰富的企业管理者、咨询顾问和投资者往往有潜力做出重要贡献。

第三类和第四类反应，即客户无意购买或对产品毫无需求，此类情况在第一轮客户探索中非常典型。至少，这些反应值得企业认真思考，可能还需要企业从第一阶段开始重新做出调整，而不是盲目地踏上失败之路。这些反应往往会引发激烈的董事会讨论，而且对投资者和企业来说也经常是重要的转折点。对于技术型产品，不愠不火的客户反应表明商业模式存在严重问题，通常表现为产品市场组合缺乏，即产品可行但没有足够的市场，或是市场巨大但缺少对产品的茁壮需求。

调整策略——重新包装产品

其他一些问题有时被人称为定位问题，但更准确地说应当是"产品再包装"问题。

产品再包装是大多数技术型初创企业在某个发展阶段会遇到的问题。技术推动型初创企业的首个产品通常是由初创产品开发团队确定的，对于客户具有怎样的需求以及希望怎样购买产品等问题，开发团队往往有着颇为良好的自我感觉，但事实证明，在绝大多数情况下客户的表现和他们的想法并不相同。如果客户开发团队深入接触过客户，便会发现早期产品配置需要进行深入修改。尽管产品使用的核心技术可能并无谬误，但产品与客户需求以及购买习惯的吻合情况可能相去甚远或并不乐观。例如，整体式软件包在销售中可能价格过高，使用过于复杂，技术再包装可以通过重新配置产品特征的方式解决这一问题。该软件可以通过模块化、订阅式服务或特征升级版等形式销售，无须产品开发团队全面重新设计产品。注意，这种问题必须在客户探索阶段发现和解决，否则会影响企业的生存能力。

再次更新商业模式画布

无论是哪种渠道，上述各种分析和讨论必然会对商业模式假设造成影响。其中最有可能被影响到的是企业的价值主张，因为首次"解决方案探索"可帮助企业发现这样一个事实，即客户是否认为你的产品能够解决他们的问题，是否认为值得掏钱购买你的产品。如果答案是否定的，你的价值主张很有可能要进行调整，无论结果是对产品特征做添加还是删减。

此外，客户细分部分也值得企业关注，因为你的产品往往受到某些市场的欢迎，但在其他市场无人响应。比方说，如果产品只吸引了目标市场中一部分群体的兴奋反应（如男性而非女性，管理者而非普通员工），这一探索结果肯定也会影响到企业的收入来源假设。在下一个阶段，产品开发团队必须对商业模式进行全面核查。因此，现在的审核可以视为更新商业模式的微调行动，目的是反映最新一轮的客户探索"解决方案"结果。

确定首批顾问组成员

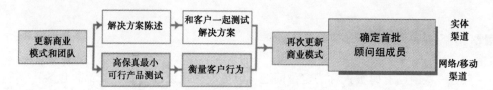

在企业外部，有很多和初创团队成员一样出色的人士，他们并不是企业的全职员工，但乐意作为咨询顾问贡献自己的力量。这些咨询顾问可以帮助企业解决技术问题，介绍重要客户，提供特定领域的知识，分享商业技能和智慧。在客户探索过程中，访谈客户和分析人员时一定不要忘记为企业寻找合适的顾问组成员。

产品开发活动应吸引咨询顾问的参与，为产品的设计开发提供特定帮助。经历过初创企业磨炼的商业导师，对于产品开发也有巨大帮助。在和客户进行沟通时，总会有一两个人的观点与众不同，你应当诚恳地向他们寻求建议，请他们共进午餐或晚餐，问他们是否愿意提供帮助。在后面的客户验证阶段，你可以制定正式的顾问组开发流程。

验证产品市场组合 → 验证客户细分 → 验证盈利模式 → 调整或继续　　所有渠道

第 7 章

客户探索第四阶段：

验证商业模式，调整或继续

你的客户探索工作是否已经把关于商业模式的假设变成了不容置疑的事实？你是否觉得现在可以进入客户验证阶段，可以测试商业模式是否具备升级的能力了？

别急，首先你要回答以下3组关键问题：

（1）我们有没有找到产品市场组合？市场对要解决的问题是否具备稳定需求？我们的产品在客户眼中能否很好地满足这种需求？

（2）我们的客户是谁？怎样才能找到这些客户？我们是否了解目标客户的人口特征和原型？是否足够了解他们的行为以达到以低廉成本定位客户的目的？

（3）我们能否盈利并壮大企业？能否实现可预测和足够的收入以推动企业的发展？

如果对这些问题的分析结果是肯定的，我们想提醒大家现在仍然不是启动客户验证的时机。这项关于是否"前进"的决策实际上只回答了这样一个问题：我们对客户的热情度和产品市场组合是否有足够的信心，认为它们能够经受住客户验证阶段的考验，从而保证商业模式能够实现5倍、10倍甚至更高倍数的扩展能力？实践经验表明，对于那些轻易做出"前进"决定的企业管理者来说，结果往往令人惋惜，原因是他们很少走出办公室展开实际销售。毕竟，在我们习惯性的思维方式中，企业管理者好像从来都是这样的。此外，轻易做出"前进"决定也会形成一个危险的陷阱。这是因为，客户验证阶段会加速企业开销，如果结果失败会吞没你的职业、资产或一切（如前所述，这个过程绝不轻松）。

因此，你必须召集企业团队和投资者暂停脚步，认真回答上面的问题（见图7-1）。至少，你们也应当举行一次以"调整或继续"为主题的全体董事会。通常情况下，对这些问题的评估会推动管理团队把整个客户探索过程从头再进行一次，甚至可以说这已经成了规范做法（现在发现问题总比进入客户验证阶段后再投入多年心血纠正错误要好得多）。

⇨ 你要回答的上面3组问题对于网络/移动渠道来说完全一样，这一点和企业经营的是实体产品或网络/移动产品无关。只不过和实体渠道的企业相比，网络/移动初创企业获得的客户反馈更多，实施的产品迭代次数也更多。因此，网络/移动初创企业可以较为清晰地从客户激活率中了解可测量的"速率"（这种速率对实体渠道初创企业来说表现得不够清晰）。换句话说，如果网络/移动初创企业看不到客户激活的强烈早期预兆（如注

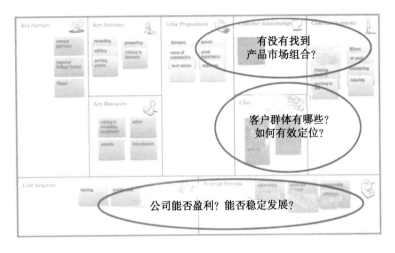

图 7-1　确定商业模式是否可行

册量、推荐量、回访量、追加销售量），几乎马上可以确认企业现在必须停止前进，准备调整商业模式。

有没有找到产品市场组合

产品市场组合包括 3 个部分：

- 要解决的问题或满足的需求对大量客户来说是否非常迫切或重要，即产品是否具备市场（回答时利用合格测试结果中的数字说明具体有多少客户）？
- 你的产品能否以客户乐意支付的价格解决问题或满足需求（回答时说明商业模式中的实际数字）。
- 市场中是否存在足够的（说明具体数字）客户以形成可观的（说明具体数字）商业机会？

这些检查很重要，必须对其中的问题依次做出详细回答（如果不够确定或需要更多数据，可参考第 12 章更详细的问题列表）。

你要解决和满足的问题或需求是否非常严重和迫切

这个问题需要通过两种方式来探查，其一是和客户网上互动，其二（更重要的）是面对面和客户沟通。你是否经常听到像这样热情的客户回答——"没错，这就是我们最当务之急的问题（或需求)！"如果他们再来一句"不管付出多大代价我们也要解决这个问题"或"我们自己拼凑的方案根本不管用"，那就更好了！注意，你要探寻的目标只有一个，即对产品高度一致的热情，因为只有它能表明产品存在市场机会。

需要检查和讨论的重要问题包括：

- 对于你的客户，他们的同事或好友是否具有相似的问题或需求？你的客户是否认为这些问题或需求非常重要，有必要和好友或同事讨论或向其推荐你的产品？
- 对于你的产品要解决的问题，有没有很多客户正采用自制方案或权宜之计加以解决？
- 以 1～10 分为量表，如果 10 分表示最严重，你的大多数客户会为其问题或需求打几分？8 分、9 分，还是 10 分？
- 以 1～5 分为量表，如果 5 分表示最严重，你的大多数客户会为问题造成的麻烦打 4 分或 5 分吗？
- 比较产品使用前后客户的工作流程。
- 你的产品为客户的工作生活带来的改变是否显著？
- 客户是否表现得对产品非常兴奋？
- 客户有没有亲口表示愿意付费实现这种（产品带来的）差异？

⇨ 网络/移动初创企业应当密切关注客户或用户推荐量以衡量问题的严重程度和重要性。如果只有几千用户具有此问题或需求，或是没人认为其同事或好友对此感兴趣，我们便可以很快实现对问题严重程度的有效性测试。同样，如果对被推荐的潜在客户进行调查，发现他们很少或从未激活，这也表明存在严重问题。面对这种情况，你必须马上给尽可能多的用户（实际上此时他们还不是用户）打电话，弄清楚他们为什么对解决方案毫无兴趣。如果是你传达的信息有误，那就容易解决了。记住，千万不要在电话中向用户销售，你的目的是探查他们的兴趣程度，仔细聆听他们的意见，找机会对你的信息、产品或激活刺激手段做出调整。

你的产品能否解决客户的问题或满足其需求

检查所有的客户反馈记录卡、总结信息和分析报告，你会从中发现很多线索。和验证客户问题部分一样，你必须确保客户对产品具有巨大的热情，哪怕现在还只是最小可行产品。你应当寻找的是这样的客户回答："这个产品我现在就要买一件""我认识的人都想要这种产品"或"什么时候我才能买一个呢"。与此相反，不愠不火或反应平平的客户表现很难推动初创企业升级发展。因此，你必须做出客观分析，明确客户对企业的热情程度。

需要检查和讨论的重要问题包括：

- 最小可行产品能否激发强大的"购买"或"参与"热情？
- 你的产品是否足够令人心动，能够激发大量客户推荐？被推荐的客户能否以令人鼓舞的比例购买或参与？
- 长期产品愿景能否形成高度活跃的客户反馈？
- 最新的产品特征和收益假设是否适当？可否盈利？
- 长期产品交付计划能否形成购买热情？

此外还要检查交付计划，必要时修改相关假设。客户要接受的不只是你的最小可行产品，也包括企业的整个愿景，因此他们需要了解产品如何演化和何时演化。

⇨ 对于网络/移动初创企业来说，有一个信号可以轻松确定其解决方案不符合客户需求，即很高的获取数和很低的激活数。也就是说，潜在客户认同你要解决的问题或需求是他们所关注的，于是他们蜂拥而至，希望了解更多的内容，但深入了解解决方案之后，他们发现你提出的方案并不令人心动。

面对这种情况，客户反馈尤其重要。首先你必须探查客户对于产品、网站或应用程序的感受，弄清楚他们喜欢和不喜欢产品的哪些方面，然后你要探查传递给客户的信息。你的产品是否无法按照前期宣传的内容交付给客户（例如"保证一天让你减重 20 磅"）？是否缺乏产品信心，缺乏证据（主张、证明、图表或演示）或传递信息不当？在进入下一步之前，你必须深入了解这些问题，努力从激活用户和未激活用户那里搜集大量一对一的反馈信息。吸引激活用户注册的原因是什么？你在宣传内容中遗漏了哪些因素？是产品、销售词，还是可能改变非激活用户想法的企业？

是否具备可形成可观商业机会的足够数量的客户

客户是否会按你预期的水平购买产品？市场中是否出现表明较大或较小份额的竞争数据或其他数据？检查你的初始总有效市场和可服务市场假设，对比你的预计目标和客户的真正反馈之间有多大差距。他们会购买多少产品？多久购买一次？他们的好友或同事是否具备类似倾向？你必须努力了解这些信息，然后和第二阶段搜集的市场信息和竞争分析数据进行对比。

需要检查和讨论的重要问题包括：

- 你是否验证过产品的总有效市场和可服务市场？
- 市场规模是否和你的预期一致？有没有经过客户反馈和行业数据的检验？
- 市场发展速度是否可观？是否具备强大的发展潜力？
- 你和客户之间的对话是否证明他们会反复购买产品，会推荐其他人反复购买产品？
- 市场中是否出现预料之外的竞争威胁？

在这里，比较难回答的问题是多少客户才算"足够"。这个问题必须由企业创始人和投资者共同回答，而且每个人都必须认同企业的长期目标，以及对当前结论是否指向目标实现取得一致意见。随着渠道和产品类型的不同，这些结论往往表现出巨大的差异。一般而言包括：

- 企业软件：三四位对产品具有强烈兴趣的早期支持者即为足够，前提是客户开发团队在该管道中至少拥有更多热情的潜在客户。在可能的情况下，客户应来自多个细分市场，每个细分市场在对产品的兴趣程度方面都不亚于其他细分市场。
- 资本设备：三四位客户同样足够满足此类产品的要求，但密切观察更大范围内的客户探索结果对企业会更有帮助。大多数潜在客户感兴趣的是统一说明的产品还是希望企业提供定制化产品？你的探索结果是否指向茁壮的客户开发管道，承认资本产品的销售周期会很长？

- 消费者产品：无论新式滑板还是平板电视，总有一小群早期支持者客户肯定需要这些产品，人数是二三十人或更多。此外，在企业希望销售产品的渠道中建立客户兴趣也非常重要。比方说，如果有 15 人想买你生产的滑板，这个数字对应沃尔玛买家来说可能远远不够。

- 网络/移动应用程序：由于此类产品的客户探索活动至少要接触几千位潜在用户或客户，网络/移动应用程序必须激活至少 100 次程序使用或下载才谈得上获得"足够"的客户反馈。此外，你还必须留意客户激活的比例，确保实现鼓舞人心的转化率。

- 社交网络和"网络效应"型初创企业：此类产品至少要吸引 500 ～ 1 000 位活跃参与的用户，这样的用户量才算"足够"。如果你的网站或应用程序是免费的或采用了"免费＋增值"模式，要吸引的用户量至少是前面的 3 倍，当然 5 倍会更好。因为用户总是容易接受免费的产品，要吸引的用户量自然也就水涨船高。你必须监控用户激活率，同时观察定期访问网站的用户比例（如每周 3 次），因为这些指标不但能反映客户量，而且能说明客户的质量和参与程度。

如果客户开发团队面对的是正确的客户，但得到的反馈是产品存在问题，你必须马上做出调整。你可以重新评估客户细分，重新走出办公室寻找新的客户，或是考虑改变产品的特征、配置、定价或其他商业模式要素。

客户群体有哪些，如何有效定位

我们在上一步已经确认市场中有客户愿意购买你的产品，但怎样才能找到他们，以成本合理的营销或"获取客户"预算向他们销售产品呢？在这个验证过程中，首先你必须确保自己了解"客户是谁"这个问题：

- 你能为每一个重要的客户细分群体绘制客户原型吗？它能明确指导你找到这些客

户吗？

- 你能否描绘客户一天的工作生活，以便了解应该如何向其推销产品？

- 在不同的客户细分中，某些群体和其他群体相比是否响应速度更快、反馈质量更高、订单量更大？

- 有没有出现新的客户细分？是否应当消除某些客户细分？

- 客户是否意识到产品在"体验日"中为用户带来的巨大改善？

- 你是否清楚客户阅读哪些刊物、参加哪些展会、信奉哪些大师的观点，以及从哪些渠道了解新产品信息？

- 你能否绘制渠道图，说明产品如何从初创企业流向最终用户，并分析这些销售渠道中每一步的成本和营销/销售作用？

客观地衡量"获取客户"成本和反馈率。检查激活客户或销售过程（比方说50位客户）中实际发生的全部成本（包括员工时间、管理支出等）。把所有成本相加之后（不只是广告或竞价成本），你还自信能以基本相同的单位客户成本开发大量客户吗？

超越整体"获取"预算，了解哪些活动最具成本效益。事先做一些调查，确保你的投入能够得到同等的回报，比方说提高4倍的邮件营销预算，必须保证获得活动结果的4倍增长。你必须利用这个阶段搞清楚，获得一位（或50位）优质客户到底要花多少钱，因为你马上就要进入客户验证阶段，那时要投入的资金往往是现在的10倍或更高，因此必须现在得出具体答案。

如果大量客户反馈都证明你已经对上述问题做好了充分准备，接下来还要面对最后一步——确定能否按照"获取"假设中列出的成本持续获取客户。前面关于获取活动的测试已经为你提供了足够的信息，现在你只需检查搜集到的数据即可。如果发现成本有些高也不必担心，我们会在后面的客户验证阶段对这些活动进行优化。

➡ 网络/移动初创企业对于这些重要的"获取"问题的回答要灵活得多，其中部分原因在于和实体渠道企业相比它们获得反馈的数量和质量都要丰富得多。例如，Facebook、Twitter和Foursquare网站，哪个平台得到的客户反馈最好？对于那些最终被激活的用户，他们最经常通过哪种方式寻找网站或应用程序，是关键字竞价广告、文字链接、自然搜索、阅读博客文章，还是通过好友推荐？你必须根据已经做过的客户探索测试

（甚至包括最早的测试）来清楚地了解这些问题。

此外，你要学会探查客户获取统计数据之外的信息，了解被激活用户或客户的来源，这样才能搞清楚到哪里寻找更多的客户。通常情况下，你会发现一对一推荐是最有效的客户来源，因此你必须认真分析此类获取方法。最后，要学会分开分析每个客户细分群体的数据，因为不同群体的客户表现不同，有些客户要比其他客户更容易获取。

根据本节对客户获取成本所做的改动，别忘了对商业模式及时进行更新，因为这些往往是初创企业将要面对的最大成本。

公司能否盈利，能否稳定发展

整合收入模型数据

至此，客户开发团队已经积累了大量有关定价、收入、成本和获取营销成本等要素的硬数据。这些数据需要加以验证，以弥补和假设有出入的地方，这可能需要重新和客户进行会谈，以更深入地了解有关客户、渠道或产品开发方面的内容。需要验证的最重要的硬数据包括：

- 客户访谈记录卡总结，可说明未来的潜在销售收入期望；
- 市场规模预计；
- 渠道成本和营收潜力总结；
- 定价方案；
- 客户获取成本；
- 有关行业、客户及其行为的详细信息；
- 竞争产品和定价信息。

综合这些数据，进行至少可反映企业未来 4 个季度的准确净收入预测（客户验证阶段的持续时间）。如果可能的话，再做一项反映客户验证阶段结束之后未来一年的净收入预测。这项预测不必精确到锱铢必较的地步，它只是一项粗略的"内部检查"，目的是保证企业能够通过客户验证，成为稳定发展的可盈利公司。为便于理解，我们在表7-1中对某企业的未来收入进行了假设分析。在这张图中，该企业同时通过实体和网络两种渠道销售产品。从图中可以得知，该企业的平均客户获取成本为销售收入的40%。具体的数据整合过程包括4个部分：

（1）按季度计算企业直接从客户那里获得的总收入"最佳预计值"。检查客户探索记录卡的结果，"获取客户"活动测试结果和市场规模预计，评估企业每个季度可以从客户那里直接获得的收入。

（2）接下来，计算渠道实现的收入（渠道收入不同于从最终用户那里实现的直接收入，企业可以从后者得到100%的收入）。检查渠道销售成本（利润、代理费用、促销成本等），将其从渠道收入中扣减。

（3）按季度把渠道净收入加入直接收入，可以得出企业总收入，从中扣减企业的季度经营成本。

（4）计算获取客户的所有成本。注意这些成本几乎每个季度都会发生变化，这一方面是因为企业在"获取客户"活动中投入的资金逐渐增加，另一方面是因为企业获取客户的成本逐渐下降。

表7-1 财务分析样本

类别	一季度	二季度	三季度	四季度	合计
直接收入	500 000	750 000	1 000 000	1 200 000	3 450 000
渠道净收入	200 000	300 000	400 000	500 000	1 400 000
总收入	700 000	1 050 000	1 400 000	1 700 000	4 850 000
减：获取成本	−280 000	−420 000	−560 000	−680 000	−1 940 000
减：基本经营成本	−800 000	−800 000	−800 000	−800 000	−3 200 000
现金消耗	−380 000	−170 000	40 000	220 000	−290 000
季度末剩余现金量	20 000	−150 000	−110 000	110 000	

你的计算应为企业未来4个季度（8个季度更好）的收入目标提供合理的大致估计。你可以用3种不同的方法制作财务分析表，提供3种不同预测结果（尚可、良好、最佳）的财务模式，或是按照"优、良、差"3种业务结果进行预测。

这项分析会让企业在"调整或继续"环节止步不前，如果计算表明企业资金不到一年就会枯竭，实际上事实往往的确如此。可以说，这是一张计算"烧钱率"的简单样表，只要发现企业资金无法继续维持 3 个月，它便会为所有自以为是的创始人泼上一盆冷水，让他们重新展开客户探索和客户验证流程。

有了这张财务分析表的帮助，面对是否该投资近 200 万美元实施客户生成活动，企业创始人和投资者都会高度谨慎，如履薄冰。在上面的案例中，这家初创企业有以下几个选择：

- 为确保能够再坚持一年，必须马上再融资几十万美元。

- 降低经营成本或客户获取成本。

- 削减员工和创始人工资，直到企业实现盈亏平衡。

显然，不采取上述措施，这家企业必死无疑，必须重新定义商业模式。

需要检查和讨论的重要问题：

- 是否已经把市场和市场份额数据转化成了企业潜在的单位销售和收入？

- 有没有和客户一起验证过企业的定价模式？

- 有没有验证过数量、需求和购买频率方面的假设？

- 有没有发现预料之外的渠道成本？如销售代理人员的工资或促销费用。

- 如果是多边市场，是否评估了来自"购买方"收入的所有成本？

- 这项预测是否指向可升级、可盈利，且具备重大退出价值的商业模式？

调整或继续

这个环节可以说要么是结束的开始，要么是开始的结束。现在你必须做出决定，说明万里挑一的创意能否演变成一个可升级、可盈利，具备 1 亿美元以上退出价值的成功企业。你的企业提出了一系列假设并对它们依此进行了测试，潜在客户已经验证了你的产品，有效的客户群体正在慢慢形成，所有客户反馈和相关的假设证明都已在商业模式画布中得到更新。

现在你可以做出评估了，看经过修改的假设能否为继续前进提供可靠的基础。注意，这里所说的下一步指的并不是产品发布，而是进入客户验证阶段展开更大规模的测试。

需要检查和讨论的总结性问题有：

- 我们是否确认了大量客户乐意付费解决的重要问题？
- 我们的产品能否以与众不同、成本低廉和可盈利的方式解决这些问题？
- 如果能够解决，我们是否具备很大的市场以及可行、可升级和可盈利的商业模式？
- 我们能否描述客户购买产品前后的工作生活对比？
- 我们能否开发包括用户、买方和渠道的组织图？

在这里，最难的问题其实并不复杂，但需要企业做出诚实的回答，即客户探索结果指向的是不是一个渴望获得产品的足够大的市场。但不幸的是这个问题很难回答，往往会导致企业把客户探索重来一遍。虽然看起来好像企业经历了一次失败，但真诚坦率地面对这个问题要比逃避它好得多，因为它能确保经过正确实施的商业模式指向的是可重复、可升级和可盈利的商业模式。没有这样的商业模式，企业必将踏上痛苦的死亡之路。

虽然客户探索流程令人筋疲力尽，在实施过程中仍需多次重复才能全面了解市场和迫不及待需要产品的客户。不过，要想取得最后的成功并不容易。在取得成功之前，你必须把第一阶段到第三阶段了解到的所有反馈牢记在心，修改陈述内容，然后回到第一阶段把一切从头再来一遍。此外，你还必须尝试探索不同的市场和用户。你的产品开发团队是否需要重新配置或重新包装产品？如果是，你必须修改产品陈述，回到第三阶段（解决方案陈述），然后从头再来一遍。

如果开发团队表示"一切就绪"，在准备好进入客户验证阶段之前还有两个步骤需要完成。

确定验证检查表

拥有各种不稳定或不协调的成功衡量指标看起来好像不错，但实际上无法保证初创企业实现成功。你必须确保每一个假设都有一套明确的、可衡量的"验证检查表"，并利用这些检查表来验证商业模式。在客户验证阶段要测试的此类检查表有以下几种。

实体渠道和 B2B 产品检查表样例

- 我们能在 3 次客户会谈之后达成销售；

- 如果能和客户公司财务副总交流,每 6 个潜在客户中就会有一个购买产品;

- 客户公司 6 个月后使用我们服务的用户会增长 25%;

- 客户公司每个月平均下两次订单。

网络/移动渠道检查表样例

- 每个新客户会邀请 10 位好友,其中一半好友会注册成为用户;

- 1/3 的来访者一周之内会再次访问我们的网站;

- 1/4 的来访者一周之内平均会推荐 1.5 位好友;

- 用户平均会话率为 10 个页面浏览量或每次访问 10 分钟;

- 客户首月平均订单规模将达到 50 美元;

- 100 个网站会以不到 × 美元的每千人成本向我们的网站推荐流量;

- 100 个网站会以每获取成本为基础发布我们的广告条。

恭喜,你可以进入客户验证阶段了

走到这一步,相信你已经对商业模式假设做出了多次修改,其中有些是重复设计,有些是细微调整。要了解自己取得了哪些成绩,最好的办法是把不同阶段的商业模式画布组成一系列快照,你可以把它们按顺序贴在墙上,或是做成连续播放的幻灯片。无论通过哪种方式,利用假设和测试的视觉化陈述把各种猜想变成客观准确的事实,正是确定企业已准备好进入第 4 步——客户验证阶段的最后一个环节。

如果企业已经准备好进入下一个阶段,我们要向你表示祝贺。这的确是一个重大的成就,值得企业庆贺一番。客户探索是客户开发流程中最具挑战性和最强有力的阶段,你必须定义产品、服务、渠道和消费者乐于接受的定价。在客户验证阶段,你必须牢记从客户访谈中收获的各种信息,通过实际销售为企业开发销售路线图。

客户探索是一个令人筋疲力尽,有时甚至让人感到沮丧的过程。但是,它也是客户开发流程的基础,进而是建立成功的可升级式企业的基础。第四部分中所列的核查清单总结了客户探索过程的各个阶段、每个阶段的目标以及实现这些目标所需的成果。完成了这些目标,你可以给自己放个假好好庆祝一下,因为在进入客户验证阶段之前你必须养精蓄锐。

第二步：客户验证

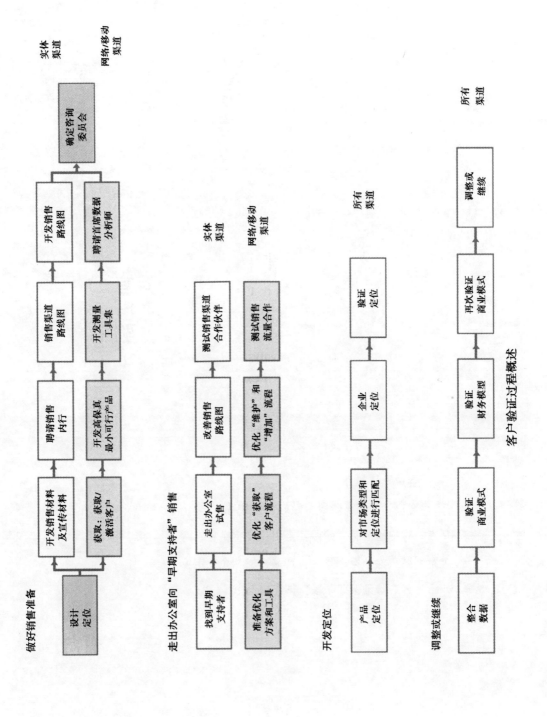

客户验证过程概述

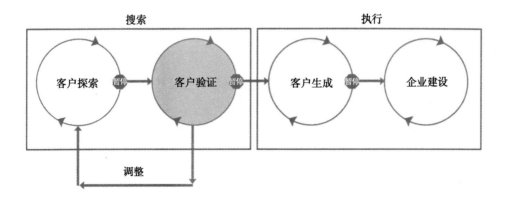

搜索　　　　　　　　　　　　　　　　　　　执行

客户探索　　暂停　　客户验证　　暂停　　客户生成　　暂停　　企业建设

调整

第8章

客户验证简介

我们经常在旅途中忘记此行的目的。

——尼采

E. piphany 公司成立的假设条件在 20 世纪 90 年代中期非常直接，而且"具备很强的投资性"。当时的软件公司正在对各个方面实现自动化，如应付账款系统、网络安全、销售队伍的创建，甚至包括酒窖存货等环节。在此基础上，公司创始人提出了新的建议："为什么不在市场营销部实现自动化呢？毕竟大多数的任务，像发布新闻稿、数据表、客户信函等都是可重复的流程。"于是该公司筹集了风险资本，开始按照创始人的愿景开发产品。

然而，对于客户群体以及客户需要解决的问题，该公司的初步设想是完全错误的。该公司后来的成功应该归功于 4 位富有激情的创业家，因为他们愿意听取客户的想法，并且根据客户的反馈进行了 3 次痛苦的调整。

浏览器的突破

20 世纪 90 年代，很多大公司购买不同的软件应用程序以支持企业各部门的自动化，如财务、客户支持、制造以及销售部门等。但是这些应用程序所搜集的数据是通过 IT 组织的报告工具访问的。更重要的是，这些数据存在于"虚拟库"中，但各功能系统之间是相互隔绝的。例如，财务系统和销售系统之间并不互通，销售系统甚至根本意识不到制造系统的存在。对于某些复杂问题，如比较绿色连衣裙和蓝色连衣裙的销售数据，比较每家商店的当前库存量，然后对比各地区的毛利润以计算折扣，要实现这样的查询几乎是不可能的，因为这样必须把 3 个互不兼容的应用程序中的数据合并起来。因此，想要得到一个简单的详细存货报告往往需要花掉几天甚至几个星期的时间。

E. piphany 公司当时最激进的观念是以实时方式为管理者提供随时随地的深入分析，它并没有设立 IT 部门，这一目标是通过一种叫作网络浏览器的革命性新技术来实现的。该公司的关键假设之一就是产品应该适合拥有大量客户的企业，它们对每个客户都掌握大量数据，并且经常性地需要快速做新兴的、以数据为导向的小型细分市场营销活动。

E. piphany 公司的顿悟

E. piphany 公司在成立初期组建了一个咨询委员会，其中一个很重要的顾问是嘉信公司数据库营销部副总裁。这位副总裁付出了很多时间，称该系统在嘉信公司的应用程序中也会运作得很好。她把 E. piphany 公司介绍给另外 5 位数据库营销主管，对方表示："如果你的系统能在嘉信公司运行得不错，我们也会购买这个系统。"这真是让人喜出望外，E. piphany公司就这样找到了早期支持者和初期市场。

但嘉信公司每次查看这个系统的技术细节时，总是很有礼貌地说 E. piphany 的产品缺少数据库营销的某个主要特征。公司创始人为此举行了两次会议，得出的结论是，他们的确了解了对方的问题，但公司的解决方案（软件的基础数据库架构）仍缺乏最重要的产品特征。它没有将"家庭化"包含其中，没有这个特征，对方是不会买 E. piphany 的这个系统的（"家庭化"这个词对于在数据库营销部门工作的人来说是再熟悉不过的了，它指的是具有相同物理地址的人往往居住在一起，对嘉信公司来说则意味着一起投资。这个特征对于直接营销者来说是至关重要的，因为他们不想向同一个地址邮寄多次或发送不同的广告）。这一问题靠销售人员和营销人员显然无法解决。

显然，这是一个重大失误。在这次会议之前，创始人并没有清楚地认识到客户问题，因此无法提出正确的解决方案。

E. piphany 公司的共同创始人本·维格布瑞、史蒂夫·布兰克和嘉信公司副总裁及其工程团队进行了一次深入的技术讨论，探讨的内容是该软件可为嘉信公司的业务做出哪些贡献，以及是否还有其他需求。本问了 5～10 个问题，每个人都点头同意，然后会议就结束了。在我们回办公室的路上，史蒂夫问道："本，我们要如何解决嘉信公司的问题？"

沉默片刻之后，他回答："给他们看产品说明书的第 6 页。"

"第 6 页，什么意思？我们的说明书一共只有 5 页！"

本看着史蒂夫，微笑着说："是只有 5 页。"

于是，他们对产品进行调整并完善了最小可行特征组。就在演示完"数据家庭化"特征一周后，他们便接到了嘉信公司的第一个订单，其他的订单也很快接踵而至。一周之后，E. piphany公司创始人一起坐下来讨论该放弃哪些产品特征，以便突出这项新的特征。

E. piphany 公司在首次公开发行股票前又进行了两次痛苦的调整，不过"数据家庭化"的调整使得创办人意识到了"调整的力量"。

这些会议和讨论充分说明客户验证过程是每家初创企业都需要的，它是一种利用真实的客户和订单来验证商业模式的方法。

客户验证能够把以下基本问题的假设变成事实：

- 我们是否了解销售或用户获取流程：

  ➢ 这一流程是否重复发生？

  ➢ 我们能否证明它具备重复性（如果我们的商业模式是单边业务，唯一能够接受的证据是足够多的全价订单）？

  ➢ 我们现有的产品能否吸引这些订单或用户？

- 我们是否测试过销售和分销渠道？
- 我们有没有信心把这些订单或用户扩展为可盈利业务？
- 我们有没有对产品和企业进行正确定位？

客户验证理念

客户验证在每个阶段都在尝试进行"试售"。它通过一系列连续的定量合格测试来确定产品市场组合是否足够强大，以此证明企业是否具备规模销售能力，判断其营销支出水平。大部分测试工作是让客户下订单，或是试用你的应用程序或网站。在这个阶段，你测试的是整个商业模式而非具体模块，哪怕此时你已经深入了解了某些模块，如价格和渠道等。

正如客户探索会让经验丰富的营销者迷失方向一样，客户验证过程也彻底颠覆了销售人员的传统认知，对那些承担销售责任的人来说影响更为深刻。销售人员在以实体渠道销售为特征的大型企业学到的规则并不适用于初创企业，实际上，这些规则对初创企业往往有害无利。初创企业能否成功绝非看一次产品发布会那么简单。

在客户验证这一步骤中，你要做的不是聘请和组建销售团队，也不是实施现成的销售计划或销售战略。现实情况是，你所了解到的信息还不足以执行这些战略。在客户探索的这一步骤即将完成时，你所拥有的只是各种假设，包括谁会购买你的产品、为什么要购买，以及以什么价格购买。但在这些假设得到验证之前（利用客户订单进行验证），即便你投入大量精力，它们也只不过是有些根据的推测而已。

从商业模式画布到销售路线图

在客户探索过程中，你已经测试了商业模式的以下几项假设。

- 价值主张：通过数十人到几百人的调查确定价值主张。
- 客户细分：形成关于客户原型的假设。
- 客户关系：测试了一些客户"获取、维护和增加"活动。
- 渠道：了解了主要的渠道合作伙伴，有哪些伙伴对你的商业模式表示感兴趣。
- 收入模式：企业已经知道如何对产品进行定价。

销售路线图运用客户探索过程掌握的信息，指导创建企业的销售漏斗。它可以回答以下问题：

- 谁会影响销售？谁会推荐采购？
- 谁是决策者？谁是经济型买方？谁又是破坏者？
- 购买你的产品的预算从何而来？
- 你要做几次客户拜访才能完成一笔销售？
- 完成一笔销售从开始到结束平均需要多长时间？
- 你的销售策略是什么？是解决方案型销售吗？
- 如果是，"客户的主要问题"是什么？
- 最理想、最有愿景的买家具有哪些特征？每家初创企业需要的早期支持者有哪些特征？

⇨

- 流量从何而来？是否具备黏性？
- 产品是否足够强大，能否实现病毒式增长？

除非企业已经拥有上述问题的可靠答案，否则是销售不出产品的，即便得到一些订单，也是撞大运而已。当然，在一定程度上，大多数销售副总会意识到自己缺乏绘制详细销售路线图所需的知识，但大多数人还是认为自己与刚组建的销售团队能在销售和完成订单的同时获取这些信息。这是因为，大多数不熟悉初创企业的主管往往会把寻找商业模式与执行已知的商业模式混淆。销售路线图是探索商业模式的一部分，商业模式只有在完全建立之后才能加以执行。也就是说，初创企业不可能在忙于执行的过程中进行学习和探索。我们能从许多失败的初创企业中看到，在销售路线图建立之前尝试执行纯粹是一种愚蠢的行为。

开发销售路线图与创建销售队伍

考虑到验证步骤的重要性，首席执行官的第一本能是通过增加客户获取的投入或增加销售人员的方式加速这一进程。实际上，这样做并不会加速验证阶段的进程，反而会使这一进程速度放缓。与此相反，你应该绘制一张路线图以确定如何实现重复性销售（具体方式是明确地测试产品市场组合）。这一步骤一旦完成，你就可以建立销售组织了。

☞ **开发销售路线图是寻找商业模式的一部分。**

在现有市场中，客户验证可能只是简单地验证销售副总的同事或联系人名单，看它们是否具备相关性，以及验证在客户探索阶段确定的产品性能指标是否正确。在重新细分市场、克隆市场或新市场中，即使拥有很长的联系人名单（或是将关键字竞价广告预算增加3倍），也无法让你获得成熟的商业模式和经过测试的销售路线图。

对一个经验丰富的销售总监或者业务开发总监来说，这些关于客户验证的说法简直就是异端邪说。对那些接受过传统训练的专业销售人员来说，我们认为他们在客户开发流程中的所有活动都是错误的。这似乎有悖常理且令人迷惑。下面我们就来仔细分析一下，看看为什么初创企业的首次销售活动和后续销售活动之间，以及和大型公司的销售活动之间存在如此大的区别。

创始人必须领导客户验证团队

完成客户探索的企业创始人往往会错误地放松警惕，把客户验证活动交给销售、业务开发、市场营销或者产品管理部门去处理。这种做法非常错误，原因在于，中低层管理人员不太可能擅长客户验证，因为客户验证要求具备创新性的探索、调查和快速决策能力，而不是执行重复流程的能力。

为什么说客户验证必须由创始人来带领呢？首先，创始人是唯一能决定是否需要进行调整的人。要做到这一点，他们必须从客户那里直接了解有关产品或商业模式的缺陷。其他任何信息都不具备如此重要的影响力。其他人在得知产品或商业计划存在严重缺陷时往往会面临两种问题：他们没有进行调整的权力，也很少有勇气向企业创始人汇报负面的客户反馈。

➡ 在网络/移动渠道中，企业要处理的反馈意见要比别的渠道多得多。虽然企业需要许多能够处理数据的高手，但创始人仍然是调整活动的决策者。企业需要内部/外部测试人员、统计人员、搜索引擎优化和点击付费广告专家，以及一两个创新力超强的网上营销人员（这种特质可能体现在创始人身或一两个能力非常突出的人身上）。这个团队负责测量、评估、管理和改善第 3 章漏斗模型中的客户获取流程。由于他们是以数字化形式"走出办公室"，因此客户开发团队也必须进行面对面的客户验证，以实现推动流量或增加推荐的目标。

在不同的渠道中验证过程的速度也是不同的

对亚洲和非洲的手机公司来说，通过实体渠道获取客户反馈要比通过网站电子化获取客户反馈的时间长得多，通过网络/移动渠道所能接触的客户也要比面对面接触到的客户更多。

➡ 对于网络/移动初创企业来说，客户验证速度总是进行得更快，因为和通过实体渠道销售实体产品的企业相比，它们能实施次数更多的迭代开发。这是因为，以比特为特征的虚拟产品可以随心所欲地进行改变。不过无论其速度如何，不同渠道中的客户验证过程，其基本原则都是一样的。

对早期支持者进行早期销售

在客户验证过程中，你应当把早期支持者定位为企业的首批付费客户（如果无法实现对早期支持者的销售，随着时间的推移，情况会变得越来越糟糕）。关于早期支持者的详细说明前面有详细描述，建议读者在继续阅读之前先回顾一下。

在客户验证过程中限制开支

初创企业经常以失败告终的一个表现是过早地扩大规模，在商业模式尚未经过检验时，企业就已经聘请了比实际需求数量多得多的销售人员，导致大量消耗企业资金。另一个表现是，企业往往在尚未确定客户群体之前就展开昂贵的需求创造活动。通常情况下，当企业在过早扩大规模之后面临重要调整时，这些销售人员往往被解雇，各种营销活动被迫取消。客户验证会把销售和营销人员的招聘以及相关开支推迟到整个流程即将结束时。这种限制正是整个进程的核心，它假设初创企业会出现失败，需要经常进行重复开发。限制开支会为企业保留足够的资金，使其能够在通往成功的道路上进行多次调整。

优先考虑需要验证的项目

在进行客户验证的初期，优先考虑商业模式中有哪些元素需要进行验证是非常关键的。每一家初创企业的商业模式都拥有无数时刻在变动的模块。验证过程不可能衡量或确认每一个变量，否则等创始人准备好扩大规模时已为时晚矣，甚至会贻误商机，导致企业倒闭。

对此，商业模式画布可以为企业提供很好的指南。大多数初创企业会将注意力集中在四个核心元素上：价值主张、客户关系、渠道和收入模式。这个列表对许多企业来说都很有用，但并不是所有的企业都是这样。多边市场需要优先考虑市场的各个方面。这几个元素至关重要，决定着企业能否取得成功，因此企业创始人必须认真加以思考。

为什么会计师无法管理初创企业

由于验证过程的步骤很多，人们有时候会忘记客户开发过程并非大型的焦点小组活动。它的目标并不是将所有的客户反馈都搜集起来，然后投票决定应该实现哪些特征。创始人本质上是经营初创企业的艺术家，而客户开发的真正目的是传递他们的愿景（在新市场中根本不存在任何客户数据)。优秀的企业管理者会仔细思考所有的客户数据，倾听自己内心的想法，然后告诉自己为什么要忽略先前听到的信息。

⇨ 最后：当好运降临时要大胆接受

在某些偶然的情况下，依靠病毒式传播或网络效应的推动，快速扩展型网络和移动初创企业会在一夜之间取得突然成功，虽然这种情形只是特例，并不在本书介绍范围之内。以少数精英企业为例，谷歌、YouTube、Facebook 和 Twitter 就曾取得过这种成功。如果你的企业和这些企业一样足够幸运，能像它们一样深刻打动消费者，那你就可以放下此书高枕无忧了。毕竟，这才是企业管理者应该做的（当然，闲暇之余你可以在私人飞机、游艇上或是在垂钓时翻翻本书）。

客户验证理论总结

通过让一小部分客户提出意见而非采购的方式，客户探索过程首先测试的是企业对商业模式的假设是否正确。但是，客户探索过程并不会为企业提供关于客户群体以及业务可升级性等问题的确定信息。

接下来的步骤是进行客户验证，通过验证订单或产品使用状况确定产品市场组合是否理想。通过进一步开发最小可行产品，以及企业的销售营销计划和材料，客户验证流程可以很好地达到这一目的。接下来，企业创始人必须走出办公室（无论是实体渠道还是虚拟渠道），测试最小可行产品和重要的商业模式假设，其中包括产品特征、定价、销售渠道和定位。那么具体该怎么做呢？很简单——通过顾客的订单量（或下载量、登录次数及点击率）。

☞ 吸引客户订购是测试最小可行产品的唯一方法。

只有当企业拥有以下 3 个问题的答案时，客户验证才算完成：

（1）企业业务是否具备扩展性？在客户获取活动中每投入 1 美元能否产生价值大于 1 美元的增量收益、浏览量、下载量或点击率？

（2）是否存在兼具可重复性和可扩展性的销售路线图？企业是否知道要拜访或要获

取的客户是谁，以及如何沟通才能保证稳定的销售？

（3）销售漏斗是否具备可预测性？同样的销售计划和策略能否始终如一地提供充足、可盈利的客户流？

下面我们就来详细说明。

客户验证过程概述

客户验证流程包括以下4个阶段（见图8-1）：

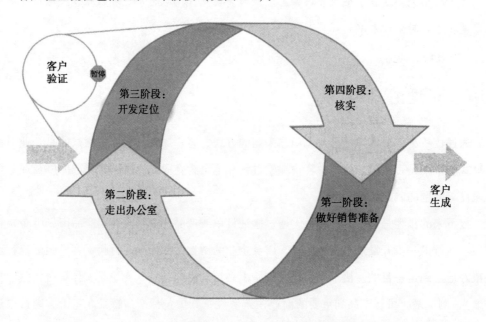

图8-1 客户验证：流程概述图

（1）第一阶段为"做好销售准备"，其中包含6项活动：产品定位，准备"试销"所需的销售和营销材料，聘请销售内行，创建分销渠道计划，改进销售路线图，以及建立咨询委员会。完成这6项活动后，初创企业就可以展开销售了。

➯ 网络/移动渠道领域的企业在"做好销售准备"环节也包含6项活动，即产品定位，组合获取/激活客户方案，开发高保真最小可行产品，开发测量工具集，聘请首席数据分析师，以及建立咨询委员会。这些活动能帮助企业开发精益型、高成本效益的客户获取计划。

（2）第二阶段是让创始人走出办公室对产品做最终测试，即测试客户是否会通过购买产品的方式认可你的商业模式。此时此刻，企业实际上在尝试在没有专业销售队伍的帮助下向客户销售一个尚未完成且未经验证的产品。因此，获得反馈和获得订单具有同样的重要性。实体渠道中的初创企业可利用宣传册、幻灯片、销售材料，在条件允许的情况下还可以通过展示产品和实物模型的方式获得反馈。几十次甚至上百次会议能帮助你改进产品展示和销售渠道计划、验证销售路线图、检验销售漏斗的可预测性，以及验证商业模式在现实中的可重复性、可扩展性及可盈利性。

➪ 网络/移动渠道的初创企业可通过"上线"或数字化形式走出办公室，以此方式验证其获取客户的计划及工具能否真正吸引被激活或愿意购买产品的客户。通过验证，企业可以了解到现实情况是否和假设情形一致，大部分顾客的行为是否在企业预料之中。此外，企业还需要对客户获取和激活活动进行测量及优化。

处于多边市场（同样适用于实体或网络/移动渠道）的初创企业，也需要走出办公室测试市场的各个方面。网络/移动营销者首先应测试用户，然后通过那些愿意掏钱让用户免费使用网站的营销商或广告商，即市场中的"买方"，来验证不同的假设组合（如价值定位、市场细分、收入模式等）。

（3）当初创企业拥有一些客户，积累的客户信息足够开发和改善产品和企业定位时，第三阶段才会出现。通过和业内权威人士、分析员进行讨论，以及与更多的客户进行面对面交流，产品和企业定位会得到很好的测试。

➪ 在这个阶段，网络/移动初创企业应改进其"客户获取"策略，进行初步产品定位，然后搜集整理在第二阶段汇集的客户行为数据（客户对企业获取活动的反应以及总结其早期网上行为的指标）。此外，企业还应搜集客户对最小可行产品本身以及对获取工具效力的反馈。

（4）第四阶段会暂停所有的活动，进行详细的"调整或继续"分析，证明无论通过哪种渠道，客户验证过程都已完成且企业知道如何扩大规模。如果达到了这个目标，企业创始人或投资者就可以准备收获果实了。不过在此之前，有很多棘手的问题和重任还需要逐一解决。

简而言之，我们可以把这个阶段的任务总结成一个简单的问题，即"这项业务是否值得开发"，是否值得花费几年时间辛勤工作？它能否创造足够的收入、增长和利润，以实现创始人和投资者的目标？初创企业团队是否已经掌握了足够多的信息来推动这一目标的实现？

事实证明，企业不可能仅通过一两次验证就实现最佳商业模式。

当企业获得真实的订单、用户和点击率，而不是停留在书面调查或高谈阔论的结果上时，客户验证工作才算完成。客户验证流程可证明客户愿意接受最小可行产品，可证明客户群体的存在，能够找到有效发现客户的方式，同时制定可吸引客户参与或向其销售更多产品的可升级方案。没错，这就是我们所说的"企业顿悟时刻"。

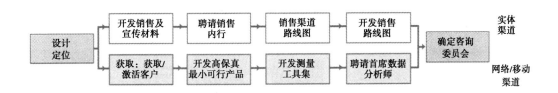

第 *9* 章

客户验证第一阶段：
做好销售准备

客户验证第一阶段为测试企业获取客户的能力准备了工具。在这个阶段，企业将对产品进行定位以引导营销材料以及销售活动必需的网络内容的撰写。对通过实体渠道销售的企业来说，这一阶段的其他步骤还包括开发宣传材料、制订渠道销售计划及销售路线图。有时候，企业的"销售内行"也是在这一阶段聘请的。此外，企业还应当在这个阶段确定咨询委员会。

⇨ 对于网络/移动渠道的初创企业来说，它们需要在这个阶段开发获取和激活客户所需的必要计划和工具，以及开发用于监控活动结果的手段或工具集。此外，它们还应当开发高保真最小可行产品以确保获取客户活动行之有效。

在第一阶段中，不同的渠道采用的步骤也有明显区别，对此，表9-1针对实体渠道和网络/移动渠道分别进行了概括。

表9-1　第一阶段：做好销售准备

实体渠道	网络/移动渠道
产品定位	
开发销售材料及宣传材料	"获取"：获取/激活计划/工具
聘请销售内行	开发高保真最小可行产品
开发渠道行动方案	开发测量工具集
改进销售路线图	聘请首席数据分析师
创建咨询委员会	

当所有步骤都就绪，初创企业就可以进入第二个阶段，准备走出办公室进行销售了。下面将分析在企业进行销售之前，不同渠道所要求的具体步骤。

做好销售准备：设计定位陈述

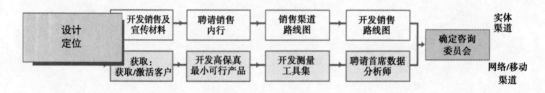

如果从客户的角度来看，你的企业致力于解决什么问题？你的产品有何作用？客户为

什么要关注你的产品？对于这些问题，公司成立伊始时创始人很可能已经有一些想法了，但现在通过亲自和客户交流，已经获得了更为真实的体验。接下来，你可以根据客户探索阶段了解到的信息重新审视产品的规划、特征和竞争信息了。

你能把企业了解到的内容浓缩成一条简洁明确的信息，说明你的公司有何与众不同之处以及产品为什么值得客户购买（或使用）吗？这个问题要了解的正是独特销售主张的核心目标。独特的销售主张能建立起企业和顾客之间的联系，能关注营销方案，同时成为公司建设过程中的重点。另外，它还能将公司的营销策略浓缩成简短但足以吸引客户关注的"电梯游说词"。你的销售主张可以出现在许多不同的地点，如广告牌、广告条和公司名片，有效提高销售及营销业绩。注意，现在你不必担心销售主张不够完美，因为它会随着顾客、分析人士和投资者的意见逐步得到完善。现在，企业要做好的是第一步。

信息定位似乎很容易，但真正执行起来却是个挑战。它需要做大量工作才能总结出精辟的陈述，而且你的陈述必须简单易懂又令人信服。实际上，长篇大论容易，要做到言简意赅却很难。对此，你可以从客户探索过程中顾客所提到的最重要的问题入手。例如，他们关注的首要问题是什么？在交谈中是否反复出现过描述该问题或解决方案的语句？产品的哪些方面对客户影响最大？这种影响究竟有多大？产品的哪些新功能是其他竞争对手所没有的？产品在哪些方面做得更好？注意，在构思销售主张时务必要言简意赅。如果有必要，企业可以聘请外部创意机构协助开发销售主张。

对于科技领域的初创企业而言，工程师面临的最大挑战之一是如何撰写出简单生动的营销信息，从而牢牢吸引顾客的关注和消费。显然，这一点与产品特征无关。它要求将整个价值主张用短小精悍、朗朗上口的语言浓缩成简短的口号，例如，苹果公司的"不同凡想"、美国运通的"没有它，别离家"、耐克的"想做就做"、安吉的"再接再厉"、毕雷矿泉水的"地球上第一款起泡矿泉水"以及宝马的"终极座驾"。

关于这项练习，我们在表9-2和表9-3中列出了一些基本元素。这些元素是由《跨越鸿沟》（*Crossing the Chasm*）⊖作者杰弗里·摩尔（Geoffrey Moore）在早期从事营销顾问工作时开发的，能帮助企业构思有效的销售主张。

⊖ 此书中文版已由机械工业出版社出版。

表 9-2　产品定位说明

产品定位说明模板
• 目标最终用户
• 购买该产品令人信服的理由
• 产品名称及产品类别
• 功用
• 与主要竞争对手产品的不同之处
• 产品名称、重要差异点

表 9-3 是 Mobiledough 公司开发的移动费用报告软件的产品定位说明过程。

表 9-3　产品定位说明案例

产品定位说明案例
• Mobiledough 软件是为经常出差的管理人员定制的
• 他们希望用尽量少的时间做出精确的费用报告
• Mobiledough 是一款易于使用的收据跟踪和费用制表软件
• 不用 10 分钟即可提供一份周报告
• 与费用报告套装软件不同，Mobiledough 能使用 11 种最常见的报告格式，通过对收据进行扫描、排序和总计制作出近乎完美的报告草案

根据上述信息，Mobiledough 的营销口号应该如何确定呢？以下是几个备选方案：

- "你的费用，我来管理。快速、准确的在线服务。"

- "一表在手，费用无忧。"

- "Mobiledough，实时计算你的费用开支。"

客户开发团队可使用杰弗里·摩尔设计的大纲或类似的方式进行讨论，以便确定定位说明，可考虑在公司范围内举行竞赛或创意会议。要了解产品定位是否引人注目，需要考虑以下几个问题：

- 定位说明能否令客户怦然心动？

- 客户是有兴趣了解更多的产品信息，还是对该产品的宣传感到一头雾水？

- 营销口号是否采用用户易懂的语言，是否令人耳目一新？

- 对于 B2B 产品，该定位是否体现了产品的成本优势或竞争优势？

- 对于消费类产品，该定位能否节省时间或金钱，是否提供娱乐方式或提升个人魅力？

最后，该定位能否通过现实测试？像"一周减重 30 磅""保证销售量翻倍"或"今晚就能找到心上人"之类的营销口号实际上只会伤害企业信誉，而且很可能并不合法。另外，需要通过现实测试的不仅是定位中的声明，企业还必须考虑能否提供自己描述的产品。在对企业客户进行销售时，还需考虑其他一些因素，如你的生产能力与定位说明是否一致。

最后需牢记的是本书一再重复的问题，即初创企业所处的是哪种市场类型。如果你在现有市场销售产品，那么其独特的销售定位应该是更好、更快或是更高的性能。这一点已经通过无数次关于竞争的客户访谈得到了证明。

反之，如果你正在开拓新市场或是试图重新细分现有市场，那企业需要的应当是转换型的独特销售定位。转换型独特销售定位要解决的问题是如何创造新级别或新类型活动，即人们以前从来没做过的活动。

做好销售准备：销售和营销材料（实体渠道）

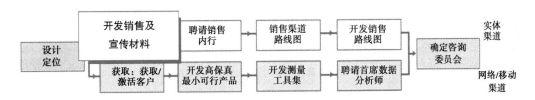

在实体渠道中获取客户包括 4 个具体阶段，分别是：印象、兴趣、考虑和购买（见图 9-1）。为了促进销售，企业可以使用上一步确定的独特销售定位开发销售和营销材料，

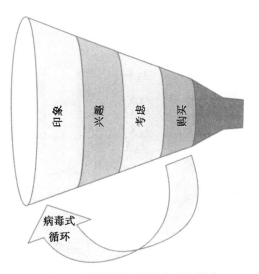

图 9-1　实体渠道"获取客户"漏斗

如产品数据表、演示材料和网站等营销辅助内容。销售团队将向潜在客户分发或展示营销材料，或是在网站上向顾客说明其产品值得购买的理由。

在实体渠道中，开发营销材料不是为了完成销售，而是要将潜在客户推进销售漏斗，然后其实体店面、现场销售人员和配套销售材料才会发挥作用，对交易产生影响。企业的营销材料应提供充足信息以激发人们的好奇心，鼓励他们与销售人员互动；但是，要注意你的信息量又不能过多，否则客户还没和销售人员沟通就打消了购买欲望。销售人员需要各种工具来完成交易，这一步骤设计和开发的初级工具集目的就是帮助他们完成交易。

本节介绍了网络工具、实体销售工具以及如何针对不同的受众调整这些工具的使用。

营销材料的大部分信息（如产品特征、收益和规格）是在客户探索过程中的假设阶段进行开发和完善的。现在，企业不必花费太多资金用于华而不实的设计或大量印刷，而应该保持营销材料的新鲜感和专业性，因为这些材料最终会根据客户反馈进行调整（见表9-4）。

表9-4　实体渠道"获取客户"工具

	实体渠道	网络/移动渠道
获取客户（需求创造）	战略方针：印象、兴趣、考虑、购买 战术手段：免费媒体宣传（公关、博客、宣传册、评论等）、付费媒体宣传（广告、促销等）、网络工具宣传	战略方针：获取、激活 战术手段：网站、应用程序零售店、搜索（搜索引擎营销和优化）、电子邮件、博客、病毒式营销、社交网络、用户评论、公关宣传、免费试用、主页宣传
维护客户	战略方针：互动、维持 战术手段：忠诚度计划、产品升级、客户调查、电话回访	战略方针：互动、维持 战术手段：产品定制、用户组、博客、在线帮助、产品使用提示说明、服务扩展、吸收会员
增加客户	战略方针：实现新收入、客户推荐 战术手段：追加销售、交叉销售、未来销售、客户推荐、分别计价	战略方针：实现新收入、客户推荐 战术手段：升级、竞赛、再订购、推荐好友、追加销售、交叉销售、病毒式传播

实体渠道的销售宣传材料

无论是否受到网络、微博或是传统报刊广告的吸引，顾客一旦光临实体渠道，最后都会和销售人员进行面对面交流。此时，销售人员经常需要用到销售材料和工具。在销售过程中的每一个阶段，企业都需要设计"宣传材料表"，列举出需要的所有项目，而不是随意描述产品规格和演示材料。通常，每家企业都需要以下最基本的宣传材料表：

- 网站；
- 销售演示幻灯片；
- 样品、原型和视频；
- 数据表；
- 价目表、合同及计费系统。

当然，别忘了还有一些重要的材料，如白皮书、公司简报、顾客推荐信、信头纸、演示宣传单和公司名片。

销售演示

销售演示应该在新式定位的指导下，说明其是经过更新和整合的，在客户探索中发现的问题、解决方案和产品演示。值得注意的是，客户验证阶段的核心受众是早期支持者而不是主流客户。该演示应该对发现的问题、现有解决方案、建议解决方案以及产品细节做出简要介绍，演示时间最好不超过 30 分钟。在客户探索过程中，根据对方在采购决策层中的不同地位以及消费者受众的不同类型，企业往往需要使用不同的演示材料。在此需要考虑的问题包括：是否应针对高级管理层和普通员工准备不同的演示材料？是否应针对技术类受众以及来自不同行业的不同公司准备不同的演示材料？对于消费者产品，是否应该根据消费者不同的人口特征、收入特征或地理位置准备不同的销售演示？

在客户开发阶段，聘请专业人员创建幻灯片模板是很有必要的。尽管初创企业的办公室还设在车库或地下室里，但设计出色的幻灯片会给人一种专业成熟的感觉。

样品、原型和视频

对于大多数顾客来说，他们并不具备企业创始人那样出色的、在大脑中构思尚不存在的产品的能力。对很多人而言，如果没有样品或原型产品演示的话，大多数产品的概念是很难理解的。因此，在条件允许的情况下，企业应准备一些原型产品。无论是否有效，至少它能说明产品的工作方式和关键卖点。最起码，你应当为客户提供相关的幻灯片、原型产品图解或简短视频。理想情况下，你的演示方案应对新旧解决方案进行对比。至于演示材料，你可以用纸板或泡沫塑料制作，或是绘制一些简单的草图，不管怎样都应尽可能地"让产品富有活力"。经营实体产品的初创企业，其开发团队有时会把样品与原型产品混淆，其实两者相去甚远。

可以说，样品演示决定着对早期支持者的吸引力，从而点燃他们对产品巨大的热情。

数据表

产品数据表和解决方案数据表很容易被混淆。产品数据表说明的是产品的特征和优势，而解决方案数据表则致力于解决顾客的问题，提供宏观解决方案。具体该使用哪种数据表，应根据初创企业面对的市场类型来选择。当企业进入的是现有市场时，其重点应放在产品本身及产品优势上，此时，产品数据表是提供此类信息的最佳手段；如果企业准备创建新市场或是克隆某个市场，显然解决方案数据表更合适；如果企业准备重新细分现有市场，则两种数据表都是必不可少的。

价目表、合同及计费系统

希望到目前为止，已经有客户询问过："你的产品价格是多少？"因此，企业应事先准备好价目表、报价单和销售合同。这些文件会让一家不起眼的初创企业看起来像个真正的公司。此外，企业还应当考虑产品的定价、配置、交付、折扣和服务条款等方面的假设。对于消费者产品，企业应考虑处理早期订单的问题，此类问题通常会涉及信用卡付费系统、电子商务工具等内容。

宣传方案需取决于受众目标

在客户验证阶段，B2B市场中的初创企业有两种不同的受众群体：一类是早期支持者，另一类是技术高手。企业必须针对这两个群体开发不同的营销信息及资料，早期支持者属于愿景型客户，他们首先被产品潜在的优势所吸引，然后决定购买产品。因此，企业应确保关于产品概念和优势的描述信息明确且详细，确保早期支持者在看过产品演示之后会将其推荐给同事、朋友或家人。

在大多数 B2B 销售中，企业都需要为销售环节中的其他参与者提供包含深层信息的技术概述。开发针对具体问题的技术白皮书，可以很好地满足他们对特定领域的兴趣或关注需求。和以往不同的是，这些文件的开发如今正变得越来越有必要。顾客会告诉你他们的需求，特别是在经济不景气的时期，企业客户可能会需要说明投资回报率的技术白皮书。例如，客户经常挂在嘴边的是这样一个问题："你能证明这笔采购对我们有什么好处吗？从长远来看能不能帮我们节省开支？"实际上，此类开发工作大部分已经在客户探索阶段完成了。早期支持者往往无须初创企业演示产品，早在别人同意采购之前就在公司内部向其他人进行产品推销了。对于消费者产品来说，早期支持者也会发挥同样的推动作用。例如，孩子在说服父母为其购买 iPad 时也会抛出投资回报率的观点，他们会说："只要你给我买 iPad，我就不用在车上放 DVD 影碟了，而且我还保证会多读书。"

另一方面，在 B2C 市场中销售产品的初创企业，应把宣传材料的重点放在销售渠道上，如货架插卡、零售包装、优惠券及杂志广告。其宣传材料应区分不同产品的目标、客户群和销售时机。

企业应注意对所有宣传材料的效果进行测试，这是因为在办公室里写出来的方案往往和实际销售中的表现相去甚远。企业应尽可能对宣传材料在线进行内部/外部测试，如对登录页面、退出页面以及产品特征收益说明等内容的测试（请参见下一节详述）。记住，消费者和企业买家没有义务了解你们公司的专门术语或行内典故，因此初创企业开发的宣传材料必须简明易读，而且应随时更新和补充内容（见表9-5）。

表 9-5　B2B 直接销售宣传计划示例

	印象	兴趣	考虑	销售
早期支持者	企业网站 宣传手册 解决方案数据表 有影响力的博客主 技术类网站 直接邮寄样品	普通销售演示材料 商业问题白皮书 产品新闻资料袋 产品宣传手册 病毒式营销/电子邮件工具 产品数据表	为不同客户定制的演示材料 关于商业问题的分析报告 投资回报率证明 后续电子邮件 报价表	合同 价目表 感谢信
技术高手	有影响力的博客主 技术类网站	技术型演示材料 技术问题白皮书 关于技术问题的分析报告	为客户提出的具体技术问题定制演示材料 技术问题白皮书 包含架构图的技术预览数据表	感谢信

实体渠道营销商使用的网络工具

尽管企业的主要渠道是实体销售，但顾客仍会在网上对产品进行搜索，因此企业需要借助一系列基本的网络工具来引起顾客的注意，在网上为其提供产品信息。这样的工具有网站、某些用于开发客户的病毒式营销方案、电子版的宣传手册或其他销售材料。此外，社交网络已经成为巨大的顾客源，即使对最普通的实物商品也具有重要意义。例如，我们每天都能在 Twitter 上看到许多新的产品创意。

☞ **即使是最复杂的传统产品，也需要通过网站和在线营销工具进行推广。**

即使是最复杂的传统产品，如建筑设备和建筑材料，也需要通过广阔的网络和大量的网络营销工具来推广。因此，实体渠道营销商必须探索和开发网络客户获取及营销计划，哪怕是像泵衬套和砾石这样的只能在仓库柜台上交易的产品。实际上，无论产品是否储存，如今的买家都是在网络上进行产品搜索的。

现代营销既是将客户"拉"向产品，也是将服务"推"向客户。例如，发送电子邮件或者推销员上门都是将产品推向客户，而超市货架上的样品或者搜索引擎上的邀请则是将客户拉向产品，围绕客户的兴趣鼓励他们自愿对产品展开搜索。强有力的营销活动和工具应该相互结合，以便在营销过程中最大限度地发挥推动和拉动作用。

网站

在此阶段，通过实体渠道销售的企业应在其网站上提供明确的发展愿景以及要解决的具体问题。在这一步骤中，企业要了解有多少详细的产品信息能拉动客户以促进销售。至少，你的网站应当能吸引人们对产品及公司产生兴趣和做出考虑，将潜在客户推向企业的实体销售渠道（对于低价产品，企业甚至可以用网站完成销售）。但是，网站不应为客户提供可能导致其拒绝购买产品的内容（如产品价格和安装需求等方面的详细信息）。与此相反，它应当鼓励感兴趣的潜在客户与企业进行互动，利用网站尽可能多地搜集潜在客户的信息（记住，个人信息注册表中"必填项"内容的多少和顾客的购买响应率成正比，填写越详细的顾客，其购买响应率越高）。

社会化营销工具

许多只在实体渠道销售实体产品的企业，也会使用 Facebook 网页、Twitter 信息流及其他社会化营销工具宣传产品和吸引客户。此外，它们还使用网络工具鼓励顾客和潜在客户将产品介绍给同事或朋友。因此，准备好这些工具并积极进行推广是一种相对来说成本较低的营销方式，能有效地加速客户获取流程。

电子邮件及邮件型营销工具

电子邮件是企业与客户及潜在客户进行在线沟通的重要工具，因为其内容具有针对性，而且能够根据所知的客户信息进行量身定制。精心设计的电子邮件比唐突的上门推销更能有效提供实用信息，能冲破最冷漠的潜在客户的防线进入他们的收件箱。企业应根据其对个人客户的了解来设计电子邮件信息和邮件营销活动，推出多重邮件活动以实现最佳营销效果。企业应设计电子版宣传手册、白皮书和其他销售材料，并通过电子邮件一起发送给客户（想了解更多关于电子邮件营销活动的内容，可参见第 4 章客户关系部分）。

做好销售准备：获取/激活客户方案（网络/移动渠道）

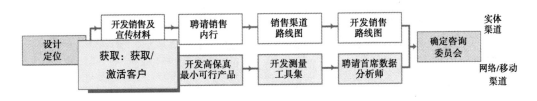

在客户探索阶段，企业开发了一个粗略的方案来获取并激活客户。现在，你可以改进这些方案，开发新的获取激活客户的方案和工具了。在此，企业需要注意以下几点：

● 潜在客户对初创企业的产品、网站或应用程序的首次了解、体验或访问都发生在客户获取阶段。这是销售漏斗中最宽的部分，也是客户与企业的首次互动。

- 在激活阶段，企业要吸引新获取的客户注册信息、参与活动或购买产品，至少应做到了解他们的个人信息，然后将其推向"获取"漏斗。

需要牢记的是，网络/移动渠道中的获取活动与其他渠道差别很大（见表9-6），企业必须将客户吸引到其网站、应用程序或者产品上，否则客户根本意识不到企业的存在。我们在前文中说过，企业应弄清顾客会通过哪些渠道搜寻解决方案，尽可能出现在那些渠道中，然后通过提供有用且友好的信息来"赢得"顾客对企业产品的访问，而不应强行推销。

 注意

此处仅为概述，不可能一次性实施上述全部内容。这里提供的仅为计划，实施活动应在后期展开。

表9-6　网络/移动渠道"获取客户"工具

	实体渠道	网络/移动渠道
获取客户（需求创造）	战略方针：印象、兴趣、考虑、购买 战术手段：免费媒体宣传（公关、博客、宣传册、评论等）、付费媒体宣传（广告、促销等）、网络工具宣传	**战略方针**：获取、激活 **战术手段**：网站、应用程序零售店、搜索（搜索引擎营销和优化）、电子邮件、博客、病毒式营销、社交网络、用户评论、公关宣传、免费试用、主页宣传
维护客户	战略方针：互动、维持 战术手段：忠诚度计划、产品升级、客户调查、电话回访	**战略方针**：互动、维持 **战术手段**：产品定制、用户组、博客、在线帮助、产品使用提示说明、服务扩展、吸收会员
增加客户	战略方针：实现新收入、客户推荐 战术手段：追加销售、交叉销售、未来销售、客户推荐、分别计价	**战略方针**：实现新收入、客户推荐 **战术手段**：升级、竞赛、再订购、推荐好友、追加销售、交叉销售、病毒式传播

"客户获取"方案和工具

客户获取方案在本质上应简明扼要、切中要害且具有战术意义。该方案可帮助企业找到有效工具，以可预测的方式将大量"优质"顾客（愿意参与企业营销活动或是在其网站、应用程序上花时间的顾客）以最低的单位成本推向"漏斗"的最宽处（见图9-2的最左侧）。

> 🌀 **注意**
>
> 仅仅阅读一遍是无法彻底了解、推动和实施本节所述的全部内容的，因为你要做的事情有很多。我们建议你先略读本节内容，再回头精读每个部分，认真思考针对你的初创企业应当采取哪些具体行动。

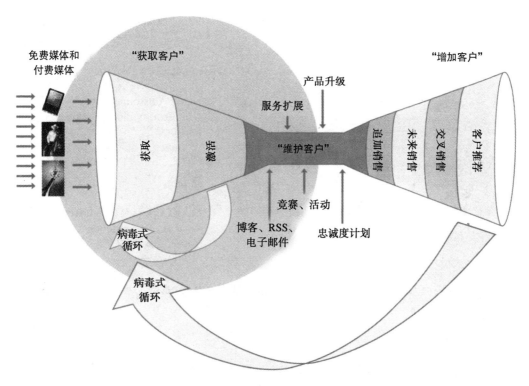

图9-2 网络/移动渠道"获取客户"漏斗

客户获取方案（见表9-7）有一页纸的篇幅，详细介绍了要测试的第一组获取活动，具体应包括以下内容。

- **人员**：推动该方案的负责人、专业技术人员；
- **内容**：描述具体战术及其组成部分（详见下面的工具列表）；
- **预算**：对第一轮测试的费用进行预估；
- **时间**：制定方案实施时间表（在表9-7的案例中，以4周作为一个周期）；
- **原因**：为每个方案制定具体、可测量的获取目标；
- **市场类型**：是不是多边市场？获取方案只涉及用户，还是同时涉及用户和买方？

需要注意的是，获取的方案和战术会不停改变，因为在客户验证过程中它们实际上只是一系列的试验。

☞ **获取的方案和战术会不停改变……它们实际上只是一系列的试验。**

在像沃尔玛这样的实体消费渠道中，营销商并不清楚消费者会看到、触摸到或是购买了哪些具体产品。但是在网络移动渠道中，消费者行为的方方面面都能得到记录、分析和优化，以达到改善销售业绩的目的。因此，你必须确保有效的方式跟踪每一位顾客对产品的反应。企业如果不提前确定有效的跟踪方式，优化获取活动就会变得非常困难，甚至根本不可能实现。

客户获取数据表样例

在表9-7中，我们可以看到一家预算较低的网络初创企业设计的客户获取方案。

该方案包括以下几个关键假设：

（1）人员：需要两名职员，一名全职，一名兼职。

（2）内容：营销战术由团队集体选择，似乎能最大限度地增加销售量（参加下一节的工具列表）。

（3）预算：该初创企业准备在这一阶段花费的资金为25 000美元。

（4）时间：此团队有4周的时间来准备启动验证所需的全部要素。

（5）原因：此团队的目标是争取30 000～35 000位顾客免费下载试用版本，并将其中15%转化为付费用户。按照该方案收入模式部分的假设，每位顾客的获取成本为5美元。

表9-7 客户获取方案和时间表样例

工具	负责人	内容	要素	费用（美元）	第4周	第3周	第2周	第1周	状态
闪电式电子邮件广告	乔	朋友/付费邮件列表	每人发送3次邮件	2 000	购买三四份测试名单；开发电子邮件平台	起草邮件内容、标题	确定创意列表（x6）	安装测试邮件系统	启动
小型商业广告条	苏	免费试用	每获取成本，广告条，电子邮件	5 000	确定网站，获取报价，广告创意	开始设计创意，测试取价价格	完成广告创意，需符合国际广播协会标准	内部/外部测试，削减PO成本	启动
电子邮件广告的每行动成本	苏	免费试用	每发送一封邮件，邮寄方可获得5美元	5 000	与邮寄方沟通，开始设计创意	利用两种邮件测试首个广告创意	精选列表，设定内部/外部测试	完成创意设计，削减PO成本	第2周开始活动
公共关系	苏	新产品信息	发布信息，样品	1 000	联系媒体，提供网络展示样品	推出更多演示样品	开展活动，博客主参与	进行采访，增加曝光率	进行中
按点击付费广告/关键字竞争广告	乔	小型企业节税	两三次测试活动	8 000	头脑风暴会议，确定竞争对手	广告文字排版（测试行业术语）	完成3次测试活动	循环	
搜索引擎优化/自然搜索	乔	优化网站	优化网站	1 000	选择供应商，尽快开始	调整文本标签	收集链接地址，持续更新	优化	优化阶段
分发传单	全体员工	向小型企业办公室分发传单	获得地址和电话号码	500	寻找低成本办公楼	拟定传单内容	分配任务给员工，雇用临时工	计划路线，打印传单	快速活动
小型商务会议	苏	小型展览/免费CD	在展会上演示广告	2 000	预定场地，寻找直营展位	计算样品CD数量和传单费用	准备指示牌，安排员工配置	邀请媒体，做好准备	参加

（6）市场类型：产品是否同时具备使用方和付费方两个市场？如果是，那么该产品处于多边市场，多边市场要求企业对每一个市场设计不同的营销方案。也就是说，企业获取用户的方式和获取广告商的方式是截然不同的（上述示例为单边市场）。

客户获取方案的指导原则

确定获取对象（客户）、准备使用的促销策略，以及具体的内容和方式（营销内容和信息）之后，接下来的工作就比较容易了，因为企业已经在客户探索阶段完成了大部分研究和规划工作。在设计获取方案之前，你可以回顾一下在商业模式画布假设部分提出并测试过的3个重要假设：

- 客户细分：企业准备接触的客户群体（这项假设可指导电子邮件、营销、广告和公关等活动）。
- 客户关系：企业接触客户的方式（这项假设可指导搜索引擎优化、按点击付费广告、电子邮件以及公关等活动）。
- 价值主张：哪些内容会激发客户兴趣，说服他们参与活动、访问网站或购买产品。

在这个阶段，企业应尽量根据最新的客户反馈，甚至根据自己的直觉更新或修改假设，因为截至目前这些假设仍不过是少数顾客认可的"最佳猜测"，还需要进一步完善和补充。此外，其他需要关注的原则包括：

- 请注意这只是一项测试，目的是找到适用于客户生成阶段的、实用且成本低廉的营销工具。因此，它不是企业成立或产品发布活动。你的目标是要获得信息而不是实现收入，应尽可能测试多种可选方案。
- 事先为每项测试确定合格指标（如"1/5 的人会点击该网站"）并监测结果。
- 营销内容应尽量友好、富有吸引力。你的工作是要吸引或邀请客户了解企业的产品、网站或应用程序，因此应尽量让顾客对产品产生兴趣（合适的话，内容甚至可以风趣幽默一些），而不是抛出一堆冷冰冰的销售词。在顾客寻找某种解决方案时，企业应当想顾客之所想，让自己的信息出现在显著和醒目的位置（想想各大论坛和网络社区是怎么宣传自己的）。

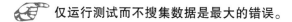 **仅运行测试而不搜集数据是最大的错误。**

- 做好充分准备。仅运行测试而不搜集数据是最大的错误。工程部门需要花费额外精力搜集所有消费者的行为数据，以便对其进行持续的衡量和优化。企业应当事先对此做好准备，因为这个问题拖到后期会很难解决。

- 不要一次测试所有项目，这样会给市场和企业造成混乱。例如，你可以在第五天开始搜索引擎优化和点击付费广告测试，两三周后再进行添加电子邮件和联属网络营销方案的测试。这样做的好处在于，对个别的、单个项目的结果进行确定和衡量相对比较容易。

- 不要在任何一项测试上花费超过2 000美元，即使在资金充足的情况下也不要超过10 000美元。初创企业在此阶段往往负担不起如此大的花销，对情况造成误判带来的风险太大。

- 当测试表现比较理想时，可增加测试投入，检测其扩展能力。例如，如果花费20 000美元的电子邮件营销广告运行得很好，企业可以投入双倍资金完善该项目，重复测试过程。

- 谨慎选择代理合作商。初创企业在早期阶段雇用公关、广告和网站代理机构具有很高的风险。在大多数情况下，这些机构擅长的是执行项目而不是开发和测试战略。因此，初创企业应尽量依靠创始人和员工来做这些工作，因为他们对产品和商业模式最了解。如果企业内部没有这类人员，可考虑雇用专门开发测试活动和营销策略的自由职业者，或是在处理特定任务（如点击付费广告、演示内容开发和其他专业技能）方面有专长的人员。

- 不要自动运行客户获取方案。你的客户激活方案必须做好准备，"紧跟"企业已获取的客户。例如，如果有一条广告语写道"今日注册即可免费获得一盒巧克力"，那么网站的后端系统必须处于运行状态，做好邮寄巧克力的准备，感谢信也应准备好随时发送给客户。如果你已经开始向顾客收费，那么所有的后端系统都必须处于运行状态，包括收据签发系统、信用卡支付系统以及客服系统等。同样，经过测试的网站和应用程序设备也必须正常运行，使用管理控制表测量通过销售漏斗的每位顾客的行为。请注意，自动获取顾客是"获取"战略中综合程度最高的部分之一（除此之外，还有激活、维护和增加等环节）。

获取方案的管理，是通过对顾客穿越销售漏斗（"获取客户"漏斗）的每个步骤进行严密监测来完成的。这种监测通常使用测量表来实现，它能使漏斗中的每一个步骤都能不断改善表现（"通过量"，指漏斗中逐级通过的客户数量），从而最大限度地"优化获取方案"。有关工具的使用将在下一节中详细描述。

实现获取方案的工具

可购买的获取工具

企业可购买和使用的客户获取工具是难以计数的，但是它们对客户的影响和效果却随着时间的推移而各不相同。客户获取只是企业根据自身能力以最低成本将大量顾客吸引至其网站或应用程序的数字游戏。基本的客户获取工具包括：

- 搜索引擎营销；
- 电子邮件营销；
- 博客主推广；
- 联属网络营销；
- 网络销售机会开发；
- 顾客奖励。

初创企业可使用网站（如 www.steveblank.com）确定客户获取最新工具和选择供应商。大多数客户获取工具我们已经在本书前面的客户关系部分详细讨论过了。

> **注意**
>
> 仅仅阅读一遍是无法彻底了解、推动和实施本节所述的全部内容的，因为你要做的事情有很多。我们建议你先略读本节内容，再回头精读每个部分，认真思考针对你的初创企业应当采取哪些具体行动。

可添加至产品中的客户获取工具

除了可购买和配置的工具之外，在产品中加入社交网络和病毒式营销组件也能开发出功能强大的客户获取工具。首先，这种客户获取方式是完全免费的，因此具备最高的成本效益。其次，这种工具的传播速度极快，与社交媒体网站和照片分享网站一样能实现高速发展。另外，新产品吸引到的第一批顾客极有可能认识其他对此产品感兴趣的人，因此会不遗余力地亲自向他们推荐这些产品、应用程序或网站。

以下是 3 种不同类型的社交网络及其对客户获取流程的推动作用：

- 用户口碑是最普遍的方式，它鼓励感到满意的顾客将新发现的产品或服务与朋友或同事分享。这种朋友间的推荐力量是非常强大的。
- 分享意味着允许他人使用并共享文章、演示样品及样本代码，从而使人们能够在社交媒体和 RSS 上转发和使用这些内容。
- 直接网络效应指那些希望与朋友分享照片、拨打免费电话和免费视频聊天的人，同样需要朋友使用这些服务，因此会积极邀请朋友加入。

为测试产品是否符合市场需求，初创企业最好问早期客户这样一个问题："如果按 1～10 进行评分（10 分为最高分），你会为这个产品的好友推荐指数打几分？"如果你的产品得分达不到 9 分或 10 分，那就不具备口碑效应或网络传播效应。

有些产品本身就具有病毒式传播效应。

有些产品本身就具有病毒式传播效应，有些则不具备，还有些可通过设计开发出病毒式传播效应。例如，在 Gmail 系统发送的每封邮件结尾都有这样一句话："请邀请（收件人）使用 Gmail。"它使用的是电子邮件的"发送"过程来扩大影响网络和 Gmail 的用户群。

初创企业应抓住一切机会，鼓励早期客户或访问者向朋友或同事推荐自己的产品和公司。和很多网络营销商的做法一样，你可以给他们发送宣传材料（如电子邮件、邮件式链接或展示样品），还可考虑奖励他们的推广行为。如果使用得当，这项策略极具成本效益和可信度，这在很大程度上是因为，由好友发送的营销内容往往意味着一种品质保证。

企业应当开发简单的程序或链接，让早期访问者或顾客能够在 Facebook 页面轻松地"关注"产品或是使用微博推广产品和公司信息。此外，创建 YouTube 视频和其他共享式内容也能鼓励客户探索企业产品。通常，人们会积极回应朋友对某事物的好恶评价，和在电子邮件或广告中所看到信息相比，他们更愿意去探索朋友推荐的产品。企业应尽量在 Facebook 和其他相关社交网站，寻找一切机会提供有关公司、产品和用户的信息；应向潜在客户提供其感兴趣且有价值的信息，而不是纯自助性的信息。

企业可能还需要考虑开发独立内容（如网站或博客）专门介绍其产品、服务及其解决的问题。例如，某游戏初创企业可创立一个专门提供"通关秘籍"技巧和提示的网站；某销售束胃带的医疗器械公司可建立一个介绍减肥信息的网站。

实现激活方案的工具

虽然在上一个步骤，即获取阶段，企业已经将潜在客户吸引到了"门口"（网站主页或登录页面），但真正让客户注册账号、下载免费或付费应用程序、点击页面、试玩游戏或是在网站发帖的是激活阶段。无论怎样吸引客户，激活仍是销售漏斗的关键点，因为客户是在这个阶段和企业或产品建立联系，成为其会员、用户、订阅户、玩家或买家的。无论是否要求他们分享信息、试玩游戏、参加活动或订购商品，激活阶段都是首次访问者必须跨越的门槛，只要经过了这个阶段，他们就会成为网站或应用程序的活跃用户。网络/移动渠道"获取客户"激活活动如图 9-3 所示。

在客户激活阶段，用户自行决定是否与企业建立联系或购买其产品，他们往往会在几秒钟之内就做出决定。因此，你的网站主页或登录页面必须快速激活刚获取的"看客"，把他们转化成为买家、用户或试用者（激活步骤有时也会出现在应用程序网店，通过电子邮件或电话等途径实现，见图 9-4）。如果企业无法一次性实现客户激活，理想情况下至少应说服他们注册账号，以便后期说服他们试用产品、参与活动或做出购买决定。

通常情况下，访问者对第一次打开的页面实际上知之甚少。以下是访问者刚打开一个新页面时的想法，我们可以通过这个简单的例子来说明初创企业怎样才能激活客户：

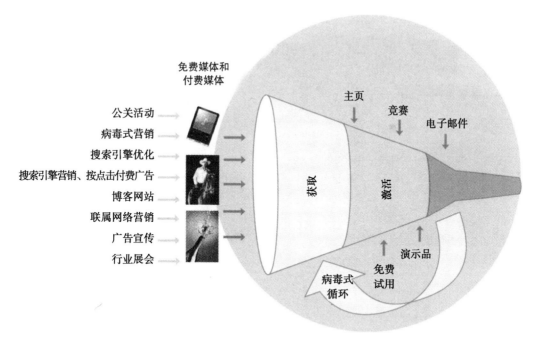

图 9-3　网络/移动渠道"获取客户"激活活动

- 我为什么会打开这个页面？他们想让我购买这款新出的多人在线游戏。

- 这个页面有什么特别之处？哦，这里有功能列表及购买理由说明。

- 我怎么知道这个游戏到底好不好？看，这里有游戏演示、推荐和用户评语。

- 我从哪里才能了解到更多信息呢？哦，这里有免费试玩按钮、更多信息等内容。

- 接下来呢？它们想让我怎么做？哦，点击这里可以试用、购买或注册。

激活方案开发指导

在客户验证阶段，激活方案其实只是一个测试方案，是对首页/登录页面各项关键内容进行内外部测试，如颜色、文字、促销活动及导航信息等。在估计和猜测的基础上开发激活方案没有问题，重要的是应根据测试得出的客户反应对方案进行快速迭代。

是在登录页面上打上醒目的"免费试用"字样，还是不动声色地让客户付费使用？"马上购买"按钮是该优雅地置于网页顶端，还是设计成亮橘色，放在右下方的角落里？动画演示版本是否比简单的图片更容易激活用户？可以说，几乎任何一个网站的首页都有

图9-4　激活过程往往始于登录页面

几十甚至上百个需要考虑的变量，企业必须进行多次测试以确认最终结果。在这个问题上，企业外部的信息建筑师和专业设计师能发挥重要的帮助作用。他们了解可用工具的范围以及在这个高度创新的领域有哪些最能吸引眼球的新招数。

企业可尝试的工具、技巧和变量有很多种，很难预测哪些会更有效。正因为如此，企业必须按照之前讨论过的"测试、衡量、调整"的方法，不断对方案进行测试和衡量。

以下是客户激活方案应包含的几个方面：

- 两种不同的行动步骤：激活过程既发生在登录首页时，也发生在退出首页时，因此必须对待测试的"获得"活动开发两套不同的方案（例如，向新注册用户每人发放一份奖品）。

- 初次/二次测试：这是客户探索活动，你要对激活过程进行小型测试。每一种激活活动至少需要测试两次，以便确定能带来最多用户或顾客的活动。企业至少要确定前两次测试的结果。

- 合格测试：每项测试都应具备"合格指标"，即用于定义"成功"测试的期望值。企业应在经验、尝试和研究的基础上，确定可判断实验是否成功的具体指标。

激活方案案例

大多数的激活都发生在首页或登录页面，企业应尽可能吸引已获取的用户或顾客访问网页，努力让他们点击网页内容、注册个人信息、发表评论、玩游戏或购买产品。

👉 **对激活过程来说，网站首页即展开行动的地方。**

虽然对激活过程来说，网站首页即展开行动的地方，但企业还应通过其他方式与那些对产品产生兴趣的人继续保持联系，比方说向他们发送后续跟踪电子邮件。

表9-8是某社交网站客户激活方案的案例，介绍了如何向新的高尔夫球会员提供或征求改善球技的方法。在这个案例中，由于企业面对的是多边市场，其激活目标包括一些非货币行为，如用户注册、邀请朋友加入、提出问题或回答问题等。

表 9-8　高尔夫球爱好者社交网络激活方案示例

网站首页功能	第一次测试	第二次测试	合格测试
"现在加入"按钮	按钮太大且不美观	改变颜色/增加闪烁效果	>8% 新改善
现在发表评论	使用更大的按钮/文本框	设置弹出窗口	3% 用户发表评论
"更好的高尔夫"演示	占据页面100%篇幅	更大的绿色文本框	>5% 新注册用户
"查看今天提示"	出现在网页上	点击查看	>5% 新注册用户
现在加入即可免费获得高尔夫球	3 个高尔夫球	6 个高尔夫球	>25% 新注册用户
"终身免费"	动画效果/链接到注册页面	显示每年 29 美元的价格	10% 的访问者注册

（续）

离开首页后	第一次测试	第二次测试	合格测试
3 封后续电子邮件	"终身免费"	免费获得 3 个高尔夫球	>8% 或 >25% 的改善
电话跟踪	感谢访问	今天注册可获得高尔夫球	>20% 客户转化率
商机开发网站	邀请访问/无优惠	注册即可获得高尔夫球	>8% 或 >25% 的改善
高尔夫电台广告	每日一则小提示	今日发布一则提示	用户每发布一则可得 1 美元
锦标赛赛事广告	获取/发布提示图片广告	您有机会赢得 5 000 美元大奖	用户每发布一则可得 0.5 美元
向高尔夫俱乐部发放传单	发布信息赢大奖	加入并获得大奖	用户每发布一则可得 0.5 美元
向邮件列表用户发送电子邮件演示内容	发布提示赢大奖	加入即可赢得大奖	用户每发布一则可得 0.5 美元

激活方案使用的工具

客户激活过程既发生在登录首页也发生在退出首页时。针对这两个方面，我们分别列举了值得考虑的主要工具。

首页或登录页面

登录页面本身已提供了多种推动激活的方式，其中包括内容、界面、外观及导航等。除此之外，以下激活工具也能发挥作用：

- 产品演示；

- 免费试用；

- 客户联系工具；

- 动画。

非首页获取工具

网站首页虽然是最主要的激活工具，但其他一些工具也值得考虑，如：

- 电子邮件序列；

- 价格/奖励手段；
- 传统工具。

首页或登录页面：从内容、界面外观和功能开始

好的登录页面与在线宣传手册大不相同。登录页面的目的是邀请顾客"马上激活"，努力引导顾客查看产品、与企业联系，或是做出购买行为。这一切都是在瞬间完成的，往往只需要几秒钟的工夫。如果企业无法在这个瞬间把客户吸引住，他们只需动动鼠标就会永远消失，企业前期花在获取阶段的费用也会白白损失。开发首页或登录页面包括以下 4 个重点：

（1）内容：网站是否在多处出现客户需要的促进其做出"激活"决定的提示信息（例如，每个页面都设计有"马上加入"字样）？这些信息的表达方式是否友好，内容是否丰富，是否有吸引力？

（2）界面外观：网页界面能否引发受众共鸣？例如，对商业应用程序来说，网站界面应该显得"专业"；对于金融网站来说，界面应该显得"严肃"；对于青少年类或销售滑板产品的网站来说，界面应看起来很"前卫"。你的产品界面是否符合地区人口特征，是不是所在国人民喜闻乐见的风格？

（3）功能：什么样的工具、部件、配置、演示材料或其他设备能快速吸引顾客，让他们愿意试用和体验产品，对产品的价格、可节省的时间或游戏方式产生兴趣？

（4）导航/结构：你的网页信息是如何组织的？是否便于访问？用户想要完成高价值任务（如排序或搜索）是否简便？

以下是针对上述各个方面的提示。

首页或登录页面的内容

- 网页应透露用户的访问原因。用户访问网站首页或登录页面的方式有很多种，如通过点击链接、电子邮件或好友推荐等，但作为企业不能自以为用户清楚其访问目的。为避免访问者迅速放弃，你可以用"欢迎访问排名第一的在线游戏门户网站"这样的语言欢迎他们，同时说明网站的用途。

- 统一电子邮件、广告和其他可促进顾客访问网页的工具中的语气表达。使用类似

的措辞（以及界面外观）强化访问者的信心，让他们相信自己找对了地方。

- 制定明确的行动口号。行动口号即企业的"推销辞"，用于引导客户按企业期望的目标行动。它应当反映客户验证第一阶段开发的具体定位，如"马上购买""注册"或"报名参加研讨会"等字样。你可以在网页中尽可能多地使用行动口号，但务必要表达清楚。企业必须明确告诉访问者要做什么，以及这样做为什么会为其创造价值。登录页面应始终满足以下要求：

  ➢ 向用户阐明产品能解决的问题、对于用户的重要意义以及为什么值得他们关注；

  ➢ 说明产品易于使用和安装；

  ➢ 清楚解释如何使用产品；

  ➢ 快速提供证据以证明产品效果，可使用用户留言、竞争对手分析、演示材料等方式。

  行动口号在首页或登录页面上以 3 种形式出现，分别是超链接、按钮和表格。它们的表现方式必须非常引人注目，让每个访问者都能一眼看到。企业应突出那些对激活或购买行为最有利的产品特征，并提供简单的方式以帮助客户了解更多的相关信息。

首页或登录页面内容开发指导原则

- 鼓励顾客"体验内容"。千万不要把登录页面当成宣传册。只有当它鼓励客户参与、试用或购买产品时，它才发挥这一作用。网页中所有内容的目的都是邀请客户参与，而企业设计的内容应明智地利用标题、图片和文字来实现这一目的，其中包括在正文部分不时嵌入"马上试用"之类的文字链接。

- 提供多种行动口号。如"马上购买""了解详情""下载企业白皮书"和"联系我们"。注意让其中某个口号处于最显著的位置，通常这个口号往往是企业最想实现的目标。

- 言简意赅。网站访问者都是没什么耐性的临时访客。由于其关注时间非常有限，企业必须在他们决定退出之前简明扼要地提供信息。通常，最好的行动口号都不超过 10 个字，而且要选择清晰易读的字体显示。

- 内容要具体。最强有力的页面要素应当是客户验证第一步开发的核心产品定位说明，企业应简洁地告诉用户购买及使用该产品的原因。

- 在登录页面上使用大胆的图片来推广移动站点。

- 利用竞赛、促销和抽奖活动鼓励用户的手机下载行为。这些推广形式对互联网用户和初创企业都具有很高的价值，用户可以立即兑换奖品，初创企业可以根据反馈随时测试并调整营销内容。

- 管理内容清单。网页的内容应当为企业建立信誉，显示出企业的稳定性、确定性，随时准备开展业务。因此，初创企业网站的登录页面应为访问者提供以下信息：

  ➢ 产品详情及解决方案信息；

  ➢ 顾客名单及成功案例；

  ➢ 顾客来源及支持；

  ➢ 供应商合作伙伴；

  ➢ 企业背景；

  ➢ 最新消息和活动；

  ➢ 企业联系方式（邮寄地址、电话和电子邮件）；

  ➢ 企业的隐私政策。

界面外观

首页和登录页面的设计应力求影响最大、疑惑最小。不管用户的目的是订购、发帖、玩游戏还是购买产品，都要为他们提供推动"激活"行为的多种方式。企业应尽量使用数量较少、风格明快的设计元素，同时要注意不同国家的文化差异（以下建议以美国文化为例，美国用户希望网站页面看起来简洁大方）。有些国家的用户希望能在网页上看到更多的设计元素，这样的设计西方人也许会觉得比较杂乱。

- 保持页面简洁。不要使用太多干扰行动口号的元素。

- 只关注某一则促销信息并尽力推广。网页应凸显促销信息的重要性，利用多种元素进行衬托，使其引人注目，然后配以"免费下载试用"或"本月特价"之类的文字。

- 保留大量空白。拥挤的页面很容易让人倒胃口，大量图形元素（图片、文字、按钮等）会让用户觉得厌烦。

- 运用视觉效果。不要只依赖文字来吸引用户注意，可使用图片、视频、演示或图表等多种元素加强视觉效果。网页浏览者的注意力的持续时间非常短暂。应尽量保持图表、图形简洁大方。谨慎使用动画。

- 加强互动。网站允许顾客与企业品牌进行互动，这是其他媒体做不到的（如果网站没有使用此类工具，那么说明企业尚未充分发挥网站的作用）。

- 使用大按钮。像"下载""马上购买"或"注册"等按钮应使用有趣的图形化按钮，大小合适且容易引起注意。

导航内容开发的注意事项

导航内容的开发有两点最重要，即信息组织要有逻辑，完成任务的路线要最短。

"友好"的导航可为用户提供通往行动口号的不同"路线"。这些路线可能把用户引向内容演示、顾客证明、企业白皮书，或是产品特征列表。由于没人知道用户下一步想做什么，这就要求每条路线都能轻松地将顾客引到"马上购买"或其他行动口号上。

令人困惑的导航内容对企业有百害而无一利，它往往会提供太多的选择、令人眼花缭乱的按钮、复杂的文字链接和大杂烩式的信息，让客户无所适从。显然，这种情况会导致很高的访问放弃率。

网站整体功能

- 利用各种工具邀请客户参与。视频、动画、演示、配置以及其他设备应为顾客提供获取产品信息的多种方式，用户可任选其一。例如，"开始了解（我们的产品）""马上开始游戏"以及"预测你退休后的需要"都是典型的邀约，而且每一个都比"阅读全文"或"欢迎了解……"这样的表达更有吸引力。下面我们来举一些例子：

  ➢ "输入你的年龄，只需回答 3 个问题就能了解本保险的优惠程度。"

  ➢ "点击此处欣赏我们网站在 Facebook 上的好友照片。"

  ➢ "选择你的角色并开始与他对话。"

  ➢ "马上在你周围寻找中意的单身女性。"

> ➤ "你最喜欢哪种高尔夫球？点击此处了解更多折扣。免邮费哦！"

- 利用演示材料鼓励用户了解产品，向其展示产品特征及易用性。确保演示材料比幻灯片文件更具吸引力（不过长度别超过 1 分钟）。条件允许时，邀请用户试用产品的实际功能组件，例如，"在这里输入数据"或"免费试玩版"。注意，演示内容应在客户被引导至行动口号处截止。

鼓励用户了解产品，向其展示产品特征。

- 提供免费试用。注意不要把"免费 + 增值"定价策略与免费试用混淆，免费试用可限制免费版本的功能和使用期限（如"免费试用两周"）。随后，企业可通过一系列电子邮件介绍产品特征，提供使用建议或是陈述购买理由。当顾客对产品产生兴趣时，接下来企业就可以展开电话销售了。

- 点击此处与我们联系。此类内容特别适合商务型或付费订阅网站（对免费 + 增值模式或多边市场型初创企业来说成本可能太高），它可以向潜在客户提供不同的方式与企业取得联系。此类内容可以是简单地点击链接，点击后系统可自动生成发往企业销售部门的电子邮件，也可以是要求填写更多信息的申请表或是显示销售人员的电话号码。许多商业网站都使用实时语音和聊天软件快速与潜在客户取得联系，以达到提高激活率的目的。

- 使用动画效果。互动式配置、计算器、动画演示、微型站点和很多其他设施都能让产品焕发活力，成功吸引客户关注。这些外部资源都能在网上找到，开发费用也不高。一些网站还会推出简短的欢迎视频或无声的动画演示内容，用户一进入网站就会自动加载，不过没有客户的允许，它们不会自动播放（这样会惹恼访问者或是让他们掉头离开）。注意，动画内容的使用要有节制，因为并不是每个客户都喜欢这种表现形式。

- 引入源驱动页面。你可以创建多个登录页面，并且根据用户来源配置不同的页面。例如，"欢迎你，雅虎用户"肯定会增加访问者的好感和点击率；反之，如果向 Gmail 用户或是在不同的登录页面体现同样的信息，如"雅虎电子邮件客户优惠待遇"，显然会让 Gmail 用户觉得非常不爽。

☞ **如今，鼓励顾客采取行动的软件工具，已经形成一个庞大的行业。**

如今，鼓励顾客在企业网站上采取某种行动的软件工具，已经形成一个庞大的行业。不断有新的首页工具被开发出来，有些越来越受欢迎，有些则逐渐退出市场。在这个领域，只要花一点时间在网上搜索，就能找到最新开发的工具。此外，自由职业者或小型机构的专家在激活测试领域也能发挥重要作用（不过，作为初创企业，你的目标不是运作大型项目而是做小型测试）。对此有需求的初创企业，可在 www. steveblank. com 寻找最新的相关工具。

除了首页，其他需要考虑的客户激活工具

（1）电子邮件序列。想要获得潜在顾客的电子邮箱地址并不容易，他们知道如果在注册信息时填上邮箱，很快就会收到企业的推销邮件。因此，企业应当把顾客的电子邮箱地址当作宝贵财富，因为他们是乐意接受销售信息的潜在客户。在利用邮件进行营销时，企业需设计 3 封连续邮件，在介绍产品和特征时兼顾表达的简洁性和热情度，同时强调价值主张中的关键要素。每一封邮件应强调不同的产品特征或购买原因，如果有可能，应根据注册用户的来源对信息进行定制（如根据推荐网站以及网站上的位置）。每一封邮件应包括多个行动口号，使用文字链接和可视化图形按钮方式展现，同时附上相关信息，以及操作简单的退订方式。此外，企业应综合使用 HTML 邮件和文本邮件，因为许多邮件服务器会拒收 HTML 邮件。

（2）价格/奖励。如同第 3 章收入模型假设部分所述，定价也可以作为一种客户激活工具，如免费试用、免费 + 增值模式、特别优惠或批量折扣。为了避免影响企业收入，可以在潜在客户拒绝购买全价商品后，在后续营销活动中向其发送特别优惠信息。

（3）传统工具。说到激活客户，千万不要忽视传统的非数字营销工具。竞赛（如"赢取 500 英里飞行里程积分"或"获取免费手提袋"）和抽奖（如"你将有机会赢得一次免费旅行"）是两种经常使用的客户激活手段。电话销售也是激活已注册用户的有效工具。直邮有时候是成本效益很高的客户激活方式，效果和传统的媒体广告一样出色，而且你还可以在邮件中使用条形码。

不管使用哪种工具，企业都必须在客户验证阶段进行测试，衡量其激活效果以及每项激活活动的最终成本。你应当将传统的用户激活方式和网络激活方式进行对比，根据单位激活用户的最低成本不断对活动方案进行优化。如果测试在可控范围内有效，接下来可以扩大测试范围，检测活动是否具备可升级性。

管理激活方案

对激活测试步骤进行全封闭管理是至关重要的。在下一步的优化环节中，我们将讨论如何使用控制表分别衡量每一种激活活动的表现和成本效益。不过在此之前，我们首先要了解一个简单的用于监控激活活动的漏斗模型，如图9-5所示。

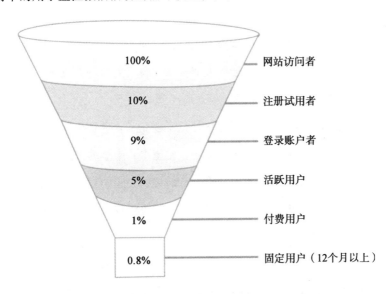

图 9-5　"简单激活"漏斗模型

潜在客户激活流程的每一步，都会受到这一漏斗模型的监控。在这个案例中，只有10%的网站访问者注册并免费试用产品。更糟的是，在这些访问者中只有9%被成功激活，成为产品使用者，而在这9%的使用者中只有很少一部分成为产品或服务的活跃用户。这个简单的案例表明，企业必须吸引几百万的免费试用者注册才能最终形成数量足够多的活跃用户，这的确是一项非常艰巨的任务。

做好销售准备： 聘请销售内行（实体渠道）

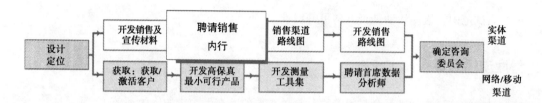

在大多数初创企业中，创始团队都是典型的以产品为导向型的人才，很少拥有专业销售人员。企业创始人虽然能自行发现早期支持者，但他们往往缺乏将这种关系转化为订单的技巧和经验。随着销售工作的启动，现在需要判断的是创始团队中是否有人具备实现销售的必需经验。比方说，创始团队中是否有人懂得如何与买家或采购经理进行谈判？是否有人能和首席财务官商议交易条款？创始人能否依靠自己的力量完成第一笔销售？如果这些问题的答案都是否定的，那么就需要考虑聘请销售内行了。

销售内行并不是销售副总，销售副总总是急于建立和管理一个庞大的销售团队。优秀的销售内行应具有闯劲，热衷于开发早期市场，希望得到丰厚的报酬，但是对建立销售团队不感兴趣。一般来说，销售内行都是经验丰富的初创企业销售人员，他们不仅在目标市场上人脉广博，还拥有极强的聆听力、模式识别力及协作技巧。他们喜欢寻找新市场并完成交易，不喜欢整天待在办公室里。

虽然销售内行是客户验证流程中不可缺少的，但创始人和首席执行官仍需积极地引导整个过程。总的来说，创始人和销售内行是整个客户开发团队的核心，他们的工作是获取足够的信息以建立销售渠道路线图。客户验证环节如果缺少销售内行会阻碍进度，此时，企业就应该聘请销售内行了。对于安排会谈、推动后续会谈以及完成交易，销售内行的作用是无可估量的。不过，销售内行绝不能替代创始人走出办公室接触顾客。

做好销售准备： 开发高保真最小可行产品（网络/移动渠道）

⇨ 客户探索流程使用两种最小可行产品快速测试并对产品原型进行迭代开发，以了

解客户的问题、需求及解决方案。最小可行产品在客户探索阶段的目标并不是销售，而是要获得客户的反馈意见。

这一步测试的是高保真最小可行产品。高保真最小可行产品比客户探索第三阶段的产品特征更明显，功能更完整。但它仍不具备最终产品的所有特征和功能。为什么说它是高保真产品？这是因为，客户验证阶段会邀请更多用户接触产品以测试客户获取和激活战术，高保真最小可行产品的使用可改善测试结果，而访问者并不知道他们所看到的产品其实是尚未完成的，尽管这种情况经常发生。

那么这种尚未完成的产品看起来究竟如何呢？它可能是一个只有 5 关的多人游戏，而不是最终呈现的 20 关或 50 关；如果是社交网络，它的功能会受到限制，例如，无法分享照片和用户所在位置，但是能方便进行互动和导航；如果是网上鞋店，它可能刚开始只提供女士休闲鞋，或是无法提供所有的鞋码，但是能提供极好的电子商务体验。如果这些功能还不能满足客户验证测试的需要，可考虑在网页上强调"即将推出"的新功能。不过，新功能的推出不必过分醒目，因为现在企业的目标是试售最小可行产品，而不是给顾客理由等待新产品。

请注意，高保真最小可行产品并不是奇迹般地出现的。正相反，它是自企业创办伊始就通过持续部署和持续对产品与特征进行改善的结果（这也是企业无法采用瀑布模型开发法进行客户开发的原因之一）。完成客户探索第三阶段后，产品开发团队必须不断对产品进行迭代、部署、测试和改善，否则根本不可能开发出高保真最小可行产品。

接下来，企业必须使用测试工具对高保真最小可行产品进行测试，提供客户流和产品行为数据，以便企业进一步开发商业模式和产品。企业应确保各项测试指标、仪表和计量设备运行正常，然后着手进行测量。你可以把这些用于软件应用程序的测试设备想象成计量器，或是商业模式画布上的画图工具，它们都能为企业提供有关应用程序的信息。

做好销售准备： 销售渠道路线图（实体渠道）

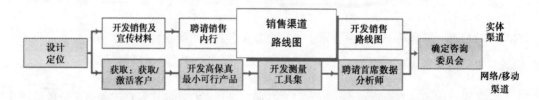

销售渠道路线图这一节假设在客户探索过程中，你的团队已经评估过各种销售渠道选择，并将重心放在其中一个特定的销售渠道上。

☞ **将重心放在一个渠道，不要同时关注太多渠道。**

如果你无法确定选择的渠道是否正确该怎么办呢？没关系，这仅仅是一个测试。不要同时关注太多渠道，也不要一次性测试多个销售渠道，不管是直接销售、连锁店还是邮购，都应该首先把重心放在一个渠道上。根据对这个渠道的测试结果，后期再逐渐添加对其他渠道的测试。不过这一原则也有例外：利用企业网站直接向最终用户销售产品的公司需要进行两个渠道的平行测试。

销售渠道路线图的元素有：

- 渠道"食物链"；
- 渠道职责；
- 渠道折扣和财务；
- 渠道管理。

渠道"食物链"

对于销售渠道来说，连接企业和顾客这两个群体的是"食物链"（例如，销售副总—销售代表—经销商—零售商）。食物链描述了这个链条中的各个环节，以及这些环节与企业之间和彼此之间的关系。

下面我们来举一个例子，说明图书从出版公司经过电子书网站到达顾客的食物链，如

图 9-6 所示。

图 9-6　电子书直销出版食物链

不过，通过传统实体渠道销售实体书籍的食物链就复杂多了，如图 9-7 所示。

图 9-7　图书出版实体渠道食物链

为了做好销售准备，企业可开发渠道食物链的可视化演示手段，该食物链应包括以下环节：

- **全国批发商**：存货、挑选、运输和收款，然后根据订单向出版商支付货款。批发商能完成订单，但不能创造需求。
- **经销商**：利用自身销售队伍将图书销售到连锁书店和独立书店。经销商完成销售，但书店的订单实际上是与批发商签订的。
- **零售商**：这里是顾客能够看到和购买图书的环节。

回顾渠道假设，检查你的渠道食物链图中还需要添加哪些要点。

渠道职责

渠道职责图描绘了复杂销售渠道中的各种关系。企业应在图中添加对各种职责的文字说明，用于描述随附的"食物链图"。渠道职责图能帮助团队中的每一个人了解为什么选择该渠道以及该渠道能为企业带来什么。

初创企业常犯的一个错误是认为渠道合作伙伴会在创造客户需求方面下功夫，实际上大多数合作伙伴不会这么做。如图 9-8 所示，图书批发商所做的事情只是储存和运输图书，不要想当然地认为他们会承担更多的责任。经销商也一样，他们与书店签订订单，在某些情况下可能会向书店推销图书，但是绝不会把顾客带到书店去买书（不幸的是，如今大多数出版商也不再创造需求了）。

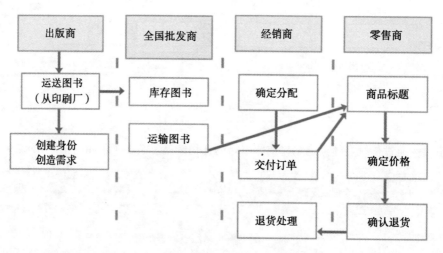

图 9-8 渠道职责图

渠道折扣和财务

渠道食物链中的每个环节都会耗费企业资金，因为每一层的服务商都要收费。在大多数渠道中，这些费用会以价格表的百分比，或是根据消费者支付的零售价格来计算。要了解资金是如何从客户流向企业的，首先要计算每一个渠道环节要求的折扣。继续以图书出版业为例，我们可以设计一个说明图，详细说明每一个环节要求的折扣。

如图 9-9 所示，一本零售价为 20 美元的图书，在其他合作商获得相应利润之后，出版公司可得到 7 美元。从这 7 美元中，出版商必须支付作者版税，为图书做市场推广，支付印刷装订费用和管理费，然后才能得到利润。在顾客所支付的 20 美元中，作者拿到的只有 1～2 美元。难怪现在很多作家跳过传统印刷环节，直接出版电子书了。

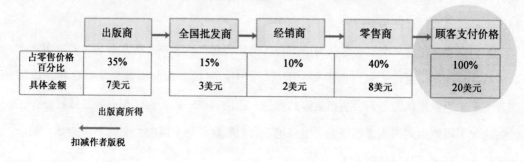

图 9-9 渠道折扣

渠道折扣只是研究资金如何在复杂销售渠道中流动的第一步。例如，在图书销售和其他很多渠道中（如软件、媒体等），销售都是以委托方式进行的，零售商享有 100% 的退货权。这就意味着你的产品（如卖不出去的图书）会全部退还给公司（更让人无语的是，企业还必须为退回的产品支付运费）。为什么说这是一个问题呢？原因在于，初创企业常犯的错误是往往将卖给销售渠道（在这个例子中指全国批发商）的产品登记为收入。然而事实的真相是，渠道合作伙伴的订单并不意味着最终用户已经购买了商品，它只意味着批发商希望如此。

此外，一些渠道还有存货周转退回的规定（如过期食品、旧版本的软件或硬件），要求企业退回一部分（或者全部）已经"卖出"但又被退回的产品的津贴。

渠道财务方案应包括对渠道各环节之间财务关系的说明（见图9-10）。

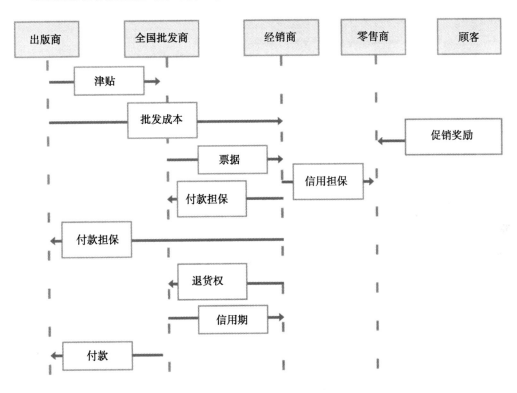

图 9-10　渠道财务关系

渠道管理

虽然每家企业的目标都是与管理有序、精心挑选的销售渠道合作，但是误选渠道或无法控制渠道往往会导致惨淡的销售以及意料之外的渠道费用。像使用网络渠道进行销售，你必须监控渠道的库存水平以及渠道内和渠道外的销售情况。在直销渠道中，销售过程简单明了，只有当顾客订购时商品才会离开企业。但是在间接销售渠道中，最大的风险是不知道最终用户的需求到底有多大。为什么这么说？原因很简单，企业只和距离自己最近的销售环节保持直接联系。如果企业想通过渠道合作伙伴的报告来了解有多少产品进入了销售渠道，有多少产品被顾客实际购买，但遗憾的是这些报告往往提供的是几个月前的数据。此外，还有一个风险是"填塞"间接渠道的诱惑。它指的是，企业希望某个渠道环节订购远远超出合理预计销售量的产品。这种做法会导致暂时的、虚假的销售通胀，随之而来的则是一场巨大灾难（对上市公司来说可能引发法律诉讼）。这些潜在的问题都需要被记录下来，在渠道管理方案中进行讨论以避免不必要的麻烦。

多边市场

多边市场在网络移动渠道中比较常见，但也存在于实体渠道中。医疗器械行业就是一个很好的例子，它拥有一个"实体"渠道和复杂的多边市场。例如，人工髋关节产品的使用需要美国食品药品监督管理局的批准，经过医生推荐，通过手术最终安装到患者身上。这个产品虽然是由医院购买、由外科医生安装的，但实际费用却是由保险公司支付的（见图9-11）。

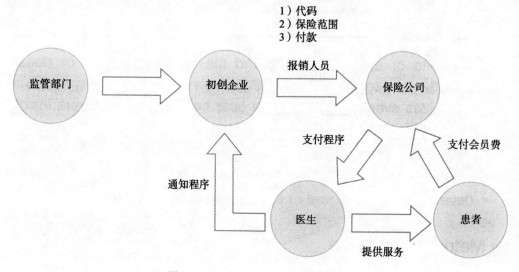

图9-11　一个复杂的多边市场渠道图

在这种情况下，如果只关注患者、医生或医院，不了解谁是费用支付方以及如何进行报销，对企业来说必然是个致命的失误。因此，多边市场中的初创企业必须验证渠道假设中的每一个市场。

做好销售准备：开发测量工具集（网络/移动渠道）

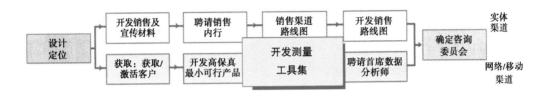

⇨ 网络/移动业务从始至终都需要关注数据的搜集、分析和优化。网络移动初创企业的转化漏斗可在产品的整个生命周期中对客户进行监控。这是一种永不休止的过程，推动着漏斗中从"兴趣"到"购买"之间每个步骤的测试、测量和优化活动。换句话说，它体现的是一个 24 小时不停的"尝试、测量、调整"过程。

网络/移动业务从始至终都需要关注数据的搜集、分析和优化。

你应当为企业开发的产品配备测量手段，衡量用户对网站或应用程序上的每次点击、点击的来源以及接下来会导致哪些用户行为。因此，管理团队应随时准备好各种测量工具，以便总结各种关键具体的用户行为，为推动业务持续改善提供见解，预见趋势。在开发测量工具集时，有两个方面需要注意：

- 确定需要测量的关键业务的指标；
- 开发测量工具或系统以搜集和监测数据。

需测量的关键指标

早在互联网诞生之前，在 19 世纪的美国费城，有位名叫约翰·沃纳梅克的零售商就曾总结过将近两个世纪后网络/移动营销商将要面对的问题。他说："我知道我浪费了一半的广告预算，但不知道浪费的是哪一半。"在网络/移动渠道中，监控这一过程要比沃纳梅克那个时代使用的报纸和电台广告等媒体要容易得多，因为如今每一次点击和顾客行为都会被准确地记录下来。可以说，确定要测量的内容正是展开测量程序的第一步。

你可以根据客户关系假设找出商业模式中的成功指标。最好将这些指标的数量限制在10个左右，然后对其进行优先级排序，只测量那些可实施和能够得到改善的指标。换句话说，你可以这么思考问题："这些指标能在数量、速度、成本和质量方面带来多大的进步？"

- 企业获取了多少客户，其中有多少已经被激活（反之，企业失去了多少客户，是在购买过程的哪个阶段失去的）？
- 客户获取速度有多快，激活速度又有多快？是在客户浏览了 1 个网页之后，还是在浏览了 20 个网页之后才将其激活？
- 每位客户的获取和激活成本分别是多少？
- 企业获取的客户质量如何？他们是活跃用户、回头客还是毫无黏性的访问者？

考虑到连续性，企业应采用组织销售漏斗的方法来组织测量指标，即通过获取和激活指标进行测量（见图 9-12）。

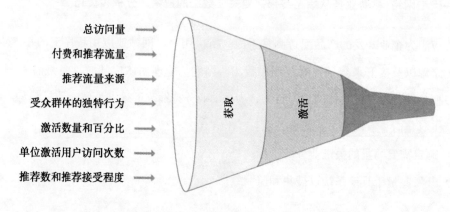

图 9-12　"获取客户"漏斗在网络移动渠道中的测量指标

获取指标

- 按照访问者的类型、访问时间段、来源和页面浏览量测量访问者总人数；

- 按照访问者来源以及单位用户获取和激活成本，测量付费和推荐流量的转化率（吸引一个访问者或用户使用了多少链接广告或广告条，花费了多少费用）；
- 根据访问者的不同来源测量推荐流量的数量和百分比；
- 对所有顾客进行细分，测量每个子集或细分市场的独特行为或行动。

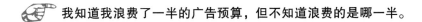 **我知道我浪费了一半的广告预算，但不知道浪费的是哪一半。**

激活指标

- 客户激活总数以及每小时、每天或每周激活数在获取量中所占的比例；
- 激活用户的数量和百分比，追溯至最初来源；
- 访问者中最终激活的用户数量、百分比和单位成本，可根据用户质量测量（如活跃用户、购买大量产品的用户、购买少量产品的用户和不活跃用户），如果可能的话最好是根据用户来源进行统计；
- 访问数量、页面浏览量、单位激活用户推荐数量，可根据用户来源和成本测量。

激活指标也需要捕捉用户行为来评估和改进。典型的行为指标包括产品下载人数，以及以其他方式激活、注册或是经过几次访问浏览之后参与企业互动的人数。

企业需要留意监测的，是那些已经接受激活动作（如观看了演示材料）但没有被激活的客户，以及那些在登记或注册过程中突然放弃的客户。我们想再次强调，类似的情况可能有很多种，因此企业一定要小心，不要测量那些团队无法管理或无法有效提高的情况。

这里所列举的情况只不过是冰山一角。你应当把注意力集中到能帮助你了解客户行为，能有效推动获取和激活流程并最终带动收入的情况（见图9-13）。

推荐指标

推荐指标之所以如此重要，是因为现有用户的推荐是拓展新客户来源最具成本效益的方式，主要的推荐指标有：

- 用户推荐数量和百分比；
- 从现有客户推荐潜在客户的平均数；

- 推荐接受率。

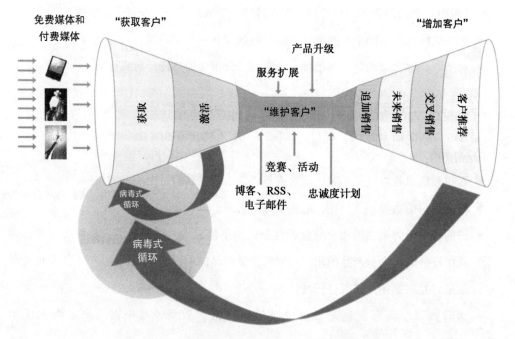

图 9-13　"增加客户"推荐通过"病毒式循环"实现

　　企业应评估推荐奖励机制，确定哪种奖励机制最能鼓励新用户积极推荐他人以及降低推荐活动的单位成本。

　　在客户验证过程的这一阶段，操心如何维护客户还为时尚早（第二阶段对此有深入讨论），因为企业关注的前期重点是如何获得首批客户。因此，在设计策略指标体系时，企业必须确保该体系能适应后期用于测量客户维护和推荐活动的指标，其中包括我们在第二阶段详细说明过的用户群体。

使用测量表或测量系统搜集并监测数据

　　初创企业的前途是否光明，取决于其客户获取、客户激活和客户维护三方面的数据做得好不好。如今，这些问题的重要性已经为许多企业所知，例如，很多网络公司会在办公室内安装巨大的显示屏，实时显示网站的运营数据，以便人们随时关注这些重要信息。当然，现在也有很多现成的测量系统可供使用，如利用 Excel 表格等简单工具，企业也能轻松地自行开发所需的解决方案。

👉 **注意不要过量使用测量指标，企业只需少量指标即可了解整体业务状况是否健康。**

值得注意的是，不要过度使用测量指标。一般来说，企业只需少量指标即可了解整体业务状况是否健康，因此一定要抵制住搜集大量复杂数据的诱惑，它们会分散管理层对关键问题的关注。所谓关键问题，指的是有关数量、成本和速度的问题，如激活（或流失）了多少客户、花费了多少成本、客户激活的速度如何等。优秀的首席执行官应随时了解这些重要统计数据，以及这些数据的改善趋势和重要推动因素，并将它们牢记于心。但是这还不够，企业必须利用白板或电子表格等方式对这些数据进行测量。

企业用于测量和监控业务的指标应当和公司在董事会上寻找的指标一致。如果董事会只要你提供利润表、负债表和现金流量表，而不看这些指标反馈的数字，那么你就是一位不合格的首席执行官。你必须保证自己担心的问题和公司董事担心的问题一致。

图 9-14 显示的是某个简单内容网站的测量表，该网站的经营目标是提高页面访问量、顾客推荐量和电子邮件发送量。

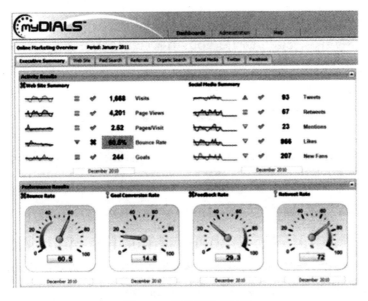

图 9-14　简单测量表示例

如果你的初创企业还没有首席数据官，那么下一步你要做的是聘请一位首席数据官来管理和阐释数据。他还要指导企业利用这些数据持续改善验证流程，协助客户探索、参与和使用企业产品，帮助他们向自己的好友和同事营销产品。

做好销售准备：开发销售路线图（实体渠道）

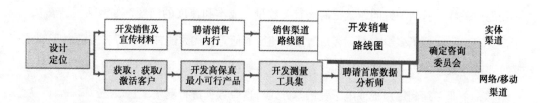

初创企业的一个典型错误是在还没弄清楚如何销售之前就已经招聘了一大批销售人员。作为初创企业，公司成立伊始肯定存在各种不确定性因素。创始人的工作就是搜集足够的信息，说明该如何一步一个脚印地行动，然后将所获得的信息勾勒成一张连贯的地图。这就是我们所说的"销售路线图"。

你的目标是要确定哪些是真正的客户，以及他们是怎样购买你的产品的。只有完全了解如何将潜在客户转化为购买者的过程，了解你可以以支持商业模式的价格销售产品时，企业才能建立销售团队。拥有了销售路线图，销售人员才能将注意力放在实际销售上，而不是被客户验证过程中时好时坏的测试弄得晕头转向。

🖐 **拥有了销售路线图，销售人员才能将注意力放在实际销售上。**

销售路线图应详细描述从打给潜在客户的第一个电话到签订合同的每一个步骤，还应说明这些步骤如何根据公司、买家及其职位的不同进行调整。企业在客户探索阶段开发的早期销售路线图假设应该根据客户反馈进行更新，并且在销售拜访之前回顾一遍，不必担心这份路线图会根据与客户打交道的实际情况得到进一步调整。

销售路线图的复杂程度取决于企业的规模、购买周期、预算以及产品价格、行业和选择的销售渠道。向中型企业的首席执行官进行销售的路线图，肯定比向《财富》500强副总裁销售的路线图清晰得多。同理，向西夫韦（Safeway）、英特尔或玩具反斗城等著名企业销售，肯定要比向本地花店或宠物店销售困难得多。优秀的销售路线图需要付出很多努力才能总结出来，但它也直接决定着企业销售的成败。企业应当趁规模不大时就逐步改善销售路线图，否则匆忙招聘数十名销售代表开展业务，肯定会在销售工作中迷失方向。

支持销售路线图开发的还有两种重要的规划工具，分别是企业组织影响图和客户访问图。

组织影响图

还记得在客户探索阶段创建的组织影响图吗？现在你可以把它们从墙上撕下来，好好研究新发现了。到目前为止，你一直在根据与潜在客户沟通过程中遇到的实际情况调整自己的前期假设，你可以利用这些信息为目标客户开发可行的购买过程模型。此外，你应当回顾与潜在的早期支持者打交道时所做的笔记。或许，你还希望从其他渠道获得客户信息，如公司年报、胡佛企业报告、邓白氏报告或企业新闻稿。

对于如何为复杂销售开发影响图，E. piphany 公司的销售周期是一个很好的案例。考虑到 E. piphany 公司的软件价格高达六七位数，买家肯定觉得很吃力，如果他们确实想要购买产品，就必须克服对资金投入的顾虑。对于中小企业，此类产品的销售需要"自上而下"的推动，先要和高级主管取得联系，让他们利用自己的权力影响员工的采购决定。在大型企业中这一过程正好相反，产品销售需要"自下而上"的推动，每位底层员工都试图说服老板购买新产品。在购买价格昂贵的系统软件时，这种推动过程显然要困难得多。此外，E. piphany 公司还改变了企业内部的经营模式，需要几个部门重新配置业务流程和工作范围。虽然对企业来说这是一种改善，但是改变会产生阻力，阻力会激起破坏者，因此改善总会成为不受欢迎的意外之举。

坏消息是，E. piphany 公司的产品需要得到多数赞成票才能完成交易。其他企业的产品，例如，生产过程控制系统或客户支持系统，有时候只需要一位高层主管或一个用户群的认可即可实现销售。在采购这些系统时，一般由信息技术部门主管提供参考意见，但拥有决定权的是实际用户。E. piphany 公司的产品销售则不同，因为 IT 部门并不是一个推动决策的部门，而是一个积极参与者，且往往拥有否决权。同样，经验表明有必要对客户方的用户和技术部门同时进行"高度"和"广度"两个层次的销售。在被多个客户否决后，我们建立了一套简单的 2×2 矩阵来说明实现一笔销售所需的支持和批准（见表 9-9）。

表 9-9　支持/批准矩阵

	运营部门	技术部门
高层	主管	首席信息官或部门 IT 主管
底层	最终用户	企业 IT 人员或部门 IT 人员

　　这个矩阵表明，即便运营部门有一位富有愿景的管理者支持采购 E. piphany 公司的产品，我们仍必须得到 4 个不同层面的支持才能完成交易。没有运营部门的支持和技术部门的"批准"，我们是无法达成交易的。在销售活动初期，如果 IT 部门打算阻止采购 E. piphany公司的产品，他们显然可以达到目的。这个发现非常重要，是 E. piphany 公司之所以能保持成功的关键发现之一。我们很快就找到了解决问题的办法，因为公司的一位创始人和销售内行当时在场，目睹了前期销售策略的失败，于是花了很多时间对销售策略进行调整。

　　前期销售策略之所以很快失败，是因为企业忽略了这样一个事实，即向企业销售 E. piphany公司软件和销售其他企业产品有所不同。企业很明显的疏忽是未能争取到 IT 部门的支持。在销售拜访过程中，对于一套可提供销售、服务和市场营销的应用程序，吸引企业运营部门的关注比较容易，但是让 IT 部门对其感到兴奋却很难。有时候，当运营部门的潜在客户向 E. piphany 公司销售人员表示，他们会说服首席信息官和 IT 部门支持和批准该软件的采购时，这些销售人员便信以为真。还有些时候，销售过程中的一些必要步骤被省略，企业误以为单凭几位热心用户就能完成交易，但实际情况往往并非如此。

　　我们可以把销售的成功经验和失败教训总结成一份"影响图"。我们已经明确了以下几种观点：①我们需要四个方面的支持才能完成交易；②说服 IT 部门要比说服用户难得多；③底层 IT 人员会持反对观点。有了这些观点，现在最关键的问题是"如何展开销售"？如表 9-10 所示，这张影响图描述了需要被说服的企业决策者以及向其推销的顺序。从图中可以看出，每一个步骤都会受到前一个步骤的影响，通过利用青睐企业产品的群体产生的影响力，我们可以化解来自其他群体的反对。通常情况下，简化这个过程或是跳过其中的任何一步都会导致销售失败。

表 9-10　影响图示例

	运营部门		技术部门
高层	主管	1　→ 2	首席信息官或部门IT主管
底层	最终用户	3　→ 4	企业IT人员或部门IT人员

深入了解影响图之后，它会帮助企业设定销售执行策略。简而言之，企业应当：首先，动员高级运营主管（如副总裁和部门总经理），利用这一关系来接触高层技术主管（如首席数据官或部门 IT 主管）；然后，和运营部门的最终用户（使用该产品的人员）沟通；最后，将已获得的支持展示给持反对意见的企业员工或 IT 部门人员，与他们进行交流，消除他们的异议。

客户访问图

了解和绘制影响图之后，企业在销售过程中要关注的新问题是：如何跨过潜在客户的门槛？在对企业进行销售时，选择从采购部开始并不是明智的，当你想向他们推销破坏性创新产品时尤其如此。针对企业的销售往往随着潜在客户公司的规模灵活多变，这就要求销售者进行快速调整，通过动员不同部门或职位，与组织影响图中确定的关键人物建立联系。对实际客户进行销售拜访能够填补客户访问图中的空缺环节，添加信息并调整行为模式。图 9-15 向我们展示了企业客户访问图的样例。

对消费者来说，想要找到接触客户的途径也是相当困难的。在这种情况下，企业不应盲目联系客户，而是应考虑可通过低廉成本接触到的组织和特殊利益群体。例如，可考虑通过家长教师联谊会、读书俱乐部或古董车俱乐部这样的组织联系其成员，或是寻找对企业产品感兴趣的网络群体或聚会活动，通过这些途径来接触客户。

销售策略

理解影响图就是探索重复性销售过程的第一步。

打开你的企业/消费者组织影响图和访问图。在向企业销售时，你要做的是忽略拜访对象的姓名和职位，开发一个可成功接触他们的策略。在开发销售策略之前，你应当考虑

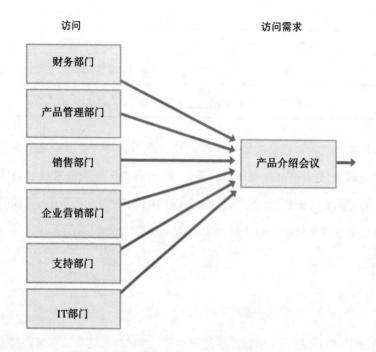

图 9-15　访问图示例

以下几个问题：

- 你在向哪个级别的客户销售？例如，是向高管销售，还是向底层运营员工销售？

- 组织图上需要有多少人投赞成票才能完成一笔交易？

- 你要拜访的客户顺序是怎样的？应该如何跟每个对象沟通？

- 哪个步骤有可能破坏整个销售过程？有没有潜在的破坏者？

同样，如果是向 20 多位客户销售新开发的消费者产品，需要考虑的问题是：

- 是否需要接触具有特定人口特征的群体？比如你的销售对象是大学生、父母或家庭成员？

- 要征求多少人同意才能实现销售？你是对个人销售还是需要对方做出家庭决策？

- 如果需要征求家庭成员或群体成员的同意，你准备以怎样的顺序和这些人沟通，具体沟通内容如何设计？

- 哪个步骤有可能破坏整个销售过程？

同样，当你走出办公室，走进市场去销售产品时，你会很快了解哪些策略有效，哪些策略无效。随着可预测模式的出现，你的销售策略也会变得逐渐清晰起来。

实施方案

首次创立企业的创始人存在一个普遍错误，即当早期支持者竖起大拇指称赞产品时，马上就准备打开香槟庆祝第一笔销售的成功。实际上，每个有销售经验的人都知道，现在还不是庆祝的时候。这是因为，在决策者同意购买产品和你真正收到支票之间的这段时间内，可能会发生很多难以预料的情况。因此，初创企业必须开发销售实施计划，其目的是在销售完成和产品交付之前，清晰记录所有需要完成的活动，同时确定对这些活动进行跟踪管理的负责人。例如：

- 对方的首席财务官或首席执行官是否需要批准采购？
- 对方的董事是否需要批准采购？
- 是否需要征求消费者父母的同意？
- 客户是否需要贷款以购买产品？
- 其他厂商的系统或组件是否必须提前安装使用？

做好销售准备： 聘请首席数据分析师（网络/移动渠道）

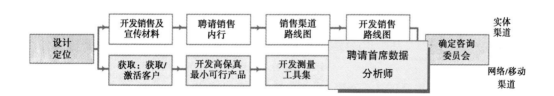

⟹ 在销售实体商品的初创企业中，创始人需要首先弄清楚销售路线图，然后聘请销售内行来协助自己。同样，对于网络/移动型初创企业来说，创始人在探索出关键的客户获取和激活指标之后，需要聘请首席数据分析师来协助自己。首席数据分析师的作用不是仅仅体现在客户验证阶段，而是能永久推动企业实现"持续改善"。

☞ **首席数据分析师的作用不是仅仅体现在客户验证阶段，而是能永久推动企业实现"持续改善"。**

在初始阶段，某位企业创始人可以担任这个角色（如果这位创始人是经验丰富的"数据迷"、数据分析师，或是热爱搜集和钻研数据，喜欢寻找异常数据，善于发现机遇、趋势和弱点的数量分析专家则更有优势）。无论称其为首席营销官、首席数据分析师、数据库或网络营销总监，抑或是简单的"创始人"，都没关系。最重要的是，他应当具备对数据和工具的高度敏感，以及天生的好奇心，这些才是这个角色必需的关键技能。除此之外，这个角色还需要具备果断行动的能力，一旦数据显示情况没有按照计划运行，需要马上进行调整时，他必须立刻做出行动决定。首席数据分析师的职责包括：

- 对目标活动进行在线优化，管理客户行为报告的各个方面，如汇报、跟踪、分析和优化。
- 管理所有内部研究、赞助、销售拓展和促销活动。
- 对各种计划、预算成本和营销活动的成果进行开发和管理。
- 管理预算、预测、跟踪，以及活动的费用和成果。

如果这个人不是创始人，那么必须保证是企业高层管理团队的成员，负责定期向创始人汇报和更新情况。首席数据分析师应尽早聘请，最好在开发测量系统和选择测量指标时就确定。首席数据分析师必须全面理解企业的商业模式和关键的业务推动要素，因为这一角色将成为推动调整和迭代开发活动的号召人。此外，担任这一职务的候选人必须是很好的团队合作者，易于相处，并且具有高度的创新意识——这是一种非常可贵的综合素质。

☞ **首席数据分析师必须是企业高层管理团队的成员。**

确定了首席数据分析师向首席执行官汇报工作的频率，那么管理层和全体员工呢？是否也应当向他们提供相关信息呢？需要注意的是，首席数据分析师的工作职责是优先搜集重要的、操作性强的数据，而不是大量无用的信息。企业应提供相应的薪酬，与首席数据分析师签订保密协议和非竞争性协议，因为他们比任何人都更了解公司的核心业务推动力。可以说，过早损失首席数据分析师对公司来说是个巨大的损失。

做好销售准备： 确定咨询委员会（所有渠道）

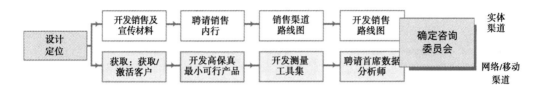

我们希望你在客户探索阶段已经向一些顾问寻求过帮助了。在这个阶段，企业可以正式邀请咨询顾问加入。对于咨询委员会的规模及其具体存在形式，实际上没有任何硬性规定或快速参考原则。简而言之，初创企业咨询委员会的顾问应当具备两种特质：一是具有能将你介绍给重要客户、人才或投资者的机会；二是拥有能对企业战略方针产生巨大影响的、大胆的、不拘泥于常规的商业模式设计思维。其他的就不是很重要了。

对于咨询顾问的影响力和人脉关系，企业应当从战略角度而不是从战术角度思考。换句话说，你只需邀请那些能够对企业产生真正影响的顾问，你要关注的是咨询顾问的质量而不是数量（如果你正在为企业筹资，拥有一些"大人物"坐镇或许会有帮助，但是别把这些人和真正的咨询顾问混淆）。正式的咨询委员会会议并不是必需的，至少目前为止还不需要，但是邀请咨询顾问的过程可以让企业积极接触愿意提供帮助的各种专家。

首先，企业可以着手设计咨询顾问委员会开发路线图，具体做法和前面介绍的其他路线图的开发差不多。如表 9-11 所示，咨询顾问委员会开发路线图实际上是企业所需的关键顾问名单（没有必要在表中每个空格都填上咨询顾问的姓名）。

表 9-11 咨询委员会职责

	技术	业务	客户	行业	销售/营销
目的	产品开发建议，验证，协助招聘	经营策略和企业建设建议	前期作为潜在客户提供产品建议，后期可作为产品监督和客户参考对象	为特定市场带来信誉度或是提供技术领域的专业知识	作为顾问，协助管理销售、人力资源、媒体以及需求创造方面的问题
对象	愿意分享技术方面的知识，对于你亟待解决的问题有深刻见解，且愿意亲力亲为的人	经验丰富的初创企业家。重要标准：你相信他们的判断力，愿意听取他们的意见	能够获取大客户，具备良好的产品直觉，是客户网络中的一分子	拥有响亮的品牌，在客户群和媒体中信誉度很高。也可能是企业的客户	经验丰富的初创企业营销商，了解如何开发市场和创立品牌

（续）

	技术	业务	客户	行业	销售/营销
时间	自企业创办之日起，持续到获得第一批客户时	自企业创办之日起一直持续	客户探索环节。在阶段 1 确定人选，在阶段 2 和阶段 3 邀请加入	客户验证环节。在阶段 1 开始确定人选，在阶段 3 邀请加入	客户开发环节。企业创建完成后需减少顾问数量
地点	在企业内部与产品开发人员进行一对一交流	遇到紧急情况时可前往其家中或办公室	电话征询看法和见解，在企业内部与业务/客户开发部门的员工进行一对一交流	电话征询看法和见解，在企业内部与业务/客户开发部门的员工进行一对一交流	与营销部和销售部员工进行一对一会话交流或电话沟通
数量	根据需求确定	一次不超过两三个人	根据需求确定	每个行业不超过两人	销售顾问一人营销顾问一人

在表 9-11 中，每位顾问的作用（体现在技术、业务、客户、行业或销售/营销方面）各有不同。通常情况下，对初创企业来说最重要的是那些拥有"黄金人脉"的顾问，他们能通过高级别的引荐为企业介绍早期客户、渠道合作伙伴，或是为企业推荐可创造大量网络流量的合作伙伴。在客户探索第一阶段，产品开发流程可能需要技术顾问。技术咨询委员会的顾问都来自学术界或工业领域，他们能为企业的技术人员提供技术性指导。当企业开始销售产品时，这些顾问可以为客户提供技术参考。

在条件允许时，特别是在销售企业产品的情况下，企业可以邀请重要的潜在客户加入其客户咨询委员会。这些人往往是企业在客户探索阶段遇到的，能够从客户角度对产品提出建议的人。我总是对这些顾问这样说："希望你们能加入我们公司的咨询委员会，这样我就能了解如何开发你们愿意购买的产品了。要是你们不愿加入，那对我们双方都是个损失。"咨询顾问担当的是监督产品的职责，后期还会成为其他客户参考的对象，或是向其他客户推荐产品的人。此外，企业还可以征求他们的观点，请他们与公司的业务和客户开发团队面对面沟通。

此外，还有两种顾问值得考虑，即能够为企业特定市场或技术带来信誉的行业专家，他们可以担任行业顾问，以及曾经担任过首席执行官顾问，能为企业首席执行官提供实用和指导建议的顾问。

☞ **确保那些为你付出的人也能得到利益。**

每个领域的顾问数量根据具体情况的不同会存在明显差别，不过在这里有一些值得分享的实际经验。销售和营销顾问往往自信心很强，通常企业一次只能管理其中的一个。行业顾问喜欢把自己视为特定行业的专业人士，当你需要征求他们的意见时，最好不要让他们共处一室或同一天出现，这样有助于你独立思考该采用谁的建议。业务顾问和营销顾问很像，但他们的专业知识针对的是公司的不同发展阶段，你可以考虑在手头保留几个随时可以提供明智意见的业务顾问。最后，产品开发团队不可能完全依靠技术顾问，技术顾问来的目的是帮助企业更加了解某些特定的技术问题。客户顾问发挥的作用也一样，企业应确保每次和他们见面时都能学到新知识。

对顾问的补偿

被称为"奥马哈先知"的沃伦·巴菲特说得好："确保那些为你付出的人也能得到利益。"这句话一语中的，不管咨询顾问为企业付出了多少时间或起到了多大的帮助，企业通常都会给他们一些股票。股票的数量可随着时间的推移而增加，例如按月递增，因此企业可以很轻松地根据顾问为对企业提供的价值调整其回报。

☞ **最好的顾问愿意付钱为企业提供咨询服务，他们通常也会对企业做少量现金投资。**

最好的顾问愿意付钱为企业提供咨询服务，他们通常也会对企业做少量现金投资，比方说投资 2 万美元或 10 万美元购买企业的部分优先股。随着企业对普通股分红，他们的投资也会水涨船高。通过关注咨询顾问提供服务和做出个人投资的意愿，精明的投资者往往可以判断出重要的投资机会。

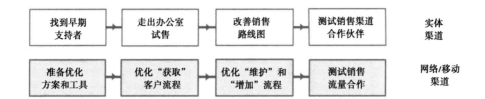

| 找到早期支持者 | → | 走出办公室试售 | → | 改善销售路线图 | → | 测试销售渠道合作伙伴 | 实体渠道 |
| 准备优化方案和工具 | → | 优化"获取"客户流程 | → | 优化"维护"和"增加"流程 | → | 测试销售流量合作 | 网络/移动渠道 |

第 *10* 章

客户验证第二阶段：

走出办公室销售

在客户验证这一阶段，企业可以试着展开销售了。在客户探索过程中，企业创始人需要两次走出办公室，第一次是为了了解客户的问题以及他们的工作方式，第二次是为了确定新产品能否有效地解决客户问题。截至目前，既然你已经进行过几百次测试来迭代和调整商业模式，此时最好的"合格"测试莫过于说服客户订购产品或使用你的应用程序或网站了。

在实体渠道中，验证假设的最佳方式是获取客户订单，特别是当客户在产品完善之前或实际交付之前就下好订单。相应地，在网络/移动渠道中，最佳验证方式是吸引用户或付费方以你在假设中估计的价格购买产品或服务。（在多边市场中，即便你的网站有很大流量且增长迅猛，也要确定市场的"另一边"，即广告商或付费方乐意掏钱访问这些流量。）

在这个阶段，你的任务并不是增加收入，而是要利用合格测试手段验证商业模式假设，这种测试手段看起来非常像销售或开发网站流量过程。收入和流量的全面增长要到下一个阶段，即客户生成阶段才会实现。客户验证是一个测试销售的过程，虽然它也能带来真正的销售量，但其主要目的是回答一长串问题，其中包括：

- 客户是否喜欢产品的价值定位？
- 企业是否了解客户细分以及他们的需求？
- 客户是否真正关注产品特征，有没有遗漏的重要特征？
- 产品定价是否合理，能否以合理的成本销售？
- 客户公司的采购和批准程序是怎样的？
- 销售路线图和渠道策略是否完善，能否支持销售团队的运营？
- 企业是否拥有足够的客户来支持其业务？

"走出办公室销售"，这句话对于销售实体产品或主要使用实体渠道销售产品的企业，与对于使用网络/移动渠道销售产品的企业，意义上有着很大的区别。由于不同渠道的活动和相关的迭代速度有很大差别，本章将分别对不同的渠道进行说明，详见表10-1总结。

在客户验证阶段，测试过程即一系列简单的合格测试，客户对这些测试给出的答案总是两极化的，几乎不可能得到像"产品很好"或"他们都喜欢该产品"这样的回答。下面我们来看几个例子。

表 10-1　不同渠道"走出办公室销售"的具体步骤

实体渠道初创企业	网络和移动渠道初创企业
找出早期支持者，预约会面	准备优化方案和工具
走出办公室试售	"走出办公室"激活测试
改善销售路线图	测量并优化测试结果
测试销售渠道合作伙伴	测试销售流量合作伙伴

如果你的实体渠道商业模式认为：

- 每拨打 5 个销售电话就能得到 1 笔订单——这可能吗？
- 再过 3 个月时间，平均每个顾客会购买 6 件产品——他们能做到吗？
- 在展会（或直邮）方面花 5 000 美元可能产生 25 次销售机会——这是真的吗？
- 2/3 的潜在客户每人会将产品推荐给 3 个朋友——事实的确如此吗？

➡️ 如果你的网络/移动渠道商业模式认为：

- 企业已获取的 2/5 用户会激活——是这样吗？
- 在激活用户中，2/5 的人会将免费试用产品信息告诉 5 个朋友——这是真的吗？
- 花 100 美元做关键字搜索广告可为网站带来 50 次点击——事实的确如此吗？
- 在多边市场中，1/4 的广告商会坐等你的广告推销（哪怕他们要等到你获得大量流量后才决定购买）——情况确实是这样吗？

走出办公室： 找出早期支持者（实体渠道）

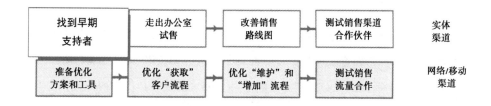

在客户验证阶段，最大的销售难题是如何找到并拜访合适的销售对象。首先你需要确定他们的身份，然后花时间与真正有愿景的客户（而不是主流顾客）联系。在此过程中，最大的问题是有愿景的客户各有特点，并无完全一致的特征。通常，有些愿景型客户拥有预算（我们喜欢这种客户）和策略决定权，而负责长期规划或技术问题的客户往往缺乏采购决策权，表10-2对这些客户之间的区别进行了总结。其实这些信息不必透露给创业者，我们只是想提醒他们注意：要把重心放在那些有采购决策权的买家身上。现在你肯定很清楚了，此类买家即早期支持者。

表10-2　四种不同的客户类型

	早期评估者	早期支持者	可扩展客户	主流客户
动机	技术评估	愿景拥护者，了解自己的问题，可预见你提供的解决方案	重视实用性，对能解决现有问题的产品感兴趣	喜欢购买标准产品，需要企业交付成品
定价	免费	根据其可承受范围编制定价单，然后给予很大折扣	公开定价单，协商难度大	公开定价单，协商难度大
决定权	可以决定免费试用	可决定单方面购买，能加快采购程序，是企业销售活动的内部支持者	需要各方同意才能批准采购；标准销售程序；可避免竞争性订购	需要各方同意才能批准采购；标准销售程序；存在竞争性订购或投招标

简而言之，早期支持者拥有采购预算，这才是问题的重点。虽然所有的愿景型客户都会意识到问题的存在，但只有早期支持者具备以下特征：①有解决问题的动力；②可能已经在尝试用自己的方法解决问题；③（最重要的是）有能力也有资金解决问题。通常，早期支持者已经预见到了和企业产品相似的问题解决方案。在销售过程中，他们是企业的合作伙伴，经常会向管理层解释某些产品特征缺失的原因。因此，千万不要让他们陷入尴尬的境地或抛弃他们。

我们可以回顾一下在客户探索阶段发现的早期支持者的主要特征。他们会给企业带来潜在客户吗？我们可以创建一个早期支持者目标客户列表，然后重复使用客户探索阶段使用过的约访方式——创建客户名单、撰写介绍性邮件以及拟定参考故事（具体内容请回顾客户探索第二阶段）。即便企业做好了充分准备，也很可能在20个潜在客户中只有1个会进入销售过程。换句话说，你必须做好可能性高达95%的被客户拒绝的准备！当然，这只是早期试销阶段，情况也没那么糟糕，况且5%的接受率已经不错了。在这些进入销售过程的少数客户当中，根据整体经济形势，只有1/3或更少的人会真正签订采购合同。因此，销售人员必须拼命做客户拜访（初创企业基本上都是这样）。好消息是：现在企业已经聘请了一名销售内行，他会负责联系客户或安排会议这样的琐事，创始人应该争取参加所有的会议。

企业必须区分早期支持者目标客户与其他主要客户类型，如早期评估者、可扩展客户和主流客户。可扩展客户也有可能是早期支持者，但他们更倾向于在后期购买产品。决定他们的购买行为的原因并不是企业或产品蕴含的愿景，而是产品的实用性。或许要经过 6 个月，他们才会成为企业的目标客户，但其采购积极性仍比主流客户强。

和上述其他客户不同，主流客户喜欢成品，一般需要现成的、无风险的解决方案。他们会说："等你们正式生产出产品我们再试用，我们不喜欢试用原型产品。"对于此类客户，你应当记下他们的姓名，因为他们会在 1 ～ 2 年后成为企业的客户。

走出办公室： 准备优化方案和工具（网络/移动渠道）

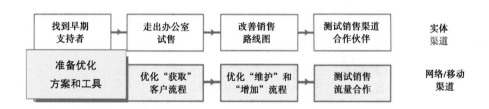

➡ 优化工作的目的是努力改善"获取、维护和增加"流程中每一个步骤的结果。例如：

- 如果在推出网站时有 6% 的访问者被激活，企业应试着将这一比例提高到 10% 或更高。

- 如果访问者浏览 2 个页面后就离开，能否通过优化导航系统使其提高到 3 个页面？

- 如果 5% 的访问者发表评论，如何能鼓励更多人发表评论？

- 如果每激活一个用户的平均成本是 1 美元，怎样将其降低到 0.75 或 0.8 美元？

- 怎样才能把电子邮件打开率从 22% 提高到 30%？

简而言之，优化就是要使所有数据都变得对企业更有利。从现在起你就应该开始优化，直到公司难以为继或在纳斯达克成功上市为止。本节和接下来的两个网络/移动渠道小节重点介绍有关优化的基础内容。本节内容可帮助你：

- 了解优化策略的基础知识；

- 了解如何在网络初创企业进行优化活动；

- 了解关键的优化工具及其使用方式。

在接下来的优化"获取"流程（网络/移动渠道）部分，我们将利用本节内容指导你如何使用"新"工具。在第三部分，我们将使用同样的方法说明如何优化"维护"和"增加"客户活动。图 10-1 所示为实体渠道的"获取客户"漏斗。

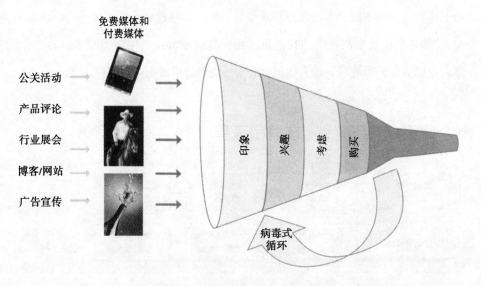

图 10-1　实体渠道的"获取客户"漏斗

开始之前

在优化网站或应用程序之前，企业应保证以下这些基本工具到位：

（1）高保真最小可行产品。即使高保真最小可行产品功能尚未完善，它们至少应该看起来和"成品"相差无几。这样能保证企业得到明确的产品反馈，可以在"获取客户"过程中对结果进行最精确的测量。

（2）获取方案和工具。即可帮助消费者了解企业产品的电子邮件、关键字搜索广告、广告条、公关宣传、病毒式营销及其他工具。

（3）激活方案和工具。可鼓励用户购买、了解产品或做出激活行为的网站首页和登录页面，以及鼓励没有立即购买或了解产品的用户激活手段，如后续电子邮件、电话沟通或病毒式营销。

（4）监控客户行为的测量表。测量表必须准确有效，针对产品提供有关获取和激活活动结果的实时监控数据。

客户优化策略

优化工作的重点包括：

- **数量**：获取尽可能多的访问者，鼓励他们进行产品互动。
- **成本**：逐渐降低客户的单位激活成本。
- **转化**：增加激活并成为客户或用户的访问者数量。

首先要解决的问题是"应该如何优化"。不同类型的网络业务，需要优化的部分也各不相同。

☞ **首先要解决的问题是"应该如何优化"。**

关于优化"获取"客户活动，企业应按下面的方式思考 3 种不同的网络/移动业务：

- 电子商务网站应从优化流量和首批订单开始，然后将注意力转移到平均订单规模、回头客订单和客户推荐订单。
- 多边市场（通常有广告支持）应首先关注总流量，然后将注意力转移到会员或订阅用户、日常活跃用户、产品互动时间、重复访问和客户推荐上。接下来，转向市场的"另一边"，最大限度实现广告收入，降低每千人成本，寻找好的销售渠道。
- 市场应关注电子商务网站优化的各个方面，以及供应商数量，销售商的获取、保持和流动性（即有多少待售产品被消费者实际购买），然后尝试优化日交易量和平均交易规模。

成功优化策略的关键点

- 了解测试的原因，例如："想知道能否提高注册量"或"想知道免邮费能否极大提高订单量"。

☞ **不必测试所有内容，只需测试最重要的内容。**

- 不要过度测试。过度测试是许多网络初创企业常犯的主要错误，原因是在线测试特别容易执行。实际上，企业完全不必测试所有内容，只需测试最重要的内容即可。不要一次在一个页面同时测试两项以上变更内容，以免让访问者感到困惑，这样你才能分辨出哪项变更可为网站带来哪些方面的改善。成功完成一项测试之后，你必须了解带来改变的原因。

- 运行受控测试以保证随机性和有效性。严格的内外部测试，即最常见的受控测试，能向访问者显示网页或产品的 A、B 两个版本。它能严格控制变量，不会周一显示一个版本，周二显示另一个版本。这是因为，你无法确定测试中可能影响客户行为的其他因素，而这些因素可能是无穷多的，如竞争对手网站的促销活动，天气的变化甚至一天中不同时段的影响（例如，大多数上班族是在午餐时间上网）。

- 始终牢记终身价值才是最重要的。获取一个客户的成本远远低于随着时间的推移客户为你创造的收入。"获取客户"的终身价值公式很简单：

$$客户终身价值 \geq 客户获取成本$$

客户终身价值（即企业可从该客户身上赚到的全部利润）必须大于客户获取成本（即企业获取和激活客户所需的成本）。

很多以失败告终的企业会对自己说，"这个顾客再过 5 年会值很多钱"，可是，它们忘记了这句话的重要前提："到那时，企业还没倒闭而且客户还愿意购买我们的产品。"没错，只有满足了这个前提，他们才能体现出这个价值。因此，在预计客户的终身价值时，最好不要把时间拉得太长。例如，企业应当这样考虑问题：我需要获得几个月的订阅收入才能平衡花在"获取客户"方面的成本？

总而言之，优化方案会经常改变，有时候甚至每天都会改变。因此，企业首先要确定哪些具体的获取指标需要优化。注意不要一次优化太多方面，在实施过程中应牢记自己的目标。另外，在进行测试时要准备好替代方案，以免优化之后的表现不够理想。

☞ **优化是一种以数据为导向的，永无止境的"测试、测量、调整"过程。**

优化是一种以数据为导向的，永无止境的"测试、测量、调整"过程。除非企业关门倒闭，否则这一过程永远都不会停止。即使无法领导，企业创始人也应当参与到这一过程中，因为它对企业的效率、扩展及前途都至关重要。

优化策略经验谈

下面我们来看看优化是如何对企业销售进行实时调整的。假设某企业是首家向 SOHO 商务人士提供售价为 39.95 美元可下载式软件包的公司。首席执行官要求其团队重点关注销售漏斗最宽处的两个关键指标：激活一个客户的总成本（包括获取成本）和每个已激活客户的最终价值。我们可以通过表 10-3 看看首席数据分析师对获取和激活方案的初次分析。

表 10-3　优化策略示例

漏斗步骤	点击数	单位成本（美元）	总费用（美元）	收入（美元）
获取	200	5	1 000	
激活	40	25		无
首次购买	20	25		800
高价值客户	10	50		1 000
合计			1 000	1 800

表中的每一行都能提供对优化过程的深刻见解：

- 获取阶段吸引了 200 个"看客"，客户每次点击的平均成本为 5 美元，总成本是 1 000 美元（点击成本有时很低，有时候会高达 50 美元或更多，主要取决于对关键字搜索的要求）。如果我们把每个看客的获取成本降低 20%，那么在不增加预算的情况下就能为企业多吸引 25% 的潜在客户。

  ➢ 测试改善获取方案：停止使用最昂贵的关键字搜索广告，尝试谷歌之外的其他可替代流量来源；尝试广告条和文字链接等方案；减少关键字搜索广告预算以及长时间或地域性的广告（例如，停止夜间广告、欧洲地区广告或周末广告），增加对低成本病毒式营销的投入。

- 激活阶段激活了 40 位客户（在 200 位点击网站的用户中占 20%），这意味着他们看过演示材料或提供了联系方式。因此，每个客户的激活成本是 25 美元（1 000 美元除以 40 人）。不过，截至目前还没有任何客户做出购买行为。

  ➢ 测试改善激活方案：强化或放大网站上的行动口号或图片效果；提高激活奖励；

调整定价或推出优惠活动；重新组织网站上产品特征和收益的排列顺序和说明方式；考虑提供免费试用的方案。

- 购买阶段，在此过程中有一半被激活的客户以 39.95 美元的价格购买了应用程序。在本案例中，购买产品的客户数量是 20 人，每个人花费 40 美元，总计 800 美元。虽然看起来企业获得了利润（从毛利润来看），但实际上企业花了 25 美元才得到一笔 40 美元的订单。换句话说，这笔销售的成本率约高达 63%，显然对大多数企业来说并不可行，因为扣除成本之后剩余的收入根本不够补偿生产费用、员工工资、管理费用和利润所得。但是，如果销售漏斗能多带来 5 位客户，那么同样 1 000 美元的投入就能多创造 200 美元的销售额。

- 测试改善购买方案：

  ➢ 部署激活改善方案，同时研究未购买产品的客户，了解其不购买的原因。

  ➢ 在网站中添加演示材料。

  ➢ 在网站中添加"点此致电"联系选项。

  ➢ 对定价进行内外部测试。

  ➢ 考虑通过后续电子邮件或电话跟踪方式获取订单。

现在我们来看看表 10-3。试想一下，除了那些购买 39.95 美元软件包的 20 个买家之外，公司还获得了另外 10 个高价值客户。这些客户并非只购买了一个软件包，而是平均购买了 2.5 个软件包，每人花费 100 美元，为企业创造了 1 000 美元的收入。随着时间的推移，这些高价值客户可能发挥更大的作用，因为他们有可能把产品推荐给其他人或在将来购买更多软件包。

总之，此次测试可以视为小小的胜利（因为是软件下载，企业的产品成本很低）。在这次测试中，企业获得了 1 800 美元的收入和一些潜在客户（即已经被激活但还未购买商品的客户），在营销方面花费了 1 000 美元。测试结论是，如果企业能进一步优化销售漏斗，那么其发展前景是非常广阔的。通过这个案例我们可以清晰地看到，对销售漏斗中每个步骤的改善都能带来较大的收入增长和利润改善。

你可以将这种思维方式和详细分析应用到"获取"方案列举的每个关键活动中。你应当对活动进行测试，测量其结果，然后和团队讨论改善结果的方式。改变活动方案中的一些方面（如方案中描述的报价、图形或文字），然后再次测试和测量。测量结束后，评估结果，思考如何进行下一次改善，接下来再次进行一轮又一轮新的测试。正如我们一开始就说过的那样，这一过程决定着网络/移动初创企业的成败，必须永无止境地持续下去。

优化工具

工欲善其事，必先利其器。下面我们要介绍的是网络和移动营销商最常用的重要工具。在接下来的两个网络/移动渠道小节中，我们会进一步介绍这些工具的应用场合和使用方法。大多数情况下，这些工具可用于获取、维护和增加流程中每一个步骤的改善，因为大多数（但并非所有）客户互动是在网上进行的。

内外部测试

内外部测试可广泛应用于网络/移动渠道"获取、维护和增加"活动的优化，也可以用于优化网络/移动产品的性能。通过对比一个网页的两种不同版本，内外部测试可发现哪个版本能带来最佳效果（见图 10-2）。这种方式经常用于测试网站登录页面中的要素。例如，采用蓝色大按钮是否会比一小行文字介绍能激活更多客户？什么样的标题、照片或产品介绍能吸引更多用户注册，带来更多销售，或造成更多用户放弃？

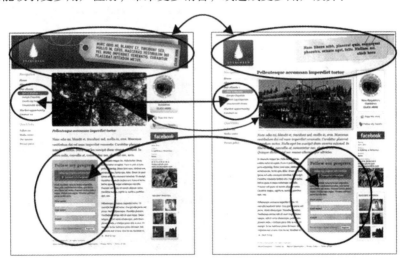

图 10-2　网站首页调整的内外部测试样例对比

☞ **激活口号：测试越多，做得越好。**

企业应确定登录页面中可推动激活行为的要素，并对它们进行仔细、公平和循序渐进的测试。回忆一下"测试、测量、调整"的指导方针，我们的激活口号是：测试越多，做得越好。企业应建立明确的控制组：确保对一半受众展示的内容与另一半受众看到的不同，理想情况下应让一个访问者交替查看两种不同的页面。许多测试会表现出一种方案可吸引 80% 的流量，而另一种方案只能吸引 20% 的流量，这种对比在高流量网页上能得到很好的测试。

可用性测试

可用性测试检查用户是否按照设计的方式使用企业的网站、应用程序或产品。具体测试形式比较灵活，例如可邀请顾客进入会议室，观察他们如何使用网站，也可以通过正式的焦点小组进行全面测试（见图 10-3）。可用性测试能发现网站中产品、功能说明和购买原因等介绍部分的缺点；能跟踪用户在网站中的行为，以便确定通过哪些方式优化用户转化率、改善在线产品演示，或找出令人迷惑的表述、图表或导航内容。该测试可以同时借助低成本工具和高成本服务方式展开。

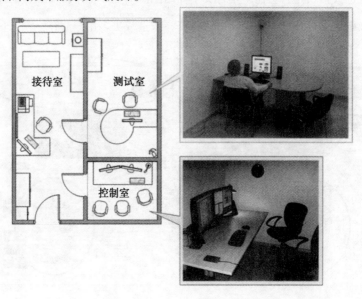

图 10-3　在星巴克开展的可用性测试

　　你可以邀请目标客户到办公室，观察他们如何使用网站或应用程序（可使用 Userfy 或 Usertesting 之类的在线服务工具进行低成本的用户测试）。你应当默默观察他们的使用方式，不要打断他们。注意，记录他们喜欢访问哪些内容，不喜欢访问哪些内容，然后分析他们这样做的原因。毫无疑问，随着对网站上令人迷惑、条理不清以及导航混乱等内容的深入了解，接下来你可以马上测试和测量替代方案，直到所有问题得到解决。你可以考虑在星巴克用笔记本电脑进行随机测试，邀请客户花 10 分钟时间试用、探索和讨论你的新产品、应用程序或网站，为参加测试的客户送一杯免费咖啡或一张礼品卡。

　　热点图

　　热点图使用眼动跟踪技术来显示人们在网站或网页上查看或点击最多的区域。该软件可追踪用户目光的停留时间并将相应区域标记为黄色、橘色和红色。颜色越鲜艳，表示聚集在该按钮、标题或图片上的目光越多（见图 10-4）。

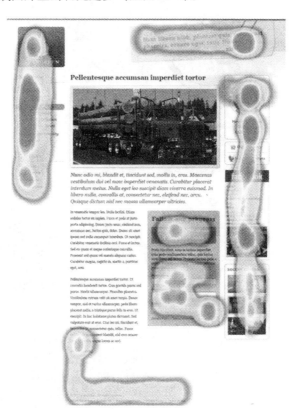

图 10-4　热点图示例

如果被吸引到"演示"按钮的客户量远远高于被吸引到"马上试用"按钮的客户量，或许你应该考虑改变这两个按钮的大小或位置。热点图可显示页面中的高流量区域，企业应在这些区域放置最重要的产品特征或促销活动信息。此外，热点图甚至能显示访问者对图片或未链接任何内容的文本区域的点击。

眼动追踪

眼动追踪以不同的方式使用热点图技术。当人们访问网站时，他们喜欢先看什么，然后看什么，接下来又会看什么？要了解这个问题就需要依靠眼动追踪工具了（见图10-5）。

图 10-5 眼动追踪示例

美国人浏览网页最常见的方式是"Z"字形的，即首先从页面顶部开始浏览，从左到右，然后目光一路扫向左下角。眼球的移动速度非常惊人，用户只需几秒钟就能浏览完一个网页并找到感兴趣的内容。有鉴于此，在用户经常浏览的区域放置重要内容或邀请用户互动的信息会收到很好的成效。（注意，使用其他语言的网页，其阅读习惯可能和英语网页有所不同。）

文本内容测试

虽然文本内容不像热点图或内外部测试等手段具有明显的工具性，但此类工具对文本进行测试可以使"文本缓冲器"成为一种重要工具。没有标题就是最好的标题，这一条几乎成为网站内容排版的公理，总有一种方式能改善"销售"内容和促销内容。换句话说，你对产品、产品特征以及购买原因的介绍应当具有强大的吸引力。文本内容测试可通过网站、焦点小组或网络调查的方式进行。较大的网站会建立镜像站点，以针对不同文本内容的版本进行内外部测试。这是一种功能非常强大的优化工具。

☞ **网站访问者更关注标题、高亮文字和重点列表，他们不会细读整个文本。**

无论你如何润色语言或编辑文字，没有几个访问者会阅读所有内容或多看几个字。行业专家雅各布·尼尔森（Jakob Nielsen）开发的测试表明，大多数网站访问者更关注的是标题、高亮文字和重点列表，他们不会细读整个文本。他指出，文本设计最有效的 3 个元素是纯文本、外观以及切入点和正文。

在下一个网络/移动渠道小节，我们将详细介绍如何利用本节介绍的各种工具对获取客户活动进行优化。

走出办公室测试销售（实体渠道）

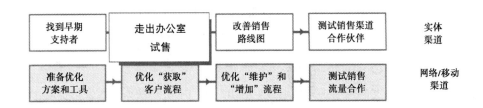

在客户验证这个阶段，企业创始人必须告别家人，准备好四处奔波与客户见面。直到他们能够用全价或接近全价的真实订单证明其假设有效，否则整个"测试销售"环节必须持续下去。现在，你终于可以与早期支持者之外的客户进行面对面交流，并向他们进行早期销售了。

测试销售

谁都会靠拼命打折的方式获取订单，但这样做并不能测试客户的真正购买意图。早期支持者能够比竞争对手更有愿景，能预见到抢先购买新产品带来的优势。他们总是迫不及待地想要得到企业的新产品，他们需要利用这些产品来救急或稳固其竞争地位（随着时间的推移，他们还会帮助改善产品性能）。因此，在试售过程中你应当尽可能全价出售产品，只有这样才能最真实地测试客户的购买热情。实际上，你想给产品打上"早期使用计划"的标签，吸引客户争先恐后地购买。如果他们不感兴趣呢？那你一样得到了宝贵的反馈信息，产品对你眼中的"重要客户"到底有多大吸引力，此时已经得到了最好的证明。

> 谁都会靠拼命打折的方式获取订单。

向早期支持者销售产品有两个潜在风险。一个风险是定制化要求。愿景型客户可能要求对标准产品进行特殊定制。有时候这样的要求是好事，但如果很多客户要求定制同样的产品，那就不再是定制问题了，因为客户在暗示一种"真实"的产品需求。身为创始人，你应当很清楚在什么时间把这些需求纳入产品说明书并宣布其成为产品的新特征。在这里，企业要避免的最大风险和挑战是对定制产品业务放松警惕，以免使自己陷入不利的经济形势。

向早期支持者销售产品的另一个风险，是对方要求的"专属"待遇或"最惠国"条款。其实从客户的角度出发，这是一个合理的要求。既然"使用你的产品有风险，所以我要成为独家用户才能保持竞争优势"，这种要求就是"专属"待遇。还有的客户会提出，"既然我是第一批顾客，那我要求永远获得最优惠价格"，这种要求即"最惠国"条款。面对这些情况，企业必须谨慎考虑。通常，提出此类要求的都是那些大公司中对初创企业经营模式知之甚少的主管。不要放弃将产品销售给其他顾客的权利，否则你的企业将会沦为首批客户的开发部门。

销售过程

创业者通常都很讨厌"过程"这个字眼，但是在 B2B 销售中还是有一些基本的步骤是无法避免的。下面我们以企业软件产品为例介绍一些相关的基础知识：

（1）首先进行调查：了解你要拜访的企业或个人的背景。可使用市场和网络搜索工具来获取数据。在做首次销售演示之前，至少应画出对方的组织结构图，了解他们的财务状况和最新消息。

（2）首次会面：利用首次会面来了解企业的问题、需求、商业目标，以及自己提供的方案能否解决他们的问题。试着感觉一下你的产品对这个公司有多重要，以及对方会如何部署你的产品。

（3）了解切入点：尽快与对方高层取得联系，但又不要操之过急。首先与几名中层管理者进行一对一沟通，然后再与高层管理者联系。

（4）前后对比设想：了解对方目前解决问题的方法，以及你的产品会为其带来哪些更大的优势。试着确定投资回报率、采用简易度，说明产品会怎样为对方节省时间和资金。

（5）量身定制演示材料：演示材料应尽早准备，力争全面反映上述了解到的问题。

（6）开发采购行动方案：通过讨论采购步骤、设定行动日期、谈论发布日期等方式，让买方预见采购和使用产品的可能性，让其感到采购活动势在必行。

（7）尽可能吸引对方高级管理层的参与：向对方介绍初创企业的高层管理者；宴请对方；与对方负责批准采购的高层管理者建立密切联系。

（8）提供定制化销售提议，请对方签约：现在可以大肆庆祝成功了，不过收到货款后别忘了开展后续活动。

搜集并记录销售测试结果

在进行销售测试时，无论拜访客户的人是谁，也无论测试地点是在星巴克、办公室还是会议厅，都别忘了坚持搜集和记录测试结果。如果走出办公室做试销的人超过 1 个，必须对其拜访过程中的具体情况和反馈结果进行搜集整理。搜集和整理的内容既包括"你们公司需要多少产品？"或"有多少人会使用这件产品？"这样的客观问题，也包括"如果产品有效，我会把它推荐给别人"或"比起 X 产品，我更喜欢这件产品"这样的主观回答。企业应开发销售拜访记录卡（和客户探索阶段开发过的差不多），用于统一记录客户的回答。每张销售拜访记录卡都必须包括对以下 4 个采购问题的回答：

- 采购订单是否已经准备好？
- 客户要购买多少套产品（或价值多少美元的产品）？
- 签订采购订单需要哪些条件？
- 订单什么时候能签订？

为保证最佳效果，你应当在与客户会面之后趁记忆犹新，立刻做好详细笔记；确定后续沟通机会、行动项目，以及潜在客户提到的需要拜访的其他人士；记下任何客户提起过的竞争对手的产品；然后推动下一次试销机会。最后，别忘了向对方发送感谢信，在信中确认细节以及后续的行动步骤。

虽然与采购订单相关的问题相比，回答这些问题对买家来说几乎没有约束力，但你仍需要充分了解产品的销售潜力。汇总这些数字，开发"概率调整型销售预测"，精确预测企业会实现多少销售收入及其具体时间。在客户验证阶段，许多早期拜访活动短期内并不会带来订单，但这不意味着和客户的会谈毫无意义。记住，初创企业当前的首要目标是获得客户反馈，不是实现大量销售。

毫无疑问，包括初创企业董事会成员在内的每个人都必须把注意力放在销售预测上。你应当努力挖掘更多关于销售主张、竞争形势和定价的信息，最重要的是，你必须了解拜访对象是谁，以及按怎样的顺序展开销售。

了解顾客拒绝的原因比了解他们接受的原因更重要，企业必须弄清楚产品是在销售的哪个环节被拒绝的。

你应当建立表格记录这些数据，确保在表格中留出足够的评论空间，因为评论可提供重要的参考价值。你可以根据客户的公司规模或潜在业务量来衡量其评论和评分的重要性，密切注意销售拜访中的成功和失败数据。此外，了解顾客拒绝的原因比了解他们接受的原因更重要，企业必须弄清楚产品是在销售的哪个环节被拒绝的（如介绍、产品展示、组织问题、非原创问题、技术问题、定价问题等），以便协助改善销售路线图。

调整

初创企业往往非常看好的产品，很有可能在首次试销后连一个订单也没有接到，或接到的订单数比预期数量少很多。出现这种情况主要有两个原因：

- 企业尚未找到早期支持者，需要在目前的客户群中继续搜寻，或放弃目前的客户群，寻找其他客户群。
- 商业模式中的某些模块吸引力不足，如产品、特征、收益、价格、问题、合作伙伴等。

无论是哪种原因，你都必须停下来思考为什么预期目标没有实现。注意，试销活动仍然是学习过程。此时你应当回顾自己的商业模式画布，更新客户探索阶段所做的假设。如果现在还没法得到早期订单，很显然有些地方出现了问题。比方说，是不是你选错了客户群？你的价值主张不适合这一客户群？或你的收入模式不符合他们的预算？商业模式画布提供了可视化的问题诊断方法，能帮助企业找到问题所在并迅速做出改变和测试。

需要获得多少订单才能证明验证过程结束

初创企业创始人经常会问的一个问题是："为了验证商业模式可行，我需要获得多少订单？"虽然我们很想编个简单的答案，但实际上这是个非常复杂的问题。

👉 **你和董事会需要在订单数量的问题上达成一致。**

如果你销售的是售价上百万美元的企业软件包，那么来自同一客户群的 3～5 次重复销售就足以表明，企业完全可以组建专业销售队伍了。

但是，如果你销售的是新型厨具或通过消费者零售渠道销售家用电器，在渠道再次订购产品之前，你根本不知道到底销售了多少产品。

因此，关于这个问题并不存在统一的答案。但是你和董事会需要在订单数量的问题上达成一致意见。此外，你和投资者在业务扩展的标准以及由此导致的烧钱率问题上也必须达成一致意见。

走出办公室：优化"获取"客户流程（网络/移动渠道）

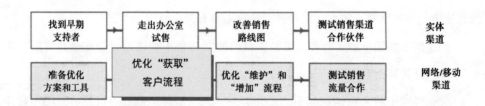

找到早期支持者	走出办公室试售	改善销售路线图	测试销售渠道合作伙伴	实体渠道
准备优化方案和工具	优化"获取"客户流程	优化"维护"和"增加"流程	测试销售流量合作	网络/移动渠道

在上一小节，我们了解了网络/移动渠道性能优化的基本知识，以及如何进行基础的优化活动，还介绍了创建优化策略时需要用到的工具和技术。下面我们要将这些知识运用到"获取客户"漏斗中最宽的部分（即客户来源部分），探讨"获取、维护和增加"流程中的获取和激活步骤（见图10-6）。

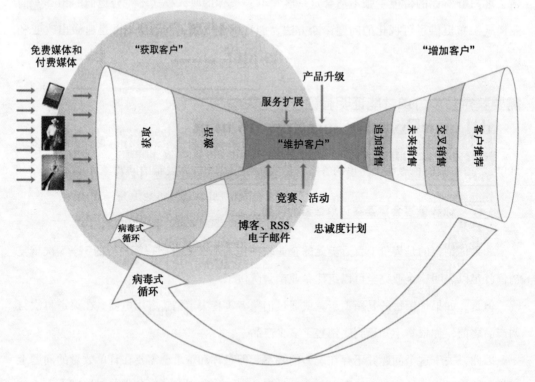

图10-6 网络/移动渠道的"获取客户"漏斗

对一些网站来说，98% 的访问者（即已获取用户）离开之后就再也不会出现了。这意味着即便你花了数百万美元获取潜在客户，但在获取到的潜在客户中只有少得可怜的 2% 有可能成为企业的客户或用户。如果这个数据还不足以引起企业对优化激活程序的关注，那就没有其他数据能引起你的警惕了。

 98% 的访问者浏览一个网站后就再也不会出现了。

初创企业如何优化"获取客户"活动

商业模式不同，优化目标也不同。例如：

- 订阅类产品（如软件即服务产品）通常以"免费 + 增值"模式或低成本试用方式吸引客户探索、尝试或使用产品。
- 昂贵的产品和服务应争取确保把客户吸引到合适的销售渠道并继续保持与产品互动。
- 价格低廉的应用程序和游戏应在实行客户互动之后马上展开销售。
- 社交网络产品应鼓励首批用户尝试其服务，慢慢吸引他们"上钩"，然后让他们邀请朋友加入。
- 多边市场业务应试着吸引那些频繁使用网站、在网站上逗留时间较长并积极邀请朋友加入的用户。
- 像 Esty 或 eBay 这样的市场型网站应鼓励卖家加入，罗列产品信息，享受网站销售带来的早期成功。

 注意

此处为概括指南，本节内容不可一次全部实施。

如何运行"获取"优化进程

回顾截至目前已实施的"获取"活动成果，询问自己和产品开发团队的哪项活动：

（1）对我们来说最重要？企业应从免费"获取"活动开始，因为如果这些活动起作用的话，扩大它们的规模是很容易的。加速最富成效的活动进程，如果你能通过搜索引擎优化或从博客主那里获得成千上万的客户，那就应该从这里开始优化。

（2）最令人失望？在开展"获取"活动时，你肯定会对其中几项活动的期望值很高，如关键字搜索广告、好友推荐、自然搜索或城市上空的气球广告等。对于结果令人失望的获取活动，应设计合格测试以改善其表现。

（3）能为企业带来最佳客户？例如，如果电子邮件营销能让客户更快购买产品、花钱更多，或更频繁地浏览网站或在网站上逗留时间更长，显然你会希望得到更多这样的客户。因此，你应当对活动方案进行优化，提高此类活动的优先级。

（4）能带来最具终身价值的早期客户？你应当寻找并获取更多这样的客户。确定高终身价值客户的行为特征（例如，频繁访问网站、采购产品、发表评论或推荐好友），然后追踪这些客户的来源、人口特征和其他共同特点，最终挖掘出更多这样的客户。在企业经营早期要做到这一点是最难的，因为现有客户数量很少，而且缺乏深入观察客户行为的时间。

☞ **广泛测试不同的促销、奖励机制，以及优惠和折扣活动。**

最后，企业应广泛测试不同的促销、奖励机制，以及优惠和折扣活动。可用的活动方案有很多种，我们仅提出一些简单建议，如：以买赠代替折扣促销；考虑有时限的促销活动，例如"促销活动午夜截止"或"本周特惠"；设计有数量限制的促销活动，例如"前500名注册用户可享受优惠"。

在首席数据分析师的协助下，你应当每天查看排名在前10或12位的性能指标。这十几项指标（注意不是几十项）是根据"获取客户"活动的结果确定的。企业创始人必须做好失望的准备，但无论这些数据显示的结果是好还是坏，你要考虑的问题都是一样的："怎样才能改善这些性能指标？"

对于缺少经验的网络营销商

如果你不是经验丰富的网络移动营销商，不知道面对令人失望的结果该如何应对，不妨试试下面的方法。首先，你要关注的是如何增加激活客户的数量，因为激活客户是最重要的环节（如果你只获取了几十个访问者，那说明你的获取流程有问题，必须马上进行调整）。

找出最大的客户来源，想办法找到增加客户数量的方法。投入更多资金、改进创意、设计不同的促销活动或提高促销频率能否改善活动结果？你应当测试每一种活动方案，一次尝试一种可能性，而且每一种活动往往需要进行多次测试。

注意，不要一次优化多项活动，否则结果会令人非常困惑——你根本分不清楚哪些活动有效而哪些无效。"获取客户"意味着获取和激活活动同时生效，要想真正地获取客户，你必须保证这两个环节同时发挥作用。换句话说，你不仅要保证有人愿意浏览网站或了解应用程序，还要保证有人愿意购买或试用产品。

优化过程中常见的机遇和问题

优化获取客户的方法实在太多，本书无法一一列举。本节仅对最常见的问题给予优化方面的建议，例如如何能让网站获得更多点击量，以及如何让点击量更多地转化成销售机会。由于经常在创业者那里听到此类问题，我们准备就最常见的问题在此做出解答。

问题：没有人访问我的网站……

大概除了美国中情局，没有哪家公司不希望通过网络了解其产品或服务的人，或访问其网站的人越多越好。显然，访问者数量决定着每个网络/移动企业的命运。

诊断结果：你的公司正处于濒临倒闭的境地。这个世界上有数以千万计的网站，光把网站做出来放在那里是不会创造任何流量的。

☞ **你的公司正处于濒临倒闭的境地，应使用本书前面所述的各种工具来拯救你的网站。**

解决方案：

（1）把书翻到"获取客户"（网络/移动渠道），重新阅读这一部分并付诸行动。

（2）寻找更多的用户邮件地址，在微博上将网站信息转发给更多人，请朋友邀请他们的好友浏览网站，在 YouTube 网站发布搞笑视频，然后疯狂传播。

（3）考虑更换网站 URL，让用户能更轻松地找到网站。例如，使用网站口号而不是性质或功能描述性内容来命名，比方说以 instantlove.com（"一见钟情"）而不是 socialdat-inginc.com（"社交约会"）作为网址。

（4）马上找专业人员，请他们优化网站的自然搜索功能。

（5）组织一些疯狂活动，比方说大事件、大促销、街头散发传单，等等。总之，行动要快！

可用工具：请参考前文介绍的各种工具，然后上网寻找更多工具。欲了解最新工具列表，可访问 www. steveblank. com。

问题：我的网站或应用程序能吸引访问者，但他们停留时间很短……

这种常见的问题其实存在许多优化机会。

诊断结果：最有可能的问题是，你的价值主张和产品定位与客户需求"不合拍"。因此，你必须测试其他可替代方案。你应当观察目前实施的获取策略，根据其效率（即花最少的钱能获取最多的客户）对这些策略进行排名。从表现最差的策略开始，依次测试每个可替代方案。

解决方案：

（1）无论你使用的是电子邮件广告、网站广告条还是空中气球广告，首先要改变广告传达的内容。

（2）如果你使用的是关键字搜索广告，先暂停所有广告活动，然后重新开始。提高每次点击的投入成本，改变关键字搜索服务激活的区域或时间，测试购买不同的关键字搜索广告的效果以及不同文本内容的效果。

（3）测试不同的行动口号；免费提供产品，如以免费试用或奖品颁发等形式提供；持续运行优化活动。

（4）改变促销方案。如果你以前提供的是年度套餐活动，现在试试每月套餐或"前30天免费"等促销活动。努力寻找值得用户访问你的网站的原因。

（5）面对面采访大量客户，找出他们喜欢的内容，更重要的是，找出他们不喜欢的内容。

（6）确保在网站首页设置不同的行动口号，例如，"点击漫游""马上免费试用""了解详情"和"获取更多信息"。

可用工具：广告文本测试，内外部测试，重新审视企业价值定位信息（独一无二的销售定位、强调的产品特征、介绍性信息等）。

问题：有人访问网站，但是没人点击内容（没有激活）……

诊断结果：这个致命的问题往往被"无用指标"所掩盖，随着访问人数和页面浏览量的逐日增长，整个开发团队会感到洋洋自得，以为成功在望。可实际情况到底如何呢？如果用户只是打开了网站但并不了解内容、不试用程序、不注册或付费购买产品，你的业务还是一潭死水。

如果你的网站面对的就是这种情况，那就必须提高警惕了。如果企业的首席数据分析师和营销负责人无法确定该怎么做或该测试哪些问题，或许此时你需要征求咨询顾问的意见了（最好是专业的自由职业者）。你应当深入了解有关活动优化的内容，投入全部身心改变问题，因为此时正是公司的危急时刻。

解决方案：全力以赴发现问题，记住不要一次性测试太多活动。首先要和那些已经获取但尚未激活的客户交流（最好有他们的电子邮箱地址，不过也可以用电话联系，不要只寄希望于邮件沟通），找出他们对哪些方面不感兴趣或哪些内容对他们没有吸引力。（没错，这就是顾客开发活动的真谛。）

接下来，你可以实施一些优化策略。

（1）找出大多数用户放弃浏览的页面，测试更有力的行动口号，迅速改善页面中的导航内容。

（2）测试不同的行动口号，例如"点此……""注册即可免费……"等。

（3）研究热点图研究结果，了解用户在该页面上关注的区域有哪些，把行为口号转移到他们关注的区域。

（4）测试更大、更小或不同的行动口号，例如，更有吸引力的广告词、更大的按钮，或为"马上试用"字眼添加上闪亮效果或鲜艳色彩。

（5）通过各种方式向用户保证不会向他们发送垃圾邮件。

（6）对网站首页进行可用性测试，留意观察用户会问什么样的问题，会点击哪些内容，是否对网站感到困惑？然后询问他们："你不喜欢网站、产品或促销活动的哪些方面？"

（7）按钮：用户喜欢点击粗大难看的按钮还是粉色小巧的按钮？他们喜欢圆形按钮还是方形按钮？按钮的位置在页面中部还是左下角更容易吸引用户？

（8）"销售"与文本内容：不断测试新的文本内容，看看哪个版本能得到更多用户响应。

（9）图片：测试不同的产品图片、插图、说明图及其他元素，从中确定可带来更高激活率的方案。

可用工具：本书所列的每一种工具都能有效应对这场危机。内外部测试可用于测试所有活动；可用性测试和一对一访谈有助于企业了解问题；热点图和任何能找到的工具都能帮助你解决问题。你必须迅速消除企业正在面临的重大危机。

问题：我们得到了一些客户，但他们从不推荐新用户……

诊断结果：虽然这显然是一个"获取"客户的问题，但我们更倾向于视其为在下一节详述的"增加"客户问题。首先你需要获取并激活客户，然后才谈得上增加客户。"增加"客户有两种方式：一是让他们购买更多产品，二是为企业推荐新客户。这两种方式都会在下一个网络/移动小节中详细说明。

问题：客户是参与产品互动了，但行为方式并不符合我们的预期……

诊断结果：这么说，你的网站已经产生了不少流量，有人点击网站上的内容或浏览网页，但是没有人注册、发表评论、玩游戏、上传照片或花钱购买产品，也就是说，他们的行为并没有达到企业预期的效果。

解决方案：你需要把整个优化工具箱里的所有工具几乎都尝试一遍。

（1）首先使用热点图和眼动追踪工具，看看人们都在网站上做些什么。

（2）使用内外部测试首先测试行动口号。更改图片或放大图片尺寸；考虑添加演示材料或动画视频；简化文字信息，使内容表达言简意赅，然后通过网络和面对面沟通两种方式进行内外部测试。

（3）开发更多网站内部指导"途径"，放大导航标志，测试提供更多选项后的效果（如"阅读详情""免费试用"等）。

（4）用户能否在网站上轻松地注册、发表评论、上传图片或购买产品？如果不能，马上解决这个问题。

（5）用户在下载应用程序、pdf 文件或照片时是否遇到很多问题？如果是，可通过重新编写文本内容、添加图片、缩短指导信息或添加视频等方式进行改善。

（6）用户浏览网页 5 分钟之后是否还记得网站的标题或"卖点"？如果否，应测试其他替代方案。

（7）确保企业的定位、承诺、支持或用户满意评论出现在网站显著位置，让用户感到放心。

可用工具：可使用优化工具箱里的所用工具，如热点图、眼动追踪、内外部测试、客户访谈、可用性测试以及其他工具。

走出办公室：改善销售路线图（实体渠道）

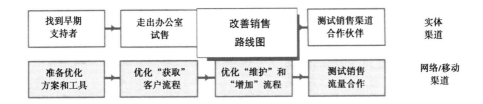

我们在前文介绍过如何开发销售路线图。在本小节中，企业将继续完善销售路线图。只有当企业团队可以不断通过相同途径实现销售时，路线图中的假设才会成为事实。

企业和消费者组织

经常对公司做销售拜访的初创企业会发现一个模式。世界上的公司并不存在成百上千种不同的组织结构图，而是通常体现为下列 4 种形式之一：产品运营部门、功能部门（如工程部、市场营销部、销售部等）、兼顾产品和功能的矩阵型组织，以及分散式的特许经营部。这些组织方式使创始人寻找重复路径、破解企业销售路线图的工作变得容易多了。有鉴于此，首先企业应确定要拜访的公司属于上述哪种组织形式。

至于消费者产品的销售情况就不同了。消费者可根据不同的原型、人口特征、心理特点或"希望完成的任务"来组织或分类。例如，在尝试向 20 多岁的人群介绍新产品时，企业可能需要了解以下问题：

- 是否需要接触具有特定人口特征的群体？应关注的重点是大学生、父母、家庭成员，还是运动员？
- 要征求多少人同意才能实现销售？你是对个人销售还是需要对方做出家庭决策？
- 如果需要征求家庭成员或群体成员的同意，是否存在必要的沟通顺序？针对每个对象的沟通内容如何设计？

- 哪些步骤有可能破坏整个销售过程？

使用组织图建立影响图

　　首先，获取该公司的结构图复印件。如果拿不到对方的组织结构图，那就试着和职位较低的员工交流，弄清楚其公司结构。然后，将对方的公司结构反映到你的"影响图"中，它能帮助你认清客户公司里的朋友和敌人。可以说，影响图一般都是以组织图为基础开发的。接下来，找出图中的早期支持者，即你的产品能为其解决问题的人；利用你从多次销售拜访中获取的信息来判断谁是影响者、推荐者、破坏者和经济型买方（参见第 3 章）。在图 10-7 所示的案例中，这家公司是按照功能来组织结构的。首席财务官卡伦·罗杰斯是早期支持者，是她决定购买你的早期型、尚未完善的企业财务软件的。她的两名直接下属，尼尔和苏珊娜会影响她的决定。不过在卡伦决定购买软件之前，两

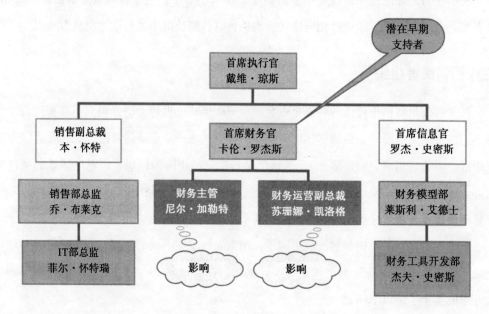

图 10-7　功能组织型企业内部典型影响图

名内部竞争者，即财务模型部和工具开发部负责人至少要处于中立地位才有可能实现销售。另外，他们的上司，公司首席信息官和销售副总裁，也会在卡伦说服老板签署采购订单前发表看法。

你应当为拜访过的每个早期支持者绘制所在公司的影响图，并从中找出相同模式。随着可重复模式的出现，企业销售也会变得更快更容易。

换言之，你的客户会告诉你如何向他们销售。

改善核心策略

在前文中，我们设计过表 10-4 中的内容，并了解到要实现销售必须赢得 4 个群体的支持。获得高层管理者的支持是企业的首要任务（本案例中即作为早期支持者，且掌握采购预算的首席财务官卡伦），然后利用这股热情获取首席信息官的支持。得到这些批准后，接下来要得到最终用户（本案例中即首席财务官的下属）的支持，最后还要争取到为首席信息官工作的 IT 员工的支持。

表 10-4　核心策略

	运营部门	技术部门
高层	主管	首席信息官或部门IT主管
底层	最终用户	企业IT人员或部门IT人员

改善访问图

在销售过程中，你该如何接近潜在的企业客户？应该先拜访谁呢？是对方公司的最高管理者吗？虽然创始人出于本能会与能找到的最重要和职位最高的管理者联系，但需要注意的是你不会有太多和高层管理者沟通的机会。因此，更为实际的做法是先拜访对方的底层员工，等确认自己有正确的产品市场组合之后再和高层管理者联系。

经历过对各种公司的多次销售拜访之后，初创企业创始人可以清楚地意识到，首先拜访哪些部门能激发对方最大的采购兴趣并获得销售引导。一旦深入客户公司内部，你应当总结其具体需求，构思有针对性的销售策略，展示解决方案，努力实现销售。图 10-8 展示的即访问策略图示例。

在这个过程中，企业需要留意的重要事项包括：

- 先拜访客户公司的哪个部门能最快实现销售？

- 客户公司中还有哪些人需要拜访，具体拜访顺序是怎样的？

- 采购批准人是谁？批准过程需要多长时间？

- 哪些人会影响采购决策？这种影响是积极的还是消极的？你准备如何接触他们？

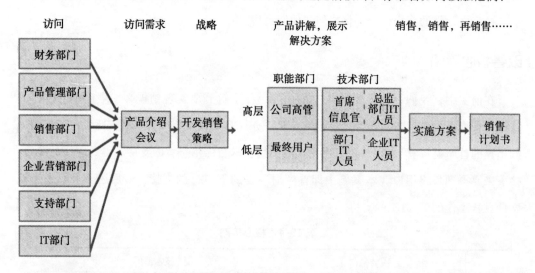

图 10-8　访问策略图示例

使用销售策略图回答以下问题：

- 应拜访客户公司哪个级别的人员？高层管理者还是运营部门人员？

- 要实现销售，需要征求组织图中多少人同意？

- 客户公司每个部门是否同样看待和关注待解决的问题？

- 对方哪些高管会影响或破坏销售？

- 对于客户公司的不同负责人，你的拜访顺序是怎样的？沟通内容有何不同？

- 你拜访的不同负责人在采购方面的决策权有多大？他们有权批准 1 000 美元还是 10 万美元的订单？如果为本部门部署产品或为其客户采购产品，他们是否需要获得其他人的批准？

在进行销售前，应当为所有涉及 B2B 销售的有关人员绘制关系图，确定其中的买方、影响者、内部竞争者和问题。可参考下面的组织图和销售策略图，选用企业具体销售情况最适合的优化工具。

不断通过拜访客户的方式完善访问策略图，直到企业建立可预测和可重复的销售模式。到那时，大型销售团队的表现也会像最初只有几个人销售时的成绩一样稳定出色。当这种模式出现后，你的销售策略也会随之出现。可以说，直到确定明确的共同特征之后你的工作才算完成。在此之前，你必须继续努力试销，拜访更多客户，直到实现连续订单，找到稳定的销售模式。在此过程中，需留意以下可能出现的危险模式：

- 在考虑销售前提出测试或演示需求。
- 正式招标书，招标过程或影响企业考虑新产品的时间表。
- 要求仅向采购部门做前期演示的公司。
- 拒绝从初创企业购买产品的公司（有时专门针对销售企业软件的初创企业）。

开发销售路线图

本练习的最终目的是开发销售路线图（见图 10-9）。销售路线图是企业创始人为销售副总裁开发的，说明如何实现可重复性和可升级性销售的详细图表。它详细说明了销售过程中的每一个步骤、每一次演示、每一封电子邮件、每一个价格，以及为获得订单必须实施的每一个环节。你应当将其绘制成流程图并记录下每个步骤。想要测试企业聘请的销售副总裁是否称职，就看他是通过以前的关系寻找客户，还是积极使用并改善这张路线图。

收到货款才意味着销售最终完成

如果愿景型客户只是说"你们的产品真不错，我肯定会买"，显然离完成销售还差得远。特别是在 B2B 销售（以及那些需要丈夫或妻子同意的销售）中，达成协议和货款到账之间还存在着很大的变数。因此，你必须确定在销售完成、产品交付和货款到账前还有哪些必要的步骤，以及具体的工作由谁负责跟进和管理。

例如：

- 采购是否需要得到首席财务官或首席执行官批准？
- 是否需要得到董事会或采购部门批准？

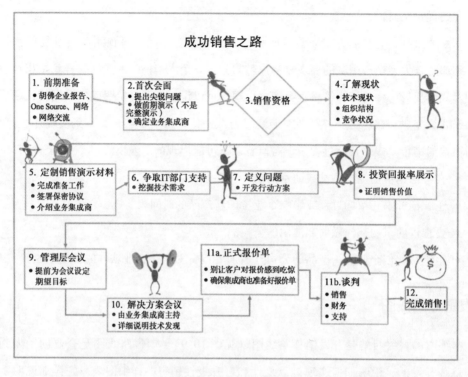

图 10-9　销售路线图示例

- 是否需要参考消费者父母的意见？

- 客户公司是否存在预算周期，在该周期内是否有租赁或贷款需求？

- 客户公司是否只从经过认证的供应商那里采购？

- 是否存在其他系统或部件供应商？是否存在重新布线、电力供应或装修改造等需要提前安排的需求？

走出办公室：优化"维护"和"增加"客户流程（网络/移动渠道）

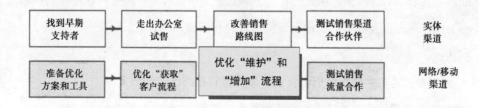

　　⇨ 众所周知，获取新客户的成本是维护和增加现有客户成本的 10 倍。既然你的企业已经拥有了用户或顾客，接下来要做的应当是优化"维护"和"增加"客户流程。在优化的第一阶段，你已经选择好了优化工具，制定了部署方案，准备改善"维护"和"获取"活动的成果，接下来就该付诸行动了。需要注意的是，这是一个永无止境的过程（见图 10-10）。

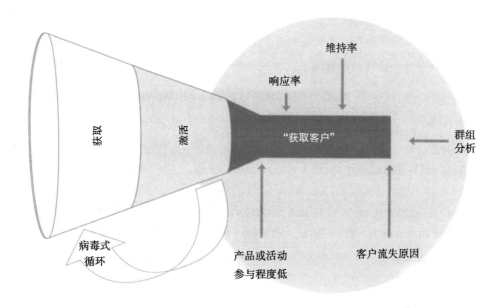

图 10-10　网络／移动渠道"维护客户"漏斗

> 🔔 **注意**
>
> 此处为概括指南，本节内容不可一次全部实施。

优化"维护"（客户保持）活动

　　企业应该至少推出一些基本的客户维护和增加活动，可利用客户关系假设部分开发的活动，如忠诚度活动、电话回访、客户满意度调查、产品更新和升级，以及密切监测客户投诉等。条件允许时（注意此时为初创企业早期阶段，顾客数量还很少），应监测各项活动的具体投入成本和回报率，确保它们能让企业逐步盈利。例如，监测销售积分活动，看能否激励顾客购买更多产品或逗留更长时间。

注意，客户的维护或保持都是以优秀的产品和服务为前提的。在客户验证阶段，你的客户关系假设应至少包括对几项此类活动进行测试的方案。

下面是常见客户维护活动中应该注意的要点以及优化活动成果的方式：

- 用户推广方案：当你给客户发邮件、发微博或者打电话询问他们对产品的使用感受和满意度时，他们会怎样回答？他们会不会接电话或回复邮件？如果答案是否定的，那就别发邮件，最好还是打电话沟通，或将邮件主题更改为紧急内容。

- 如果响应活动的客户数量不多，可以考虑增加奖励措施以刺激响应，例如，"反馈意见即可免费获得一个月服务"。当你得到负面反馈时，首先要做出响应，然后向所有客户（而不只是投诉者）表示你已经听取了他们的意见并将做出相应改进。

- 忠诚度活动：首先，有没有客户参与忠诚度活动？如果没有，是不是因为你对营销活动还不够积极？你可以对一些特别注册活动进行内外部测试，例如，"现在注册账号即可获得 5 000 积分"。如果有人注册参加活动，接下来的问题是该活动能否激励你希望出现的客户行为，例如促使用户频繁访问网站或频繁购买产品。你应当对不同的营销信息、奖励活动和促销手段进行内外部测试，以便最大限度挖掘活动参与者的忠诚度。

- 竞赛与活动：此类活动只有在用户参与的情况下才能发挥作用，因此，你应当实施内外部测试、文本内容测试，不断通过网站和邮件更新促销活动。注意观察你所做的改变能否吸引更多的用户参加活动，如果不能，那就必须继续测试。随着时间的推移（至少 3 周或更久），监测这些促销和竞赛活动能否推动理想的用户行为，如提高点击量、上传量、下载量或购买量。永远不要停止对新活动的内外部测试。

- 信息来源：无论你使用博客、RSS 订阅、电子邮件还是烟雾信号等方式向客户通知产品更新信息、使用提示或其他实用信息，如果没人阅读，企业不过是在白费力气。因此，你应当对相同内容的不同展现方式进行内外部测试，如利用不同的标题内容和尺寸大小、视频、动画或者表格等形式发布信息。尝试推出像"阅读或转发最新公告即可赢得积分"之类的活动。和大多数客户忠诚度活动一样，这项活动的测试也是永无止境的。

对于每项活动，至少在前期阶段应连续一周或 10 天关注优化结果（在实际操作中企业应长期关注和优化活动结果）。注意，不要将这些活动视为一个整体，因为每一种维护活动都是独立实施的。

利用群组分析引导"维护"客户活动

群组分析可对客户维护活动起到引导作用。群组指的是一群拥有共同属性的客户，在网络/移动渠道中，需要关注的关键群组要素是客户激活日期。这是因为，新客户可能会在网站上逗留几个月，而老客户可能访问三四个月以后就感到厌倦了。新客户每周会访问网站 10 次，每次停留 20 分钟，而老客户每周只访问网站 2 次，每次停留 10 分钟。

用平均数衡量客户维护活动会有极大的欺骗性，比如说，客户维护率看起来还可以，因为我们每个月只流失 8% 的客户。但如果这些人是网站的重要用户，他们在 2～5 个月后全都消失了，那么企业显然存在严重问题。利用群组对用户进行分类研究，而不是研究客户的总体状况，能让企业更容易发现危险征兆。

另一个需要考虑的重要群组（通常当客户数量至少达到好几千时）是不同来源的客户。例如，是谷歌推荐过来的用户停留时间长，还是必应或雅虎推荐过来的用户停留时间长？首先接受免费试用的用户，是否比一开始就付钱购买产品的用户更早离开网站？可以说，每一种群组分析都能为改善客户维持提供策略（见图 10-11）。

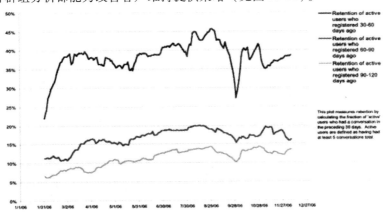

图 10-11　销售漏斗群组分析

优化"增加"客户活动

增加客户的方式有两种：让客户购买更多产品，或让他们向企业推荐其他客户（见图 10-12）。

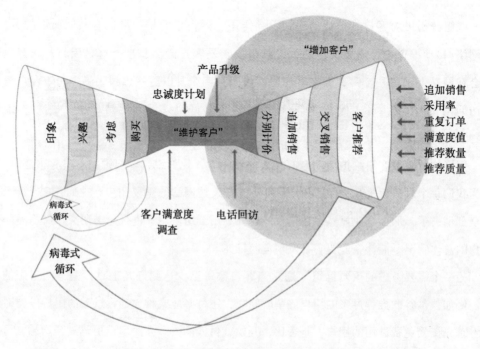

图 10-12 网络/移动渠道"增加客户"激活活动

如何利用优化原则增加新收入已经在第 3 章讲述过，前面讲到的群组分析也能发挥重要作用。

让客户购买更多产品

增加企业收入和客户量时需要优化以下关键指标：

- 增加所有客户的平均购买额（高于首次购买订单额）：如果无法让回头客提高至少 15% 的购买额，说明企业还要努力。你可以试验更多不同的优惠活动，加大优惠力度，寻找其他推广优惠活动的机会。

- **客户接受率**。接受率是指客户浏览（并购买）追加销售和未来销售的百分比。它能显示追加销售活动是否有效。企业应当设置两位数的目标增长率，虽然这样的目标很难实现。对时限性强、优惠力度更大的活动和自发活动进行内外部测试（例如"24 小时限时促销"或"仅当日优惠"），寻找其他有创意的平台、媒体和方式推广追加销售。

- **平均订单规模**。平均订单规模亦称"市场菜篮法"（这一使用长达一个世纪之久的术语源自实体渠道营销）。企业可通过对各种优惠活动进行内外部测试的方法提高客户的订单金额，具体活动包括长期订阅、为接受追加销售的客户提供奖品，以及为追加销售活动推出更大的折扣等。注意，你已经在获取客户活动中投入了资金的"大头"，因此不要吝惜为增加收入再投入一些"小头"。

- **其他优惠活动造成客户退出或注销账号数量**。这是一个值得企业小心的重要"警告"，因为这一数字显示的是你的促销活动是否把客户逼得太紧。你应当观察客户的整体退出率，如果达到 25% 或以上（通常退出率应该在 2% ~ 3%），必须放缓优惠活动频率，调整文本内容，或打电话了解客户的具体喜好，然后根据他们的意见进行调整。

　　☞ **你会惊奇地发现，许多客户在收到企业的电子邮件或电话时会非常兴奋。**

- **客户满意度**。要想让现有客户购买更多产品，首先要确保他们对产品、产品性能和价格感到满意。毫无疑问，对产品不满意的客户肯定不会再购买你的产品。你应当通过定期的满意度调查和服务拓展电话等方式与客户保持联系。

　　你会惊奇地发现，许多客户在收到企业的电子邮件或电话时会非常兴奋。例如，当你在电话中客气地表示"您好，感谢您对产品的支持，我们想知道您对我们的产品是否满意"时，他们肯定非常乐意提供反馈信息。通常，你可以在电话或邮件结束时介绍一下公司推出的多买多送或优惠折扣活动，这些基本的增加客户的策略对消费者产品和 B2B 销售同样有效。

让客户推荐客户

　　客户推荐是企业获得更多客户以及增加收入影响力最大和最易于利用的方式。原因在于，当一个人听到好友说"嘿，你应该试试这个"时，这种营销行为的可信度非常高，而且不用企业投入任何费用。对于客户推荐活动，需要优化的指标包括以下几项：

- 向好友发送邮件、微博信息和短信的客户比例和数量。
- 每位客户的平均推荐数。
- 顾客推荐目标的转化率（或接受率）。
- 会员或客户推荐的新会员或用户的个人购买、激活或注册数量。

之前我们讨论过不少病毒式营销技巧，例如鼓励用户在 Facebook 上关注企业网站，或在微博上转发尝试新游戏或应用程序的消息，这些活动都能增加好友对营销信息的信任和支持。大多数消费者更喜欢从朋友那里而不是从营销商那里了解产品信息，因为他们知道朋友不会向他们推荐没用的东西。

首先要关注的两个"增加"客户指标

有两项指标能指导对"增加客户"活动的监控，即病毒式增长因子和客户终身价值。

病毒式增长因子（即病毒系数）可用于衡量现有用户推荐的已激活用户的数量。如果一名用户邀请 5 位好友购买，但其中只有 1 人真正激活并购买产品或在网站上注册，那么你的病毒系数就是 1（即一名用户推荐了一位激活的新用户，或者说 1 对 1），这是最低的实际病毒增长率。试想一下，如果每个现有客户都能带来一个激活客户，那你的用户数量就会增加一倍！

如何计算病毒系数

下面我们来举个例子说明。假设你的网站有 100 名用户，每人推荐 10 位好友访问你的网站或试用应用程序，那么他们就给网站带来了 1 000 个"已获取"用户，在这些用户中有 15% 的人（即 150 人）在网站上注册信息、购买或试用产品（即成为激活用户）。

我们来计算一下：

（1）现有用户人数是 100 人。

（2）乘以每个人平均推荐的新客户数（100×10）。

（3）然后计算"激活"用户的平均转化率（15%）。

（4）现在等于你拥有了 150 个新用户（1 000 人中有 15% 被激活）。

（5）因此，150 个新用户除以 100 个老用户等于病毒系数 1.5。

你应当争取让病毒系数大于 1.2 或 1.3，这个系数接近于企业所需的线性增长或稳定增长。理想情况下，如果你能在 YouTube 上上传一段热门视频，开发一则令人捧腹的笑话或是像"推荐好友免费得 iPad"这样的活动，都会让病毒式传播出现爆炸性增长。很多人会将搞笑的 YouTube 视频或笑话转发给几十位甚至更多好友，在这些受众中会有很多人观看视频或阅读笑话。在此情况下，病毒系数会大幅提高到 12～20，甚至更高。病毒系数越高，其传播速度就越快，既定时间内带来的客户就越多。如果病毒系数低于 1，企业只会停滞不前。

👉 **YouTube 上的一段热门视频或一则令人捧腹的笑话都能带来极高的病毒系数。**

测量激活用户的时候要注意，不要只测量被推荐客户的总数，因为这个数字带有欺骗性。比方说，如果一位客户能为商店带来 10 位好友，他们确实喜欢商店里的东西，但是最后一毛钱的东西都没有买，这样的虚假客流量又有什么意义呢？

提高病毒系数很难，可以说是一项特别难的工作，因为它是企业可以以最低成本获得新客户的唯一最大来源。你可以使用以下策略来提高病毒系数：

- 对优惠活动、广告文字和行动口号进行内外部测试。
- 开发并测试各种奖励机制、促销活动、优惠活动和折扣活动。
- 测试不同的奖励机制以鼓励人们推荐好友，确保能同时激励现有客户和潜在客户。
- 在此过程中对每一个步骤应用核心"获取客户"策略，因为客户推荐的本质是为企业获取新客户。

当然，毋庸置疑的是，能带来最大病毒传播效应的最重要因素莫过于成功的产品。谁也不会向好友推荐产品和服务平庸的企业。你应当至少每周监测一次病毒式营销传播率，不断想办法来提高病毒系数。

👉 **优化永无止境。**

需要注意的是，并不是网络上所有产品都具有病毒式传播特性。社交媒体可实现病毒式传播，多人游戏也能实现病毒式传播，但有些网站你绝对不会邀请很多朋友加入或尝试，如相亲网站、药物网站等。YouTube 也许是高病毒系数传播网站的典型案例，想想看你最近观赏过哪些令人捧腹的 YouTube 视频，向多少好友转发了视频？

客户终身价值，即客户为企业带来的总价值，可通过几种不同的方式实现增长，例如购买更多产品、将产品推荐给更多新顾客，以及在多边市场中表现得更活跃，为企业带来更高的收入。"增加客户"活动是实现终身价值增长的主要驱动力。

企业应随着时间的推移监控客户终身价值的增长情况，通过新的活动和优惠方案提高其增长效率。

多边市场必须优化市场中的"另一边"

前文已经探讨过，处于多边市场的初创企业必须优化市场的"另一边"，即能为企业带来收入的一侧。现在，你应当走出办公室去验证假设了，观察广告商是否认为受众群体具有吸引力，是否愿意支付广告费用，以及该假设能否推动可盈利商业模式的形成。

虽然此时接到订单是好事，但企业的主要目标是验证假设中描述的潜在收入能否实现，对投资者承诺的回报能否落实。

鉴于前面讨论过的"获取客户"过程（毕竟，企业正在获取客户），你会发现不得不再次重复前面做过的大部分工作。这是因为，在多边市场中对付费方开展的获取活动和推销行为，与吸引免费用户访问网站或试用应用程序所使用的材料、定位及价值主张是完全不同的。由于此时网站流量少得微不足道，因此企业不要指望马上能得到订单或实现收入，企业的目标应当是：

- 了解游戏规则。网站是否需要实现 100 万次的周浏览量或月浏览量，广告商才会考虑购买？是否需要设计一定的广告单元或特征？目标受众是否足够独特，可吸引广告商支付广告溢价？是否存在关于内容、期限的规定，或其他可能阻止交易实现的因素？

- 确定销售路线图。企业要花多长时间才能获得一笔订单，订单的批准过程涉及几个步骤？广告商一年一次、两次还是多次购买企业的网站流量？典型的初次广告订单规模有多大？负责审批网站、价格和内容的人是谁？怎样才能尽快获得订单？

总而言之，优化永无止境！

走出办公室：测试销售渠道合作伙伴（实体渠道）

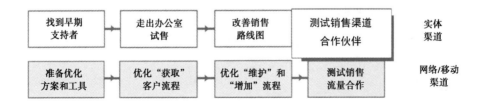

如果你通过间接渠道销售产品，现在可以验证在第一阶段设想的渠道策略了。验证意味着你应当从销售渠道潜在合作伙伴那里得到一笔订单或至少得到合作伙伴坚定的订购承诺。

注意，在没有最终用户热心支持的情况下，想在早期获得渠道合作伙伴的订单往往会起到事与愿违的效果。在这个阶段，渠道合作伙伴的典型反应是："你的想法挺有意思，但这种产品真的有需求吗？潜在客户会怎么想？"当然，这些只是台面上的话，他们的真正想法是："你的产品能让我赚到钱吗？如果能，能让我赚多少？"因此，只有当产品取得实际销售成果，得到客户热烈响应时，渠道合作伙伴才会对你的产品更有信心。

每次会谈时，尽可能多地了解潜在合作伙伴的信息。例如：

- 渠道合作伙伴是基于产品的价值定位、定价方案和合作协议进行购买和销售的吗？
- 渠道合作伙伴要求得到产品零售价格百分之几的收入？企业是否需要支付其他费用，如运费、广告费或推广费？退货条件是怎么规定的？
- 渠道合作伙伴能否预测潜在销量？他们推销或销售产品的具体地点和方式是什么？
- 哪些因素会提高渠道销量：奖金、销售人员培训、销售会议或产品展示，还是举行一场高尔夫球比赛？哪些销量鼓励方式是渠道合作伙伴可接受和负担得起的？
- 渠道目标是基于产品的价值定位、定价方案和合作协议进行购买和销售的吗？
- 最重要的是，当顾客寻找产品时，渠道合作伙伴所做的是创造需求还是仅仅满足需求？

有时候对这些问题的讨论会让渠道合作伙伴提前预订存货。如果是这样，那可值得恭喜了，你应当尽量让渠道合作伙伴提前预订。这些早期订单可能出现在个别商店或某个区域的测试市场，也可能是为观察销售情况而做的少量订购。你应当抓住这个机会，牢记此时的主要任务是尽可能多地了解渠道，向合作伙伴确保产品已经准备就绪，可以随时进入市场。

确定渠道目标

测试不同规模和类型的潜在渠道合作伙伴，就像听取客户意见一样，企业创始人应在每个渠道中主动联系合作伙伴，这样才能了解对方的第一手反应。

首先，你应当列出各目标渠道中的关键人物，包括他们的联系方式及所有信息（这些信息已在客户探索部分搜集过）。注意，和全国性连锁店商谈合作一开始肯定非常困难，必须做好接受失望结果的准备，同时保持执着坚定的信念。

你应当把这些会谈视为了解渠道合作伙伴信息的手段，随时做好准备飞往各地参加会议，哪怕这些会议只有20分钟。（据说，美国某全国性连锁店给企业的初次推销演讲时间只有3分钟。）

当渠道销售涉及零售商时，其验证活动会变得比较困难。例如，企业何时能为满足零售商客户需求提供足额存货量？合作伙伴能否尽早同意限制性市场测试，希望市场测试的成功能带来规模更大、销售范围更广的订单？

渠道验证还包括与独立销售代表及经销商的会谈。独立销售代表对市场有敏锐的直觉，而且往往拥有不少重要的零售商或连锁客户。他们对这些客户的偏好和行为模式了如指掌，主要是因为这些客户是他们的收入来源。你应当和不同市场中的独立销售代表进行商谈，看行业中数一数二的销售代表是否接受你的产品，愿不愿意在产品准备就绪时开始销售。这种情况很难假设，因为销售代表很少接受竞争性产品。你应当了解的是，销售代表对其重要客户购买产品和营销产品的潜力有何看法？产品需要多长时间才能得到配销，初创企业期望的销量是多大？同样，你也需要和经销商认真讨论同样的问题。

渠道只不过是陈列产品的货架

关于渠道我们有一条忠告：千万不要把渠道合作伙伴和客户混为一谈。说服合作伙伴销售产品，或说服某个大型系统集成商与你合作，这些和吸引客户购买产品是截然不同的。尽管渠道合作伙伴也会下订单，但他们只有在顾客需要从其该渠道购买产品时才会下订单。实际上，支付费用的还是最终用户。换句话说，渠道合作伙伴只有当企业能推动其收入时才会重视你。

　　不要把渠道合作伙伴和客户混为一谈。

在做自我介绍时，渠道合作伙伴最常见的口头禅是"我们能为你带来客户"。虽然这话貌似不错，但还是会有很多初创企业掉进陷阱，错误地以为只要跟渠道合作伙伴签了合同，或对方发来首批订单，销售问题就会迎刃而解，可以打开香槟庆祝销售成功了。很遗憾，你想错了。事实是，你充其量只能把间接渠道视为杂货店里陈列产品的货架。如果顾客对你的品牌不熟悉，他们是永远不会主动推荐你的产品的。换言之，在顾客没有将你的产品放进购物筐之前，销售都不算成功。此外，和零售商一样，渠道合作伙伴在结款方面也是出了名的慢。

牢记上述内容，随时根据已获取的早期客户订单更新你的渠道或服务合作伙伴演示内容，然后走出办公室向他们展示这些演示材料。你的目标是要争取合作伙伴的采购承诺（通常以订单作为证明）。你可以设计一张和销售记录卡相似的渠道拜访"记录卡"，用它来估计最终可通过渠道实现的产品销量。虽然现阶段估计渠道销量很困难，但这项工作是必须要做的。

走出办公室：测试销售流量合作伙伴（网络/移动渠道）

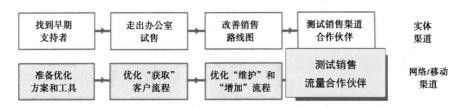

找到早期 支持者	→	走出办公室 试售	→	改善销售 路线图	→	测试销售渠道 合作伙伴	实体 渠道
准备优化 方案和工具	→	优化"获取" 客户流程	→	优化"维护"和 "增加"流程	→	测试销售 流量合作伙伴	网络/移动 渠道

⇨ 经常听到有人说："我建了个网站，但是没有人访问。" 对于网络/移动渠道的初创企业来说，这无疑是个噩耗。你需要合作伙伴推动访问网站的流量，可以通过文字链接或发布广告条吸引访问者，或在合作伙伴的网站上突出你的网站内容或特征。有很多种合作伙伴关系都可以提高网站的访问流量。在网络公司中，这一功能即通常所说的"业务开发"。

下面是几种常见的网络合作伙伴关系：

- 社交网络可以从相关的商务或内容网站获得流量。

- 青少年游戏公司可在面向青少年的网站推出免费试用版游戏。

- 电脑配件电子零售商可从计算机新闻网站获得流量。

你应当与潜在合作伙伴沟通，按照前期所做的流量合作假设和对方签订流量合作协议。在此过程中需要考虑的问题是，合作伙伴能为你带来多少收入或流量，需要你付出多少成本？你应当和那些有能力提供你希望接触的客户类型的网站沟通，和它们达成以下协议：

- 与合作伙伴网站互相放置宣传内容和网站链接。

- 交换电子邮件列表，保证每个合作伙伴都能介绍其用户或顾客访问另一个网站。

- 交换广告和文字链接，互相利用彼此未售出的广告栏。

- 将合作伙伴显示为"内容伙伴"，或在各自的网站上推广对方的网站。

- 创建微型网站，宣传非竞争性内容或彼此的网站信息。

- 在其他网站宣传本网站特征（如社交网络或免费游戏）。

流量合作机会无穷无尽，它能为合作的一方或双方带来大量流量增长。当合作的其中一方获得的利益比另一方大时，付出现金往往能让交易获得平衡。现金是吸引潜在合作伙伴关注的最好方式。在与合作伙伴进行的首次会谈中，你应当比较对方可创造的潜在流量和成本以及自己产生的流量和付出的成本。企业必须尽快吸引流量伙伴合作，同时对其合作成果进行监控和评估。

👉 **流量合作机遇比比皆是。**

你应当确定在流量合作假设部分开发的目标列表中的合作伙伴。注意这些会谈很大程度上属于探索性质的交流，因为潜在合作伙伴提出的第一个问题往往是"你的网站现在有多大流量"。在验证过程的这一阶段，这个问题的答案很可能是零。毕竟，大多数合作关系是强调互惠互利的，在安排具体会谈之前，合作伙伴候选人肯定想了解跟你合作能得到什么利益。

这种合作会议机会是很难争取的。虽然流量合作机遇比比皆是，但很多企业不愿花时间在初创企业身上，它们只想和大公司合作。下面是突破这些壁垒的一些技巧：

- 使用在客户探索"客户联系人"部分描述的个人推荐和积极的后续活动改变局面。
- 在自我介绍邮件中强调跟你合作可为对方带来的好处。
- 解释初创企业的愿景以及对方为什么要和你的新企业合作。
- 参加相关的会议和展会，与合作伙伴进行面对面交流。
- 在和潜在合作伙伴进行初次会谈时不要急着签订合同，因为要获得对方承诺并不容易。

建立会后报告卡，评估和预测合作机会的规模，如对方可提供多大流量，需要付出多少成本等。可参考 193 页的客户访谈记录卡，对会谈结果进行追踪和量化。

| 产品
定位 | → | 对市场类型和
定位进行匹配 | → | 企业
定位 | → | 验证
定位 | 所有
渠道 |

第 *11* 章

客户验证第三阶段：

产品开发和企业定位

在客户验证的这个阶段，企业将会运用所有与客户、客户对企业价值主张的反应以及与企业产品购买原因相关的试验结果。这些试验结果可以总结为两种定位陈述，即针对企业和针对产品的定位陈述。在这个阶段，企业将：

- 开发产品定位。
- 将产品定位与市场类型匹配。
- 开发企业定位。
- 向分析师和行业影响者展示并验证定位。

定位和竞争性产品相关，是控制公众对企业产品或服务看法的一种尝试。在客户验证的第一阶段，你已经为产品和公司设计了初始定位，此时的定位还不算正式定位，顶多是一些猜想。现在，通过和50～250位客户进行面对面沟通，或和几千位用户在线互动之后，企业已经了解了客户购买产品的原因，拥有了进一步测试和完善定位所需的真实客户。

在此前的客户验证阶段，企业在客户获取方面的投入并不多，风险也相对较低。但是现在，企业已经做好了扩大规模的准备，要求客户数量从几十或几百增加到几千甚至几百万，这就需要准确传播产品信息、产品功能以及客户购买或使用的原因。

不要使用公关公司

大多数技术型初创企业认为，应当从公关公司聘请"专业营销人员"实施定位活动。实际上，这项工作最好由客户开发团队根据产品开发流程获得的反馈来实施（成本也最低廉）。在这个阶段，没人会比产品开发团队更了解客户，以及客户对产品解决问题能力的看法；没人像他们一样努力了解客户需求、获取订单，以及寻找可重复的销售量路线图。客户开发团队显然最有资格做第一批定义企业和产品独特之处的人。只有到了后面的客户生成阶段，企业才有必要支付费用聘请专家。到那时，实际上你已经可以向他们解释客户购买产品的原因了。

定位审计

在花费大量时间做定位之前，向外界公开宣布消息并获取反馈信息是个不错的办法，其中最好的方式是运用定位审计。审计可以以毫无偏见的方式了解别人是如何看待你的企业和产品的。外部审计是指对不同类型的代表性样本进行访谈，其中包括了解或听说过企业的客户、对企业一无所知的人、帮助你传播信息的人（如行业分析师、影响者、博主、媒体记者等）、竞争对手以及其他熟悉企业所在行业或市场的人士。

在每次访谈中，你都要向这些群体询问一系列问题，了解他们对你的企业和主要竞争对手的看法。例如，他们是否了解和尊重你的产品、声誉和领导力？是否认为你的企业生产的是值得信赖的产品或你的企业是值得信赖的服务供应商？觉得企业的哪些方面具有竞争优势？这些问题的答案会形成大众对你的企业的基本看法。

> 这些问题的答案会形成大众对你的企业的基本看法。

一旦你了解了别人的想法（这些想法多半和自己的想象不同，往往会让大多数初创企业感到惊讶），企业就能努力做出改变，让这些意见成为现实。表 11-1 显示的是一份针对客户、记者、影响者和分析师设计的外部审计问卷样例。

表 11-1　外部审计问卷示例

外部审计调查问卷

认知度
- 你是否听说过这家公司？是否了解他们从事的业务？

市场关注焦点
- 市场中是否存在与该公司产品相似的同类产品？
- 如果存在，这家公司的产品与其他产品有何不同之处？
- 在这些产品中你最喜欢哪一种？为什么？
- 如果不存在，你认为这家公司的产品在市场上处于什么样的位置？

客户关注焦点
- 你是否熟悉这家公司拜访的客户类型？
- 你是否了解这些客户亟待解决的问题？
- 你认为这家公司的产品能否解决上述问题？如何解决？

产品关注焦点
- 你知道这家公司的产品最重要的三个特征吗？
- 这些产品特征是否属于必备特征？
- 你认为新版产品必须具备哪些产品特征？再次更新的产品版本呢？
- 你觉得这家公司的核心技术是什么？是否独一无二，难以复制？和市场上其他公司的技术相比如何？

定位
- 你了解这家公司的自我定位吗？是否相信这种定位？其描述是否可信？
- 你了解这家公司的使命描述吗？是否相信其使命描述？

竞争
- 你觉得这家公司在第一年的经营中会遇到哪些竞争对手？
- 你觉得这家公司最终要面对的竞争对手是谁？

（续）

外部审计调查问卷
• 这家公司怎样才能战胜这些竞争对手？
销售/经销
• 这家公司的经销策略是否正确，能否实现客户销售？
• 这家公司的销售策略是否有效？
• 这家公司的定价是否合理？价格太高还是太低？
优势/劣势
• 这家公司有何优势？（产品、销售、定位、合作伙伴等方面）
• 这家公司有何劣势？（如缺乏"完善的产品"、销售人员、产品特征等）
趋势
• 这家公司应关注哪些技术或产品趋势？
• 哪些群体是此类技术的关键意见领袖？你支持哪个群体的观点？
• 这家公司应关注哪些商业趋势？
• 哪些群体是这一商业趋势的关键意见领袖？你支持哪个群体的观点？
信息采集
• 被调查者认为公司向客户宣传产品信息的最佳方式是什么？你认为影响客户观点的因素有哪些？
• 你认为公司吸引客户对产品产生兴趣的最佳方式是什么？你介意公司给你打电话吗？

　　虽然实施审计活动是公关公司擅长的，但是完全将这项活动交给他人执行对初创企业来说是个严重的错误。就像企业不能把重要的前期销售拜访活动交给销售人员去做一样，前期审计活动也非常重要，不能全部交给公关公司执行。创始团队中的成员至少应亲自拨打最初的 5～10 个调查电话。

　　了解外部人员对企业的看法只完成了一半的审计任务，听取公司的内部意见也非常重要，构成了审计工作的另一半任务。内部审计对创始团队主管人员和董事会成员提出的问题是一样的。大多数初创企业认为，公司内部肯定对外部审计中的问题保持完全一致的意见。然而实际情况并非如此，内部审计很可能会让你发现不和谐的声音（在这种情况下，你肯定不想和投资者意见相左）。因此，内部审计的目的就是要找出分歧并发掘新的思路。当企业最终对定位问题达成一致意见时，你应当在公司上下及时传达消息，保证每个人都保持一致意见。

开发定位：产品定位

在这一步，企业要确定产品定位。这个定位并不一定完美无缺，因为它会在客户生成阶段进一步得到改善。产品定位的结果是总结出篇幅为一页纸的"定位说明"，对前期假设部分的定位做进一步发展。由于此时销售材料（包括数据表、销售演示、网站和广告内容）和营销活动已经开发完毕，因此，定位说明的作用是确保所有信息都能切中要点。

在客户探索和客户验证阶段，来自客户和渠道合作伙伴的反馈意见可帮助企业不断改进或确认对于定位的看法。在制作销售演示材料时，企业已经完成了产品定位的第一个版本，回答了早期客户为什么要购买你的产品。你应当认真思考客户对产品定位描述的反应，它能否让客户感到激动？是否真实可信？如果说不出产品让他们感兴趣或不感兴趣的原因，你是否知道问题出在哪里？如果他们对产品不感兴趣，你应当再次和客户联系并找出原因。只有亲自了解过产品的人提供的反馈，才是产品定位最好的意见来源。

产品定位简介

回想一下你在客户验证一开始时确定的简单的、一句话产品定位（如联邦快递的定位是"使命必达"），它是否在验证阶段引起了客户的共鸣？能否让客户感觉到该定位解释了产品购买原因和产品功能？是否让客户感觉该定位可靠且有效？如果对这些问题的回答是否定的，那你就必须重新进行定位。

为帮助回忆，可参考第 9 章列举的产品定位案例（见表 11-2）。

表 11-2　产品定位案例

产品定位说明
● Mobiledough 软件是为经常出差的管理人员定制的
● 他们希望用尽量少的时间做出精确的费用报告
● Mobiledough 是一款易于使用的收据跟踪和费用制表软件
● 不用十分钟即可提供一份周报告
● 与费用报告套装软件不同，Mobiledough 能使用 11 种最常见的报告格式，通过对收据进行扫描、排序和总计，制作出近乎完美的报告草案

在客户验证访谈结束后马上做出全面定位，往往能为企业在客户生成阶段的早期阶段节省资金和时间。如果企业已知如何利用可让客户产生共鸣的方式，针对竞争对手对新产品进行定位，这时才可以聘请公关公司或营销公司准备宣传活动或推广材料。注意，不要把宝贵的资金和时间浪费在冗长昂贵的定位研究和分析上。正相反，企业应当告诉公关公

司："这就是我的产品定位。除非你们有更好的想法，否则就按这个定位进行宣传。"公关公司了解如何包装产品、制定公关信息，以及利用营销传播工具迅速推动营销结果的实现。（当然，它们肯定不乐意这么做，因为构思定位和制定战略更加有利可图，需要负责的活动也更少。）表11-3 所示为不同市场类型的产品定位。

表 11-3 不同市场类型的产品定位

	现有市场	新市场	细分市场	克隆市场
产品定位说明	将产品与竞争对手的进行比较。说明产品的哪些特征或属性更好或更快，即增量式改善	对客户来说，要了解产品特征的功能还为时尚早。你应当说明产品能解决的问题及带来的好处，即转换性改善	将产品与竞争对手的进行比较。如果是低成本产品，那就说明价格和特征集。如果是利基产品，那就说明产品的部分功能或属性能够以其他产品无法实现的形式解决顾客的问题。描述客户使用这种新方式解决问题可实现的利益	如果用户熟悉国外网站，和国外网站进行对比。如果不熟悉，作为新市场开发

开发定位： 对市场类型和产品定位进行匹配

市场类型可极大地改变企业希望宣传的有关自身和产品的信息。下面，我们来看看如何在企业定位和市场选择之间进行匹配。

对于现有市场

如果你进入的是现有市场，企业定位即创造这样一种概念，让别人认为你的公司和其他公司不同且真实可信。同时，你应当解决客户认为重要的问题。例如，当苹果公司进入智能手机市场时，人们都知道这家公司是生产 iPod 音乐播放器的，现在它准备推出手机和网络浏览器等新产品。

企业定位一旦确定，产品定位问题马上就会出现。由于现有市场中存在同类产品，产品定位通常要根据当前竞争状况说明你的产品有何不同以及为何不同。想要在现有市场中实现产品差异化有 3 种方式：你可以描述产品属性的不同（如更快、更便宜，同样价格加量 30%）、销售渠道的不同（如比萨饼 30 分钟内送货上门、拜访距离最近的经销商，或自己建立网站），或服务方式的不同（如 5 年、5 万英里保修服务、90 天退款保证、终身保修）。此外，产品定位还可以说明产品如何满足客户解决问题的需要。

对于新市场

如果你是在开发新市场，企业定位要关注的不是如何实现差异化，因为在新市场中你没有任何可供比较的竞争对手。因此，在新市场中企业定位的目的是让人们了解你的理想和激情。它要回答的问题是这样的："你想改变这个世界上的什么问题？""你的企业想要带来哪些改变？"例如，当初创企业 Airbnb 将早餐式酒店、汽车旅馆和住宿服务改造成"点对点"模式时，他们首先必须向消费者推广其激进的想法，即人们愿意把房子租给陌生人，而且乐意住在陌生人家里。

完成企业定位后，在新市场进行产品定位就变得简单多了。向顾客兜售新产品的特点是徒劳无益的，因为市场中没有类似的产品可供参考，顾客也不明白你在说什么。如果 Airbnb 公司将其服务定位为"89 美元一晚的房间"或"睡在陌生人家里"，恐怕没人明白它想做什么。与此相反，这家公司宣传定位的方式是倡导"分享式经济"，强调买卖双方都能获得经济上的利益。

对于克隆市场

即在企业所在国克隆一种来自美国的成熟商业模式。由于语言、文化或法律壁垒的存在，有些商业模式在你的国家尚不存在，因此这是一种可行的商业策略。克隆市场往往出现在中国、俄罗斯、巴西、印度和印尼这样的国家，这些国家的市场很大（人口都超过 1 亿），足以支持企业的发展。

由于没有类似企业作为参照对象，在克隆市场中企业定位的目标不是强调其差异性，而是预测未来。显然，你很清楚类似企业在美国是如何定位的，可以克隆它们的定位。

克隆市场的产品定位也一样，强调新产品的特征是在白费工夫，因为没有类似的产品可供人们参考，顾客也不知道你想表达的是什么。因此，你应当了解类似企业在美国是如何进行产品定位的。一旦市场成型，就可以克隆它们的产品定位。

对于重新细分市场

如果你是在重新细分现有市场，那么企业定位应取决于具体的市场分区。市场分区意味着你在客户意识中选取了一个特定位置，这个位置不但非常独特，而且易于理解。最重要的问题是，你必须关注客户当前重视且需要的产品特征。这种市场类型的企业定位，能反映你对服务水平不足的市场中的客户问题和需求的深刻理解。而且，你已经想到了如何利用独特的方式来解决这些问题。

重新细分市场有两种类型：一种是细分市场利基供应商，另一种是低成本供应商。捷蓝航空和西南航空是重新细分市场低成本供应商的两个典型案例，它们都通过仅提供必要服务的方式来降低票价，它们进入的是航空业市场中的低成本客运市场，为点对点线路提供高品质客户服务。

重新细分市场有两种类型：一种是细分市场利基供应商，另一种是低成本供应商。

沃尔玛的崛起也是市场细分的成功案例，其创始人认为20世纪六七十年代的超级市场已经高度成熟，完全可以进行利基市场细分了。当时，西尔斯（Sears）和凯马特（K-mart）在大卖场零售业占有支配地位，在人口密集区域开了许多大超市以保证购买力。而在人口数量较少的社区，顾客会去西尔斯的邮购商店购买，而凯马特则直接忽略这部分消费群体。这些被大超市忽略的小城镇，在山姆·沃尔顿眼中变成了重要的商业机会，由此提出了"小城镇优先"的独特的利基市场策略。沃尔玛建成后一直将自己定位成"打折超市"，以成本价销售名牌保健品和美容产品，让很多大型零售商不屑一顾。沃尔玛的营销策略加上大量广告活动，成功吸引了众多客户购买公司的其他产品，这些产品虽然价格低，但毛利却很高。此外，沃尔玛还采用了尖端技术跟踪消费者的购物行为，其高效配送货物的能力有效降低了公司的销售成本，使其和竞争对手相比几乎达到了微不足道的程度。2002年，凯马特超市宣布破产，沃尔玛一跃成为全球最大的公司。

在重新细分市场时，产品定位即市场和现有市场中各种定位的混合体。由于你的市场细分将产品置于和竞争对手的产品相毗邻的空间，因此，产品定位应向客户描述新的市场区块和其他细分市场有何不同以及为何不同。

开发定位：企业定位

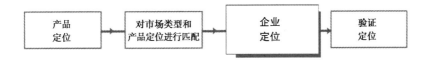

和产品定位的开发方式一样，你应当根据市场的具体类型开发企业定位。产品定位和企业定位有什么不同？产品定位关注的是某个市场类型中的特定产品属性，而企业定位回答的是"这家企业能为我做些什么""我为什么要购买这家企业的产品"以及"这家企业为什么会存在，和其他公司有何不同"之类的问题。

企业定位声明的最初版本应尽可能简单，要始终牢记客户需求。在描述企业特点时应鼓励潜在客户说出这样的话："我想了解更多信息，你们公司好像能解决我的问题。"

亚马逊零售网站的企业定位虽然有些冗长，但是个很不错的参考案例——"我们希望成为全世界最重视以下 3 类主要客户的公司：消费者客户、卖方客户和开发商客户"。UPS 公司的企业定位强调的是其服务广度："作为全球最大的包装运输公司和领先的专业运输物流服务供应商，UPS 致力于对物流前沿、供应链管理和电子商务的持续开发……将货物流、信息流和资金流紧密结合。"再比如，美捷步公司的企业定位比较简单，只强调一个重点，即顾客为什么要购买其产品——"我们只有一个企业使命：尽最大可能为客户提供最好的服务。在公司内部，我们称其为顾客惊喜体验"。注意，企业定位并不是关于产品或特征的描述。

有时候，开发新市场的企业创始人会忍不住为新市场命名。尽管这种方式对企业可能会有帮助，但更多时候却是种危险且代价不菲的行为。一般来说，只有当新的名称能说明产品属性时才会有帮助，例如，便携型视频游戏或即时摄像等。但如果新市场的名称过于可爱或深奥，企业就必须准备好花费大量资金解释其市场以及对客户的重要意义，因为客户需要一个参考框架来理解其企业定位。例如，廉价航空公司和电影点播准确说明了市场并定位了其中的新企业，而 Tivo 公司则不得不花费数亿美元向客户解释其产品并非数字录像机。

表 11-4 对不同市场类型的企业定位进行了说明。和产品定位一样，此时的企业定位不需要做到十全十美，因为它会在客户生成阶段得到进一步改进。

表 11-4 不同市场类型的企业定位

	现有市场	新市场	细分市场	克隆市场
企业定位说明	将企业与竞争对手进行比较。说明企业与其他企业的不同之处以及可信度	对客户来说，此时了解企业的不同之处为时尚早，因为新市场中不存在可进行对比的企业。因此，企业定位应强调公司的理想和激情	这类市场的企业定位应传达所选市场区块的价值，以及新企业为该市场带来的创新。应强调客户此时重视、期望和需要的目标	从其他国家借鉴企业定位。根据本地需求进行修改

和产品定位一样，本节练习的结果是开发"企业定位简介"，总结出关键词即可。随着营销文档（如新闻背景资料、销售演示材料和网站）的逐步成型，企业简介应当和产品简介共同使用并保持一致。

为了对企业定位进行一致性检验，你可以回顾一下在客户探索阶段设计的企业使命宣言。在验证访谈过程中，客户对你的使命宣言反应如何？他们是否认为宣言说明了企业与其他企业的差异，能否鼓励购买企业的产品？此外，你还可以拿企业定位和其他竞争者的自我描述或使命宣言进行对比。他们的企业定位是什么，你的新企业的定位是否和他们不同，特别是在买方关注的问题上和他们不同？是否足够简洁？注意：没有事实依据的最高级形容词，如最轻松、最好和最伟大之类的词是毫无意义的。通常，像最快和最便宜这种可论证和可证实的宣言，虽然喊口号容易，但是风险很高的策略，因为在激烈的竞争中其他竞争对手会迅速做出相应的反应，让你的定位变成虚妄之语。

☞ 像最轻松、最好和最伟大这类没有事实依据的最高级形容词是毫无意义的，像最快、最便宜等可论证和可证实的表述才更有力。

开发定位： 验证定位

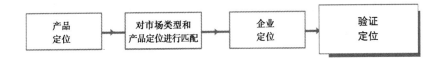

行业分析机构和影响者能提供初创企业所需的信誉基础。何谓行业分析机构？在技术领域，许多公司会通过收费向客户提供有关市场、趋势、特定产品以及产品市场组合等方面的客观独立的分析。这些公司在规模和影响力上各有不同。在一些技术型市场中（例如企业软件），向大型企业销售产品是非常困难的，除非你的产品（特别是新产品）能得到大型分析机构（如盖特纳、弗雷斯特和洋基等市场调查公司）的支持。在娱乐行业，此类分析机构有 Kagan 公司，在消费品行业有 NPD 集团。

与分析机构不同，影响者属于非正式类别。每个行业都会有一些权威人士，他们发表文章、撰写博客或者举行会议，其重要影响往往决定着该领域的舆论导向。有些具有影响力的人士就职于业内领先的企业，经常在一些行业会议上演讲。其他的影响者包括一般性作家、商业或行业期刊撰稿人，有时候也包括大学老师。

☞ **测试观察分析机构和影响者是否支持你的企业。**

企业应当在客户探索阶段就开始寻找重要的行业分析机构和影响者。你应当和他们会谈，了解他们对刚开发的初步定位（关于市场、产品和企业的定位）的见解和反馈，以及对产品特征的看法。测试观察分析机构和影响者是否支持你的企业，如果他们不支持，必须找出其中的原因。虽然产品的早期采用者会在企业内部或向朋友家人积极传播你的产品信息，但如果能让"局外人"说出"我听说过这种产品，虽然现在说他们的产品好不好还为时尚早，但我觉得他们的想法非常有价值"这样的话，肯定会对你的产品推广大有裨益。在客户生成阶段，企业向媒体提供值得参考的行业分析机构和影响者的意见也是非常重要的。

以上这些调查在缺乏真实客户、有效反馈和采购订单的情况下是很难进行的，但是现在企业可以联系那些早在客户探索阶段就确定的分析机构和影响者了。希望企业和他们在行业会议、研讨会或展销会上沟通之后，能够把他们的姓名记录在数据库中。然后在以后的每一次会谈之前，你的团队都应当花时间了解一下他们对市场和产品空间的看法（如果还不了解行业分析机构和影响者的看法，不要贸然在这一阶段通过会谈加速对企业产品的宣传，而是应当先做好准备工作）。

在联系行业分析机构和影响者之前，一定要了解他们关注的企业和行业，或者分析师擅长分析的特定领域和公司（联系错误的分析师或分析机构，结果会非常糟糕，你和对方都不可能做好准备，只会是浪费时间）。你应当写出简短说明，解释与对方会谈的原因；了解他们服务的领域，说明你的新企业为什么会改变市场，你的产品和公司为什么如此重要。完成这一步之后，接下来要说明的是合作能为对方带来哪些好处。显然，他们肯定不想错过与具有潜在影响力的重要企业进行合作的机会（他们一定会尝试推销自己的咨询服务，这些服务至少从理论上来说和他们对新客户产品的看法没有关系）。你应当向对方介绍产品的早期客户，说明使用该产品为他们（客户）解决的问题和带来的便利。当对方同意会谈时，你应当询问他们能抽出多少时间，喜欢什么样的演示形式（如正式幻灯片、样品、白板说明等）以及演示内容的关注重点，如技术、市场、客户、问题，还是兼而有之。

> 👉 **每个分析机构或影响者对其关注的市场和产品都会有自己的看法。**

在准备演示材料时，企业应牢记此时的目的并不是推销产品，而是应当将重点放在市场定位、产品定位和产品特征细节上。你要验证的目标是产品和企业的定位，在可能的情况下，应影响分析机构的看法而不是向他们销售产品。每个分析机构或影响者对其关注的市场和产品都会有自己的看法，你必须提前了解他们的观点（并记录下来）。如果企业要开发新市场，应在演示幻灯片中介绍对相邻市场的看法。

与行业影响者会谈要做的准备和接触分析机构时要做的准备一样正式，当然也可以在公司附近和对方共进午餐时会谈。你应当做好准备工作，了解影响者获取和传播信息的方式，在此基础上对演示材料的长度和风格做相应调整。

在和行业影响者及分析机构交流时，记住你的目标是搜集反馈信息（最好能激发对方的浓厚兴趣）。你应当利用这些互动机会搜集市场情报，为需要了解的重要目标总结清单。

例如：

- 其他提供类似产品的企业是怎么做的？

- 新企业的愿景是否符合市场需求？

- 是否符合客户需求？

- 企业怎样才能最好地定位其产品、市场和自身？

- 企业的产品定价是否合理？

- 和竞争对手的定价相比如何？

分析机构往往能清楚地告诉企业，在销售时应当和客户公司的哪些人沟通以及会遇到哪些障碍。有了行业分析机构、影响者以及真实客户的反馈意见，接下来企业就可以进入客户验证的下一个阶段和最后一步了。

| 整合
数据 | → | 验证
商业模式 | → | 验证
财务模型 | → | 再次验证
商业模式 | → | 调整或
继续 | 所有
渠道 |

第 *12* 章

客户验证第四阶段:

调整或继续

这是客户验证最关键也是最痛苦的阶段：确定是否存在可升级和可盈利的商业模式。企业是否做好了走向客户生成阶段的准备，即花费数百万美元推动客户数量的快速增长？实际上，这个步骤提出的是关于企业未来发展方向的问题。现在，你应当综合研究前期的所有测试结果，从客户那里了解到的所有信息，以及企业获取的所有深刻见解，观察企业是否已经准备好投入资金扩大规模，能否发展成为可盈利的成功企业。

企业可通过以下 3 个步骤来回答关键的"调整或继续"问题：

- 整合并回顾所有重要的探索和验证结果；
- 回顾商业模式假设以及各项假设之间的相互影响；
- 重点关注财务模式部分的"重要指标"。

调整或继续：整合数据

截至目前，你的企业团队已经整合了大量数据，其中包括行业调查、客户细分、客户反馈、市场营销活动结果，以及渠道和成本投入，等等。这些数据必须经过验证，因为其中存在需要弥补和改善的漏洞、差异和异常。举例如下：

- 企业需要 10 000 位客户才能盈利，但实际上市场没有那么大。
- 客户获取成本或渠道成本太高，导致企业无法盈利。
- 销售路线图过长且过于复杂，导致销售成本过高。
- 尽管已尽最大努力，但客户推荐并没有带来更多新客户。

当所有的数据汇集到一起时，要发现其中的异常就比较容易了。这种问题通常需要企业对客户、渠道或产品开发展开进一步讨论，有时还会推动商业模式的调整。

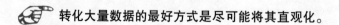 转化大量数据的最好方式是尽可能将其直观化。

成立"行动指挥室"

转化各种数据、报告和调查问卷的最佳方式是尽量使其可视化。为达到最佳效果，整个创始团队可以闭关一两天，将每个假设回顾一遍。你可以在会议室的一面墙上挂上放大的最终商业模式画布，在另一面墙上挂上前期假设的商业模式画布，让各项假设内容一一对应（很多假设模块包括多项内容），在第三面墙上挂上支持假设内容的图表，然后留出一些空间准备设计最新的画布或执行一两次前期迭代开发。你应当准备一大块白板，用于记录各种问题、变化，以及出现的"重要指标"数据（详见步骤 3 说明）。虽然并非所有图表都适用于初创企业，但我们推荐企业回顾以下重要图表：

- 原型客户工作流程图，此图描述的是客户使用新产品前后的生活与工作对比说明。
- **组织影响图**，此图说明的是客户或商业人士的互动对象、频率，以及他们对采购决策的影响。
- **客户原型图**，此图说明的是客户实现收入、支出费用和使用时间的方式。
- 显示客户来源的**市场图**。
- 描述销售过程的**渠道**或**销售路线图**。
- 全面更新的**商业模式画布**（以及早期版本的画布）。

检查数据

需要检查的重要数据包括：

- 顾客反馈，特别是销售记录卡上评估客户产品热情以及预测潜在销售收入的内容。
- 市场规模和市场份额预计。
- 渠道反馈和收入潜力总结。
- 定价、客户获取成本以及任何产品成本的重要变化。
- 关于行业、客户及其行为的详细信息。
- 竞争性产品和定价信息。

- 企业网站"获取、维护和增加"测试活动的结果。

- 有关客户获取成本和病毒系数的详细信息，以及每次访问页面数、访问频率、用户增长和维护优化活动的最新统计数据。
- 可显示激活、转化、维护和增加活动优化情况的用户测试结果。

企业开发团队应当和投资者一起检查所有材料，确保所有从探索和验证阶段了解到的信息已整合到最新的假设文件和更新过的商业模式画布中（关于这部分内容我们将在下一节讨论）。本阶段的关键活动是关注商业模式各模块之间的交叉或互动，因为在此过程中这些模块不可避免地会发生变化。这是一个对企业大有裨益的验证过程，其结果将顺利推动接下来要展开的调整或继续流程。

☞ **关注商业模式各模块之间的交叉或互动。**

商业模式清单（见表12-1）可为企业及其管理层提出一些值得关注的问题。你应当把这些问题打印出来随时携带，然后思考，"现在可以冒险让企业踏上正轨了吗"？

表12-1 商业模式清单

商业模式清单

价值主张：
- 客户是否热切期待你的未来产品？能否将其转化成可量化的收入预测？
- 产品是否具备有意义的特征和利益？能否在既定的预算时间内完成开发？
- 客户验证访谈能否验证价值主张的各个部分？

客户细分：
- 客户细分是否经过测试证明？能否绘制成开发图？
- 客户需求是否活跃或紧急？能否推动预测的销售收入？
- 产品能否改善"客户体验日"？
- 企业是否了解客户采购影响因素和相关的成本？

价值主张2：市场类型
- 客户反馈能否证实对市场类型的假设？
- 市场类型选择的成本影响是否得到了合理考虑？
- 企业团队对市场类型选择是否有信心，相信该选择会带来可预测的客户数量？

渠道：
- 企业是否全面了解渠道食物链及其责任和成本？
- 企业团队对渠道收入预测路线图是否有信心？
- 是否存在重要的间接渠道成本，如销售代表费用或促销费用？
- 渠道合作伙伴是否愿意购买产品？

客户关系：
- "获取"方案要素与时间安排是否一致？
- 获取/维护/增加测试方案是否包括时间表和预算？
- 企业能否负担得起"获取"客户成本？
- 如果是多边市场，"获取"成本是否涵盖所有市场中的客户？

（续）

商业模式清单

成本结构：
- 企业所有核心运营成本和管理成本（如工资、福利、租金、法律和其他费用）是否已明确确定？
- 产品所有的开发和制造成本是否已经计算过？
- 预测过哪些"企业"成本（法律、会计、公关、税务等相关费用）？

收入来源：
- 企业是否调整过市场机会？
- 定价模式、需求、购买频率和其他收入变量是否已经确定？
- 预测是否表明这是一项可升级和可盈利的业务？
- 企业团队是否考虑过竞争对手对该产品的收入影响？

调整或继续：验证商业模式

客户开发是一条漫长的道路，但是你已经把客户探索阶段的大部分商业模式假设变成了事实，已经通过面对面的客户互动完成的大量测试证实了这些事实。如果你的客户关系假设是 1/5 的已获取客户会被激活，愿意为你提供的服务或应用程序付费，那么这一事实就应当在客户验证阶段真实出现，为企业带来几百甚至数千的客户。或者，对于网络/移动企业来说，你已经证明用户平均每周 3 次使用你的产品或应用程序，每次平均花费 20 分钟时间，或每月一次访问你的网站，每次花费 100 美元。

企业团队应利用前述清单将上一阶段在"行动指挥室"汇总的数据整合起来，逐项逐栏地检查商业模式假设内容，确定清单中的每一个问题都能得到真实准确的回答。

在客户验证的最后阶段，企业应扪心自问与在客户探索第四阶段提出的相同问题。和那时不同的是，现在这些答案应当获得了更多量化和无可辩驳的证据，因为你已经和许多客户交流过这些问题，也对它们进行了许多测试。

⇨ 网络/移动初创企业有着一套独特的商业模式假设，这些假设特别是在"获取、维护和增加"客户关系方面需要经过严格的验证。网络/移动企业要回答的问题包括：

- 企业是否已证明可以以符合成本效益的方式获取和激活数量稳步增加的客户？

- 企业获取的客户是否愿意按公司设定的价格购买产品并保持消费者黏性？

- 客户能否推荐足够数量的高质量客户，从而实现企业的免费客户获取和平均获取成本缩减？

- 在多边市场中，客户是否经常访问，积极参与并长期保持活跃状态，以帮助企业获得通往成功之路所需的收入？

使用商业模式画布作为计分卡

希望你一直都在记录商业模式画布的内容变化，这种记录可以每周一次，也可以在出现重大调整时进行。如果你一直都在坚持记录，现在手中积累的画布可以忠实再现出客户开发流程的每一个阶段。

如图 12-1 所示，客户探索和客户验证的每个阶段都在完善商业模式画布。你所做的试验，以及学习过程引发的迭代和调整活动，都被记录在新画布中。

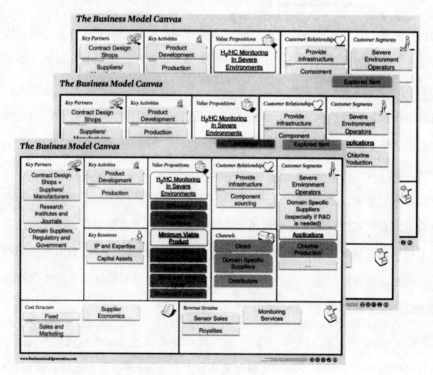

图 12-1 回顾商业模式假设

既然画布已经挂在了墙上，接下来就可以对它进行讨论了。

☞ **企业可通过验证过程中众多测试的结果为"该业务是否有发展前景"这个问题找到答案。**

企业可通过验证过程中众多测试的结果为"该业务是否有发展前景"这个问题找到答案。通常情况下，如果测试结果缺乏足够的说服力，或无法实现商业模式所需的流量或财务目标时，企业就必须进行迭代或调整，然后测试新方法能否改善结果。毕竟，企业马上就要在客户生成阶段花费几百万美元，这个阶段需要更高的可预测性和更低的风险。虽然听起来有些要求过高和不合情理，但事实是企业越接近"以事实为基础的方案"，成功建立业务和募集资金的机会就越大。

调整或继续：验证财务模型

这个步骤要回答的关键问题是：所有的测试能否证明企业业务可升级和可扩大？该业务能否在企业耗尽现金之前实现？

在这个步骤中，你要确定企业建立的业务到底是可蓬勃发展的业务、事倍功半的苦差，还是彻底的失败。

要回答这个问题并不复杂，不需要成堆的电子表格或几十张预算明细表。它需要的是你对前期假设所做的各种测试反映出的事实（唯一知道测试结果的人是企业的客户），以及一些重要的衡量指标。

☞ **只需几个数字就能说明企业建立的业务是可升级、可盈利的，还是彻底的失败。**

只需几个数字就能说明企业建立的业务是可升级、可盈利的，还是彻底的失败。成功的企业创始人会牢记、调整和反复计算这些关于客户、产品成本和收入增长的关键数字，哪怕在睡梦中都念念不忘。同时，他们始终关注以下两个重要指标——银行账户上的资金还够维持几个月，目前企业的烧钱率是多少？

老实说，按照这种方式为企业融资，恐怕会让所有的商学院鄙视，但现阶段想要确定商业模式能否通过验证测试，是否已经准备好从验证阶段进入大规模客户生成阶段，这种方法是必需的。

重要指标

从本书第 1 页开始，你就一直在使用商业模式画布来组织测试。本节我们将使用这一画布来组织财务模型。财务模型画布和传统的未来 5 年收入预测表完全不同，你可以把它当成要带回家给父母看的"成绩单"。毫无疑问，你肯定希望成绩单上出现的全都是 A 或 A＋，因为 B 或 C 这样的得分不可能成就一家伟大的企业。商业模式中的一些要素代表着收入或成本，还有一些要素则会刺激企业发展。实体和网络/移动渠道的成本差别很大，产品售价和增长率也是如此，因此，最后我们必须通过 3 种不同的方式来检验下列指标：

在实体渠道中，十几项指标就能说明一切问题：

- **价值主张**：产品成本、市场规模、可达市场份额以及网络效应对客户的影响如何？

- **客户关系**：客户获取成本、潜在客户转化率、客户终身价值，以及企业需要支付的客户转化成本是怎样的？

- **市场类型**：如第 3 章所述，不同的市场类型可推动不同的收入曲线，进而决定长期收入预测。

- **成本结构**：企业的基本运营成本是多少？

- **渠道**：通过渠道销售产品的成本是多少？渠道毛利、促销、货架使用费是多少？

- **收入来源**：平均销售价格、可实现总收入以及年客户量是多少？

- **烧钱率**（根据上述数据得出）：企业一个月要花费多少资金？什么时候会耗尽资金？虽然计算烧钱率没有精确的公式，但鉴于这是董事会经常解雇创始人的原因，创始人和投资者必须在企业烧钱率上达成一致，同时确定在寻找可升级和可盈利商业模式的过程中，初创企业还负担得起几次调整。

➡ 在网络/移动渠道中，十几项指标就能说明一切问题：

- **价值主张**：企业每增加一个用户的预计成本是多少？继续增加新用户是否会出现增量成本？预计市场规模、可达市场份额以及网络效应对客户的影响如何？

- **客户关系**：客户获取成本、潜在客户转化率和维护率分别是多少？现有客户能免费为你推荐多少新客户或新用户？

- **市场类型**：如第 3 章所述，不同的市场类型可推动不同的收入曲线，进而决定长期收入预测。

- **成本结构**：企业的基本运营成本是多少（千万不要将这些成本和价值主张部分的成本混为一谈或重复计算）？

- **渠道**：通过渠道销售产品的成本是多少？如支付给应用程序网店的费用、支付给亚马逊等市场型网站的费用，以及支付给客户推荐网站的费用。

- **收入来源**：平均销售价格、可实现总收入、年客户量，以及客户消费的周期或频率分别是多少？

- **烧钱率**（根据上述数据得出）：企业一个月需要花费多少资金？什么时候会耗尽资金？

关于烧钱率

风险投资家弗雷德·威尔逊（Fred Wilson）曾为风投型网络/移动企业提出过一些关于烧钱率的指导建议，这些建议或许会对所有企业创始人有所裨益。威尔逊提出的烧钱率概念，是根据企业的客户开发阶段确定的。

- 在客户探索阶段，即威尔逊所说的"开发产品"阶段，企业应将烧钱率维持在每月 50 000 ～ 75 000 美元之间，这笔资金可供一个包括三四名工程师的小组开发最小可行产品，组建团队，支付房租、运营成本等开支。

- 在客户验证阶段，即威尔逊所说的"开发用途"阶段，企业应将烧钱率维持在每月 100 000 美元以下，这笔资金可确定产品市场组合，推动"获取客户"流程和本章讨论过的最小可行产品迭代开发。

- 在客户生成阶段，即威尔逊所说的"开发业务"阶段，理想状况下企业应将烧钱率维持在每月 250 000 美元之内，这笔资金用于扩展团队，扩大营销活动，实现重大销售收入。

当然，上面所说的只是指导原则，现实中可能存在无数种例外情况。

你应当汇总所有的测试结果，为企业下一年的发展提供预测，这项工作即客户发展第三阶段——客户生成阶段的首要任务。

我们觉得，其实许多初创企业在客户生成阶段第一年的财务表现都符合上面总结的"重要指标"。但是，任何风险投资人或有钱的亲戚朋友想知道的是，为什么你觉得投资你的初创企业会给他们带来小规模回报。如果企业在这个步骤的最后表现很糟糕——没错，我想你应该猜到该怎么做了——必须重新展开客户探索，或是至少重新进行客户验证，对企业所做的各种假设进行修改和重新测试。

在深入研究上述重要指标之前，首先你要考虑以下 3 件事：

- 利用对初创企业最合适的时间安排。一般来说，实体渠道销售周期越长（如企业软件产品），各项计算之间的"空间"就越大。在这里我们使用的是季度预测。

- 如果计算结果表明企业将在一年内耗尽资金，或是无法筹集足够资金撑过客户生成阶段的第一年，此类分析往往会（而且应当）终止企业的"调整或继续"步伐。

- 在这个关键步骤上不要操之过急。作为初创企业创始人，如果贸然使用大量资金结果却以失败告终，最后损失的不只是宝贵的资本，往往还会让你丢掉工作。

重要指标介绍

重要指标法是初创企业用于计算投资活动回报率的全新方法，这种方法可通过一系列案例详细说明。接下来我们列出了 3 个电子表格，具体说明如何使用重要指标评估初创企业。这 3 个案例分别是：

- 在实体渠道销售实体产品；

- 在网络/移动渠道销售网络移动产品；

- 在多边网络/移动市场销售产品。

重要指标：案例 1

通过实体渠道销售"轻松牌"园艺工具包

下面我们通过表 12-2，看看实体渠道中的重要指标的具体表现。

本案例以季度为单位对初创企业烧钱率进行计算，假设"轻松牌"园艺工具包零售价为 30 美元，通过园艺商店和大型商店销售。我们的计算时间为一年。（表中时间从客户生成阶段第一天开始。）

表 12-2　"重要指标"：实体渠道模式

"轻松牌"园艺工具包（实体渠道）	市场类型：重新细分现有市场/利基市场					
类别	一季度	二季度	三季度	四季度	合计	第二年
1. 产品销售总数	15 000	18 000	27 000	48 000	108 000	180 000
2. 平均零售价格	30	30	30	30		25
3. 销售总额：连锁店、花园、经销商	450 000	540 000	810 000	1 440 000	3 240 000	4 500 000
4.（减）渠道折扣（40%）	−180 000	−216 000	−324 000	−576 000	−1 296 000	−1 800 000
5.（减）其他渠道费用	−90 000	−90 000	−120 000	−150 000	−450 000	−300 000
6. 企业净收入	180 000	234 000	366 000	714 000	1 494 000	2 400 000
7.（减）销售成本：销售代表、展销会	−120 000	−120 000	−150 000	−180 000	−570 000	−600 000
8.（减）产品成本	−52 000	−63 000	−94 500	−168 000	−377 500	−540 000
9.（减）当前经营成本	−120 000	−120 000	−120 000	−180 000	−540 000	−720 000
10. 季度支出额	−112 000	−69 000	1 500	186 000	6 500	540 000
11. 季度末现金结余	388 000	319 000	320 500	506 500	506 500	1 046 500

注：表中第 1 列的序号和下文描述部分的编号相对应。

在这项假设销售业务中需要考虑的因素有：

- 像这种"家人好友式"集资创办的企业需要 50 万美元资金展开客户生成活动。和大多数实体渠道营销商一样，该产品也会在网上进行促销。不过，这家公司的创始人读过本书，遵循本书的指导，决定"先找到最重要的销售渠道"，因此到目前为止还没开始在网上销售产品。

- 第二年，随着产品新鲜感的逐渐消失，价格也会下降。

- 产品开发早些时候已经完成，产品进入销售环节后不会再出现开发费用。

- 鉴于企业选择的市场类型是"重新细分/利基市场"，其销售收入不会出现大量增长。

哪些指标属于重要指标

在上面的表格里有11项指标，下面我们按照左侧编号的顺序，了解表中每个数字的来源：

（1）产品销售总数：这一数字是根据买家和渠道合作伙伴的客户验证记录卡估算的（最好是按照季度来统计）。把对总有效市场（以及可服务市场，如果有数据）和市场份额的预计值与这些数字进行比较。使用这两组数字来估算每个季度的产品销售量。如果客户在一年内多次购买产品，也要将其计算在内。

（2）平均零售价格：即客户愿意为产品支付的平均价格是多少。这一数字是根据价值定位假设开发的，应当在竞争分析与全面的客户验证和渠道验证对话中得到证明。由于各个渠道的零售定价可能不同，这里显示的每套产品价格通常是平均销售价格。

（3）销售总额（连锁店、花园、经销商）：即每个季度的产品零售总额。这一数字计算起来相对简单，因为企业只使用了一种销售渠道。注意要考虑企业"保证销售"的情况，即零售商可全额退回未售出商品。

（4）（减）渠道折扣（40%）：即渠道的销售成本占产品零售价格多大的比例。注意将这部分成本从零售价格中扣除，根据上述第3条重要指标将其应用到所有渠道收入中。在此，我们假设本案例存在典型的连锁店利润。这项收入永远无法成为企业的资产，只有扣除之后才能得到企业净收入。

☞ **众所周知，渠道总是向供应商收取广告费、促销费和货架使用费。**

（5）（减）其他渠道费用：众所周知，渠道总是向供应商收取广告费、促销费，甚至货架空间的使用费。此外，企业可能还需要支付独立销售代表或中间人在渠道内促销的费用。在客户生成阶段的第一年，企业可能还想或被迫在专门促销活动中花钱购买重要零售渠道的货架空间。这些费用的估算都要根据和渠道合作伙伴的讨论来确定。

（6）企业净收入：渠道净收入（第6个指标）等于总销售额（第3个指标）减去渠道折扣（第4个指标）和其他渠道费用（第5个指标）。

（7）（减）**销售成本**（销售代表、展销会）：你的团队需要花多少钱才能进入园艺产品销售渠道？除了特定的客户获取成本外，企业还要花钱聘请销售团队、制作销售和营销材料、参加展销会等。这些成本应在客户关系假设模块确定，可能还会涉及成本结构模块的相关内容。

（8）（减）**产品成本**：开发制造产品的成本是多少？这一数字主要根据价值主张和成本结构等模块确定，其中包括了对以下两类成本的估计：

- 本案例中的产品开发成本。
- 实体产品本身的制造成本。

（9）（减）**当前经营成本**：计算企业每天相对静态的管理经营成本，如创始人工资、员工工资、房租、设备、水电费、法律费用等。该数字通常极少变动，所以对这些成本不需要特别关注，应当把注意力转向其他方面。在表格中，这项成本通常会在第 1 年年底和第 2 年增加。

（10）**季度支出额**：本季度企业是赚钱了还是赔钱了？具体赚了多少或赔了多少？从企业净收入（第 6 个指标）开始逐项减去后面的费用，即第 7、8、9 项指标，即可得出"烧钱率"，也就是说企业银行账户上每季度减少的资金量。在上面的案例中，这家公司一直在赔钱，或者说在"烧钱"，直到第 4 季度当客户量增长、产品开发成本下降时，企业的现金流才出现大幅增加。

（11）**季度末现金结余**：从每季度第一天起计算企业银行账户的余额。我们假设该公司在客户生成阶段第一年开始时银行账户中的资金是 50 万美元，用这 50 万美元减去每季度产生的费用就能确定季度末的现金结余量。

如果表中指标反映的数字和你的企业表现相似该怎么办

这是一项"效果还行的小业务"，虽然既能让创始人过得挺滋润，也能为投资者带来不错的回报，但无法像硅谷的那些高科技企业一样具有巨大的业务可升级性。尽管企业第二年可实现和公司起步时银行存款一样多的税前利润，但它并不会出现快速发展。因为这是一家生产单一产品的公司，唯一能让企业实现大规模收入增长的途径是降低零售价格，这一点对企业来说显然不是一件好事。

该企业的创始人和董事会应重点讨论以下问题：

- 公司的商业模式是否存在潜在的重大变化，可对其未来的潜在客户增长产生巨大影响？

- 海外市场如何？是否存在业务增长的可能性？

- 企业该如何充分利用每次取得的成功，是否建立了足够强大和富有创意的品牌，可供开发和推出园艺行业之内或之外的其他产品？例如，公司或许可以从"轻松牌除草机"和"轻松牌园艺锄"开始，然后扩展到"轻松牌草坪"或"轻松牌花卉"，以便最大限度地利用其品牌、信誉和渠道关系方面的优势，扩大企业规模，实现快速发展。

- 公司能否推出园艺行业之外的产品，如"轻松牌厨具""轻松牌清洁剂"或"轻松牌清扫机"？无论推出什么样的新产品，企业都必须花费资金进行开发和营销（特别是推动园艺类之外的产品），而且此时对于产品能否取得市场成功毫无把握。（实际上企业必须开发一整套全新的商业假设。）

- 除非企业对新产品开发进行投资，否则这项业务只不过是一种爱好，无法形成可升级的销售。

在客户验证阶段的终点，即"调整或继续"部分的讨论中，企业必须牢记此处提出的观点。接下来，我们来看看三种商业模式中的第二种，即在网络/移动渠道销售软件产品的情形。

重要指标：案例 2

通过网络/移动渠道销售记账软件

⇨ 下面我们来看看表 12-3，这是一种零售价为 30 美元的可下载式 XpensePro 软件，只通过网络/移动渠道销售。

表 12-3 "重要指标"：网络/移动渠道销售模式

记账软件（网络/移动渠道）　**市场类型**：重新细分现有市场/利基市场

类别	一季度	二季度	三季度	四季度	合计	第二年
1. 网络渠道直接销售量	4 000	5 000	6 000	8 000	23 000	28 750
2. 直接总收入（每套软件售价 30 美元）	120 000	150 000	180 000	240 000	690 000	862 500

（续）

记账软件（网络/移动渠道）　市场类型：重新细分现有市场/利基市场						
类别	一季度	二季度	三季度	四季度	合计	第二年
3.（减）客户获取成本（每人 6 美元）	– 24 000	– 30 000	– 36 000	– 48 000	– 138 000	– 172 500
4. 网络渠道净收入	96 000	120 000	144 000	192 000	552 000	690 000
5. 移动渠道直接销售量	2 000	2 500	3 000	3 500	11 000	13 000
6. 移动渠道销售总收入	60 000	75 000	90 000	105 000	330 000	390 000
7.（减）推荐激励成本，每个推荐 4 美元	– 8 000	– 10 000	– 12 000	– 14 000	– 44 000	– 52 000
8. 移动渠道直接净收入	52 000	65 000	78 000	91 000	286 000	338 000
9. 应用程序网店销售量	8 000	12 000	16 000	24 000	60 000	90 000
10. 总收入（每套软件售价 30 美元）	240 000	360 000	480 000	720 000	1 800 000	2 700 000
11.（减）市场/应用程序网店成本（售价的 30%，即 9 美元）	– 72 000	– 108 000	– 144 000	– 216 000	– 540 000	– 810 000
12. 应用程序网店净收入	168 000	252 000	336 000	504 000	1 260 000	1 890 000
13. 所有渠道总收入	316 000	437 000	558 000	787 000	2 098 000	2 918 000
14.（减）产品/产品开发成本	– 400 000	– 300 000	– 200 000	– 150 000	– 1 050 000	– 480 000
15.（减）经营成本	– 150 000	– 150 000	– 150 000	– 150 000	– 600 000	– 720 000
16. 季度支出额	– 234 000	– 13 000	208 000	487 000	448 000	1 718 000
17. 季度末现金结余	64 000	51 000①	259 000	746 000	746 000	2 464 000

① 现金结余过低危险。

注：表中第 1 列的序号和下文描述部分的编号相对应。

在这个案例中，我们假设该企业只通过网络和移动渠道销售 XpensePro 软件，客户可从公司网站或应用程序网店直接下载其产品。和前一个案例一样，表中也有一些因素是企业需要考虑的：

- 产品开发成本开始很高，其后会逐渐下降。
- 产品的增量成本几乎为零，因为产品无须生产，可通过下载获得。
- 由于市场类型是重新细分市场或利基市场，销售收入不会大规模增长，但同比增幅显著，足以保证后期成功。
- 该业务通过风险投资获得 30 万美元的现金流，继续融资会比较困难。

哪些指标属于重要指标

在上面的表格中有 5 项重要指标：

- 收入的来源有 3 种渠道：

  ➢ 从网络渠道销售获取的直接收入（已扣除客户获取成本）；

  ➢ 从移动渠道销售获取的直接收入（已扣除推荐激励成本）；

  ➢ 从应用程序网店渠道获取的收入（已扣除渠道费用和营销费用）。

- 在此期间亏损或赚到的钱。

- 季度末现金结余。

由于此业务的经营涉及 3 个不同的渠道，每种渠道的运营方式各不相同，因此需要 17 种数据来反映上述 5 项重要指标，董事会只要把注意力放在这 5 项重要指标上就可以了。如果其中一项指标出现问题或大大超出预算，你必须从下列背景数据中寻找原因：销售量、直接总收入、客户或销售成本，以及渠道净收入。

下面我们按照表中左侧的编号分析一下每个数字的来源：

（1）**网络渠道直接销售量**：客户从公司网站上下载了多少应用程序。注意，客户不太可能在一年内多次购买产品。

（2）**直接总收入**：将销售量（第 1 个指标）乘以平均售价 30 美元即可得出直接总收入。

（3）（减）**客户获取成本**：在网站上销售一套软件所需的平均成本，共计 6 美元，包括关键字搜索广告、客户激励成本、电子邮件以及获取一位客户的成本。将销售量（第 1 个指标）乘以 6 美元可得总获取成本。

（4）**网络渠道净收入**：网络渠道销售直接总收入（第 2 个指标）减去客户获取成本（第 3 个指标）即可得出网络渠道净收入。

（5）**移动渠道直接销售量**：有些客户会发现该软件，然后从公司网站（大多数人会在应用程序网店发现软件）下载移动应用版本。企业可根据案例 1 中第 1 项重要指标的所述过程计算季度销售量。

☞ **从表面来看，这项业务的表现相当不错。**

（6）**移动渠道销售总收入**：将通过移动渠道直接销售给客户的数量（第 5 个指标）乘以平均售价 30 美元即可得出移动渠道总销售收入。

（7）（减）推荐激励成本：客户关系假设表明，该公司 1/3 的直接销售（大部分通过移动渠道实现）源自满意客户的推荐购买，此项激励成本为 4 美元。将网络渠道销售量（第 1 个指标）和移动渠道销售量（第 5 个指标）相加，乘以 4 美元即可得到总激励成本。

（8）移动渠道直接净收入：通过这一渠道流向公司的现金有多少？将销售数量（第 5 个指标）乘以每销售一套产品所得到的收入（第 6 个指标），然后减去推荐激励成本（第 7 个指标）就能得到答案。

（9）应用程序网店销售量：使用案例 1 中第 3 个数字介绍的渠道方法计算销售量。

（10）总收入：将渠道销售量（第 9 个指标）乘以零售价 30 美元即可得总收入。

（11）（减）市场/应用程序网店成本（售价的 30%）：客户每次从应用程序网店购买并下载一套软件，公司必须支付产品零售价 30% 的费用，即 9 美元。将销售量（第 9 个指标）乘以 9 美元可得出此项费用的总成本，然后将其从渠道总收入中（第 10 个指标）扣除。

（12）应用程序网店净收入：用渠道收入（第 10 个指标）减去应用程序网店费用（第 11 个指标）即可得出应用程序网店为公司实现的净销售收入。

（13）所有渠道总收入：将第 4 个指标（网络渠道直接收入）、第 8 个指标（移动渠道直接收入）以及第 12 个指标（应用程序网店净收入）相加，即可得到企业的总销售额。

（14）（减）产品/产品开发成本：产品的开发和制造成本。你应当计算进行中的产品开发成本以及下载和带宽费用。由于是虚拟产品，产品本身不存在实体成本。

（15）（减）经营成本：计算企业的每日经营成本，参见案例 1 第 9 行。

（16）季度支出额：本季度企业是赚钱了还是赔钱了？赚了多少或赔了多少？参见案例 1 第 10 项指标的说明计算季度支出额。

（17）季度末现金结余：参见案例 1 第 11 项指标说明。

如果表中指标反映的数字和你的企业表现相似该怎么办

表面看来，这项业务的表现不错。公司计划在客户生成阶段的第一年产生 746 000 美元现金流入，并在第二年将现金流增加 3 倍。但是这项 4 年后收入可达 250 万美元的业务真的会让投资者和创始人感到满意吗？这一点我们显然无法确定。因为，这些数字并没有透露公司是在一年之内花费 50 万美元，还是花费 500 万美元用 5 年时间才实现表中的成绩的，因此很难判断其业务模式的好坏。

不过可以肯定的是，创始人可以在下一次董事会上拿出最新的商业模式画布，从中寻找一些能够改变游戏规则的增长机遇。企业应当继续加大对产品开发和员工成本的投入（这些花费是相对稳定的），在实现稳定盈利之前打好坚实的基础。

毕竟，对于任何一个能在一年之内获取 10 万新客户的企业来说，肯定希望能在一两年内再将客户数量增加 10 倍，或至少在第二年让客户数量翻番。我们可以从表 12-3 中看出，虽然这家企业的利润翻了一番，但其第二年的客户获取计划似乎有些进取心不足。

同时，该企业存在以下不利之处：

- 4 美元的激励成本（第 7 个指标）可推动的销售量非常有限，必须提高激励成本，虽然这样做对净收入的增加有些不利。
- 应用程序网店（第 12 个指标）的审批过程可能会推迟产品在最大渠道中的发布进程，从而对收入产生不利影响。
- 企业可能需要聘用更多员工（第 15 个指标）做客服支持、渠道关系维护等工作。
- 通过移动渠道直接对消费者销售（第 5 个指标）可能会完全失败，对收入造成不利影响。

尽管表 12-3 中的数字看起来相当不错，但是先别急着庆祝，看看是否还有继续改善的空间。毕竟，这些数字仅仅是基于客户验证结果的估算，并不是企业实现的货真价实的收入。你可以回顾一下表 12-2 后面的"创始人该怎么办"部分，寻找降低季度支出额的方式。在客户验证阶段的终点，即"调整或继续"部分的讨论中，企业必须牢记此处提出的观点。

重要指标：案例 3

多边市场中的产品销售

在这个案例中，产品完全相同，还是 XPensePro 软件，但采用的商业模式完全不同。在这个多边市场中，虽然产品和前一个案例中的一样，但区别在于它对市场中的用户方是免费的；但市场中的付费方，即广告商客户，则愿意向企业支付广告费以接触这些免费用户。因此，在多边市场商业模式中，企业的收入来自广告和电子邮件列表的销售，其付费方即多边市场中的其中"一边"（见表 12-4）。

表 12-4　"重要指标"：多边市场/广告支持模式

记账软件（网络/移动渠道）　**市场类型**：重新细分现有市场/利基市场

类别	一季度	二季度	三季度	四季度	合计	第二年
1. 已激活新用户	300 000	400 000	600 000	750 000	2 050 000	3 000 000
2. 新用户获取成本，每人 3 美元[①]	900 000	1 200 000	1 800 000	2 250 000	6 150 000	6 000 000
3. 活跃用户总数[②]	300 000	700 000	1 300 000	2 050 000	2 050 000	5 000 000
4. 每用户每季度平均页面浏览量	60	66	72	80		100
5. 每季度页面浏览总量（百万）	18	46	93	164	321	500
6.（减）页面浏览损耗，每季度 7% 上下浮动	n/a	− 3 260 000	− 6 420 000	− 12 300 000	− 22 780 000	− 60 000 000
7. 广告销售每千人总成本	18 000	42 740	86 580	151 700	299 020	440 000
8. 平均千人成本乘以每个页面 4 个广告	10	20	24	30		36
9. 广告销售总收入	180 000	854 800	2 077 920	4 551 000	7 663 720	15 840 000
10. 邮件列表租金收入	0	14 000	78 000	164 000	256 000	2 000 000
11. 总收入	180 000	868 800	2 155 920	4 715 000	7 919 720	17 840 000
12.（减）用户获取成本	− 900 000	− 1 200 000	− 1 800 000	− 2 250 000	− 6 150 000	− 6 000 000
13.（减）产品/产品开发成本	− 2 000 000	− 1 500 000	− 1 200 000	− 600 000	− 5 300 000	− 3 600 000
14.（减）经营成本	− 1 200 000	− 1 200 000	− 1 200 000	− 1 500 000	− 5 100 000	− 6 000 000
15. 季度支出额	− 3 920 000	− 3 031 200	− 2 044 080	365 000	− 8 630 280	2 240 000
16. 季度末现金结余	6 080 000	3 048 800	1 004 720	1 369 720	1 369 720	3 609 720

① 在第二年获取成本降低了 1 美元；
② 有些用户离开了。
注：表中第 1 列的序号与下文描述部分的编号相对应。

☞ **在多边市场中，产品虽然相同，但对用户来说是免费的。**

在本案例中，这家风投型多边市场企业免费为用户提供产品，前提是用户须同意每周接受两封来自广告公司的邮件。虽然公司提供的是数字下载形式的产品，但是在向市场另一侧推销广告时也会消耗不少资源。（需要说明的是，本案例中的重要指标和前面两个案例中的商业模式的重要指标有很大的不同。）和前两个案例一样，表 12-4 中也有一些因素是我们需要考虑的：

- 此风投资本支持的企业拥有 1 000 万美元资金。

- 产品开发成本开始很高，其后逐渐下降。

- 产品成本几乎为零，因为无须生产，可通过下载获得。

- 由于市场类型是重新细分市场或利基市场，销售收入不会大规模增长，但同比增幅显著，足以保证后期成功。

- 广告和邮件销售的成本要从收入中扣除，这些成本主要是网络或销售代表的佣金。

- 企业还需要花钱通过公关公司、邮件或其他活动，甚至通过免费产品的方式获取用户。随着此类活动的反复实施和经验积累，第二年的客户获取成本会下降。

重要指标

在案例 3 的表格中有 16 项"重要指标"，之所以有这么多，是因为我们必须对多边市场中每一侧的收入和成本同时进行监控。（在本案例中，企业调整并取消了产品的现金销售。）下面，我们按照表中左侧的编号分析一下每个数字的来源：

（1）**已激活新用户**：有多少人会下载并积极使用该免费应用程序？"积极"的定义是指用户的网页浏览量至少要达到平均水平（第 4 个指标）。

（2）**新用户获取成本，每人 3 美元**：即企业每获取一个活跃用户（第 1 个指标）的平均成本。注意，在这些用户中，有些是通过推荐免费获取的，有些则会花费 6 美元或更高的成本。

（3）**活跃用户总数**：本季度每月平均活跃用户数。

（4）**每用户每季度平均页面浏览量**：将于活跃用户总数（第 3 个指标）除以页面浏览总数（第 5 个指标）即可得到每个用户每季度平均页面浏览量。该数字能检测业务的健康和发展状况。

（5）**每季度页面浏览总量**：将用户总数（第 3 个指标）乘以每个用户平均页面浏览量（第 4 个指标），这样就能了解该阶段广告销售的可能性。

（6）**（减）页面浏览损耗**：许多用户免费下载程序之后并不使用，因此，企业必须关注这一数字（可通过测量获得）的影响。我们将页面浏览损耗定义为连续两个月没有产生任何页面浏览量的用户。

（7）**广告销售每千人总成本**：用页面浏览总量（第 5 个指标）减去页面浏览损耗（第 6 个指标）再除以 1 000 即可得到企业需要的"销售每千人成本"（广告销售是以每千人为单位计算成本的，即 CPM）。随着竞争对手的出现，7% 左右的浏览损耗在第二年会进一步提高。

（8）**平均千人成本乘以每个页面 4 个广告**：竞争分析和"买方"客户验证研究，可确定广告商愿意支付每千人成本是多少。假设每个页面上有 4 个广告，平均每千人成本乘以 4 就能得到每 1 000 次网页浏览可带来的平均收入。在本案例中，无论是销售代表或网络广告销售人员的佣金，我们都已经在销售成本中扣除。随着网站对广告商变得越来越具吸引力，每千人成本（3 ～ 4 季度）也会随之提高。

（9）**广告销售总收入**：将每千人总成本（第 7 个指标）乘以平均千人成本，然后乘以每个页面 4 个广告（第 8 个指标）即可得出广告销售总收入。随着用户人数增加和网站流量上升，该数字也会大幅上升。

☞　**此商业模式表现强劲，很有吸引力。**

（10）**邮件列表租金收入**：此项收入可根据竞争分析和买方客户验证研究结果估算。初期收入规模一般很小，费率很低（每千个邮件计费），随着受众数量增加以及对广告商吸引力的增强，其每千人成本和规模也会增大。

（11）**总收入**：此类广告支撑型多边市场企业只有两种收入来源。将广告收入（第 9 个指标）加上邮件列表租金收入（第 10 个指标）即可得到总收入。

（12）**（减）用户获取成本**：扣减表中第 2 个指标。

（13）**（减）产品/产品开发成本**：这一数字可根据客户验证结果和商业模式中的成本结构模块计算得出。虽然随着早期产品的逐渐成熟，在第一年后期该数字会逐渐下降，但是第二年在添加新的产品特征时仍需要增加预算，以便帮助公司继续吸引新客户。

（14）**（减）经营成本**：计算企业的每日经营成本。

（15）**季度支出额**：总收入（第 11 个指标）减去 3 项主要成本（第 12 个、13 个和 14 个指标）即可得出每季度支出额。

（16）**季度末现金结余**：将季度初账面余额加减当季实现的收入和支出，即可得出季度末现金结余。本案例中，这一指标的表现很快就变得非常有吸引力。

如果表中指标反映的数字和你的企业表现相似该怎么办

初创企业有一条不成文的规则，即真实的业务数据是预计数值的48.5倍。如果该企业的"重要指标"数据非常精确，公司创始人和投资者的确有理由相信胜利在望。

在本案例中，这家企业的商业模式表现强劲，非常有吸引力。创始人有两个需要优先解决的问题。首要工作是做好防御工作，确保其行动方案能真实再现表中的数据（因为它们已经在客户开发流程令人痛苦的两个阶段得到了验证，表明是毫无争议的事实）。换句话说，你要做的是对表中的每个数字一步步地重新检验，以确保没有任何纰漏。接下来，你要做的是制定详细的"最糟情况"分析。

和每家企业的建议做法相同，初创企业团队应将这套重要指标向两个极端扩展，根据此处的假设数据确定业务开发的最糟情况和最好情况。由于此业务完全依靠广告收入，开发团队应迅速回到渠道验证环节，进一步探索以确保这些数字的有效性。此外，他们还应关注如何减少用户损耗的问题。

完成这些工作之后，回顾一下案例1和案例2中的表格，看看如何降低成本以及优化激活和提升收入，然后你才有机会准备庆祝胜利。

关于财务模式的最后几点想法

市场类型影响收入来源。4种不同的市场类型各自拥有独特的销售增长曲线，这种增长曲线是由从对早期支持者销售到对主流客户销售过渡的难易度决定的。显然，在新市场中产品需要相当长的时间才能得到早期支持者之外的其他客户的关注，但这些客户并不是大规模购买的主流客户。因此，早期销售的成功并不能保证快速的收入增长。

由图12-2我们可以看出，新市场和现有市场在销售增长曲线图中存在显著区别。即便企业找到早期支持者并将产品成功地销售给他们，鉴于主流客户采用率的不同，产品接下来几年的销售速度也会出现很大的差别。

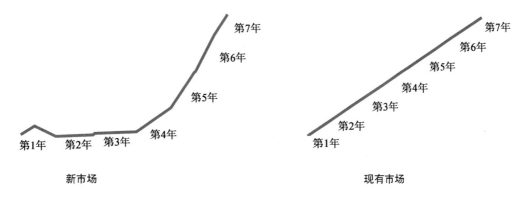

图 12-2　新市场和现有市场收入增幅

　　估算现有市场的收入相对简单，观察一下市场现状和竞争对手，计算初创企业每年可增加的市场份额即可了解。

　　估算新市场的规模似乎是不可能的，因为此类市场尚不存在。那怎么办呢？可根据代理市场或相邻市场的情况进行估算，看看是否存在可以进行类比的公司。思考其他公司的收入增长是否和预计速度一样快，以及为什么初创企业会有与其相似的表现。

　　重新细分市场的销售曲线比较容易估算（见图 12-3）。一般来说，和新市场的估算方法差不多，都需要花费较长时间吸引主流客户关注。评估重新细分市场包括 3 个步骤：首先评估现有市场规模，然后判断初创企业关注的细分市场有多大，最后计算采用率或该细分市场接受新产品为问题解决方案所需的时间。注意，企业只需计算可转化的细分市场，留意长期合同、服务合同以及培训安装等沉没成本，因为这些往往是决定市场转化的隐形壁垒。

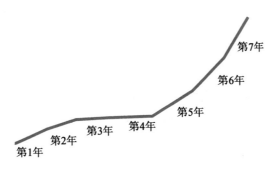

图 12-3　重新细分市场收入增幅

☞ **收入增长曲线取决于市场类型！**

需求曲线影响收入。"需求曲线"寻求的是销量和净利润之间的最佳互动。例如，如果某实体产品按 5 000 件的规模进行批量生产最具成本效益，那每月 50 件的当前销售量能否保证在合理的时间内将这批存货售完？某个生产新型电动车的初创企业，其产品售价为 2.9 万美元，预计会产生巨大市场需求，但如果制造成本为 4.5 万美元，企业很快就会破产。因此，企业需要考虑以下几个因素：

- 单位产品的实际价格、批量价格和订购价格。
- 如何利用定价吸引更多用户。
- 如何通过定价让同一用户购买更多产品或更频繁地购买产品；批量折扣、免运费、积分活动和类似定价机制都可用于"市场菜篮"优化。
- 如何利用定价来提高盈利水平或销售数量。
- 企业如何利用产品远期价格寻找实现规模经济曲线的最佳产量 – 利润交点（例如，"如果我们一次生产 10 000 件产品，生产成本可下降 32%"）。

什么时候需要聘请会计师

最终，潜在投资者、银行和其他利益相关者希望看到的是传统的利润表、预测表和其他财务报表。只要深刻理解这些重要指标，确保业务盈利能力得到验证，随便请一家会计师事务所都能轻而易举地将这些数据编制成现成的利润表、负债表和现金流量表。

在极个别的情况下，重要指标也会完全失去作用。例如，如果企业每个月都能高速实现客户获取和激活，或遇到迅速攀升的经济形势，投资者可能会忽略这些指标，忘记小心谨慎的忠告，决定快速扩大企业规模。虽然这种情况很少发生，但我们希望你能遇到如此好运。此类情况通常出现在泡沫较多的垂直市场，以及社交网络、多边市场和表现强劲的 IPO 市场。尽管如此，当投资者开始考虑资金投入时，这些重要指标十有八九还是能提供重要参考意义的。

小结

本阶段可对商业模式的运行情况进行攸关成败的重要分析。请注意，这里的数字依然只是基于经验的猜测，（我们希望）仍需通过客户探索和客户验证过程，在大量真实客户的参与下进行检验。

调整或继续： 再次验证商业模式

至此，企业可以最后审视一遍商业模式中的关键模块了。这样做有以下几个原因：首先，如果公司董事会决定进入下一阶段——客户生成阶段，企业很快将会出现巨大变化。其次，客户生成是一个特别困难的阶段，企业将在这一阶段突然从"寻找商业模式"转向"执行商业模式"。那时，企业不再有机会发现错误和进行调整，而是要投入全部力量进入实施状态。在这一阶段，企业必须确定明确的收入目标和时间表，生产方案和交付计划，以及投资者和董事会成员的具体责任。

为推动选定商业模式的有力实施，你的企业即将快速投入大量资金，而且这些活动完全是无法逆转的。企业创始人会在此时遭遇典型的"职业风险"，因为投资者思考的问题是，是否应该用执行经验丰富的管理者将痴迷于开发流程的创始人取而代之。此时此刻，你的企业正准备豪赌一场，投入大量资金推动经过长期开发的商业模式，因为它很有可能为你带来不断增长的利润和巨大的成功。董事会和投资者再也无法容忍早期研究阶段创始人提出的"那个想法不对""这条路行不通"之类的刺耳结论了。

简而言之，初创企业应利用这个时机再次检验一下商业模式中的关键模块。

最佳做法

你已经胜利在望了。通过关注上一节中的重要指标，你仍然相信企业会取得成功。不过，你有没有选定最好的价值主张？你的产品交付时间表是否合理？你是否确信企业的收入和成本模式已实现最优化？你有没有在整个商业模式中遗漏任何重要环节？下面我们就来进行一次最后的大检查。

确保价值主张正确

了解上一节"重要指标"部分的内容后，你是否确信企业拥有正确的价值主张？在接下来的阶段中，企业必须遵循已确定的价值主张，如果你觉得目前的价值主张无法保证在市场上获得成功，随着时间的推移，情况只会变得越来越糟糕。因此，企业可能需要时间对产品进行重新配置、重新包装或分别定价。这就需要企业重新回到客户探索阶段。在重新进行客户探索时，你需要使用核心技术开发另一种产品、配置、销售方式或定价，然后调整产品演示内容并转入第三阶段（产品演示）重新尝试。没错，这个过程是很痛苦，但和失败相比，承受这种痛苦是值得的。

确保产品交付没有问题

即使产品销售很成功，你也要和产品开发部门核对产品交付时间表。改变时间表通常来说都不是好事。企业是继续交付刚售出的产品并履行承诺，还是因为变动让销售化为泡影？如果销售泡汤，企业大不了在试验项目中损失点儿"学费"，但若无其事地继续进行销售就大错特错了。由于跟不上产品交付计划，好不容易争取到的早期支持者会逐渐减少，其参考价值会迅速消失。如果遇到此类情况（经常会发生），好的一面是企业形势还可以扭转，无须大量解雇员工，也不用大量投入资金。（如前所述，保留足够资金预防实施阶段犯错非常重要。）对此，解决方案是暂时停止所有其他销售，承认错误，将试验项目转为更实用的活动，首先要考虑客户需求，然后开发适销对路的产品。

确保高收入和低成本

对初创企业来说，最糟糕的事莫过于拿钱打水漂或进行事倍功半的投资了。要确定你的企业能否避免此类严重错误，最好的办法是从头到尾把商业模式仔细回顾一遍。

- 首先看价值主张。你的产品特征是否太多或缺少足够的品种？设定较低的售价能否增加销量或保证能以较低的获取成本销售相同数量的产品？如果产品是免费的，或者对那些能为企业带来 3 个、5 个或 10 个客户的人提供免费，效果又会如何？

- 在客户关系假设中，企业有没有坚信成功的方案，或可为企业带来快速销售增长的"免费＋增值"模式或多边市场解决方案？费用高昂的关键字搜索广告能否实现企业的预计效果？
- 尝试不同的渠道，看能否降低销售量，提高利润率？
- 合作伙伴能否推动预期的收入增长？
- 你有没有错过更高级的商业模式？

确保商业模式准确无误

准备一张空白的商业模式画布和即时贴，认真思考其他可行方案。你的团队马上要把几百万美元的赌注押在"可行"或"不可行"上，是不是每个人都确信企业的选择正确无误呢？

在这个关键时刻，改变方向的确是一个大胆举动。这可不是投资者愿意看到的，特别在经历过漫长艰苦的客户探索和验证过程之后这样做。但是，大胆举动正是伟大创始人的工作。虽然此时进行调整会导致企业花费更多时间进行客户验证，但肯定要比全面实施和全面投资展开之后发现还有更好的方案要好得多。

你应当深入验证商业模式，你的目的不是仅仅寻找增加收入和降低成本的机会，而是要寻找可改变游戏规则的重要因素。例如，你能把按功能销售的产品转变为品牌体验式产品，让客户大喊"不买不行"吗？你能把单位销售型收入模式变为网络效应模式吗？注意寻找那些并不显著的商业模式。即便整个团队确信现有模式是保证企业发展的最佳途径，你也应当请咨询顾问对商业模式画布提一些意见（虽然这很痛苦）。比方说，能否看出你遗漏了什么重要步骤？通常，刚刚完成的财务模式回顾会提出一些问题，或许还能指出一些机遇。因此，你应当重新审视商业模式清单中的问题。这些问题的答案是否各不相同？你的团队是想实现更多收入还是努力控制支出？怎样才能保证成本控制，保证额外的资金高效率地投入到正确的地方？

如果你的团队已经反复考虑了商业模式实施过程中的所有可能性，分析了所有重大变化或微小的改善，得出的结论是企业仍有信心走向成功，那么接下来就可以考虑终极问题了——调整或继续？

初创企业最棘手的问题： 调整或继续

这是一个关键时刻，整个团队和投资者应投票表决企业是否准备好花费大量资金实施商业模式了。为做出公正的投票，你的团队应当认真回顾本章提出的各种"调整或继续"的内容分析。

在大家都积极表示希望进入下一步时，企业仍有可能调转方向，这一点简直和客户验证过程一样令人痛苦不堪。千万不要绝望，因为调整需求随时都会出现，甚至经常要返回到客户探索阶段。

☞ **傲慢是激情创始人的邪恶分身。**

另一种抉择或许更加痛苦。过去，投资者会构思完美的执行方案，开除失败的执行者。现在，你要认真思考企业能否实现可升级和可盈利的商业模式的成功。这是一个艰难的决定，对于自信满满的企业创始人来说尤其如此，因为他们为自己的不屈不挠和问题解决能力感到自豪。"我是企业创始人，我能克服各种困难实现目标"——这样的话虽然豪情万丈，但是在真实的事实和数据面前毫无意义。因此，千万不要把傲慢、激情与事实混为一谈。

你所做的验证是否真的把客户意见变成了事实？抑或是在改变目标以迁就客户生成需要？接下来企业马上就会启动经营，开始"花钱如流水"一样的投入（如果你的银行账户上还有钱的话）。

你的产品销量如何？是否适销？当投入更多资金获取客户时，能否百分之百地明确可实现稳定、可预测和可盈利的业务经营？这个问题很可能会将 90% 的初创企业打回原形，老老实实地深入展开客户开发、改善并重新测试商业模式中的每个模块。

如果通往更多客户、更大收入和更高利润的"途径"在测试时无法证明其可预测性，企业也必须重新进行调整。你应当利用在客户验证阶段了解的所有信息，回到第一阶段（做好销售准备）再次尝试。对不起，在这个问题上根本没有捷径。

如果所有模块、所有问题都通过了检验（重申一次，没有几家初创企业能一次通过所有检验），客户验证阶段的完成将会标志着重要的里程碑事件。它表明，企业了解了客户的问题，找到了早期支持者，开发出客户想要购买的产品，设计出具有可重复性、可升级性的销售流程，并证明它是一种可盈利的商业模式。我们希望企业了解到的东西都得到了详细记录，商业模式图也进行了更新。尽管筹集资金从来都不容易，但有了明确的商业模式和支持证据显然要比空口无凭的推销容易得多。

如果你对以上问题的回答都是肯定的，恭喜你，你的企业已经准备好全速进入客户生成阶段了。现在，你可以好好犒劳一下自己了。

⇨ 下一步该怎么办？

客户开发流程的前两个步骤，对于初创企业创始人寻找具有可重复性和可升级性商业模式来说具有生死攸关的意义。当企业成功完成客户验证工作后，会发现市场上到处都是指导如何实施商业模式的图书和作品。如果你想执行接下来的两个步骤，即客户生成和企业建设，可参考《四步创业法》，或通过更有针对性的作品获取相关指导。

无论接下来要做什么，圆满完成客户验证都是初创企业开发过程中的一个重大篇章。至此，你已经完成了一段艰巨的、极富挑战性的旅程。我们向你致以最热烈、最诚挚的祝贺，衷心希望能够听到你成功的消息！

第四部分

核查清单

企业每完成一步，都可使用这些清单进行核查。这些清单能确保你完成书中每一节列出的任务。清单中的具体内容，可根据初创企业的类型、目标及情况适当调整。

清单1 董事会和管理层支持（所有渠道）

目标： 让投资者、创始人、企业团队在客户开发过程中达成一致意见。

参考内容： 附录2A客户开发宣言，第14条原则。

- 根据商业模式和市场类型进行开发。
- 了解"寻找"商业模式和"执行"商业模式的区别。
- 了解产品开发流程与客户开发流程的区别。
- 讨论"投入式调整"的次数以及董事会和企业团队衡量企业进展的方式。

客户开发流程强调学习和探索

- 董事会和创始团队是否支持这一流程？
- 在探索和验证阶段，企业能否投入足够资金进行2～3次调整？

讨论市场类型（初步决定）

- 企业所在的市场是现有市场、重新细分市场、新市场还是克隆市场？
- 首先和董事会就不同市场类型达成初步一致。
- 首先和董事会就不同市场类型所需的资金进行讨论。

就客户开发流程时间表达成一致

- 评估客户探索和客户验证流程的开展时间。
- 确定探索退出条件。
- 确定验证退出条件。

退出条件

- 企业团队就客户开发流程问题取得董事会支持。
- 确定市场类型及每个步骤的退出条件。

清单2 客户开发团队（*所有渠道*）

目标：建立客户开发团队。

参考内容：附录2A 客户开发宣言，第1条原则。

回顾客户开发和传统产品推广过程在组织形式上的不同

- 创始人在办公室外了解情况。

- 没有销售副总或营销副总。

- 早期团队职责。

团队建设及目标

- 就团队领导者身份达成一致意见。

- 就"走出办公室"开发方式达成一致意见。

- 就客户在线反馈和面对面反馈的比例达成一致意见。

- 在客户开发4个阶段中，就开发团队的具体职责达成一致意见。

说明创始团队3～5项核心价值

- 并非企业使命宣言。

- 与利润或产品无关。

- 核心思想关乎企业信仰。

退出条件

- 企业团队就客户开发团队问题取得董事会支持。

- 工作人员是否称职？

清单3　市场规模（*所有渠道*）

目标： 评估企业的总体市场机会。

参考内容： 第4章，市场规模假设。

评估市场规模

- 总有效市场。

- 可服务市场。

- 目标市场。

- 评估现有产品和后续产品。

确定合适的测量指标

- 是按产品件数、投入成本、页面浏览量，还是按其他标准衡量？

- 对以广告收入为依托的企业来说，按会员订阅服务量还是页面浏览量衡量？

开展市场规模研究

- 阅读行业分析报告、市场调查报告、竞争对手新闻稿等。

- 与投资者和客户进行交谈。

评估现有市场或重新细分市场时应考虑相邻市场，因为客户有可能来自相邻市场

- 初创企业产品能否鼓励客户从相邻市场转入？

- 只有可转化的市场子集有效（注意提防相邻市场的长期封锁）。

- 统计长达3～5年的稳定客户增长率。

评估新市场时，可根据代理市场或相邻市场规模判断市场机会

- 是否存在可进行比较的公司？

- 其他公司的发展是否和预计速度一样快？

- 初创企业和这些公司有何相似之处？

退出条件

- 写出市场规模，预计企业可实现的市场份额。

清单4　产品愿景（所有渠道）

目标：团队就长期愿景及未来18个月的开发日程达成一致意见。

参考内容：第4章，价值主张假设/产品愿景。

愿景

- 你对企业的长期愿景是什么？
- 你最终想改变或解决的问题是什么？
- 你想用一系列产品来达到这一目的吗？
- 你打算如何扩展到相邻市场？
- 你需要让人们改变行为习惯吗？
- 使用你的产品之后，客户3年后的生活会变得怎样？5年后呢？
- 根据上述陈述总结出战略要点。

交付日期

- 最小可行产品的交付日期及产品特征。
- 未来18个月的产品愿景和交付日期。

长期产品战略

- 你的产品能否产生网络效应？
- 你能否用可预测模式进行产品定价？
- 你能否创造客户锁定成本和高转化成本？
- 你能否实现较高的毛利率？
- 产品扣除营销开支后是否具备有效需求？
- 列出18个月后预期的产品改善。
- 列出后续产品的重要改善。

退出条件

- 愿景。
- 描述。
- 长期产品战略。
- 更新商业模式画布。

清单5　产品特征和利益（所有渠道）

目标： 说明产品特征以及人们购买和使用它的原因。

参考内容： 第4章，产品特征和利益假设，低保真最小可行产品假设。

你要解决或满足什么问题或需求

- 客户在工作或娱乐时遇到的最大问题是什么？

- 客户最想改变的方面是什么？

- 你的产品如何解决或满足这些问题或需求？

- 客户当前是如何解决他们的问题的？

产品特征列表

- 用10个简短句子描述你的产品特征。

- 说明产品要实现的总体目标。

- 你的产品能否满足利基市场或细分市场的需求？

- 你的产品是否能用新颖、不同、更快或更经济的方式解决问题或满足需求？

产品利益列表

- 从客户的角度出发，列出产品利益。

- 你的产品好在哪里？是更新颖、更优质、量更多、速度更快，还是价格更便宜？

- 在上述产品特征之后总结可为客户带来的利益。

- 客户能否接受这些利益？是否需要企业进一步说明？

描述最小可行产品

- 你希望了解哪些信息？

- 从哪些对象那里了解这些信息？

- 产品的最小特征组是怎样的？

编写一个篇幅为一页纸的用户故事

- 注意说明你的产品愿景、特征和利益。

退出条件

- 描述产品特征和利益。
- 描述最小可行产品。
- 编写说明产品功能的用户故事。
- 更新商业模式画布。

确定合格测试

清单6 客户细分（所有渠道）

目标：做出客户群体假设和客户需求假设。

参考内容：第4章，客户细分和来源假设。

确定客户问题

- 客户是否存在潜在、被动、主动或愿景方面的问题或需求？

确定客户类型

- 确定不同类型的客户。

- 哪些人会成为产品的最终用户？

- 哪些人是影响者和推荐者？

- 哪些人是经济型买方（如他们购买产品的预算来自哪里）？

- 你认为经济型买方对该产品已经有预算还是需要得到批准？

- 哪些人是决策者？

- 还有谁需要批准产品采购？哪些人具有采购否决权？

客户的需求是什么

- 使用"问题衡量表"评估。

- 你的产品能否解决企业面临的迫切问题或满足消费者的必需需求？

- 客户面对的问题有多迫切？

描述客户原型。

描述客户问题体验日——就使用产品前后的变化进行对比。

描绘组织影响图和客户影响图

- 列出哪些人会影响客户的购买决定。

- 考虑产品对客户日常生活的影响。

退出条件

- 客户类型和问题需求。

- 客户原型。

　　　　■ 描绘客户问题体验日。

　　　　■ 组织影响和客户影响。

　　　　■ 更新商业模式画布。

　　确定合格测试

清单7　渠道（所有渠道）

目标： 开发销售渠道假设。

参考内容： 第4章，实体渠道和网络/移动渠道假设。

客户通过哪种渠道购买你的产品

绘制销售渠道图

■ 渠道销售的成本是多少（直接费用或渠道折扣）？

■ 是否存在间接渠道成本（如售前支持、促销费用等）？

■ 客户使用或购买你的产品还需要哪些条件？

■ 客户如何获得产品？

■ 扣除渠道成本后的销售净收入是多少？

企业所在的是否是多边市场

■ 如何满足多边市场每一侧的需求？

退出条件

■ 选定销售渠道。

■ 更新商业模式画布。

确定合格测试

清单 8 市场类型（*所有渠道*）

目标： 选择初始市场类型。

参考内容： 第 4 章，市场类型。

你想在现有市场推出新产品吗

你打算克隆现有市场吗

你是否需要重新定义一个市场

你是否想创造全新的市场

- 你的产品或服务可代替目前客户已有的产品或服务吗？

- 你的产品是否具有可替代性？

- 你的产品是在现有产品的基础上新开发的变体吗？

- 抑或是全新的产品？

在现有市场中进行定位

- 说明竞争基础。

- 现有市场的主要推动者是谁？

- 在任何水平或垂直的细分市场中，你的产品是否具有优势或吸引力？

在希望重新细分的现有市场中进行定位

- 说明你想如何改变市场。

- 在你希望重新细分的现有市场中，主要推动者是谁？

在新市场中进行定位

- 你准备如何开创新市场？

- 评估市场创造成本。

退出条件

- 对市场类型做出初步假设。

- 更新商业模式画布。

确定合格测试

清单9-1　客户关系（实体渠道）

目标：如何在实体渠道中"获取、维护和增加客户"？

参考内容：第4章，客户关系。

绘制"获取、维护、增加"的漏斗

描述"获取客户"战略方针

- 印象。

- 兴趣。

- 考虑。

- 购买。

思考"获取客户"的战术手段

- 免费媒体。

- 付费媒体。

描述"维护客户"的战略方针

- 互动。

- 维持。

思考"维护客户"的战术手段

- 积分活动。

- 产品升级。

- 客户调查。

描述你"增加客户"的战略方针

- 从现有客户那里获得新收入。

- 客户推荐。

思考"增加客户"的战术手段

- 追加销售、交叉销售及其他战术。

- 待测试的客户推荐活动。

退出条件

- 对所有获取、维护、增加活动做出初步假设。

- 更新商业模式画布。

确定合格测试

清单 9-2 客户关系（网络/移动渠道）

目标：如何在网络/移动渠道中"获取、维护和增加客户"。

参考内容：第 4 章，客户关系。

绘制"获取、维护、增加"漏斗

描述"获取客户"的战略方针

- 获取。

- 激活。

思考"获取客户"的战术手段

- 搜索（搜索引擎营销和优化）。

- 病毒式营销。

- 公关宣传。

- 免费试用。

描述"维护客户"的战略方针

- 互动。

- 维护。

思考"维护客户"的战术手段

- 产品定制。

- 用户组/博客。

- 积分活动或其他实体渠道活动。

描述"增加客户"的战略方针

- 新增客户收入。

- 新客户推荐。

思考"增加客户"的战术手段

- 升级。

- 竞赛。

■ 追加销售、交叉销售。

■ 病毒式营销。

退出条件

■ 对所有获取、维护、增加活动做出初步假设。

■ 更新商业模式画布。

确定合格测试

清单 10 核心资源假设（所有渠道）

目标： 确定对企业成功至关重要的外部资源以及企业如何寻找和获取这些资源。

参考内容： 第 4 章，核心资源。

描述所有核心资源的成本以及如何获取这些资源

- 实物资源。

- 财务资源。

- 人力资源。

- 知识产权。

- 其他核心资源。

- 依存度分析。

退出条件

- 获得所需的实物、财务、人力和知识产权资源。

- 确定这些资源的成本。

- 了解在哪里可以找到这些资源。

- 知道如何保护这些资源。

- 更新商业模式画布。

确定合格测试

清单11 合作伙伴假设（*所有渠道*）

目标：确定重要合作伙伴以及企业和合作伙伴之间的相互"价值交换"。

参考内容：第4章，合作伙伴和流量合作伙伴。

了解潜在合作伙伴类型

- 战略同盟。

- 联合商业开发。

- 竞争合作。

- 重要供应商。

- 流量合作伙伴。

列出目标合作伙伴

- 必要的合作伙伴。

- 合作伙伴能提供什么。

- 企业如何回报这种合作。

退出条件

- 了解潜在的合作伙伴类型。

- 列出目标合作伙伴、对方的贡献以及企业可提供的回报。

- 更新商业模式画布。

确定合格测试

清单 12　收入定价假设（所有渠道）

目标：了解企业的商业模式是否具备财务可行性。

参考内容：第 4 章，收入定价假设。

我们要销售多少产品或服务

- 市场规模和市场份额假设。

- 渠道假设。

收入模式是怎样的

- 销售收入。

- 订阅收入。

- 按使用收费。

- 推荐收入。

- 加盟收入。

定价策略是怎样的

- 价值定价。

- 竞争定价。

- 销量定价。

- 产品组合定价。

- "刀锋"式定价。

- 订阅式定价。

- 出租式定价。

- "免费＋增值"定价。

- 其他定价方式。

- 这样的定价能否保证企业盈利？

退出条件

- 确定销量、用户、收入模式和定价方案能让企业盈利。

确定合格测试

清单 13   设计测试 (所有渠道)

目标: 设计测试商业模式假设的各种实验。

参考内容: 第 5 章, 设计测试和合格实验。

- 列出想要了解的重要领域。

- 设计最简单的合格测试。

- 进行测试。

- 跟踪了解过程, 从测试结果中总结观点。

退出条件

- 为测试商业模式假设开发客观的合格测试。

- 跟踪测试结果的流程。

确定合格测试

清单 14-1　准备联系客户（实体渠道）

目标：安排与潜在客户的会面，了解客户问题以及企业提供的方案能否解决客户的问题。

参考内容：第 5 章，做好联系客户的准备。

- 列出 50 个早期目标客户。
- 设计参考故事。
- 发送一封自我介绍邮件。
- 开始联系。
- 设计面谈日程表。
- 扩展联系人列表。
- 创建创新者名单。
- 创建咨询委员会候选人前期列表。

退出条件

- 和目标数量的潜在客户会面。

确定合格测试

清单14-2 开发低保真最小可行产品（网络/移动渠道）

目标：开发低保真最小可行产品，测试并确保客户关心的问题。

参考内容：第5章，开发低保真最小可行产品。

开发低保真网站

- 在登录页说明企业价值主张。

- 利益总结。

- 行动口号（了解更多信息、调查、预定）。

- 考虑使用多种最小可行产品。

退出条件

- 使用简单网站或原型产品，测试客户是否关注企业开发的应用程序或网站。

确定合格测试

清单 15-1　测试客户问题并评估其重要性（实体渠道）

目标：衡量客户问题或需求的严重性和重要性。

参考内容：第 5 章，测试问题了解情况，评估问题的重要性。

开发问题陈述

- 已察觉的问题。

- 现有问题。

- 初创企业建议的解决方案。

- 拜访客户时需要了解的 3 个最重要的问题。

- 针对多边市场需要准备两套不同的演示材料。

- 预演演示。

创建记录卡搜集数据

- 按照客户名称顺序记录已察觉的问题。

- 成本。

- 现有解决方案。

- 初创企业的解决方案。

- 推荐。

利用计分卡评估结果

退出条件

- 开发并预演问题演示。

- 每次拜访客户都搜集数据并记录在记录卡中。

- 利用计分卡评估结果。

确定合格测试

清单 15-2 低保真最小可行产品问题测试（*网络/移动渠道*）

目标：确定有没有足够客户关注初创企业要解决的问题或满足的需求。

参考内容：第 5 章，低保真最小可行产品问题测试。

邀请客户体验低保真最小可行产品

- "推动"式策略。

- "拉动"式策略。

- 付费策略。

搜集未来联系人邮件列表

测试响应率

- 点击率。

- 转化率。

- 用户在网站逗留的时间。

- 用户来源。

除了在线反馈外，还应进行面对面采访

分析反馈，确定可升级能力

退出条件

- 客户对问题或需求具有强烈兴趣。

- 对初创企业提出的解决方案响应积极。

确定合格测试

清单 16 了解客户（*所有渠道*）

目标：深入了解潜在客户。

参考内容：第 5 章，客户探索，走出办公室测试问题——客户是否关注？

研究与客户访谈

- 客户是如何花费资金和时间的？

- 客户的当前工作流程。

- 客户的苦恼或需求。

- 现有解决方案和成本。

- 使用初创企业的产品后工作流程会发生什么变化？

- 客户出版物。

- 客户影响者。

客户体验日

参加客户的活动

成为客户

- 了解他们的网站和出版物。

- 在线体验。

- 他们怎样消磨时间？在哪里消磨时间？

- 消磨时间的方式和渠道有哪些？

利用记录卡记录了解到的信息

数据搜集和分析流程

退出条件

- 深入了解客户，了解他们阅读的内容、倾听的对象、工作方式、消磨时间和花钱的方式。

确定合格测试

清单 17 获取市场认知， 流量/竞争（实体渠道）

目标：获取对整个市场的了解。

参考内容：第 5 章，获取市场认知和流量/竞争分析。

和相邻市场的同行、行业分析师、记者以及其他关键影响者会谈

- 行业趋势。

- 当前未解决的主要客户需求。

- 主要参与者。

- 必须阅读的内容，必须问的问题以及必须会谈的对象。

- 行业内潜在的竞争者/创新者。

展开研究

- 行业趋势。

- 主要参与者/影响者。

- 商业模式。

- 重要指标。

流量测量和比较工具

应用程序网店

Quora. com

创建竞争者列表

创建市场图

参加行业活动

- 样本演示。

- 接触竞争或相邻市场的产品。

- 发现人才、趋势。

退出条件

- 深入了解整个市场、市场趋势、参与者、现有产品和未来增长。

确定合格测试

清单 18　更新商业模式和团队（*所有渠道*）

目标：准备评估是否调整或继续。

参考内容：客户探索部分第 4～6 章。

整合客户数据

- 开发原型客户工作流程图。
- 使用新产品或应用程序前后的工作流程对比。

从客户访谈中获取详细发现

- 客户现有的问题。
- 烦恼程度。
- 问题解决方式。
- 企业发现。
- 最大的惊喜或失望。

数据评估

- 初步产品规格解决客户问题的能力如何？
- 产品市场组合。
- 回顾产品特征，确定优先开发特征列表。
- 符合客户问题的产品特征。
- 客户兴趣/热情定量化。

回顾阶段一假设

- 更新商业模式画布。
- 未来 18 个月产品的交付时间表。

讨论"调整或继续"

退出条件

- 确定公司是否已发现许多客户渴望解决的问题，是否发现价值主张的有效性？
- 更新商业模式画布。

确定合格测试

清单 19-1　产品解决方案演示（实体渠道）

目标：开发解决方案演示，确定产品能解决重要的客户问题或者满足其重要需求。

参考内容：第 6 章，开发产品解决方案演示材料。

开发一套以解决方案为导向的演示材料

- 回顾问题。

- 描述产品（5 种主要特征）。

- 嵌入多种提示以获取客户反馈。

- 不要体现营销或定位信息。

绘制客户工作流程图

- 使用产品前。

- 使用产品后。

- 18 个月后的产品预期。

如有可能应开发样本或原型产品

利用计分卡跟踪客户反应

退出条件

- 陈述客户计划的详细演示，展示初创企业解决方案，邀请其他客户提出反馈
  意见。

确定合格测试

清单 19-2　高保真最小可行产品测试（网络/移动渠道）

目标： 确定可衡量客户产品热情强度的测试。

参考内容： 第 6 章，高保真最小可行产品测试。

进行高保真"解决方案"测试

- 邀请一定数量的客户。

- 并非现场发布，而是小规模测试，参与者只通过邀请参加。

- 添加行为口号，如"马上购买""注册""了解更多"。

测量客户响应

- 客户被激活前的访问数量。

- 向好友做出推荐的客户数量。

- 客户激活速度。

- 客户重复访问网站的百分比。

退出条件

- 评估客户对应用程序或网站兴趣水平的简单测试。

- 测量客户响应水平的策略。

确定合格测试

清单20-1 和客户一起测试产品解决方案（实体渠道）

目标：测量客户是否相信你的产品能有效解决其重要问题以及是否值得购买。

参考内容：第6章，和客户一起测试产品解决方案。

做好客户访谈准备

- 自我介绍邮件。

- 参考故事。

- 沟通台词。

开展客户访谈

- 首次了解问题演示的客户。

- 扩展联系人列表上的目标客户。

- 每种客户类型中选择几个客户。

- 使用产品样本、原型或最小可行产品描述产品。

- 对于间接销售，访谈潜在的渠道合作伙伴。

开发客户记录卡记录反馈

- 产品和特征。

- 目标市场。

- 定价。

- 分销。

- 推荐。

感谢信

退出条件

- 深入了解客户问题。

- 吸引客户对产品产生浓厚兴趣。

- 对于间接销售，能够画出每个渠道合作伙伴的商业模式。

确定合格测试

清单 20-2　衡量客户行为（网络/移动渠道）

目标：确定客户对最小可行产品的热情。

参考内容：第6章，衡量客户行为。

确定重要的客户衡量指标

- 购买。

- 参与。

- 保持。

- 推荐。

- 组群。

挖掘数据

- 流量来源。

- 获取率和激活率。

- 客户参与程度（浏览网站的时间、注册前的访问次数等）。

- 推荐数量。

退出条件

- 确定客户对产品感兴趣，而且这种兴趣足以推动其进一步行动。

确定合格测试

清单21　确定首批顾问组成员（所有渠道）

目标：确定首批顾问组成员。

参考内容：第6章，确定首批顾问组成员。

潜在咨询顾问

- 了解技术问题。

- 可介绍重要客户。

- 具备特定领域的知识。

- 熟悉产品开发。

潜在咨询顾问

退出条件

- 顾问组成员候选人列表。

确定合格测试

清单22　验证产品市场组合（所有渠道）

目标：验证企业是否已确定重要问题，是否拥有可解决该问题的产品，是否拥有足够数量的客户愿意购买该产品。

参考内容：第7章，验证产品市场组合。

评估：重要问题或迫切需求

- 面对问题的客户数量。

- 客户对问题严重程度的评价。

- 客户是否尝试过自己解决问题？

- 使用新产品前后的工作流程对比。

评估：产品能否解决问题或满足需求

- 检查客户反馈记录卡和分析报告。

- 客户对产品的热情程度。

- 推荐率。

- 激活率和参与购买率。

- 回顾产品特征和收益假设。

- 回顾产品交付计划。

评估：是否拥有足够数量的客户

- 市场规模——现有规模和预期规模。

- 客户反馈。

- 竞争威胁。

退出条件

- 验证对该解决方案的扩展需求。

- 验证在客户眼中产品能否有效满足其需求。

- 更新商业模式画布。

确定合格测试

清单23　验证客户群体有哪些，如何与他们取得联系（所有渠道）

目标：验证客户群体有哪些，如何与他们取得联系。

参考内容：第7章，验证客户群体。

- 客户原型。
- 描绘客户一天的工作生活。
- 评价客户响应。
- 评价客户行为和影响者。
- 渠道路线图。
- 评估产品开发过程中每个步骤的成本。
- 根据客户获取成本的变化更新商业模式。

退出条件

- 详细了解客户群体有哪些、如何与他们取得联系以及获取这些客户的成本是多少。
- 更新商业模式画布。

确定合格测试

清单24 验证企业能否盈利（所有渠道）

目标：确定企业能否盈利。

参考内容：第7章，客户探索，验证商业模式/调整或继续。

收入模型数据

- 客户访谈记录卡总结，说明未来的潜在销售收入。

- 市场规模预计。

- 有关行业客户及其行为的详细信息。

- 竞争对手的产品和定价信息。

- 渠道成本和营收潜力总结。

- 定价方案。

- 客户获取成本。

以3种不同方式（尚可、良好、最佳）对企业未来4～8个季度的净收入进行精确预测

- 直接收入。

- 渠道净收入。

- 总收入。

- 获取成本。

- 基本经营成本。

- 季度支出额。

- 季度末现金结余。

退出条件

- 对企业未来4～8个季度的收入目标做出大致评估。

- 更新商业模式画布。

清单25 验证商业模式：调整或继续（*所有渠道*）

目标：评估调整后的假设能否提供坚实基础，保证客户验证阶段的大规模测试。

参考内容：第7章，客户探索，验证商业模式/调整或继续。

评估调整后的假设

- 确定问题或需求。

- 产品能否解决问题或需求？

- 具备规模可观的市场。

- 具备可行、可升级和可盈利的商业模式。

- 客户体验日，使用产品与不使用产品的对比说明。

- 用户、买方和渠道组织图。

确定清晰、可测量的验证检查点

退出条件（对客户探索工作进行全面、坦诚的评估）

- 渴望购买企业产品的市场规模是否足够大？

清单 26 设计公司定位（所有渠道）

目标：开发明确且令人信服的信息，以说明你和其他企业的不同以及你的产品值得购买的原因。

参考内容：第 9 章，客户验证第一阶段"做好销售准备"。

信息说明

- 将价值主张浓缩成一个词组或句子。

- 令客户心动。

- 可信。

- 考虑市场类型因素。

退出条件

- 开发出可说明公司目标、产品功能以及解释客户购买、信任和关注产品原因的简短、精练的信息。

清单 27-1　做好销售准备：销售和营销材料（实体渠道）

目标：创建初始营销宣传工具箱，协助完成销售。

参考内容：第 9 章，客户验证第一阶段"做好销售准备"。

网络工具

- 网站。

- 社交营销工具。

- 电子邮件及邮件式营销工具。

实体销售渠道营销宣传材料

- 幻灯片销售演示。

- 文件夹内页和宣传册演示。

- 白皮书或其他执行摘要。

- 产品特征规格表。

- 产品问题和解决方案预览。

- 客户证明信。

- 名片、订单等。

销售演示

- 更新过的问题演示方案。

- 更新过的解决方案演示方案。

- 更新过的产品演示方案。

样品/原型产品

- 产品使用方式。

- 关键卖点。

- 解决问题的新旧方法对比。

数据表

- 现有市场产品数据表。

- 新市场或克隆市场解决方案数据表。

- 重新细分市场产品或解决方案数据表。

其他材料

- 价目表。

- 合同。

- 计费系统。

对于 B2B 企业，应准备 3 种版本的宣传材料

- 针对早期支持者的宣传材料。

- 针对技术高手的宣传材料。

- 针对主流客户的宣传材料。

对于 B2C 企业，应准备以下宣传材料

- 货架卡。

- 零售包装。

- 优惠券。

- 杂志广告。

- 可区分上述不同市场目标和材料开发时间的方案。

退出条件

- 开发出完整的销售和营销材料的最初版本。

确定合格测试

清单 27-2　做好销售准备： 获取/激活
客户（网络/移动渠道）

目标：创建吸引客户使用应用程序、访问网站、注册信息或购买产品的具体方案。

参考内容：第 9 章，客户验证第一阶段 "做好销售准备"。

获取方案和工具

- 活动负责人。

- 实施策略。

- 预算。

- 时间安排。

- 获取目标。

- 是否属于多边市场业务？

- 社交、网络及病毒式营销组件。

- 4 周初始活动测试时间。

激活方案和工具

- 登录页面。

- 客户是如何发现网站的？

- 加强邀请语气。

- 推出多个行动口号。

- 说明产品所能解决的问题。

- 测试登录页面以外的其他页面。

- 内外部测试。

退出条件

- 最初 4 周的客户 "获取" 和 "激活" 方案。

确定合格测试

清单 28-1　做好销售准备：聘请销售内行（实体渠道）

目标：寻找具备专业能力和经验、可推动销售实现的内行。

参考内容：第 9 章，客户验证第一阶段"做好销售准备"。

- 经验丰富的初创企业销售人员。

- 在目标市场人脉广。

- 有极强的聆听力、模式识别力及协作技巧。

- 了解销售内行和销售副总之间的区别。

- 销售内行绝不能替代创始人走出办公室接触客户。

退出条件

- 聘请到经验丰富的销售内行。

清单 28-2 开发高保真最小可行产品（网络/移动渠道）

目标：开发经过改善、功能更实用的最小可行产品。

参考内容：第9章，客户验证第一阶段"做好销售准备"。

- 对客户探索阶段中开发的低保真最小可行产品进行完善以吸引客户反馈。
- 产品的部分功能尚未完善，但针对产品强调的愿景进行了改善。
- 产品特征有限，但并非次品。
- 邀请更多用户体验产品，测试客户获取和激活策略。
- 提供客户和产品行为数据。

退出条件

- 高保真最小可行产品用于生成稳定的客户和产品行为数据，企业须利用这些数据完善其商业模式和产品。

清单29-1　销售行动渠道方案（实体渠道）

目标：开发初步的销售渠道行动方案，测试客户探索阶段确定的渠道假设。

参考内容：第9章，客户验证第一阶段"做好销售准备"。

完善分销渠道方案

渠道"食物链"图

- 确定企业到最终客户之间的所有组织。

- 确定各组织与企业以及各组织之间的关系。

渠道职责图

- 绘制公司分销渠道关系图。

- 书面描述各渠道的具体责任。

标明各渠道层次之间的财务关系

开发渠道管理方案

确定渠道管理方案监控程序

退出条件（开发出具有以下特征的初步销售行动方案）

- 描述渠道"食物链"及相关责任。

- 确定渠道中每一层的相关成本。

- 提出销售渠道管理策略。

- 确定适当的合格测试。

清单 29-2 建立测量工具集（网络/移动渠道）

目标：确定关键业务指标，为搜集和监测数据衡量与开发相关的系统或测量表。

参考内容：第 9 章，客户验证第一阶段"做好销售准备"。

确定 12 个关键指标：基本访问指标（页面访问量、独立访客、页面/访问）

- 获取活动和行为。

- 激活活动和行为。

- 推荐活动和行为。

开发或购买测量表搜集监测数据

- 要关注的是关键指标而非所有指标。

- 采用轻松明了的表现形式。

- 可兼容后期用于监控客户维护和推荐活动的指标，包括用户组群分析。

退出条件

- 列出可衡量客户获取、客户激活和客户推荐活动的关键指标。

- 建立接近实时的监控指标系统。

清单30-1 开发/改善销售路线图（实体渠道）

目标：企业客户有哪些？他们是如何购买产品的？

参考内容：第9章，客户验证第一阶段"做好销售准备"。

■ 开发销售路线图。

■ 完善组织影响图。

■ 完善客户访问图。

■ 开发销售策略。

■ 制订实施计划。

■ 确定团队成员负责管理的具体计划。

退出条件

■ 为销售的展开和后续活动制订详细准备方案。

清单30-2 聘请首席数据分析师（网络/移动渠道）

目标：为高级管理层配备数据分析专家。

参考内容：第9章，客户验证第一阶段"做好销售准备"。

首席数据分析师应具备的特征

- 熟练使用数字和分析工具。

- 好奇心强。

- 极富创造性。

- 是优秀的合作者。

- 工作中容易相处。

- 在需要对开发流程进行调整时能果断行动。

制定汇报时间表

退出条件

- 聘请数据分析师推动企业业务持续改善。

清单31 确定咨询委员会 (所有渠道)

目标: 正式邀请能为企业带来重要客户、人才或投资者,拥有创新思维方式的咨询顾问加盟。

参考内容: 第9章,客户验证第一阶段"做好销售准备"。

开发咨询委员会路线图

- 委员会规模——兼顾质量和数量。

- 能将重要客户或人才介绍给公司。

- 拥有技术方面的专长。

- 是否需要当面会谈?

- 关键潜在客户。

- 行业专家。

- 经验丰富的首席执行官型顾问。

- 对咨询顾问的补偿方式。

退出条件

- 正式描述顾问委员会的规模、构成和运行情况。

清单 32-1　找出早期支持者（实体渠道）

目标：确定热心的前瞻性客户并测试销售。

参考内容：第 10 章，客户验证第二阶段"走出办公室销售"。

与潜在客户预约会谈

- 自我介绍邮件。

- 参考故事。

- 沟通台词。

追踪准确率高的结果

扩展联系人列表

退出条件

- 与早期支持者进行销售会谈。

清单 32-2 准备优化方案和工具（网络/移动渠道）

目标：准备用于测试商业模式的工具。

参考内容：第 10 章，客户验证第二阶段"走出办公室销售"。

确定优化指标

优化优先级设置

测试工具到位

- 确定监控检测结果的测量表。

- 高保真最小可行产品。

- 获取方案和工具。

- 激活方案和工具。

退出条件

- 确定要优化的获取指标方案。

- 制订客户行为监控和优化方案。

确定合格测试

清单 33-1 走出办公室销售（实体渠道）

目标：测试销售产品。

参考内容：第 10 章，客户验证第二阶段"走出办公室销售"。

- 用于搜集销售数据的记录卡。

- 首次会面需要了解日程表、目标。

- 就会谈联系对象达成一致。

- 前后对比设想。

- 量身定制演示材料。

- （如会谈效果理想）制订采购行动方案。

- 争取高级管理层的参与。

- 感谢信和后续活动。

- 为客户定制销售方案。

- 制作成败数据统计表，总结相关数据。

- 确定证明验证结果所需的订单数量并达成一致意见。

退出条件

- 对产品销售潜力形成真实感受。

确定合格测试

- 确定证明验证结果所需的订单数量。

清单33-2　优化获取客户活动（网络/移动渠道）

目标： 优化"获取客户"。

参考内容： 第10章，客户验证第二阶段"走出办公室销售"。

- 回顾客户关系假设。
- 确定几十项用于测试和日常监控的活动指标。
- 确定优化"获取"漏斗的序列方案。
- 正在进行中的优化方案。
- 确定监控日常活动进展的表格和后续活动。
- 测试。
- 再测试。
- 继续测试。

退出条件

- 找到快速、高成本效益和有效的客户获取方法。

确定合格测试

清单 34-1 改善销售路线图（实体渠道）

目标：开发有效的销售流程。

参考内容：第 10 章，客户验证第二阶段"走出办公室销售"。

企业组织和影响图

■ 确定影响者、推荐者、破坏者、经济型买方。

销售策略图

■ 如何与客户取得联系？

■ 需要拜访哪些客户？

■ 拜访客户的顺序。

■ 演示。

绘制销售流程图

确定完成销售、交付产品所需的步骤

退出条件

■ 记录可重复及可扩展销售流程的说明。

确定合格测试

清单34-2　优化"维护"和"增加"
活动（网络/移动渠道）

目标：改善"维护"和"增加"客户的方式。

参考内容：第10章，客户验证第二阶段"走出办公室销售"。

已开展的基本客户维护和增加活动

■ 监控各项活动的成本和投资回报率。

组群分析

两项"增加"客户指标

■ 病毒增长系数。

■ 客户终身价值。

同时优化多边市场的"另一边"

■ 了解多边市场中"另一边"的运作方式和采购方式。

■ 为多边市场中的"另一边"确定销售路线图。

根据优化过程中了解的情况改善收入模式

退出条件

■ 优化"维护"和"增加"客户流程。

■ 验证应用程序或网站的销售潜力。

确定合格测试

清单 35-1　测试销售渠道合作伙伴（实体渠道）

目标：验证渠道策略。

确定并研究渠道目标

会议安排

- 自我介绍邮件。

- 参考故事和沟通台词。

根据前期渠道订单更新为渠道和服务合作伙伴提供的演示内容

估算各渠道销售量的记录卡

总结相关数据的电子表格

退出条件

- 从潜在渠道合作伙伴那里获得订单或订购承诺。

- 估算各个渠道的销售量。

确定合格测试

清单 35-2　测试销售流量合作伙伴（网络/移动渠道）

目标：验证流量合作伙伴策略。

参考内容：第 10 章，客户验证第二阶段"走出办公室销售"。

确定并研究流量合作伙伴目标

安排会议

- 自我介绍邮件。

- 参考故事和沟通台词。

估算各渠道销售量的记录卡

总结相关数据的电子表格

退出条件

- 从潜在流量合作伙伴那里获得订单或订购承诺。

确定合格测试

清单36　开发产品定位（所有渠道）

目标：根据市场类型确定产品定位。

参考内容：第11章，客户验证第三阶段"产品开发和企业定位"。

- 回顾早期定位简述。

- 考虑客户反馈。

- 更新并改善产品定位。

退出条件

- 修订产品定位简述。

清单 37　将产品定位与市场类型匹配（*所有渠道*）

目标：确保产品定位和市场类型相匹配。

参考内容：第 11 章，客户验证第三阶段"产品开发与企业定位"。

现有市场和重新细分市场

■ 与竞争对手进行产品对比。

新市场

■ 让人们了解企业的愿景和激情。

克隆市场

■ 根据类似企业的表现"预测未来"。

退出条件

■ 确保产品定位与市场类型相匹配。

■ 和客户一起验证定位。

清单 38 开发企业定位（*所有渠道*）

目标：制定清晰的企业定位。

参考内容：第 11 章，客户验证第三阶段"产品开发与企业定位"。

回顾客户探索阶段制定的任务

与竞争对手对比企业说明、使命宣言

草拟企业定位

- 简洁。

- 牢记客户需求。

- 企业能为客户做什么。

- 客户为什么要购买这家企业的产品？

- 这家企业为何存在？和其他企业有何不同？

- 与市场类型匹配。

退出条件

- 全面阐述企业愿景和使命的说明。

清单 39 验证定位（*所有渠道*）

目标：验证产品和企业定位及产品特征。

参考内容：第 11 章，客户验证第三阶段"产品开发和企业定位"。

与重要的行业分析师及影响者会谈

- 从客户探索阶段开始跟踪并监测目标客户。

- 通过分析报告、新闻剪报、网站信息等途径展开研究。

- 设计沟通台词。

整合分析演示内容

- 市场和产品定位。

- 产品特征详情。

利用记录卡搜集情报，跟踪反馈信息

退出条件

- 从重要的分析师和影响者那里获取关于市场和产品的详尽反馈。

清单 40 整合数据（*所有渠道*）

目标：整合所有数据、报告、问卷和图表，进行全面审核。

参考内容：第 12 章，客户验证第四阶段"调整或继续"。

- 原型客户工作流程图。

- 组织影响图。

- 客户原型。

- 全面更新过的商业模式图（以及早期版本的商业模式图）。

- 根据销售记录卡获得的客户反馈。

- 市场规模和市场份额预计。

- 渠道反馈和收入潜力总结。

- 定价、客户获取成本以及所有主要产品成本的变化。

- 关于行业、客户及其行为的详细信息。

- 竞争对手的产品及定价信息。

退出条件

- 将所有重要反馈、真实数据、图表以及最新的商业模式画布整合起来加以审核。

- 将客户探索和客户验证阶段了解的信息纳入最新版本的假设文件，更新商业模式画布。

- 回顾商业模式中各模块之间的相互影响。

确定合格测试

清单 41　验证商业模式（*所有渠道*）

目标：利用搜集到的事实依据验证商业模式。

参考内容：第 12 章，客户验证第四阶段"调整或继续"。

商业模式清单

- 价值主张。

- 客户细分。

- 价值主张 2：市场类型。

- 渠道。

- 客户关系。

- 成本结构。

- 收入来源。

退出条件

- 确保所有商业模式假设都已变为现实。

确定合格测试

清单 42　验证财务模式（所有渠道）

目标：确保初创企业在资金耗尽前实现可盈利和可升级的商业模式。

参考内容：第 12 章，客户验证第四阶段"调整或继续"。

价值主张

- 产品成本。

- 市场规模。

- 可获取的市场份额。

- 网络效应对客户的影响。

客户关系

- 客户获取成本。

- 潜在客户转化率。

- 客户终身价值。

- 客户转化成本。

市场类型

基本经营成本

渠道成本

- 渠道毛利、促销和货架使用费。

收入来源

- 平均销售价格。

- 可实现总收入。

- 每年客户量。

现金余额

进行计算

退出条件

- 全面说明企业实现财务成功的能力。

确定合格测试

清单43 再次验证商业模式（*所有渠道*）

目标：进一步验证商业模式。

参考内容：第12章，客户验证第四阶段"调整或继续"。

再次验证财务模式

回顾商业模式画布

回顾商业模式清单

■ 价值主张。

■ 客户细分。

■ 价值主张2：市场类型。

■ 渠道。

■ 客户关系。

■ 成本结构。

■ 收入来源。

退出条件

■ 确定企业选定的业务方案是否最佳。

■ 评估企业能否实现高收入低成本的业务模式。

确定合格测试

清单 44 调整或继续（*所有渠道*）

目标：决定是否执行商业模式。

参考内容：第 12 章，客户验证第四阶段"调整或继续"。

- 验证阶段是否真的已经把企业观点转化为事实？

- 商业模式图表已更新。

- 产品销售情况是否良好？销售是否容易实现？

- 企业能否以稳步的、可预测和可盈利的方式持续获得新客户？

- 开发可重复和可扩展的销售过程。

- 检查产品交付时间表。

- 确定企业能遵守承诺交付产品。

- 证明商业模式的可盈利性。

- 继续向前还是重新调整？

退出条件

- 做出关于是否进入下一阶段的决定。

确定合格测试

A/B Testing　内部/外部测试　可将网页的一个版本与另一版本进行比较，测试哪个版本能产生最好的效果。

Acquisition　获取　网络/移动渠道"获取、维护、增加"销售漏斗的第一步。获取活动能吸引人们访问网站，然后通过参与、购买或注册账号等方式激活这些潜在客户。客户获取方式包括免费媒体和付费媒体两类，具体策略包括搜索（搜索引擎营销/搜索引擎优化）、电子邮件、公关/博客、病毒式营销、社交网站等。

Activation　激活　网络/移动渠道"获取、维护、增加"销售漏斗的第二步。获取客户后，企业可鼓励他们注册、参与或在网站上购买产品。具体的客户激活策略包括免费试用、首页或网页推广等。

Agile Development　敏捷开发　一种重复增量式，可灵活应对客户反馈的产品（硬件、软件或服务）开发方式。这种方式能够确定客户需求，不必事先确定产品的最终规格。敏捷开发法与瀑布开发法是完全对立的产品开发方式。

ARPU　单位用户平均收益　一种典型的测量订阅服务收入的方式，可对手机或数据方案等服务的平均长期支出进行测量。

Awareness　印象　实体渠道"获取客户"销售漏斗的第一步。具体策略包括免费媒体（公关、博客、宣传册、评论）、付费媒体（广告、促销）和网络工具。

Business Model　商业模式　对一个组织机构创造、交付和获取价值方式的描述，在本书中专指亚历山大·奥斯特瓦德的九栏式商业模式画布。

Business Plan　商业计划　由企业撰写的用于描述和启动后续或相邻市场产品的文件。这一概念已被初创企业错误使用了几十年，直到现在人们才意识到商业计划根本无法通过初次客户接触的检验。商业机会通常分为以下几部分：市场机遇、行业背景、竞争分析、营销方案、运营方案、管理总结和财务方案。

Canvas 画布 亚历山大·奥斯特瓦德的九栏式商业模式画布。在本书中，我们使用商业模式画布获取商业模式假设并将其记录在计分卡上。

Channel 渠道 指销售渠道和/或分销渠道，即产品是如何从企业流向客户的。本书谈论的渠道包括"实体渠道"和"网络/移动渠道"。

Channel Stuffing 渠道填充 将超过最终用户需求的更多产品输送到销售渠道。此概念经常被用来指非法扩大企业收入的一种策略（企业将产品输送到渠道而不是交付到最终用户视为收入产生）。

Churn 客户流失 （有时也称为客户损耗）一段时间内停止使用企业服务的客户或用户数量，通常按月以百分比计量。如果 10 个客户中有 1 个停止使用服务，客户流失率即为 10%。

Cohort 组群分析 对长期保持共同特征的客户群体进行的测量。

Collateral materials 宣传材料 在实体渠道中开发的、用于推广产品或服务的宣传册、数据表、白皮书、销售表以及其他文字材料。

Consideration 考虑 实体采购决策周期（"销售漏斗"）的第三步。销售漏斗包括印象、兴趣、考虑和采购 4 个步骤。

Company Building 企业建设 客户开发流程的第四步。在这个阶段，创始人的关注点会从探索商业模式转移到建立可执行的组织。

CPA 单位客户获取成本 网络企业用于购买客户推荐或从合作伙伴及其他网络企业获取客户时支付的成本。

CPM 每千人成本 广告行业用于测量媒体采购的一项指标，无论是杂志广告版面还是网站上的广告条均可适用。广告价格是根据每千人成本确定的，销量为 600 万册的杂志可收取 6 000 个单位的每千人成本作为广告费。

Cross-Sell 交叉销售 一种通过鼓励客户购买补充产品以增加平均订单规模的方式，是变相增加现有客户数量的战略手段。例如，"购买本书 9 折优惠""购买此行李箱免费赠送化妆包"都属于交叉销售。参见"追加销售"。

Customer Archetypes 客户原型 对客户特征的详细描述，包括硬数据（人口统计信息、心理统计信息）和软数据（访谈、二手材料），用于对企业客户的典型类型或群体做描述说明和全面分析。（大部分初创企业包括不止一类原型客户。）原型概念可同时用于产品开发和客户开发流程，以帮助企业更好地关注目标客户。

Customer Development　客户开发　在《四步创业法》中首次提出，指的是四步式组织探索可重复和可升级商业模式的流程。客户开发流程应由客户开发团队实施。

Customer Development Team　客户开发团队　可在初创企业的探索和验证阶段取代传统的销售，营销和业务拓展人员负责通过客户沟通验证商业模式中的各种假设。客户开发团队中至少要包括一位有权改变企业战略的创始人。

Customer Discovery　客户探索　客户开发流程 4 个阶段中的第一阶段。在探索阶段，创始人应明确说明关于商业模式的假设，然后通过客户沟通方式对问题和解决方案展开测试。

Customer Relationships　客户关系　企业吸引客户进入销售渠道、鼓励客户消费以及随着时间的推移通过额外销售和客户推荐等方式提升其终身价值的具体战略。

Customer Segment　客户细分　可定义初创企业客户整体概念下的单个子集以及各子集间的区别，如"50 岁以上每月参加两次以上活动的高尔夫球爱好者"。通常，客户细分还包括对客户问题或需求

的描述。企业应针对每一个细分市场定义具体的价值主张。

Customer Validation　客户验证　客户开发流程 4 个阶段中的第二阶段。在验证阶段，创始人已具备经过测试的商业模式假设，准备在此基础上尝试获得初始订单、用户或客户。

Customer Creation　客户生成　客户开发流程 4 个阶段中的第三阶段。在生成阶段，一旦创始人验证了商业模式，接下来就要扩展销售和营销活动以扩大业务规模。

Data Chief　首席数据分析员　网络/移动企业的高级管理人员，负责监测和不断优化客户获取、激活与维护活动的成果。首席数据分析员有时也称首席营销官、营销副总或数据营销员。

Demand Creation　需求创造　客户获取环节的特定活动，目的在于推动客户进入初创企业选定的销售渠道。需求创造是开发客户关系"获取、维护、增加"过程中的"获取"客户部分。

Earlyvangelist　早期支持者　"早期接受者"和"支持者"的结合体。对初创企业来说，早期支持者是公司的首批客户，他们愿意在企业发展早期购买产品，是因为这些产品能为其解决问题或是满足

其迫切需求。

Earned Media 免费媒体 企业可创造的免费媒体宣传机会，包括搜索引擎优化、自然搜索、新闻发布、产品评论、编辑报道等各种具体方式。免费媒体是企业"获取客户"活动的一个组成部分。

"Executing" a Business Model "执行"商业模式 企业找到可重复、可升级商业模式之后要完成的任务。它讨论的是企业在改善和证明计划可行性之后该怎样增加收入。商业模式的执行需要实现重大的组织变革。参见"'探索'"。

Experiments 试验 初创企业测试其商业模式假设的手段，通常被设计为客观的合格性测试。例如，"通过谷歌关键字广告，我们可以以每次点击20美分的成本获取用户"。

External Audit 外部审计 通过搜集客户访谈数据，针对外部人员对企业和/或产品的看法进行的调查。

Eye Tracking 眼动追踪 一种可显示用户目光在网页上的关注路径的工具。此工具对于消除网页设计中的主观猜测非常有用。参见"热点图"。

Get、Keep and Grow 获取、维护和增加 初创企业用于获取、维护和增加客户的一系列步骤。获取客户有时也称为需求创造，可将客户推向企业选择的销售渠道；维护客户又称客户维持，可为客户坚持使用企业产品提供充足理由；增加客户是指鼓励客户购买更多产品和推荐新客户。

"Get out of the building" "走出办公室" 客户开发理论的一项重要原则。它认为，初创企业和其他企业不同，待在办公室里是了解不到任何事实的，因此创始人必须走出办公室与客户交流。只有客户能将初创企业对于商业模式的猜测变成事实。

Heat Maps 热点图 一种可显示用户目光在网页上关注点的工具。它以眼动追踪技术为基础，可追踪用户目光在网页上的移动路径。

High-fidelity MVP 高保真最小可行产品 最简单的最小可行产品（如具有核心特征的网站、实体产品样本），往往相当简陋或粗糙。高保真最小可行产品用于搜集客户对解决方案有效性的反馈信息。参见"低保真最小可行产品"。

Home Page 首页 （有时也称为"登录"页面）企业产品或网站的初始页面或主页面。参见"登录页面"。

Hypotheses 假设 初创企业创始人对商业模式所做的有根据的猜测。假设通常绘制在商业模式画布上，在客户开发过程中不断进行测试和完善。

Internal Audit　内部审计　针对员工对企业、产品及其定位的了解、认知或看法进行的调查。参见"外部审计"。

Iteration　迭代　对商业模式画布 9 大模块中的一个或多个部分进行的微调。（例如，产品定价从 39.99 美元调整为 79.99 美元，细分市场从 12～15 岁男孩调整为 15～19 岁男孩。）参见"调整"。

Interest　兴趣　实体渠道"获取客户"销售漏斗的 4 个步骤之一。参见"印象"。

Landing Page　登录页面　（有时也称为"欢迎页面"）客户点击链接、广告或电子邮件时出现的网页，有时可能是公司的主页。登录页面经常显示与广告或链接关联的销售内容。参见"首页"。

Lean Startup　精益型初创企业　埃里克·里斯推广的一种将客户开发和敏捷开发相结合的初创企业。

Local/Global Maximum　局部/全局极大值　可显示短期低水平响应（局部极大值）的假设测试结果。局部极大值与全局极大值相反，后者体现的是最佳测试结果，这种结果有时会在短期市场测试中被忽视。

Low-fidelity MVP　低保真最小可行产品　最简单的最小可行产品（如带有"注册并获取更多信息"的登录页面、实体产品纸模）。低保真最小可行产品用于搜集对客户问题有效性的反馈信息。参见"高保真最小可行产品"。

Loyalty Programs　忠诚度计划　"积分活动"和"回头客计划"等用于"维护"现有客户、减少客户流失的活动。参见"客户流失"。

Life Time Value, LTV 客户终身价值　通常以美元计算，反映客户与企业建立交易关系的整个周期（本书选择的客户终身价值周期为 3 年时间）内为公司带来的总收入。终身价值可帮助企业计算获取客户活动可承受的最大投入。

Market Type　市场类型　初创企业进入市场的 4 种战略：

- 开发高性能产品进入现有市场；
- 重新细分现有市场（通过利基或低成本战略）；
- 开发一个从未出现过的新市场；
- 通过复制其他国家的商业模式创造克隆市场。

Microsites　微型站点　大型网站中的子站点，通常为满足某单一目的服务（如大型银行网站之下的退休金规划网站），用以吸引网站内部和外部的客户关注。

Minimum Feature Set　最小特征组　另一个用于描述最小可行产品的术语。

Minimum Viable Product, MVP　最小可行产品　产品的最小特征组合，用于获取客户反馈。初始的最小可行产品可以像幻灯片、视频或样品一样简单。对网络/移动产品来说，它可以是低保真或高保真最小可行产品，用于说明核心的客户问题或需求以及演示产品解决方案。

Multi-sided Business Models　多边商业模式　这种商业模式可能拥有几个不同的客户分类，每个分类具备不同的价值主张、收入模式和渠道。例如，谷歌的搜索业务向用户免费开放搜索网站，而广告商和其他客户愿意付费使用它的广告联盟网站，以此方式接触使用其搜索网站的庞大用户。医疗设备等其他商业模式情况甚至更为复杂，往往拥有 4 种或更多的客户分类，如患者、医生、保险公司和医院。

Paid Media　付费媒体　企业购买的在电视、广告牌、直邮或网站等形式的媒体宣传机会。参见"免费媒体"。付费媒体是企业"获取客户"活动的一部分。

Physical Channel　实体渠道　一种以实体形式连接分销机构和客户的销售渠道。实体渠道包括仓库、零售店以及直接销售人员。参见"网络/移动渠道"。

Physical Product　实体产品　现实生活中通过物质加工制成的产品。汽车、飞机、电脑和食品都是实体产品，但社交网络和搜索引擎则不在此列。参见"网络/移动产品"。

Pivot　调整　对商业模式画布中的一个或多个模块做出的实质性改变。（例如，收入模式从"免费＋增值"变更为订阅式，客户分类从 12～15 岁男孩变更为 45～60 岁女性）参见"迭代"。

Pricing　定价　初创企业用于决定客户支付价格以实现可盈利收入模式的策略（如"免费＋增值"模式、订阅式、阶梯计价或批量定价等）。

Problem/Need（Customer）（客户）问题或需求　客户购买产品的原因。在一些市场中，客户会理性地认识到自身遇到的问题，搜索能够解决该问题的产品（如软件、雪地轮胎、医用导管等）。在另一些市场中，人们购买产品往往出于情感认知的需要（如电影、时尚、视频游戏、社交网络）。

Product Development　产品开发　工程小组开发产品的过程。初创企业产品开发团队常用的产品开发过程称为敏捷开发。

Reference Story　参考故事　一种介绍性

说明，在通过电子邮件或电话首次联系潜在客户时使用。参考故事强调的内容包括企业尝试解决的问题、解决这些问题的重要性、企业正在开发的解决方案以及该解决方案吸引潜在客户关注的原因。

Revenue Model　收入模式　企业实现收入的策略。收入模式要回答的问题是："企业收入从何而来？"例如，eBay 对网站上的每笔交易都收取小额手续费，而 Netflix 则针对用户收取月租费。参见"定价"。

Sales Closer　销售内行　客户开发团队中负责"完成"（获取订单）向早期支持者销售的人。他们负责处理创始人不熟悉的销售内容（如与采购代理谈判、确定合同条款等）。他们不是销售经理，也不太可能成为公司的销售副总。

Sales Funnel　销售漏斗　对销售过程的视觉化描述，其形状像一只哑铃，包括"获取、维护、增加"等活动。漏斗的顶端最宽，大批用户被吸引到这里，随着用户身份的逐渐淘汰，漏斗的"获取"部分变得越来越窄，这些用户逐渐变成潜在客户和真正客户，直到漏斗狭小的瓶颈处终于产生订单。"维护"部分很狭窄，就像一条细细的水管；"增加"部分

则逐渐扩大，表示企业从现有客户身上获取的收入不断增加。

Sales Roadmap　销售路线图　提供销售漏斗每个步骤的实施细节，包括该拜访客户公司哪些人以及按什么顺序拜访客户等内容。

"Search" for a Business Model　"探索"商业模式　初创企业在找到可重复和可升级的商业模式前要做的工作。探索过程须应用本书描述的客户开发流程。参见"'执行'"。

Sell-in　批发出货　渠道对新产品所下的第一笔订单，也可以指季节性订单，如圣诞节前的产品批发。

Sell-through　零售清仓　通过渠道销售给最终客户的产品销量。当产品出现零售清仓时，很少会出现企业退货。参见"渠道填充"。

Splash page　宣传页面　登录页面或首页的旧称。参见"首页"。

Split Testing　对比测试　参见"内部/外部测试"。

Startup　初创企业　一个以探索可重复和可升级的商业模式为目的的临时性组织。

Take rate　接受率　客户接受追加销售或未来销售的百分比。

Traffic　流量　测量访问商店或网站人数

的衡量指标。企业可通过付费媒体（如谷歌、电视或 Facebook 广告）或免费媒体（如公关、推荐）提升流量。

Up-Sell 追加销售 一种用于增加现有客户数量的策略，鼓励客户购买更多数量的产品或价格更高的产品，以此种方式提高平均订单规模。参见"交叉销售"。

Value Proposition 价值主张 企业为客户完成的工作成果，包括针对客户的问题或需求提供的解决方案的特征（如生产力、状态、简洁性、便利性等）。价值主张应和初创企业的客户细分相匹配。

Viral Loop 病毒式循环 满意客户将其他客户推荐给企业的过程，网络/移动渠道或实体渠道全都适用。病毒式循环能让企业的客户、用户或流量出现指数级增长。参见"病毒式营销"。

Viral Marketing 病毒式营销 鼓励现有客户将其他客户推荐给企业的营销活动。

Waterfall Development 瀑布式开发 直线型、序列式产品（硬件、软件或服务）开发法，采用的是逐级阶段式开发。整个产品及所有特征都是预先设定好的，每个阶段的任务分配给彼此单独的团队完成，以确保能更好地控制整个项目和开发期限。瀑布式开发和敏捷开发是完全相反的开发方式。

Web/Mobile Channel 网络/移动渠道 利用互联网向笔记本、台式机和移动设备发送信息与产品的销售渠道。此类渠道还包括网站、云服务和手机应用程序网店。参见"实体渠道"。

Web/Mobile Product 网络/移动产品 社交网络、视频游戏和移动应用程序之类的虚拟产品。参见"实体产品"。

附录 B 如何建立网络初创企业：简单回顾

如果你是一位经验丰富的程序员和用户界面设计师，最简单的方法是使用 Ruby on Rails、Node. js 和 Balsamiq 等软件开发一个网站（在硅谷，这么简单的事就连餐厅服务生也能搞定）。

但是当像我们这些门外汉对着这些术语一头雾水时，我们想了解的问题是："怎样才能让我的绝妙想法体现在网络中？创建网站的步骤有哪些？"最重要的问题是："如何使用商业模式画布和客户开发流程测试业务能否成功？"

为帮助学生们回答这些问题，一开始我建立了 www. steveblank. com 网站，在上面列出了各种初创企业需要的工具。虽然这些内容和工具对初创企业非常实用，是一个很方便的参考网站，但还是无法有效地帮助创建初创企业的新手。

下面我打算做一个新的尝试。

如何建立网络初创企业——精益商业模式版

下面的内容是我们建议学生在精益商业模式课程中逐步实施的过程。这些步骤在本书第 4～6 章中均有详细讲解。

1. 设立物流流程以管理团队；

2. 开发企业假设；

3. 撰写通俗易懂的价值主张声明；

4. 建立网站物流；

5. 开发"低保真"网站；

6. 吸引顾客访问网站；

7. 添加后台代码启动网站；

8. 利用顾客数据测试"问题"；

9. 开发"高保真"网站测试"解决方案"；

10. 收费。

（请参考 www. steveblank. com 的初创企业工具页面寻找所需的开发工具。）

以下步骤中所列举的工具均为示例。它们并非推荐或首选工具，仅代表可用工具。新的开发工具每天都会出现，你应当在网络中勤加搜索。www. steveblank. com 网站列有详细的最新开发工具列表。

第1步：建立团队物流

- 阅读第2章客户开发模式和附录2A客户开发宣言。

- 设立博客，记录客户开发流程的进展。

- 使用 Skype 或 Google + Hangouts 视频群聊作为团队沟通工具。

第2步：开发企业假设

- 写出9项商业模式画布假设。

- 列出关键特征或最小可行产品方案。

- 抓住市场商机。使用 Google Trends、Google Insights 和 Facebook 广告评估市场增长潜力。使用 Crunchbase 观察竞争对手。

- 计算总有效市场和客户价值。

- 选取市场类型（现有市场、新市场还是重新细分市场）。

- 准备每周进度摘要：更新商业模式画布 + 每周客户开发总结（第10步之后附详细描述）。

第3步：撰写通俗易懂的价值主张声明

- 如果你没法三言两语说清楚企业存在的理由，接下来的步骤就毫无意义了。价值主张最简单的表现格式是："我们可以通过……（方式），帮助……（客户群体）实现……（目的）。"

- 设计好价值主张后，找一些消费者（是否来自目标市场无关紧要）传达你的主张，看他们是否理解。

- 如果他们不理解，你要做出详细解释，然后请对方为你做出总结。消费者往往比企业更善于确定通俗易懂的独特销售主张。

第 4 步：网站物流

- 为企业申请一个域名。要迅速找到可用的域名，可尝试 Domize 或 Domainr 等工具。
- 使用 GoDaddy 或 Namecheap 工具注册域名（你可以采用不同的品牌或是同一个品牌名称的不同拼写方式注册多个域名）。
- 拥有域名后，设置谷歌应用服务（免费）提供公司名、邮箱和日历等服务。

程序员的任务：设置网络主机

- 使用 Slicehost 或 Linode（最经济的选择，每月花费约 20 美元，可同时运行多个应用程序和网站）之类的虚拟专用服务器（VPS）。
- 你可以在虚拟主机上安装 Apache 或 Nginx，然后运行几个网站和其他选定工具（如果你具备相应技术水平的话），如 MySQL 数据库。
- 如果你在开发真正的应用程序，可使用 Heroku、DotCloud 或亚马逊网络服务等"平台即服务"（PAAS）工具。

图 B-1 所示为网络渠道客户探索。

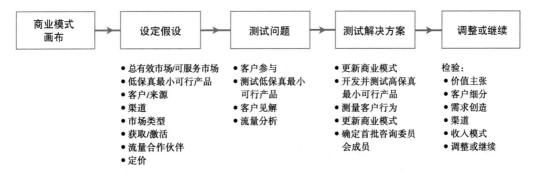

图 B-1　网络渠道客户探索

第 5 步：开发低保真网站

- 根据产品特性，低保真网站可以是一个简单的宣传网页，说明你的价值主张、利益总结，鼓励用户了解更多信息、参与调查或提前预订产品的行动口号。
- 对于调查表和提前预订表，无须大量编程即可轻松在网站嵌入 Wufoo 和

Google Forms等工具。

非程序员的任务

- 利用幻灯片软件快速开发一个原型产品。

- 使用 Unbounce、Google Sites、Weebly、GoDaddy、WordPress 或 Yola 等软件。

- 对于调查表和提前预订表，无须大量编程即可轻松在网站嵌入 Wufoo 和 Google Forms 等工具。

程序员的任务：开发用户界面

- 选择一个网站线框原型工具（如 JustinMind、Balsamiq）。

- 你只需要在 99Designs 网站上支付很低的价格，就可以买到不错的图像设计和网页设计。Themeforest 网站也能提供不错的设计。

- 创建线框图，模拟"低保真"网站。

- 开发模拟登录/订购表以测试客户承诺。或者，你可以使用 LaunchRock 或 Kickoff-labs 等工具开发"病毒式"登录页面。

- 使用 Slideshare 工具在网站中嵌入幻灯片，或使用 Youtube 或 Vimeo 在网站中插入视频。

- 使用 Usertesting 或 Userfy 测试用户界面。

第 6 步：客户参与（推动初始网站的访问流量）

- 向潜在客户展示网站，测试客户细分及价值主张。

- 使用广告、文字链接、谷歌关键字广告、Facebook 广告和自然搜索等方式鼓励用户访问最小可行网站。

- 利用你的人脉网络寻找目标客户，你可以这样询问对方："你知道哪些人有……问题？能否向他们转发我们的企业信息？"然后用两三个句子做一个简短的自我描述。

- 对于 B2B 产品、Twitter、Quora 和行业邮件列表都是寻找目标客户的好地方。注意，不要在这些渠道中发送垃圾邮件。如果你已经是这些渠道的积极参与者，可以发布少量关于网站的参考信息，或请在这些渠道中表现活跃的联系人帮你做宣传。

- 使用 Mailchimp、Postmark 或 Google Groups 工具发送邮件并创建小组。

- 使用 Wufoo 或 Zoomerang 做网上调查。
- 了解客户对最小可行产品特征和用户界面的反馈。

第 7 步：开发更完善的解决方案（关联用户界面和后台代码）

- 将用户界面挂接到网络应用程序框架（如 Node. js、Rubyon Rails、Django、Sprout-Core、jQuery、Symfony、Sencha 等）。

第 8 步：搜集客户数据测试"客户问题"

- 使用网站分析软件跟踪点击率以及访客的停留时间和来源。对于刚创建的网站，Google Analytics 工具不但安装快捷，而且能提供足够的信息。完成初始最小可行产品开发后，你应当考虑使用更先进的分析平台（如 Kissmetrics、Mixpanel、Kontagent 等）。
- 创建一个账户，测量用户对产品的满意度，了解用户对新特征的反馈和建议（可使用 GetSatisfaction、UserVoice 等工具）。
- 注意向客户提出特定问题，如"阻碍用户注册的原因有哪些？""哪些信息会促进你考虑使用此解决方案？"这些具体问题要比一般性问题更易于激发丰富的客户反馈。
- 如有可能，你应当努力搜集用户的电子邮箱地址，以便和他们进行更深入的交流。

第 9 步：开发具有关键特征的高保真网站测试"客户解决方案"

- 根据第 5 ～ 8 步得到的信息更新网站。
- 记住"高保真"并不意味着"成品"。你的产品应当看起来既专业又可靠，同时又要保持最低限度的开发以便继续进行验证。
- 不断搜集客户分析数据。
- 你的目标是要听到这样的客户反馈："产品很不错，你们打算什么时候添加……特征？"

第 10 步：收费

- 准备好"提前预订表"（搜集计费信息），哪怕此时企业还没准备好收费或提供特征完善的产品。

- 当准备好收费时（可能比企业想象得要早），你应当找一家收费供应商收取费用和订阅收入，如 Recurly、Chargify 或 PayPal。

对于上述所有步骤，企业应注意

让团队每周总结经验教训和开发进度报告。

- 从建立商业模式画布开始。

- 在画布中用红色标明所有与前一周不同的变化。

- 总结经验教训，它能说明企业学习到的东西和每周做出的改变。你应当在幻灯片中描述以下内容：

  ➤ 这是我们一开始的想法（开始一周工作时）。

  ➤ 这是我们了解到的事实（一周中的客户探索结果）。

  ➤ 下面我们要做的工作（未来几周）。

  ➤ 你应当重点关注前几周对画布模块的探索结果（包括渠道、客户、收入模式），同时留意在商业模式中了解到的信息。

致谢

我这辈子从事过 3 种不同职业。第一份职业是在越战期间服役于美国空军，后来我花了 20 多年的时间在硅谷进行科技创业。现在，作为一名教育者，我的第 3 份职业即将迈进第 20 个年头。

在我的生命中，有些人在关键时刻改变了我的命运。在泰国，当时 19 岁的我在战斗机和炮艇密布的航线上工作，是约翰·斯科金斯——我的第一个老板帮助我逃离这样的环境，让我负责电子战备用品的部分管理。在我二三十岁开始创业时，我很幸运地拥有 4 位卓越的导师，他们在各自的领域都取得了辉煌的成绩。这 4 位导师分别是：本·威戈布莱特，他教我如何思考；戈登·贝尔，他教会我该思考哪些问题；罗伯·范·纳尔登，他教会我如何考虑与客户相关的问题；艾伦·米歇尔斯，他教我如何将思考变成直接、立即和大胆的行动。

在经营 8 家技术型初创企业的过程中，我有幸和一些非常优秀的伙伴共事，其中包括比尔·佩里、约翰·穆索瑞斯、斯基普·斯特利特、乔恩·鲁宾斯坦、格伦·米兰科、克里夫·莫勒、汤姆·麦克默里、约翰·桑吉内蒂、阿尔维·雷·史密斯、克里斯·柯来赞、凯伦·狄龙、玛格丽特·休斯、彼得·巴雷特、吉姆·维克特、凯伦·理查德森、格雷格·沃尔什、约翰·麦卡斯基和罗杰·西伯尼。他们当中有些人是积极的导师，有些潜移默化地教会我许多东西。

作为众多创业者中的一员，我观察过一些世界顶级的创业者，如史蒂夫·韦恩斯特恩、弗雷德·阿莫罗索、弗雷德·达勒姆、马赫什·贾因和威尔·哈维。我也见过聪明、深思熟虑的风险投资家是如何帮助企业解决问题的，如凯瑟琳·古尔德、乔恩·费博尔、迈克·梅普尔斯、比尔·达维多等。在通用电气公司，见证了普莱斯考特·洛根是如何在这家百年企业中使用客户开发法，在公司内部以初创企业的敏捷表现创建新的能源存储部门的。

作为 IMVU 的董事会成员，威尔·哈维与埃里克·里斯是首批和我一起实施客户开发流程的人。埃里克·里斯是我教过的最优秀的学生，对客户开发提出了深刻的见解，他认为客户开发和敏捷开发的结合会对初创企业形成强大推动力，这一概念即他提出的精益创业。（此外，里斯还将我在客户验证和客户探索阶段绘制的反馈循环命名为"调整"过程。）

作为日本最具创新思想的风险投资家之一，村上堤（Takashi Tsutsumi）认为客户开发理念对日本非常重要，于是亲自翻译了《顿悟的四个步骤》一书并积极传播其中的概念。随着其他版本，如法语、俄语、韩语和中文版的诞生，其他的创业者也加入了这个行列。布兰特·库珀（Brant Cooper）和帕特里克·弗拉斯科威茨（Patrick Vlaskovits）在其合著作品《客户开发创业者手册》（*The Entrepreneur's Guide to Customer Development*）中延伸了我的理念。亚历山大·奥斯特瓦德关于商业模式设计的阐述及其作品《商业模式新生代》提出了概念上的突破。在本书第 3 章客户探索部分的描述中，我吸收了他提出的商业模式观点。这一观点有力地支持了客户探索理念，对此我非常感谢他的帮助。此外，戴夫·麦克卢尔对网络/移动初创企业指标的需求创造提出了许多见解，启发了我在书中对网络客户漏斗进行的讨论。

在我的观点尚未引起关注之前，加州大学伯克利分校哈斯商学院的杰里·恩格尔为我提供了讲授客户开发流程的第一个机会。我的首位教学伙伴罗勃·马特勒，负责为我设计高效统一的教学大纲。在斯坦福大学工程学院，汤姆·拜尔斯、蒂娜·西利格和凯西·艾森哈特热情邀请我与他们一起为斯坦福科技创业项目教学。他们提出了许多见解，给了我很多鼓励，在我开发精益商业模式这一全新创业管理课程时给予了无私的帮助。非常感谢美国国家科学基金会团队的埃罗尔·阿基里克、唐·米兰德和巴巴·达斯古普塔，他们在其"创新团队计划"中采用了精益商业模式和客户开发理念。还要感谢乔恩·费博尔、安·三浦柯、约翰·伯克、吉姆·霍恩赛尔、亚历山大·奥斯特瓦德和奥伦·雅各布，感谢他们和我一起讲授这些重要的商业模式和理念。最后，感谢哥伦比亚商学院允许我在他们与加州大学伯克利分校哈斯商学院的合作 MBA 项目中为学生授课，以及邀请我担任短期班课程教授。通过向无数被错误观念蒙蔽的学生传授客户开发理念和流程，我的创业管理学新式教学法得到了很好的验证。当然，如果没有助教们多年的努力帮助，这些课程是不可能取得如此巨大的成功的，为此我要特别感谢安·三浦柯、托马斯·海莫尔、巴维克·乔希、克里斯蒂娜·卡西奥普和埃里克·卡尔。

除了我通常讲课的学校，还有一些大学邀请我前往授课、讲学和学习。非常感谢智利天主教大学的克里斯托瓦尔·加西亚教授、密歇根大学工程学院院长戴夫·曼森和创业学院副院长托马斯·泽布尔岑、伯明翰大学的内森·福尔教授（是他首次将我的商业模式理念融入正式竞赛，取代以往的商业计划竞赛）。芬兰赫尔辛基阿尔托大学校长图拉·特里、创业中心负责人威尔·卡德威尔以及克里斯托·奥瓦斯卡和琳达·吕卡思都欢迎我前往授课。此外，我还和哈佛商学院创业管理部的汤姆·艾森曼教授每年聚会两次，对比和分享彼此的教学笔记和教学策略。谨向这些机构和人士表示感谢。

斯蒂芬·斯皮内利在波士顿时，也曾教导我如何教授创业学，后来他成为费城大学校长后，更教会我许多珍贵的知识。考夫曼基金会的卡尔·施拉姆是我的好友，我们是在寻找创业教育的新方式时成为朋友的。

关于我提出的客户开发四步法的每一个步骤，已经有不少作者写过大量（且更连贯的）作品。其中，客户开发的很多基础概念是由埃里克·冯·希伯尔（领先用户理论提出者）、丽塔·冈瑟·麦格拉思和伊恩·麦克米兰（《发现驱动型增长》作者）、玛丽·索纳克、迈克尔·J. 兰宁、迈克尔·博斯沃思（解决方案销售）、托马斯·弗里斯、尼尔·拉克姆、马汉·卡尔萨、斯蒂芬·海曼和查尔斯·奥赖利等首次明确提出的。技术生命周期采用是由乔·波伦、乔治·比尔和埃弗雷特·罗杰斯提出，杰弗瑞·摩尔推广的。市场类型概念是在克莱顿·克里斯滕森的理论上所做的延伸。W. 钱·金与勒妮·莫博涅的著作《蓝海战略》对本书的写作产生了很大影响。正式处理初创企业的混乱与不确定性（以及企业建设战略）部分参考了约翰·包以德提出的包以德循环理论。弗兰克·罗宾逊在我描述客户探索和客户验证很久之前就曾独立提出过很多相关概念。弗兰克最早提出最小可行产品这一术语，和我在出版第一本作品中使用的最小功能组这个词相比，我更喜欢最小可行产品这个表达。

我的合作伙伴、本书合著者鲍勃·多夫为本书的写作提供了极大的配合。他的耐心和对本书的贡献同样重要。作为一位经验丰富的创业者，鲍勃在连续创业、销售、营销以及网络方面的成功为我们的合作提供了极大的帮助。第一次和鲍勃相遇是在 E. piphany 公司的办公室，当时我的这家初创企业在国外有 5 位同事，他的初创企业有十几个员工。他的成功推销打动了我，帮我启动了 E. piphany 公司的客户开发和推广工作。2010 年他专门来到我的牧场，第二次成为我的合作伙伴，帮助我完成了这本能让我们引以为傲的《创业者手册》。在本书中，"获取、维护、增加"部分和"重要指标"部分都是他的辛勤付出。此外，我们的研究员兼文字编辑特里·瓦尼什同样功不可没，他总是能够出色地满足我们提出的苛刻要求。

同样需要感谢的是本书的评论员，其中包括 News. me 新闻网创始人杰克·莱文、罗斯·戈特勒、Gabardine.com 网创始人彼得·利兹、MovieLabs 创始人史蒂夫·韦恩斯坦、通用能源存储技术公司创始人普雷斯顿·比利和普莱斯考特·洛根；MDV 风险投资家乔恩·费博尔、Floodgate 公司投资人安·三浦柯、True Ventures 投资人约翰·伯克、Cumulus Partners 投资人迈克·巴洛、三井住友投资公司的村上堤以及美国国家科学基金会的埃罗尔·阿基里克。通过为本书灌注几百年来集体智慧的结晶，他们的评论将本书提升到了一个新的高度。

最后，我要感谢我的妻子艾莉森·埃利奥特，她不仅忍受我对寻找初创企业早期开发方法的痴迷以及对教授创业学的热情，而且用自己的真知灼见为我提供支持（以及大量的编辑工作），让我的思路变得更加清晰。没有她的支持，这本书肯定无法成功出版。

作者简介

史蒂夫·布兰克（Steve Blank）

尽管曾连续创业 8 次的史蒂夫已经退休，但他的深刻见解，即初创企业绝非大型企业缩微版的理念，正在重塑初创企业开发的方式以及创业学授课的方式。他所观察到的事实（大型企业执行商业模式，初创企业寻找商业模式）使他意识到，初创企业需要一套属于自己、和管理成熟企业完全不同的开发工具。

史蒂夫为初创企业提供的第一项工具即客户开发法，这一方法催生了精益创业运动。客户开发的基本原理在布兰克的第一部作品《四步创业法》（2003 年）及其个人网站 www.steveblank.com 中有详细说明。这些基本原理已被公认为全球创业者、投资者和企业的必读内容。

布兰克在斯坦福大学、加州大学伯克利分校哈斯商学院和哥伦比亚大学教授客户开发和创业学，他提出的客户开发流程在世界各地的大学都有人在教授。2011 年，布兰克又推出精益商业模式课程，这是一门通过快速、实战性客户互动和商业模式迭代，将商业模式设计和客户开发理论融入实践的经验式课程。同年，美国国家基金会的创新团队项目采纳了布兰克的这一课程，为美国顶尖的科学家和工程师进行培训，帮助他们把新的创意带出大学实验室，走进商业市场。

史蒂夫是一位多产的作家和成功的演说家，他非常喜欢向年轻的创业者传授经验。2009 年，史蒂夫荣获斯坦福大学管理科学与工程本科教学奖；2010 年荣获加州大学伯克利分校哈斯商学院授予的厄尔·F. 切特杰出教学成就奖。《圣何塞水星报》评选他为硅谷 10 大最具影响力人物之一。尽管赢得过诸多殊荣，但史蒂夫称其在纽约上高中时曾被评为"最不可能成功的人"。

21 年中 8 次创业

史蒂夫的第一份工作始于越南战争时期，当时他在泰国维修战斗机的电子设备。1978年他来到硅谷，开始成立 8 家初创企业中的第一家。史蒂夫成立的 8 家初创企业包括两家半导体公司 Zilog 和 MIPS 计算机公司，为皮克斯影业提供咨询服务的 Convergent Technologies 公司，超级计算机公司 Ardent，提供外部设备供应服务的 SuperMac 公司，提供军事情报系统服务的 ESL 公司及 Rocket Science 游戏公司，以及 1996 年史蒂夫在其住所客厅与他人共同创立的第 8 家初创企业 E.piphany 公司。总体而言，这 8 家企业中有两家以惨败告终，一家在互联网泡沫时期大获全胜，几家"保本"，同时为《四步创业法》一书的写作积累了大量实战经验。

史蒂夫热衷于阅读历史、科技以及创业相关的书籍。他一直想要了解初创企业为什么会在硅谷蓬勃发展，而在其他地方却难以成功。正是在这个领域孜孜不倦的研究使其成为这方面的非官方专家以及"硅谷秘史"的演讲大师。

在闲暇时间，布兰克还担任加州海岸委员会委员，该委员会是规范加利福尼亚海岸土地使用和公众访问事务的公共机构。此外，他还是加利福尼亚奥德邦协会和半岛开放空间土地信托集团（POST）的董事会成员、美国加州大学圣克鲁兹分校的受托人以及加州保育选民联盟（CICV）的理事。史蒂夫最引以为傲的"初创企业成果"，是和妻子艾莉森·埃利奥特共同"开发"的爱情结晶——女儿凯蒂和莎拉。

鲍勃·多夫（Bob Dorf）

鲍勃·多夫 22 岁时就实现了第一次创业成功，此后他又连续创建了 6 家初创企业，用他自己的话来形容，结果是"两次本垒打（大获全胜）、两次安打（不赚不赔）和 3 次败走麦城"。后来，他至少投资或建议别人投资过十几家初创企业。多夫享有"客户开发助产士"的美誉，1996 年当史蒂夫的第 8 家初创企业 E.piphany 公司在只有 5 名员工的情况下开业时，他是最早帮助史蒂夫·布兰克开展客户开发的支持者之一。鲍勃的第 6 家初创企业 Marketing ltol 公司成功帮助 E. piphany 和首批客户建立联系。鲍勃曾无情批评史蒂夫《四步创业法》的前期手稿，两人自此成为关系密切的好友和同事。

没有写作任务时，鲍勃经营一家名为 K&S Ranch 的咨询公司。鲍勃在咨询业拥有丰富的为《财富》500 强企业服务的经验以及深厚的网络营销经验。这些经验与史蒂夫的风险投资和以软件为中心的开发经验形成了很好的互补和平衡。此外，鲍勃在哥伦比亚商学院教授"风险投资企业入门"课程，主要介绍客户开发和如何正确经营初创企业。

鲍勃 12 岁时就表现出创业天赋，早在 40 多年前就不再为人打工，那时，他辞去纽约 WINS 广播电台的编辑工作，着手准备创办自己的第一家企业。他的第一家企业——Dorf + Stanton 通信公司成立地点就是自家的客厅，一开始只有两名员工——鲍勃和一条圣伯纳犬。到 1989 年鲍勃出售这家企业时，企业已经拥有 150 多名员工。此外，他还为几十家非营利公益组织提供过咨询服务，教它们如何进行"捐赠客户开发"。

鲍勃曾参与创立早期的 CRM 战略企业 Marketing ltol 公司（后更名为 Peppers & Rogers Group），并推动其在全世界范围内的员工人数达到 400 多人。作为创始人兼首席执行官，多夫积极推动知名企业的重大战略客户项目，其中包括 3M、贝塔斯曼、福特、惠普、捷豹、NCR、甲骨文和嘉信理财等公司。鲍勃曾为很多美国和国际观众演讲，发表过数十篇文章，其中包括一篇《哈佛商业评论》论文。

多夫目前和妻子弗兰居住在康涅狄格州斯坦福德市。他的妻子既是一位理疗师，也是 3 部小说的作者。这对夫妻最成功的"创业成果"是他们的女儿雷切尔，身为心理学家的雷切尔最近刚刚生下女儿玛雅·何塞·戈特勒。

这不是结束的开始，但也许是开始的结束。

推荐阅读

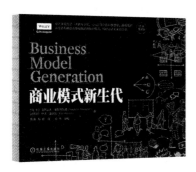

商业模式新生代（经典重译版）

作者：（瑞士）亚历山大·奥斯特瓦德 等
ISBN：978-7-111-54989-5 定价：89.00 元

一本关于商业模式创新的、实用的、启发性的工具书

商业模式新生代（个人篇）
一张画布重塑你的职业生涯

作者：（美国）蒂莫西·克拉克 等
ISBN：978-7-111-38675-9 定价：89.00 元

教你正确认识自我价值，开快速制订出超乎想象的人生规划

商业模式新生代（团队篇）

作者：（美）蒂莫西·克拉克 布鲁斯·黑曾
ISBN：978-7-111-60133-3 定价：89.00 元

认识组织，了解成员，
一本书助你成为"变我为我们"的实践者

价值主张设计
如何构建商业模式最重要的环节

作者：（瑞士）亚历山大·奥斯特瓦德 等
ISBN：978-7-111-51799-3 定价：89.00 元

先懂价值主张，再设计商业模式。
聚焦核心，才能创造出最优秀的模式